Für Raul Hilberg

Lektorat: Walter H. Pehle
Satz: H & G Herstellung
Druck und Bindung: GGP Media GmbH, Pößneck
Printed in Germany
ISBN 3-10-089431-6

Harald Welzer

TÄTER Wie aus ganz normalen Menschen Massenmörder werden

Unter Mitarbeit von
Michaela Christ

S. Fischer

Inhalt

Was ist ein Massenmörder?

Wenn Menschen, die eine gleiche Erziehung genossen haben wie ich,
die gleichen Worte sprechen wie ich und gleiche Bücher,
gleiche Musik, gleiche Gemälde lieben wie ich –
wenn diese Menschen keineswegs gesichert sind vor der
Möglichkeit, Unmenschen zu werden und Dinge zu tun,
die wir den Menschen unserer Zeit, ausgenommen die pathologischen
Einzelfälle, vorher nicht hätten zutrauen können,
woher nehme ich die Zuversicht, daß ich davor gesichert sei?

Max Frisch, 1946

Als die Hauptkriegsverbrecher, unter ihnen Hermann Göring, Rudolf Hess, Albert Speer, Hans Frank und Julius Streicher, im Nürnberger Gefängnis saßen, galt ihrer psychischen Verfassung erhebliches Interesse: Was waren das für Leute, die das größte Menschheitsverbrechen der Geschichte jeder auf seine Weise geplant und durchgeführt hatten, die die Entwürfe für das Großdeutsche Reich, für seine Hauptstadt Germania, für die Niederwerfung des Bolschewismus, die Vernichtung der Juden, des »Untermenschentums« überhaupt, vorbereitet und veranlasst hatten? Die Maßstabslosigkeit der nationalsozialistischen Verbrechen ließ den Schluss nahe liegend erscheinen, dass man es mit psychologisch irgendwie auffälligen Persönlichkeiten zu tun haben müsste, und die Vorstellung, dass die Verantwortlichen für den millionenfachen Mord, psychologisch betrachtet, ganz normale Männer hätten sein können, wäre den meisten Zeitgenossen auch angesichts der gelegentlich operettenhaften oder bizarren Züge, die die NS-Führungselite in Gestalt etwa von Hermann Göring, Joseph Goebbels oder Rudolf Hess zeigte, als völlig absurd erschienen. Entsprechend wurden die Angeklagten sorgfältig psychologisch untersucht, mit Hilfe von Interviews, Beobachtungen und Tests. Der in Nürnberg zunächst verantwortliche Gerichtspsychologe Douglas Kelley notierte 1946: »Das erhobene Material enthielt Rorschachtests in vollständiger Form, dazu zahlreiche verwandte Persönlichkeitstests sowie sorgfältige psychiatrische Beobachtungen, graphologisches Material, Intelligenztests.«[1]

Kelleys Interesse galt den Ergebnissen dieser Rorschachttests, jenes damals als höchst zuverlässig betrachteten projektiven Verfahrens, bei dem Patienten oder Versuchspersonen amorphe Tintenklecksbilder unter verschiedenen Aspekten zu interpretieren hatten. Je nach den protokollierten Assoziationen – welche Tiere etwa in den abstrakten Bildern gesehen werden, wofür Schattierungen stehen, ob die Probanden vom Detail oder vom Ganzen ausgehen usw. – meinen versierte Psychologen, Aufschluss über die psychische Befindlichkeit und die Persönlichkeit der Testpersonen ziehen zu können. Die Hoffnung, etwas über die Geistesverfassung der Hauptkriegsverbrecher gerade mit Hilfe der Rorschachtests herausfinden zu können, zeigte sich besonders darin, dass Kelley beabsichtigte, das erhobene Material »führenden Rorschachexperten [zuzusenden] und später ihre Gutachten zusammenzuführen, um ein möglichst klares Bild dieser Individuen zeichnen zu können – der schlimmsten Verbrechergruppe, die die menschliche Gattung jemals kennengelernt hat.«[2]

Es sollte noch ein Jahr dauern, bis Kelleys Absicht in die Tat umgesetzt wurde. Dann wurden zehn führende Rorschachexperten mit der Bitte angeschrieben, »signifikante Charakteristika dieser Menschen herauszuarbeiten, um die Untersuchungen der weniger erfahrenen Psychologen zu ergänzen«, die in Nürnberg vor Ort mit den Angeklagten konfrontiert gewesen waren.[3] Das Ergebnis war durchaus verblüffend. Obwohl es sich doch um ein absolut einzigartiges Fallmaterial handelte, schien das Interesse der Experten äußerst gering. Genauer gesagt: Kein einziger der zehn Experten kam der Aufforderung nach, ein Gutachten zu erstellen; die Entschuldigungen, falls solche formuliert wurden, waren lau: Man hatte keine Zeit, kam gerade nicht dazu oder sah sich mit unvorhergesehenen privaten Problemen konfrontiert.

Diese offenbar unabgestimmte, aber völlig einheitliche kollektive Verweigerung der Experten hatte allerdings einen tieferen Grund, der selbst etwas mit dem Untersuchungsmaterial zu tun hatte. Wie Molly Harrower, die zu dem Kreis der eingeladenen Gutachter gehörte, dreißig Jahre später schrieb, waren sich die Experten nur allzu klar über die Erwartung der Öffentlichkeit gewesen, dass die Tests eine einzigartige Psychopathologie aufdecken würden, eine den Nazis »gemeinsame Persönlichkeitsstruktur von besonders abstoßender Art«.[4] Aber genau die war in dem übersandten Material nicht zu entdecken, und diese Botschaft mochten die Experten der Welt offenbar nicht überbringen. Lediglich Kelley selbst hatte den Mut, in seinem abschließenden Statement die so schlichte wie dramatische Schlussfolgerung zu formulieren: »Aus unseren Befunden müssen wir nicht nur schließen, dass solche Personen weder krank noch einzigartig sind, sondern auch, dass wir sie heute in jedem anderen Land der Erde antreffen würden.«[5]

Nun hat dieser ernüchternde Befund, wie wir wissen, den Wunsch nicht versiegen lassen, dass man über die abnorme Geistesverfassung der NS-Verbrecher doch irgendetwas herausfinden möge, was eine Erklärung für das liefere, was sie getan bzw. verantwortet hatten. Theodor W. Adorno etwa, der Psychoanalyse deutlich stärker zugeneigt als psychologischen Tests, regte in seinem Essay »Erziehung nach Auschwitz« an, »die Schuldigen an Auschwitz mit allen der Wissenschaft verfügbaren Methoden, insbesondere mit langjährigen Psychoanalysen, zu studieren, um möglicherweise herauszubringen, wie ein Mensch so wird.«[6] Es wäre wohl nicht viel dabei herausgekommen. Wie Kelley konstatierten George Kren und Leon Rappoport 1980 in einer Untersuchung über die Psychologie des SS-Personals, dass ihrer Überzeugung nach die überwiegende Mehrheit der SS-Männer, sowohl innerhalb der Führung als auch der Mannschaften, mit Leichtigkeit die psychologischen Eignungstests der amerikanischen Armee oder der Polizei von Kansas City passiert hätten. Sie schätzen auf der Grundlage von Zeugenaussagen, dass nach klinischen Kriterien allenfalls zehn Prozent der SS-Männer als pathologisch einzustufen gewesen wären.[7] Die Ratlosigkeit, die einen angesichts dieser Unauffälligkeit der Täter befallen mag, kommt prägnant in dem zum Ausdruck, was ein Gutachter 1961 über Adolf Eichmann gesagt hat: nämlich, dass er normal sei. Und er fügte hinzu: »normaler jedenfalls, als ich es bin, nachdem ich ihn untersucht habe.«[8]

Aber wie Adorno und viele andere hat auch Molly Harrower die Frage, wes Geistes Kind die Täter waren, nicht ruhen lassen. 1974 holte sie das Nürnberger Material wieder hervor und unterzog es mit ihrem in nunmehr drei Jahrzehnten angesammelten Know-how einer erneuten Analyse – wobei sich wiederum ein uneinheitliches Bild zeigte. Während etwa Hess emotionale Auffälligkeiten aufwies und Ribbentrop klare Anzeichen einer Depression zeigte, die aber wohl eher mit seinen trüben Zukunftsaussichten als mit seiner Vergangenheit zu tun hatten, wiesen andere Täter das Profil von in jeder Hinsicht psychisch gesunden Persönlichkeiten auf – angesichts des Schicksals, das sie zum Zeitpunkt des Tests noch erwartete, ein bemerkenswerter Befund. Harrower wollte es nun aber noch einmal genauer wissen und forderte 15 Rorschachexperten auf, das Material zu sichten und zu bewerten – dieses Mal freilich mit einer entscheidenden methodischen Änderung: Während die Experten 1947 wussten, von welchen Personen das Material stammte, wählte Harrower nun acht Tests aus der Gruppe der Hauptkriegsverbrecher aus, anonymisierte die Urheber und kombinierte es mit analogem Testmaterial von acht Personen aus anderen Untersuchungen. Dieses Paket übersandte sie mit der Bitte an die Gutachter, sie mögen herausfinden, ob sich die sich zeigenden Persönlichkeitsprofile erkennbar unterschieden und sich womöglich zu bestimmten Personengruppen zusammenfügen bzw. zuordnen ließen.

In diesem Fall erstatteten zehn der aufgeforderten Sachverständigen ausführliche Gutachten (drei hatten aus verschiedenen Gründen abgelehnt, zwei nie geantwortet), mit dem Ergebnis, dass kein einziger auch nur eine entfernt zutreffende Vorstellung davon entwickelte, mit welcher Art Personen er es zu tun hatte. Im Gegenteil: Die Hypothesen, um welche Gruppen es sich bei denjenigen handelte, die in den Tests am eindrucksvollsten abgeschnitten hatten, reichten von Bürgerrechtlern bis zu höchst intelligenten, fantasievollen und tatkräftigen Persönlichkeiten – und wohl nicht zuletzt dieser Eigenschaften wegen äußerte einer der Gutachter denn auch die Vermutung, es würde sich wahrscheinlich um Psychologen handeln.

Barry Ritzler, der 1978, angeregt durch die Veröffentlichung Harrowers, selbst eine subtile Re-Analyse von 16 originalen Tests veröffentlichte, kam zu dem Ergebnis, dass die einzige Auffälligkeit bei den Angeklagten in einem eher geringen Empathiepotential bestand, resümierte aber insgesamt, dass sich keinerlei klinische Auffälligkeiten finden ließen.[9] Allerdings, so Ritzler, entsprächen die Persönlichkeitsprofile keineswegs Hannah Arendts Charakterisierung von der »Banalität des Bösen« – dazu waren die sich zeigenden Profile zu schillernd, kreativ und fantasiebegabt. Und auch eine letzte Ironie der Geschichte sei nicht verschwiegen: Insgesamt am bemerkenswertesten fand Ritzler, dass immerhin fünf der 16 untersuchten Personen Chamäleons in den Bildern zu identifizieren meinten – was in anderen Rorschach-Stichproben höchst selten vorkommt. Vielleicht war es kein Zufall, dass vier der fünf Nazis, die dieses höchst anpassungsfähige Tier in den Tintenbildern zu sehen meinten, in Nürnberg ihren Kopf aus der Schlinge ziehen konnten und nur zu Haftstrafen verurteilt wurden...

Mit Hilfe der Rorschachbilder konnte man also keine »Täterpersönlichkeit« oder auch nur psychologisch auffällige Merkmale einer solchen Persönlichkeit identifizieren.[10] Nun lässt sich einwenden, dass die in Nürnberg Angeklagten auch keineswegs direkt Hand an ihre Opfer gelegt hatten und insofern – im Unterschied zu den Tätern aus den Einsatzgruppen oder den Mördern in den Konzentrationslagern oder den SS-Ärzten – auch nicht die Merkmale von sadistischen oder narzisstisch gestörten Persönlichkeiten haben mussten, um ihre Taten zu begehen. Aber auch, wenn man die Hierarchie Stufe für Stufe herabsteigt – über die höheren SS- und Polizeiführer zu den Einsatzgruppenkommandeuren, von den Rasseexperten im Rasse- und Siedlungshauptamt zu den KZ-Kommandanten, und von dort aus zu den Polizeibataillonsangehörigen an den Erschießungsgruben und zum Wachpersonal in den Lagern –, findet man nur ausnahmsweise sadistische Persönlichkeiten, etwa vom Schlag Ilse Kochs, der Ehefrau des seinerseits wegen Verfehlungen abgesetzten Kommandanten von Buchenwald, Erich Koch, oder Amon Göths, Kommandant des durch Steven Spielberg berühmt gewordenen Lagers Plaszow, der zum persönlichen Vergnügen Häftlinge von der Veranda seiner Villa aus zu erschießen pflegte. Der Prozentsatz der psychisch auffälligen Personen unter den zahllosen Vordenkern und Exekutoren der Vernichtung wird regelmäßig auf etwa fünf bis zehn Prozent taxiert; verglichen mit normalgesellschaftlichen Verhältnissen in der Gegenwart keine spektakulär hohe Quote.[11] Aber das heißt im Umkehrschluss, dass die weit überwiegende Mehrheit der Täterinnen und Täter psychologisch exakt jenem Bild entspricht, das wir uns selbst zuschreiben würden: »normal« zu sein. Der Holocaust-Überlebende Primo Levi konstatierte denn auch: »Es gibt die Ungeheuer, aber sie sind zu wenig, als dass sie wirklich gefährlich werden könnten. Wer gefährlicher ist, das sind die normalen Menschen.«[12]

Das nun ist freilich ein bedrückender Befund – denn die Taten, die von diesen psychisch normalen Menschen begangen wurden, waren ja so anormal, dass uns bis heute jeder überzeugende Erklärungsansatz fehlt, wie das alles hat geschehen können. Und ich muss gestehen, dass mich bei den Vorarbeiten zu diesem Buch gelegentlich der Mut zu verlassen drohte, wenn schon keine Erklärung, so doch wenigstens einen sozialpsychologischen Rahmen für eine Erklärung jener »tragischen Leichtigkeit« (Germaine Tillion) entwickeln zu können, mit der Menschen zu Mördern und Massenmördern wurden, die selbst nur kurze Zeit zuvor im Traum nicht daran gedacht haben, dass sie jemanden töten könnten. Denn wenn man etwa in den Vernehmungsprotokollen von Einsatzgruppentätern en detail liest, wie tief die Täter bei den Erschießungen buchstäblich im Blut ihrer Opfer gestanden haben, wenn sie immer neuen Menschen befahlen, sich auf die bereits Getöteten zu legen, um diese dann – je nach Geschmack und Erfahrung des betreffenden Kommandos – mit Gewehr-, Pistolen- oder Maschinenpistolenschüssen zu töten und sich von Knochensplittern und Teilen der Gehirnmasse der Ermordeten bespritzen zu lassen – wenn man sich also mit den Details des Tötens konfrontiert, dann fällt einem tatsächlich nicht mehr viel dazu ein, wie das alles wohl möglich geworden war. Man entwickelt fast reflexartig die Tendenz, sich von diesem Grauen abzuwenden, zumal dann, wenn man so zynisch scheinende Aussagen vor Gericht liest wie die, dass die wirklich Leidenden die Täter gewesen seien: »Ich muß sagen, dass unsere Männer, die daran teilgenommen haben, mehr mit ihren Nerven 'runter waren als diejenigen, die dort erschossen werden mussten.«[13]

Aber diesem Wunsch, sich abzuwenden, den die Täter einem so leicht zu machen scheinen, sollte man nicht folgen – denn gerade in solchen Sätzen liegt ein Schlüssel für die Erklärung, wie sie tun konnten, was sie getan haben: Vielleicht waren sie fähig, sich selbst als Opfer einer Aufgabe wahrzunehmen, die ihnen die historischen Umstände zu diktieren schienen. Und in dem Augenblick, in dem sie so etwas formulieren, gehen sie subjektiv davon aus, dass sie anderen ihr Handeln plausibel und nachvollziehbar machen können, so plausibel, wie es ihnen 1941 beim Morden selbst erschienen war. Oder so plausibel, wie es ihnen teilweise noch nach Jahrzehnten bei ihren Vernehmungen erschien. Im Unterschied zu den überlebenden Opfern, die sich – zum Beispiel als Angehörige von jüdischen Sonderkommandos – nicht wiederfinden können in dem, was sie zu sein gezwungen waren, haben die Täter in ihren Aussagen keine Schwierigkeiten, ihre eigene Person, damals wie heute, als ungebrochen und kontinuierlich wahrzunehmen. Das Bedrückendste beim Lesen der Vernehmungsprotokolle und autobiographischen Aufzeichnungen ist das völlige Fehlen von Unverständnis demgegenüber, was man getan hat, ist die psychologische Bruchlosigkeit, mit der man ein Leben leben kann, das die Erschießung von, sagen wir, 900 Männern, Frauen und Kindern ebenso enthält wie das Nachdenken darüber, welches Studienfach denn wohl für den eigenen Sohn das geeignete wäre.[14]

Ein »Verweilen beim Grauen«, wie Hannah Arendt das genannt hat, ist also notwendig, weil es die erste Voraussetzung dazu liefert, überhaupt beschreiben zu können, wie die Täter sich selbst wahrgenommen haben, als sie ihre Morde begingen, und in welchen Interpretationsrahmen sie ihre eigenen Handlungen einzuordnen imstande waren.[15] Und weiter: Wenn man sich klarmacht, dass die Vernehmungsprotokolle nicht selten zwanzig, dreißig Jahre nach den Taten verfasst wurden, die Erzähler demzufolge in der zwischendurch verstrichenen Zeit – eben zwanzig, dreißig Jahre lang – ihre ganz normalen Leben geführt hatten und Handwerksmeister, Polizeikommissare oder Journalisten geworden waren, geheiratet und Kinder in die Welt gesetzt und Eigenheime gebaut hatten, dass sie also auch lange, nachdem sie getan hatten, was sie zu tun als sinnvoll betrachteten, jedenfalls nicht in epidemiologisch auffälliger Weise an Schlaflosigkeit, Depressionen, Angstzuständen und dergleichen zu leiden hatten – übrigens ganz im Unterschied zu den Überlebenden unter ihren Opfern –, dann mag einem gelegentlich der Versuch, so etwas erklären zu wollen, als völlig hoffnungslos erscheinen.

Aber auch diesem Gefühl der Hoffnungslosigkeit sollte man nicht folgen, denn gerade die Nachgeschichte des Tötens gibt Hinweise darauf, wie es möglich war, Massenmorde wie jenen in der Schlucht von Babi Jar zu begehen, wo es wenige hundert Männer[16] binnen zweier Tage geschafft hatten, mehr als 33 000 Männer, Frauen und Kinder zu töten, mit eigener Hand, in direkter physischer Aktion. Offenbar war es ihnen gelungen, selbst ein solches Tun so in ihr Lebenskonzept zu integrieren, dass ihnen die Einrichtung in einer bürgerlichen Normalität auch nach 1945 keine Probleme bereitete. Einer der Schlüssel dafür, dass dieses Einrichten so problemlos möglich war, liegt darin, dass Menschen fähig sind, ihr Handeln in jeweils spezifische Referenzrahmen einzuordnen (»es war eben Krieg«, »es war eben Befehl«, »ich fand es grausam, aber ich musste es tun«), die es ihnen erlauben, ihr Handeln als etwas von ihrer Person Unabhängiges zu betrachten. Dazu später mehr.

Neben solchen eher analytischen Gründen, beim Grauen zu verweilen, gibt es auch politische Gründe, sich möglichst genau mit den Taten und ihren Tätern zu konfrontieren: Zum einen ist es eine intellektuelle und politische Selbstentmündigung, jedes Mal dann, wenn sich ein massenmörderischer Prozeß – wie in Ex-Jugoslawien oder Ruanda – vollzogen hat, über die dabei freigesetzte Grausamkeit so entsetzt zu sein, als wäre es das erste Mal, dass so etwas passiert, anstatt sich damit auseinanderzusetzen, dass Gewalthandeln erstens eine Geschichte und sich wiederholende Aspekte hat und sich zweitens in Prozessen vollzieht, die man beschreiben kann. Es handelt sich bei kollektiven Gewalttaten in der Regel nicht um unerklärliche Eruptionen, sondern um wiederkehrende soziale Vorgänge mit einem Anfang, einem Mittelteil und einem Schluss, und diese Vorgänge werden von denkenden Menschen und nicht von Berserkern erzeugt. Genozidale Prozesse entwickeln freilich selbst eine innere Dynamik – im Mittelteil wird möglich, was zu Anfang noch ganz undenkbar erschien –, und Gewalt selbst ist nicht prinzipiell destruktiv: Sie hat am Schluss eine neue Struktur geschaffen, die *vor der Gewalt* noch nicht da war. Ob diese Struktur im Ergebnis in Staatsbildungsprozessen nach ethnischen Kategorien besteht oder etwa in einer nachhaltigen sozialpsychologischen Wirkung wie der, dass man sich Juden nach dem Holocaust vor allem als Opfer vorstellt, ist an dieser Stelle unerheblich – es geht darum, Gewalt in ihrer strukturbildenden Funktion zu verstehen und Gewaltakteure als denkende Menschen zu beschreiben, um das Entstehen genozidaler Prozesse dann beobachten und womöglich verhindern zu können, wenn sie noch im Werden sind.

Mit diesem prozessualen Charakter von Massenmorden und Genoziden hängt ein zweiter gegenwartsbezogener Grund zusammen, der es als notwendig erscheinen lässt, dem Handeln der Täter tiefer auf den Grund zu gehen, als es bislang der Fall war. Obwohl die Systemtransformationen, die wir am Ende der 80er Jahre des vergangenen Jahrhunderts erlebt haben (und die noch keineswegs zum Abschluss gekommen sind), die Möglichkeit äußerst rapider gesamtgesellschaftlicher Veränderungsprozesse noch einmal deutlich vor Augen geführt haben, fehlt bislang noch jede soziologische oder sozialpsychologische oder auch historische Theorie sich selbst dynamisierender sozialer Veränderungsprozesse.

Wenn man sich etwa die Geschwindigkeit vergegenwärtigt, mit der in Jugoslawien die Ethnisierungsprozesse verlaufen sind, die eine ganze Gesellschaft in einen äußerst brutalen Krieg inklusive ethnischer Säuberungen und Massenerschießungen gezogen haben, oder bemerkt, in welch unglaublich kurzem Zeitraum die deutsche Gesellschaft sich nach Januar 1933 nationalsozialisiert hat, beginnt man zum einen zu ahnen, wie schwach es um die Stabilität und Trägheit moderner Gesellschaften in ihrem psychosozialen Binnengefüge bestellt ist, an die wir so gern glauben. Zum anderen wird verständlich, dass es eben nicht nur abstrakte, analytische Kategorien wie »Gesellschaft« und »Herrschaftsformen« sind, die sich innerhalb weniger Monate verändern, sondern dass die konkreten Menschen, die diese Gesellschaften bilden und ihre Herrschaftsformen realisieren, sich in ihren normativen Orientierungen, in ihren Wertüberzeugungen, in ihren Identifikationen und auch in ihrem zwischenmenschlichen Handeln schnell verändern können. Entscheidungen zur Benachteiligung anderer Gesellschaftsmitglieder, dann zu ihrer Entrechtung, zu ihrer Beraubung, schließlich zu ihrer Deportation und Tötung, liegen ja 1933 keineswegs in ihrem vollen Ausmaß vor, sondern werden sukzessive durch aktive Toleranz und Partizipation der Volksgenossinnen und Volksgenossen formatiert. Dabei wird zunehmend für normal und akzeptabel gehalten, was zu Beginn des Prozesses noch als unmenschlich und unakzeptabel gegolten hätte – und diese Beobachtung ist höchst relevant auch für das Erklären von Tätern und ihren Taten.

Ein gesellschaftlicher Prozess, in dem die radikale Ausgrenzung von Anderen zunehmend als positiv betrachtet wird und der schließlich das Tötungsverbot in ein Tötungsgebot verwandelt, bildet gewissermaßen den ersten Kreis des Tatzusammenhangs. Dieser Kreis schafft eine dynamische gesellschaftliche Deutungsmatrix, die den individuellen normativen Orientierungen und ihren Veränderungen einen Rahmen gibt. Dieser kann fallweise über- oder unterschritten oder ignoriert werden; er ist aber für die Analyse von Täterhandeln deswegen von Bedeutung, weil die Entscheidungen für das eigene Handeln nicht rein situativ und individuell getroffen werden, sondern immer auch an diesen größeren Rahmen gebunden sind – in dem Sinne etwa, dass die wahrgenommene Legitimität einer Judenerschießung durch einen gesellschaftlich dominanten Antisemitismus und Rassismus oder, noch allgemeiner, durch eine nationalsozialistische Moral kontextualisiert ist. Dieser Rahmen verändert sich in den zwölf Jahren zwischen 1933 und 1945 rapide, und er ist wichtig für die Wahrnehmung einer gegebenen Situation durch den Einzelnen – sei es eine Situation, in der man vor der Frage steht, ob man es sich erlauben sollte, in einem jüdischen Geschäft einzukaufen, sei es eine, in der die Gewalt der »Reichskristallnacht« beobachtet wird, sei es eine der angeordneten Erschießung jüdischer Kinder. Denn Situationen werden grundsätzlich interpretiert, bevor eine Schlussfolgerung gezogen und eine Entscheidung für das eigene Handeln (oder Nichthandeln) getroffen wird – und in solche Interpretationsprozesse gehen gesellschaftlich dominante Normen ebenso ein wie situativ gebildete Gruppennormen, sozialisierte Werthaltungen, religiöse Überzeugungen, vorangegangene Erfahrungen, Wissen, Kompetenz, Gefühle usw. usf.

Die soziale Situation und ihre Deutung durch einen Akteur bildet mithin einen zweiten, inneren Kreis des Tatzusammenhangs. Dieser ist in sich differenziert – nach den Erwartungen und Erfahrungen, mit denen jemand in die Situation kommt, nach den Modi der Bewältigung der gegebenen oder sich ergebenden Aufgaben, den dabei auftretenden Problemen und vorgenommenen Korrekturen des eingeschlagenen Wegs, die neue Entscheidungen nach sich ziehen usw. Erst wenn dieser Kreis für eine gegebene Tat beschrieben werden kann, öffnet sich analytisch der Raum für die Betrachtung eines dritten, nun eher individuellen Kreises des Geschehens: die Einschätzung des eigenen Handlungsspielraums durch den jeweiligen Akteur. Ein solcher Spielraum ist nicht einfach objektiv gegeben; er ist davon abhängig, ob und wie ein Akteur ihn wahrnimmt, welche möglichen Konsequenzen er bei der Entscheidung für diese oder jene Option (mitschießen oder »sich drücken« oder sich verweigern etc.) erwartet, bevor er sich schließlich für eine entscheidet.[17] Erst auf dieser Ebene kommt Psychologie ins Spiel – denn die Interpretation des Spielraums und die auf dieser Basis gezogene Schlussfolgerung ist auch von persönlichen Dispositionen, biographischen Erfahrungen, individuellen Einstellungen und Überzeugungen, der Handlungskompetenz usw. abhängig.

Eine Tat spielt sich also im Rahmen mehrerer Kontexte ab, die von der gesellschaftlichen bis zur individuellen Ebene zu unterscheiden sind. Mit Hilfe einer solchen Unterscheidung lässt sich nicht nur beschreiben, was die Akteure getan haben, sondern auch, wie sie als Personen die jeweilige Situation wahrgenommen, welche situativen Bedingungen ihr Handeln bestimmt haben und unter welchen überindividuellen, jenseits der Grenzen der subjektiven Zurechnung liegenden, sozialen und normativen Rahmenbedingungen das jeweilige Handeln stattfand.

Massenmord und Moral

»Ich war mir immer dessen bewusst, dass die Täter, Opfer und Zuschauer denkende Menschen gewesen sind.«

Raul Hilberg

Willy Peter Reese, seine hinterlassenen Fotos und Selbstzeugnisse belegen es, war gewiss kein harter Bursche. Er war äußerlich wie innerlich so etwas wie ein bebrillter junger Schöngeist, einer, der Dichter sein wollte, obwohl er nach dem Abitur auf das Drängen seines Vaters hin erst mal eine Banklehre machte. Reeses kurzes Leben war eher unspektakulär, genauso wie sein Tod, über den wir nichts wissen, außer dass er, einer Recherche des Suchdienstes des Roten Kreuzes zufolge, »mit hoher Wahrscheinlichkeit bei den Kämpfen, die zwischen dem 22. und 30. Juni 1944 im Raum Witebsk geführt wurden, gefallen ist.«[18]

Reese war 23 Jahre alt, als er starb. 1942, da war er schon ein Jahr Soldat bei der deutschen Wehrmacht, verfasste er die folgenden Gedichtzeilen:

»Wir dürfen mit Geschütz, Gewehr und Säbel
das größte Unheil schaffen, das gefällt,
die Menschlichkeit und Freiheit weiter knebeln –
denn wir sind ja die Herren dieser Welt.
Das Reich ist unser, morgen auch die Erde,
ein Clown regiert, ein Rudel Rindvieh brüllt
im Propagandastall zu unserer Herde.«[19]

Reese verfasste seine Gedichte, um sich zu schützen, unter dem doch kaum verfremdenden Pseudonym Peter Reiser. Dass er dem Nationalsozialismus auf eine durchaus selbstgefährdende Weise kritisch gegenüberstand, wird in den folgenden Zeilen aus derselben Zeit noch deutlicher:

»Die Juden ermordet,
als brüllende Horde
nach Russland marschiert,
die Menschen geknebelt,
im Blute gesäbelt,
vom Clowne geführt,
sind wir die Gesandten
des allwärts Bekannten
und waten in Blut.
Wir tragen die Fahnen
der arischen Ahnen:
sie stehen uns gut.«[20]

Reese hat Gedichte, Briefe, Zeichnungen und vor allem einen ausführlichen Bericht aus dem Krieg hinterlassen, was bei einem so jungen Kriegsteilnehmer sehr ungewöhnlich ist. Sein 140-seitiges »Bekenntnis aus dem großen Krieg« schreibt er während eines Fronturlaubs Anfang 1944. Diesen Aufzeichnungen gibt er den munteren Obertitel »Russische Abenteuer«, und diese Abenteuer beinhalten Schilderungen wie die folgende:

»... [wir] wurden melancholisch, teilten uns Liebeskummer und Heimweh mit, lachten wieder und tranken weiter, jauchzten, tobten über die Geleise, tanzten in den Wagen und schossen in die Nacht hinein, ließen eine gefangene Russin Nackttänze aufführen und bestrichen ihr die Brüste mit Stiefelfett, machten sie so betrunken wie wir selber waren.«[21]

Oder diese:

»Die Gehenkten schaukelten an einem überragenden Ast. Ein fader Verwesungsgeruch umgab die starren Gestalten. Ihre Gesichter waren bläulich verschwollen, zu Fratzen verzogen. Von den Nägeln der gefesselten Hände löste sich das Fleisch, eine gelbbraune Flüssigkeit sickerte aus ihren Augen und verkrustete auf den Wangen, worauf die Bärte noch im Tode gewachsen waren. Ein Soldat fotografierte sie, ein anderer schaukelte sie mit einem Stock. Partisanen. Wir lachten und zogen weiter über Knüppeldämme im Laubwald.«[22]

Oder, nach einem Angriff:

»Über die deutschen Soldaten deckten wir eine Zeltbahn, den Kosaken zogen wir die Filzstiefel, Mützen und auch Hosen und Unterwäsche aus und zogen sie an. In den übrig gebliebenen Häusern rückten wir enger zusammen. Ein Soldat hatte keine Filzstiefel mehr gefunden, die ausgezeichnet gegen die Kälte schützten, und fand erst am nächsten Tag einen steifgefrorenen Toten der Roten Armee. Vergeblich zerrte er an dessen Beinen. Er nahm eine Axt und schlug dem Leichnam beide Unterschenkel ab. Er nahm die Stümpfe unter den Arm und stellte sie neben unser Mittagessen in den Ofen. Als die Kartoffeln kochten, waren auch die Beine aufgetaut, und er zog sich die blutigen Filzstiefel an. Uns machte das Aas neben dem Essen so wenig aus, wie wenn einer zwischen den Mahlzeiten seine Erfrierungen verband oder Läuse zerknackte.«[23]

Reese schildert, wie seine Einheit Kriegsgefangene erschießt,[24] Zivilisten ermordet,[25] Dörfer niederbrennt und Vorräte plündert. Er schreibt auch über Frauen, die – als Gefangene oder Prostituierte – von ihm und seinen Kameraden missbraucht werden, kurz: er schreibt über alles, was über das Verhalten ganz normaler Soldaten in Zeiten des Krieges bekannt ist. Dann wieder, im September 1943, schreibt er: »Ich breche unter dieser Schuld zusammen« – nachdem seine Einheit auf dem Rückzug Dörfer verwüstet, Menschen getötet und vermutlich alle Arten von Gewalt ausgeübt hat.[26]

Wer war dieser junge Mann? Eine bigotte Figur, die sich über ein Regime aufregt, für das er selbst in den Vernichtungskrieg zieht? Ein Zyniker, den eine ungute Melange aus Intellektualität, Weltschmerz und Alkohol die Folter einer nackten Gefangenen goutieren lässt? Ein junger Mann voller Todesangst, der um des eigenen Überlebens willen mordet, plündert, brandschatzt? Ein Schöngeist, der äußerste Brutalität und Menschenverachtung expressionistisch überhöht? Ein Widerständler, der sich immerhin aufzuschreiben und zu sagen traute, was er von dem Ganzen hielt? Ein Opfer einer Gewalteskalation, deren Teil er war, für die er aber trotzdem nichts konnte? Williges Teil einer Gesellschaft, deren Mitglieder mehrheitlich der Auffassung waren, dass es schon in Ordnung sei, den Ostraum zu erobern und die dort lebenden Menschen entweder umzubringen, zu versklaven oder zu deportieren?

Die Antwort ist: Ja, das war Willy Peter Reese. Und damit ist er gewiss nicht vollständig beschrieben. Wenn man sich mit Massenmorden und den Menschen, die sie begehen, befasst, muss man sich von einigen behütenden Vorannahmen verabschieden. Eine dieser Vorannahmen besteht eben darin, dass wir, wenn etwas Ungewöhnliches oder scheinbar Unerklärliches geschieht, die Persönlichkeiten der Handelnden auf eine Dimension verkleinern: Jemand, der tötet, ist ein Mörder, womit impliziert ist, dass seine Persönlichkeit irgendetwas »Mörderisches« aufweise oder sich geradezu durch das »Mörderische« definiere.[27] In diesem Zusammenhang mag ein grundlegendes psychisches Phänomen von Interesse sein, das als »fundamentaler Zuschreibungsfehler« bezeichnet wird: Hier geht es darum, dass Menschen prinzipiell dazu neigen, ihr eigenes Verhalten mit situativen Faktoren zu begründen (»das hat sich so ergeben«, »ich musste so handeln, weil…«), während das Verhalten anderer auf Persönlichkeitsfaktoren zurückgeführt wird (»der war schon immer so«, »sie neigt zur Hysterie« usw.).[28]

In Geschehenszusammenhängen, die uns mit einer so außerweltlich erscheinenden Brutalität und Grausamkeit konfrontieren, dass wir uns in ihnen nicht zurechtfinden, neigen wir dazu, die Persönlichkeiten der Akteure binär zu konzipieren: Sie handeln moralisch oder amoralisch, gut oder schlecht, als Täter oder als Opfer, als Nazis oder Anti-Nazis. Menschen sind aber niemals eindeutig, abgesehen von pathologischen Einzelfällen, die in den Geschehnissen, von denen dieses Buch handelt, keine Rolle spielen. Es gab im Zusammenhang des Vernichtungskriegs und des Holocaust überzeugte Nazis, die Juden gerettet haben,[29] und man musste kein überzeugter Nationalsozialist sein, um sie zu töten. Die Bezugnahme auf die geistigen Besitzstände deutscher Kultur, auf Beethoven, Mozart, Goethe und Keller, die im Deutschland des »Dritten Reiches« gepflegt und zelebriert wurde, war den handelnden Personen keine zynische Ornamentik, sondern oft ein echtes Anliegen, ein tief gefühlter Genuss, Teil ihrer Identität. Die Wissenschaftler, die an eugenischen Konzepten tüftelten oder Pläne für die Besiedelung des »Ostraums« entwarfen, waren keine »Pseudo«-Wissenschaftler, sondern kultivierte Menschen, die ihre international kompatible Qualifikation für anti-humane Zwecke einsetzten; »katholische Geistliche segneten die Waffen für den Kreuzzug gegen den gottlosen Bolschewismus und wehrten sich gleichzeitig gegen die Euthanasie-Verbrechen«,[30] und gewiss gab es nicht wenige Volksgenossinnen und -genossen, denen die Juden nicht geheuer waren, die aber trotzdem in jüdischen Geschäften einkauften, weil es dort preiswert war. Und genauso gewiss gab es Menschen, die sich über die schändliche Behandlung jüdischer Gerichtsräte oder Ärzte echauffieren konnten und ein Gefühl des Beschämtseins darüber hatten, was diesen Menschen angetan wurde, die aber trotzdem die Gelegenheit nutzten, einen komfortablen Wohnzimmersessel oder ein hübsches Landschaftsbild dort zu kaufen, wo es eben günstig war: bei den »Judenkisten« am Hamburger Kamerunkai zum Beispiel, wo die »arisierten« Einrichtungsgegenstände der zur Emigration gezwungenen oder deportierten belgischen und holländischen Juden verhökert wurden.

Auch wenn wir uns selbst betrachten, zeigen sich gelegentlich erhebliche Diskrepanzen zwischen unseren moralischen Ansprüchen und Handlungen; wir sind je nach Situation zu höchst unterschiedlichen Deutungs-, Handlungs- und Redeweisen in der Lage, erlauben uns »schlechtes« Verhalten trotz »besseren« Wissens, beherrschen Lüge, Widerspruch, Missachtung ebenso gut wie das Gegenteil: Vertrauen, Integrität, Anerkennung. Und eine solche Selbstbetrachtung zeigt sofort auch noch etwas anderes: dass wir, wenn wir gedanklich das Patchwork unserer moralischen Existenz durchmustern, bei jeder Facette, die uns selbst moralisch als etwas fragwürdig erscheint, sofort zu legitimieren versuchen, *weshalb* wir dies oder jenes wider ein vorhandenes besseres Vermögen getan haben, warum wir unter unseren Möglichkeiten geblieben sind, was der Grund war, dass wir lügen, betrügen, verraten oder enttäuschen *mussten*. Erstaunlicherweise finden wir meist solche guten Gründe, die ein als falsch empfundenes Verhalten nachträglich sinnhaft und damit wenigstens für uns selbst gerechtfertigt erscheinen lassen, und wir brauchen solche Gründe, um unseren eigenen moralischen

Ansprüchen gerecht werden zu können, selbst wenn wir ihnen »ausnahmsweise« zuwidergehandelt haben.

Tötungsmoral

»Ich glaube, meine Herren, dass Sie mich soweit kennen, dass ich kein blutrünstiger Mensch bin und kein Mann, der irgendwie an etwas Hartem, das er tun muß, Freude oder Spaß hat. Der aber andererseits so gute Nerven und ein so großes Pflichtbewusstsein hat – das darf ich für mich in Anspruch nehmen –, dass ich dann, wenn ich eine Sache erkenne, und als notwendig erkenne, sie kompromisslos durchführe.«[31] Dieses Zitat stammt, wie ein ungleich berüchtigteres,[32] von Heinrich Himmler, und es ist gewiss kein Zufall, dass Täter wie er oder Rudolf Höß oder zahllose andere immer wieder betont haben, dass es eine unangenehme, der eigenen »Menschlichkeit« widerstrebende Aufgabe war, Menschen zu vernichten, dass sich aber gerade in der Selbstüberwindung zum Töten die besondere charakterliche Qualität der Täter zeige. Es geht hier um die Verkoppelung von Töten und Moral, und es ist diese Verkoppelung zwischen der Einsicht in die Notwendigkeit unangenehmer Handlungen und dem Gefühl, diese als notwendig angesehenen Handlungen *gegen* das eigene mitmenschliche Empfinden auszuführen, die den Tätern die Möglichkeit gab, sich noch im Morden als »anständig« zu empfinden, als Person, die – um Rudolf Höß zu zitieren – »ein Herz hatte«, die »nicht schlecht war.«[33]

Wenn die Täter autobiographisches Material – Tagebücher, Aufzeichnungen, Interviews – hinterlassen haben, zeigt dieses in der Regel ein auffälliges Merkmal. Selbst wenn die betreffenden Personen offenbar keinerlei humanen Zurechnungsmaßstab für das zu haben scheinen, was sie angerichtet haben, sind sie doch regelmäßig ängstlich darauf bedacht, nicht als »schlechte Menschen« dazustehen, sondern als Personen, deren moralisches Vermögen gerade auch im Rahmen der extremen Situationen ihres Handelns intakt geblieben war. Ich möchte dieses Bedürfnis anhand des Falles des Kommandanten von Treblinka, Franz Stangl, etwas eingehender skizzieren.

Stangl, 1908 in Österreich geboren, von 1940 bis 1942 Polizeivorstand der Euthanasieklinik Schloss Hartheim, von März bis September 1942 Kommandant des Vernichtungslagers Sobibor, war bis zum August 1943 der Kommandant von Treblinka. 1971 hat er der Journalistin Gitta Sereny ausführliche Interviews über seine Vergangenheit gegeben,[34] die das Material für die folgenden Ausführungen liefern. Sereny hat – ähnlich wie in ihrem Buch über Albert Speer[35] – versucht, die Persönlichkeit des Täters über sein Verhältnis zur Schuld aufzuschließen – ein etwas problematisches Unterfangen, weil es ja voraussetzt, dass er so etwas wie Schuld überhaupt empfunden hatte. Aber Serenys Interviews mit Stangl sind sehr aussagekräftig, weil sich der Massenmörder gegenüber der Interviewerin als jener gute Kerl darzustellen versucht, der er seiner eigenen Überzeugung nach wohl war.

Wenn Stangl erzählt, geht es in erster Linie um seine eigene Befindlichkeit, nicht um die der Opfer. Emotionale Betroffenheit gegenüber seinen Opfern zeigt er nur dann, wenn sie schon tot sind und irgendetwas mit ihrer Beseitigung nicht funktioniert: »Sie hatten zuviele Leichen [in eine Grube] hineingelegt, und die Verwesung war so weit fortgeschritten, daß unten alles flüssig wurde. Die Leichen sind übergequollen, aus der Grube hinaus – und den Berg hinuntergerollt. Ich hab da welche gesehen – mein Gott, es war fürchterlich.«[36] Stangl löst diese Probleme der Konfrontation mit grauenerregenden Szenen – ganz ähnlich wie der Auschwitz-Kommandant Rudolf Höß[37] – durch Distanzierung vom Geschehen: Entweder schaut er weg oder vermeidet die Schauplätze des Tötens generell (»In Sobibor konnte man fast vollkommen vermeiden, es zu sehen«[38]) oder stürzt sich in manische Aktivitäten,[39] die ihn qua Arbeitsüberlastung darin hindern, wahrzunehmen, welche Resultate seine rastlose Tätigkeit hervorbringt.

Interessanter als solche Vermeidungsstrategien der unmittelbaren Konfrontation mit den ekelerregenden Aspekten seiner Aufgabe ist aber, welche Einschätzungen Stangl in den Interviews gegenüber den moralischen Aspekten seines Tuns abgibt – etwa wenn er auf der Grundlage des auf der Polizeischule Gelernten einzuschätzen versucht, ob er an verbrecherischen Handlungen beteiligt gewesen sei: »In der Polizeischule hatten sie uns beigebracht –

ich erinnere mich genau, es war Rittmeister Leitner, der das immer sagte –, daß ein Verbrechen vier Grundvoraussetzungen erfüllen muß: die Veranlassung; den Gegenstand; die Tathandlung und den freien Willen. Wenn eines von diesen vier Prinzipien fehlte, dann handelte es sich nicht um eine strafbare Handlung. [...] Sehen Sie, wenn die ›Veranlassung‹ die Nazi-Regierung war, der ›Gegenstand‹ die Juden, und die ›Tathandlung‹ die Vernichtungen, dann konnte ich mir sagen, daß für mich persönlich das vierte Element, der ›freie Wille‹ fehlte.«[40]

Nun zeigt Stangl in Erzählzusammenhängen, die im Rahmen seines Verantwortungsbereiches mit dem verknüpft waren, was er als »freien Willen« bezeichnet, dass er großen Wert auf eine moralische Charakterisierung seiner Handlungsweise legt. Dabei spielt die Zurückweisung des Verdachts, er habe persönlich etwas gegen Juden gehabt, genauso eine zentrale Rolle wie die peinliche Vorstellung, er habe als Kommandant irgendwelche Unkorrektheiten durchgehen lassen. So schildert er etwa die Beschwerde eines gerade in Treblinka angekommenen Juden (»ein anständig aussehender Kerl«), der sich über einen Aufseher beklagte, der ihm Wasser versprochen hatte, wenn er ihm dafür seine Uhr geben würde. »Aber dann hatte der Litauer die Uhr genommen, ihm aber kein Wasser gegeben. Ja, das war nicht korrekt, oder? Auf jeden Fall, Klauen hat's bei mir nicht gegeben. Ich habe die Litauer sofort gefragt, wer die Uhr genommen hatte. Aber es hat sich niemand gemeldet. Franz [...] flüsterte mir zu, daß es sich um einen der litauischen Offiziere handeln könnte – die Litauer hatten sogenannte Offiziere – und daß ich doch nicht einen Offizier öffentlich blamieren könnte. Ich habe ihm gesagt: ›Das interessiert mich absolut nicht, was ein Mann für eine Uniform trägt. Mich interessiert nur, was in ihm drinnen steckt.‹ Das ist auch sofort nach Warschau weitergegangen. Aber das war mir ganz egal. Was recht ist, muß recht bleiben, stimmt das nicht?«[41]

Auffällig ist hier das Ethos der überpersonalen Korrektheit, das den Juden als Beschwerdeführer genauso einbezieht wie das mögliche Fehlverhalten kollaborierender Offiziere – »was recht ist, muß recht bleiben« ist Stangls Handlungsmaxime, die völlig unvermittelt zu dem Kontext ist, in dem sich die ganze Situation abspielt, und die völlig abgekoppelt von dem Umstand ist, dass der Beschwerdeführer wahrscheinlich noch vor dem Ende von Stangls Recherche in der Gaskammer ermordet worden war. Auf Serenys Frage jedenfalls, was mit dem Mann geschehen sei, antwortet Stangl lapidar: »Ich weiß nicht.« Der Kontext der Massenvernichtung bleibt Stangl im Rahmen seiner Geschichte völlig äußerlich, wichtig ist ihm die Herausstellung seiner korrekten Handlungsweise, die von persönlichen Bevorzugungen oder Benachteiligungen strikt absieht. Daraus schöpft sich die moralische Integrität, die Stangl sich selbst zuschreibt, und da sie sich auf der Ebene des konkreten Handelns zumindest aus seiner Sicht unzweifelhaft darstellen und belegen lässt, vermag die sonstige Erfüllung seiner Aufgaben, soweit sie seinem »freien Willen« nicht unterlag, keinerlei Beunruhigung bei ihm hervorzurufen.

Dazu allerdings ist eine andere Geschichte geeignet, die Stangl in Gefahr bringt, als jemand, der aus persönlichen Motiven heraus handelt, ja, als sadistischer Charakter dargestellt zu werden – und diese Geschichte ist es, die ihn in seinen Gesprächen mit Sereny in größter Unbehaglichkeit und Aufregung zeigt. Es geht dabei um den Zeugen Stan Szmajzner, der als 14-jähriger Junge nach Sobibor kam und dort der Vernichtung entgehen konnte, weil er Qualitäten als Goldschmied bewies und offenbar eine Art von Sympathie bei Stangl wecken konnte. Stangl ließ sich von ihm mehrere Schmuckgegenstände fertigen und kam gelegentlich, wie Szmajzner berichtete, auch nur zum Plaudern zu ihm. Eine wichtige Rolle bei seinen gerichtlichen Aussagen spielte, daß Stangl ihm jeden Freitagabend Würstchen brachte mit den Worten: »Hier sind Würste für Dich, um den Sabbat zu feiern.« Auf die damit angedeutete Infamie, den jüdischen Jungen dazu zu verführen, Schweinefleisch ausgerechnet am Sabbat zu essen, kam Stangl in seinen Gesprächen mit Sereny mehrere Male zurück, und in der Tat war es genau diese Geschichte, die ihn von allen Zeugenaussagen im Prozess gegen ihn am meisten beunruhigte und aufbrachte: »Diese Sache mit den Würstchen wurde absichtlich mißgedeutet […]. Es ist wahr, daß ich ihm Sachen zum Essen brachte, und wahrscheinlich waren auch Würstchen dabei. Aber nicht um ihn mit Schweinefleisch zu locken oder ihn zu verhöhnen: Ich brachte ihm ja auch andere Sachen. Ich glaube, es war, weil wir selbst unsere Lebensmittelzuteilungen am Freitag bekamen und weil das Lager ja meistens voll mit Essen war und uns Nahrungsmittel übrigblieben. Ich *mochte* diesen Jungen.«[42]

Für unseren Zusammenhang ist es ganz gleichgültig, ob Stangl seine Gaben tatsächlich aus einer besonderen Infamie heraus oder gutwillig und bloß gedankenlos darbrachte – bemerkenswert ist dabei, dass ihm weder seine verantwortliche Beteiligung an den Massenmorden zu schaffen machte noch die Tatsache, dass er zwei Vernichtungslager kommandiert hatte, sondern dass seine moralische Integrität *im persönlichen Umgang mit einer konkreten Person* öffentlich in Zweifel gezogen wurde. Sereny selbst sieht das ganz richtig – »das, was er konkret getan hatte, und nicht das, was er war«, machte ihm am meisten zu schaffen[43] –, allerdings sieht sie darin einen Beleg für Stangls »moralische Korrumpiertheit« und die Weigerung, »sich mit der totalen Veränderung seiner Person auseinanderzusetzen.«

Der eigentlich integre Stangl hat sich also, so sieht Sereny das, im Vernichtungsprozess korrumpieren lassen und sein moralisches Vermögen verloren. Die umgekehrte Deutung wäre viel nahe liegender: Stangl hat keine oder kaum moralische Irritationen durch die »Arbeit« gehabt, die er seiner Auffassung nach zu verrichten hatte – weil er diese in einen Referenzrahmen einordnen konnte, der jenseits seiner Verantwortung lag. Und solche Irritationen hatte er insbesondere dann nicht, wenn er sich in Bezug auf seine Person als »guten Kerl« wahrnehmen konnte: gerecht, sachlich, ohne Parteinahme und gelegentlich über seine Vorschriften hinaus hilfreich und freundlich. Die Aufrechterhaltung dieses Selbstbildes wird es gewesen sein, die sichergestellt hat, dass Stangl ob seiner eigentlichen Funktion, die darin bestand, Massen von Menschen dem Tod zuzuführen, eben keinerlei moralische Bedenken befielen: Hier ist eine Aufgabe, die in ein Universum so oder so begründbarer Zwecke einzuordnen ist, dort ist ein Mann, der seine Aufgaben jederzeit pflichtgemäß zu erfüllen bereit ist, der aber daneben auch »Mensch bleiben« will.

Dass man daran zweifeln könnte, ist es denn auch, was Stangl bedrückt – und gerade hier bemüht er sich, seine Handlungen moralisch in das richtige Licht zu rücken. Dass er im Übrigen in den

Lagern nicht erst moralisch korrumpiert wurde, sondern – wenn man denn in solchen Kategorien denken möchte – es schon von Beginn an war, erschließt sich unter anderem daraus, dass Stangl die Stirn hatte, dem Ausladen der eingetroffenen Transporte von Deportierten im weißen Reitanzug beizuwohnen. Seine Begründung dafür bestand darin, dass er erstens wegen der schlechten Wege das Reiten als Fortbewegungsart bevorzugte, dass es zweitens heiß gewesen und drittens Zufall gewesen sei, dass der Schneider im Nachbarort lediglich einen weißen Leinenstoff verfügbar hatte, als Stangl wegen des Verschleißes seiner Uniform beschloss, sich einen Anzug machen zu lassen. Dieser besondere Verschleiß wiederum resultierte Stangl zufolge aus der mehrmaligen Desinfektion seiner Kleider wegen Sandfliegenbefalls. Als Stangl diese Geschichte erzählt, hakt Sereny ein und fragt: »Diese Sandfliegen müssen für die Gefangenen ein schreckliches Problem gewesen sein.« Worauf Stangl lapidar antwortet: »Nicht jeder reagierte so empfindlich auf sie wie ich [...]. Sie mochten mich halt.«[44]

Auch wenn man hier gewiss von einem völligen Fehlen von Empathie und einer nachgerade schizoiden Gedankenlosigkeit sprechen kann – einen Prozess von moralischer Korrumpierung deutet diese Episode gerade nicht an, sondern ein vorgängiges und ganz fragloses Gefühl von Überlegenheit und Allmacht. Deshalb stürzt ihn die Sache mit dem Anzug, ganz im Gegensatz zu den Zweifeln an seiner moralischen Integrität, auch 25 Jahre nach den Ereignissen noch in keinerlei Beunruhigung. Mit Bestürzung allerdings erfüllt ihn, dass es gerade dieser Anzug war, der ihn im Chaos der ankommenden Transporte später für überlebende Zeugen identifizierbar machte als jemand, der in die Menge geschossen hatte – was ihn wiederum aufs Tiefste empört und zu Beteuerungen veranlasst, so etwas niemals getan zu haben.[45] Und komplementär zu dieser Empörung, die ihn angesichts der Erschütterung seiner gefühlten Integrität befällt, sind Geschichten, die Stangl erzählt, um eben diese Integrität unter Beweis zu stellen – wie jene vom Häftling Blau, den er, offenbar aus Sympathie, zum Koch gemacht hatte: »Er wußte«, berichtet Stangl, »daß ich ihm helfen würde, wann immer ich konnte. Eines Tages klopfte er in der Frühe an meine Bürotür, stand habt acht und bat um Erlaubnis, mit mir zu sprechen. Er sah sehr besorgt aus. Ich sagte: ›Natürlich, Blau, kommen Sie herein. Was haben Sie denn auf dem Herzen?‹ Er antwortete, es wäre wegen seinem 80jährigen Vater. Er sei mit dem Morgentransport angekommen. Könnte ich nicht etwas tun? Ich sagte: ›Nein, wirklich, Blau, das ist unmöglich, das verstehen Sie doch; ein Achtzigjähriger...‹ Er erwiderte schnell, daß er das natürlich verstünde. Aber könnte er mich um Erlaubnis bitten, seinen Vater ins ›Lazarett‹ (anstatt in die Gaskammer) bringen zu dürfen? Und könnte er seinem Vater vorher in der Küche etwas zu essen geben? Ich antwortete ihm: ›Gehen Sie und tun Sie, was Sie für das Beste halten, Blau. Offiziell weiß ich von nichts. Aber inoffiziell können Sie dem Kapo von mir sagen, es geht in Ordnung.‹ Als ich am Nachmittag zurück ins Büro kam, wartete Blau schon auf mich. Er hatte Tränen in den Augen, stand habt acht und sagte: ›Herr Hauptsturmführer, ich möchte Ihnen danken. Ich habe meinem Vater zu essen gegeben und ihn ins ›Lazarett‹ gebracht – es ist alles vorüber. Ich danke Ihnen sehr.‹ Ich antwortete: ›Ja, Blau, da ist gar nichts zu danken, aber wenn Sie mir danken wollen, dann können Sie es natürlich tun.‹«[46]

Gerade der Eindruck von einem unglaublichen Zynismus, mit dem man eine solche Geschichte von heute aus zur Kenntnis nimmt, führt an der ja nachgerade treuherzigen Intention Stangls, diese Episode zu erzählen, glatt vorbei: Die Geschichte liefert keinen Beleg für einen moralischen Verfall, sondern dafür, dass sich jemand im Rahmen der zeitgenössischen normativen Orientierungen schon dann als »guten Kerl« wahrnehmen konnte, wenn er einem Menschen durch eine Unterlassungshandlung den Weg in den Tod ein wenig erleichterte. Die Tatsache, dass Stangl in der Lage ist, derlei Geschichten als Illustrationen seiner »menschlichen« Haltung zu erzählen, zeigt exemplarisch, dass Täter solche Beispiele offensichtlich als Belegmaterial benötigen, um ihr Selbstbild als integre Persönlichkeit aufrechterhalten zu können – und davon ausgehen, dass sie auch für ihre Zuhörer als solche erscheinen.

Es scheint einen grundlegenden Widerstand von Menschen dagegen zu geben, als »schlecht« zu gelten, und noch der skrupelloseste Verbrecher scheint aller Erfahrung nach größten Wert darauf zu legen, in irgendeiner Facette seiner Persönlichkeit als »menschlich« wahrgenommen und nicht jenen Kategorien von Personen zugeordnet zu werden, die sie selbst verabscheuen.[47] Diese Alltagsbeobachtung vermag in einer sozialpsychologischen Perspektive kaum zu irritieren, die davon ausgeht, dass es jenseits von sozialer Eingebundenheit menschliches Leben schlichtweg nicht gibt – und insofern, da kann man Sereny allerdings zustimmen, wäre es für Täter vom Schlage Stangls denn in der Tat zuviel gewesen, sich als das Ungeheuer zu erkennen, das er in unserer Perspektive war.

Aber war er tatsächlich ein Ungeheuer? Diese Frage ist politisch wie moralisch vielleicht ganz umstandslos zu entscheiden, nicht aber wissenschaftlich. Sozialpsychologisch betrachtet – und das sträubt man sich angesichts des Ungeheuerlichen seiner Taten zu schreiben – hat er nichts anderes getan, als sich einerseits im Rahmen zeitgenössischer normativer Standards, wissenschaftlicher Lehrmeinungen, militärischer Pflichtauffassungen und kanonisierter Ehrendefinitionen zu verhalten und andererseits sich ebenso zeitgenössischer Definitionen von moralischem Verhalten zu versichern. Und das war es denn auch, was ihn noch Jahrzehnte nach seinen Taten lediglich daran zweifeln ließ, ob er nicht im konkreten zwischenmenschlichen Verhalten gefehlt habe.

Dieser Zweifel an der durchgehaltenen »Anständigkeit« findet sich immer, wenn man sich mit autobiographischen Materialien über Täter beschäftigt, wo diese sich mit der persönlichen Dimension ihres Tuns beschäftigen, dort also, wo sich Stangl mit dem Vorwurf persönlicher Gemeinheit konfrontiert sieht, oder wo Rudolf Höß über von ihm selbst begangene Handlungen räsoniert, »die jedem noch menschlich Empfindenden das Herz im Leibe umdrehen ließen.«[48]

Der Wunsch, als moralisch handelnde Personen angesehen zu werden, existiert, so weit ich sehe, für alle Täter, gleichgültig, wie ihr Bildungsstand, ihre hierarchische Position, ihre Intelligenz ausfiel. Noch Kurt Franz, Stellvertreter und Nachfolger von Franz Stangl als Kommandant des Vernichtungslagers Treblinka, ein ausgewiesener Sadist, unter dessen Kommando etwa 300 000 Personen und mindestens 139 durch seine eigenen Hände brutal getötet wurden,[49] behauptet in einem Interview, »dagegen« gewesen zu sein, und führt als biographischen Beleg für seine Haltung an, »niemals in meinem Leben irgendwo mit irgendwelchen Juden Schwierigkeiten gehabt« zu haben, was zum Beispiel daraus hervorgehe, dass er »mit den Juden im Stadion in Düsseldorf Makabi als Gegner Handball gespielt« habe.[50] Es geht auch ihm um eine Unterstreichung seiner persönlichen Integrität, die auf eine Differenzierung zwischen dem eigenen moralischen Vermögen und der geforderten mörderischen Aufgabe hinausläuft. Man muss dabei auch im Auge behalten, dass zwischen dem Zeitpunkt der Tat und dem der Rechtfertigung ein Wechsel des Referenzrahmens stattgefunden hat: Während das Töten von Juden, Behinderten, Sinti und Roma etc. bis 1945 als moralische, im völkischen Sinn notwendige Handlung betrachtet wurde, galt es nach dem Zusammenbruch des »Dritten Reiches« als niederträchtiges, durch und durch amoralisches Handeln. Auf diesen Wechsel des Referenzrahmens reagieren die Täter, indem sie Geschichten erzählen, die davon handeln, wie »menschlich« sie unter unmenschlichen Verhältnissen gehandelt haben. Und das ist wahrscheinlich nur zum Teil bewusst gelogen. Es spricht einiges dafür, dass sie daran auch selbst glaubten.

Richard Breitman schließt seine Biographie Heinrich Himmlers mit der deprimierenden Feststellung, dass der Architekt des Massenmords bis zum Schluss davon überzeugt war, ein Moralist gewesen zu sein.[51] Diese Selbsteinschätzung ist, von heute aus betrachtet, nicht zustimmungsfähig, war es aber vermutlich in weiten Teilen der nichtjüdischen deutschen Bevölkerung bis 1945. Und das verweist eindringlich darauf, dass wir bei der Analyse von Täterhandeln nicht von einem universalistischen Moralkonzept ausgehen können, nach dessen Maßstäben die Täter ganz zweifellos unmoralisch gehandelt haben, sondern von einem partikularen Moralkonzept, das von unserem abweicht, aber in der Sicht der Akteure Geltung beanspruchen und ihr Handeln anleiten konnte.[52]

Diese partikulare nationalsozialistische Moral enthielt, worauf ich noch ausführlicher eingehen werde, als zentrales Moment die Vorstellung erstens von einer absoluten Ungleichheit von Menschen, die aus der Sicht der Akteure wissenschaftlich begründet war, und zweitens die Setzung, dass diese Ungleichheit eine Bedrohung für die nach rassistischen Kriterien höherwertige Gruppe von Menschen bedeutete, der man um des eigenen Überlebens willen begegnen musste. Im Licht einer solchen partikularen Moral musste es keineswegs einen Widerspruch darstellen, wenn man aus rassenbiologisch begründeten Überzeugungen, aber auch aufgrund einer »völkischen Weltanschauung« der Auffassung war, dass das »Judentum« an sich eine Gefahr darstellte, während man gleichzeitig persönlich gar nichts gegen einzelne Juden hatte. Im Gegenteil: Die Einsicht in die historische Notwendigkeit, die feindlichen »Rasse« in die Schranken zu weisen oder sie in letzter Konsequenz zu vernichten, kann moralisch begründet sein, gerade dann, wenn die Maßnahmen dem eigenen »mitmenschlichen« Gefühl widersprechen. Vor diesem Hintergrund ist etwa die Formulierung eines Angehörigen eines Erschießungskommandos einzuordnen, der nach der Exekution einer Gruppe von 200 Juden, die zum Teil den Schützen persönlich bekannt waren, gesagt hat: »Menschenskind, verflucht noch mal, eine Generation muß dies halt durchstehen, damit es unsere Kinder besser haben.«[53]

Diese Äußerung fällt am 21. Juni 1941, also zu Beginn des deutschen Überfalls auf die Sowjetunion; die Erschießungsaktion fand im deutsch-litauischen Grenzgebiet statt. Eine mentalitätsgeschichtliche Rekonstruktion der erfolgreichen Vermittlung rassenbiologisch und völkisch begründeter Moralvorstellungen, die sich von den akademischen und politischen Eliten bis zu den Reservepolizisten an den Erschießungsgruben herunterdeklinierte, kann und braucht hier nicht vorgenommen zu werden. Ulrich Herbert – und nach ihm eine Reihe anderer Historikerinnen und Historiker – haben diese Arbeit am Beispiel unterschiedlicher Gruppen so weit wie möglich geleistet.[54] In Zentrum von Ulrich Herberts brillanter Studie steht der spätere Stellvertreter Heydrichs, Werner Best, der als junger Jurist in den zwanziger Jahren, und zwar keineswegs als einziger, das Konzept eines »seriösen Antisemitismus« entwickelt und vertreten hat. Nach diesem Konzept war die Bekämpfung des politischen und rassischen Gegners »aus dem Vollzug der Gesetze der Natur heraus und in der Verfolgung der Interessen des eigenen Volkes« zu begründen – weshalb »der Kampf nicht mehr in Emotion und Leidenschaft, sondern als ›sachliche‹ Arbeit geführt werden« konnte.[55]

Mit dieser Konzeption eines »sachlichen Antisemitismus«, der gerade aus der Ablehnung persönlicher Motive und akuter Gefühle heraus argumentierte und politische Strategien entwickelte, teilte Best die Auffassung breiter Teile einer akademischen Jugend, die dann nur ein Jahrzehnt später die junge und hochmotivierte Führungselite des »Dritten Reiches« bildete. Wie Herbert herausarbeitet, wird das argumentative Fundament des »seriösen Antisemitismus« zum einen durch die rassenbiologische Lehre, zum anderen durch die völkische Theorie gebildet, die das Wohlergehen und die »Gesundheit« des Volkes als »überzeitlicher Gesamtwesenheit« (Himmler) gegenüber dem Geschick des Einzelnen privilegiert. Daraus leitet sie das Recht ab, dem übergeordneten Interesse des Volkes die Interessen des Einzelmenschen genauso unterzuordnen, wie jene der »Sklavenvölker« denen der »Herrenvölker« zu unterwerfen sind. In der innenpolitischen Theorie des mittlerweile zum Hauptabteilungsleiter des Geheimen Staatspolizeiamtes avancierten Juristen Best lautet das daraus abgeleitete Programm: »Der politische Totalitätsgrundsatz des Nationalsozialismus, der dem weltanschaulichen Grundsatz der organischen und unteilbaren Volkseinheit entspricht, duldet keine politische Willensbildung in seinem Bereiche, die sich nicht der Gesamtwillensbildung einfügt. Jeder Versuch, eine andere politische Auffassung durchzusetzen oder auch nur aufrechtzuerhalten, wird als Krankheitserscheinung, die die generelle Einheit des unteilbaren Volksorganismus bedroht, ohne Rücksicht auf das subjektive Wollen seiner Träger ausgemerzt.«[56]

Die außenpolitische Variante dieser Programmatik bestand in der aus der »völkischen Weltanschauung« hergeleiteten Auffassung, dass es den »ewigen Gesetzen des Lebens« entspreche, wenn sich nach rassischen Kriterien definierte Völker als Feinde gegenüberstünden und auf Leben und Tod bekämpften. Die besondere Rolle der Juden als Gefahr für das Überleben der anderen Völker leitet sich im Rahmen dieser Theorie aus dem Umstand ab, dass sie deren völkische Identität bedrohen, weil sie *innerhalb* dieser Völker leben und sich mit ihren Angehörigen vermischen. Der zentrale Feind der gesunden Entwicklung des deutschen Volkskörpers wohnt als »Parasit« in diesem selbst und muss ebenso konsequent »ausgemerzt« werden wie andere Träger »schädlichen Erbgutes«, auf jeden Fall aber konsequenter bekämpft werden als äußere Feinde in Gestalt anderer »Völker«.

Dieser »seriöse Antisemitismus« war für Angehörige der Führungselite vom Schlage Bests, wie gesagt, keineswegs ein Anlass, etwa persönliche Ressentiments gegenüber einzelnen Angehörigen der jüdischen Bevölkerung zu entwickeln oder gar die Ausschreitungen »gewöhnlicher Antisemiten« auch in den Reihen der eigenen Partei oder deren Organisationen zu befürworten: Die Juden waren in dieser Perspektive einfach »aufgrund ihrer Abstammung Teil eines den Deutschen feindlichen Volkstums, das zu bekämpfen, zu vertreiben, unter Umständen auch zu vernichten im Sinne [...] der Vorstellungen von den völkischen ›Lebensgesetzen‹ eine unumgängliche, von individuellen Gefühlen aber ganz unabhängige Notwendigkeit darstellte, die mit dem eigenen Verhalten gegenüber einzelnen Juden gar nicht in direkter Verbindung stand.«[57]

Das Vorhandensein solcher Orientierungen in den Kreisen der politischen, administrativen, medizinischen, naturwissenschaftlichen und technischen Eliten sagt freilich nichts darüber aus, wie der faktische Umgang mit Angehörigen der Opfergruppen aussah, und man sollte auch vorsichtig mit Spekulationen über den Verbreitungsgrad bestimmter Einstellungen in verschiedenen Bevölkerungsgruppen sein. Klaus Michael Mallmann geht zum Beispiel davon aus, dass der sachliche Antisemitismus vorwiegend im Kreis der Eliten Widerhall fand, während die Vertreter der darunter angesiedelten Hierarchieebenen der Exekutive – etwa die Dienststellenleiter der Gestapo – ebenso wie ihre Untergebenen »kaum oder gar nicht geprägt von den Leitvorstellungen der ›Generation der Sachlichkeit‹« waren. »Ihr Weltbild war weit weniger intellektuell, ihr Antisemitismus handfester, blutrünstiger, ihr Verhältnis zu unmittelbarer Gewalt bedeutend direkter. Sie befahlen nicht nur, sie schossen und folterten auch.«[58] Aber es geht an dieser Stelle weniger um die statistische Verteilung von Einstellungsmustern unter verschiedenen Personengruppen, die sich retrospektiv ohnehin kaum abbilden lassen, sondern grundlegend um die Frage, welche Rolle moralischen Überzeugungen im Vernichtungsprozess überhaupt zukommt.

Festhalten lässt sich zunächst, dass sich im abstrakteren Sinne einer Moral, die sich auf das Wohlergehen überindividueller und übertemporaler Einheiten bezieht, also von subjektiven Motiven und Zielsetzungen ausdrücklich absieht, Auffassungen wie die von Werner Best durchaus als »moralische« bezeichnen lassen – wenn auch der Inhalt dieser Moral eben partikular ist und sich auf den Ausschluss bestimmter Personengruppen aus ihrem Geltungsbereich richtet.

Im Lichte der prominentesten psychologischen Theorie der Moralentwicklung, derjenigen von Lawrence Kohlberg, müsste man Werner Best sogar eine postkonventionelle Moral zuschreiben, mithin die höchste Stufe der moralischen Entwicklung, die nur von einer Minderheit von Menschen erreicht wird. Kohlberg unterscheidet drei Niveaus der Moralentwicklung, das präkonventionelle, das konventionelle und das postkonventionelle Niveau. Präkonventionell sind nach diesem Modell zum Beispiel Kinder bis etwa zum neunten Lebensjahr oder jugendliche Straftäter, die etwas nur dann für Unrecht halten, wenn es entdeckt wird. Sie haben das zugrunde liegende Normensystem (noch) nicht verinnerlicht. Das konventionelle Niveau ist durch eine Identifikation mit dem herrschenden Normensystem gekennzeichnet; konventionell moralische Personen können deshalb zu autoritärem Verhalten neigen oder im Extremfall Normpathologien wie Adolf Eichmann entwickeln, der in seinem Jerusalemer Prozess die legendäre Stellungnahme abgab, dass er sich selbstverständlich zivilcouragiert verhalten hätte, wenn Zivilcourage angeordnet gewesen wäre. Das konventionelle Niveau wird Kohlberg zufolge von den meisten Erwachsenen erreicht. Das postkonventionelle Niveau bleibt dagegen einer Minderheit von Personen vorbehalten, die sich »von den Regeln und Erwartungen anderer unabhängig gemacht« haben und »ihre Werte im Rahmen selbstgewählter Prinzipien« definieren.[59]

Die postkonventionelle Perspektive ähnelt der präkonventionellen insofern, als sie tradierte Normen und Werte aus einer individuumsbezogenen Perspektive befragt und revidiert, allerdings so, »dass soziale Verpflichtungen in einer Weise definiert werden, die gegenüber einer jeden moralischen Person gerechtfertigt werden kann.«[60] Kohlberg setzt bei seiner etwas tautologischen Argumentation voraus, dass diese Rechtfertigung auf einer universalistischen Basis stattfindet, aber seine Definition postkonventioneller Moral funktioniert auch dann, wenn man eine Wir-Gruppe nimmt, die eine partikulare Moral etabliert hat. Eine Person wie Werner Best argumentiert zweifellos postkonventionell im Rahmen einer partikularen Moral, nämlich *normsetzend* – nur dass seine Moral lediglich im Geltungsbereich der Volksgemeinschaft universalisierbar ist und nicht für diejenigen gilt, die per definitionem aus ihr ausgeschlossen sind und als feindlich betrachtet werden.

Ohne Kohlbergs definitorische Bemühungen allzu einseitig auslegen zu wollen, wird doch unmittelbar einsichtig, dass solche deskriptiven Modelle der Moralentwicklung ohne weiteres Raum für die Zuordnung der Moral von NS-Tätern bieten, und zwar sowohl auf dem konventionellen wie auf dem postkonventionellen Niveau.

Das empirische Problem besteht dabei lediglich darin, dass die Inhalte der partikularen Moral eines »sachlichen Antisemiten« von dem abweichen, was wir als universalistische Moral akzeptieren würden. Das theoretische Problem hingegen lässt sich so bestimmen, dass wir unterschiedliche Moralkonzepte zur Kenntnis nehmen müssen, wenn wir dem Handeln der Täter analytisch näher kommen wollen. Auch das partikulare Moralkonzept, vor dessen Hintergrund sich die Täter orientieren und bewegen, verpflichtet das Individuum auf ein Handeln, das über seine eigenen Interessen und über seine eigene leibliche Existenz hinausgeht und einem Gemeinwohl dient. Hier taucht aber das Problem auf, dass das, was einem solchen Gemeinwohl dient und was als moralisch richtiges Handeln gilt, epochen- und gesellschaftsspezifisch definiert ist. Deshalb sind Moralkonzepte prinzipiell anfällig dafür, praktisch mit jeglichem Inhalt gefüllt werden zu können, weshalb es etwa auch als moralisch akzeptabel oder sogar notwendig erscheinen kann, bestimmte Personengruppen aus dem Geltungsbereich moralischen Handelns auszuschließen.

Diesen Geltungsbereich kann man in Anlehnung an Helen Fein als »Universum der allgemeinen Verbindlichkeit« bezeichnen.[61] Worum es sozialpsychologisch geht, ist eine verallgemeinerte Definition von Zugehörigkeit und Ausschluss, die auch die Ebene subjektiv gefühlter Selbstverständlichkeiten des Umgangs umfasst. Solche »Universen allgemeiner Verbindlichkeiten« können gruppen- und kulturspezifisch höchst unterschiedlich definiert sein und beziehen sich in der Regel auf eine mehr oder minder weit ausgelegte »Wir-Gruppe«, aus der von vornherein bestimmte andere Gruppen ausgeschlossen sind. Ein zentraler Mechanismus auf dem Weg zum Völkermord scheint nun aber in der Tat darin zu bestehen, dass auch Personengruppen, die ursprünglich, peripher oder gar zentral dem Universum allgemeiner Verbindlichkeit zugerechnet wurden, sukzessive aus diesem ausgeschlossen werden.

Die erste Stufe aller bekannten Genozide liegt entsprechend darin, dieses Universum der allgemeinen Verbindlichkeit neu zu definieren, das heißt, Kriterien von Zugehörigkeit und Nicht-Zugehörigkeit zu entwickeln, diese Definition normativ zu begründen und die Zugehörigen auf die zugrunde liegende partikulare Moral zu verpflichten.

Und jetzt kommt der entscheidende Punkt: Der Grund dafür, dass die weit überwiegende Zahl der Täter an ihrer Aufgabe nicht zerbrach, obwohl viele von ihnen vielleicht tatsächlich gegen ihr »eigentliches« Empfinden töteten, liegt darin, dass die Tötungsmoral des Nationalsozialismus sowohl persönliche Skrupel als auch das Leiden an der schweren Aufgabe des Tötens normativ integriert hatte. Hannah Arendt hat darauf hingewiesen, dass die Sprache des Nationalsozialismus aus den »Befehlsempfängern« die »Befehlsträger« gemacht hatte – Transporteure von Zwecken, die an ihrer Last auch selbst leiden konnten.[62] Genau deshalb konnte es als Ausweis von intakter Moralität gelten, im Töten »anständig« geblieben zu sein. Und das wiederum setzt voraus, dass sich die Definition dessen, was Recht und Unrecht ist, *insgesamt* verschoben hatte – so dass das Töten von Menschen als »gut« gelten konnte, weil es dem übergeordneten Wohl der Volksgemeinschaft diente.

Insofern ist es im Rahmen einer partikularen Moral wie der des Nationalsozialismus »normal«, Dinge zu tun, die nach Maßgabe einer universalistischen Moral verboten sind. Ganz in diesem Sinn sagt Hannah Arendt über Adolf Eichmann, »dass er ›normal‹ und keine Ausnahme war und dass unter den Umständen des Dritten Reiches nur ›Ausnahmen‹ sich noch so etwas wie ein ›normales‹ Empfinden bewahrt hatten.«[63] Mit der Verschiebung des normativen Rahmens wird zum abweichenden Verhalten, was zuvor als integriert gegolten hätte, und umgekehrt. Das macht Töten zum gesellschaftlich integrierten Handeln.

Subjektiv wird die Bereitschaft zum Töten noch durch einen anderen Aspekt moralischer Integrität befördert. Denn die Täter waren gerade im Rückgriff auf eine von ihnen als moralisch definierte *besondere* Handlungsweise imstande, sich darüber zu versichern, dass ihr moralisches Vermögen noch intakt war. Das heißt, sie wählten eine je besondere Art des Tötens, die ihnen subjektiv vertretbarer schien, als die, die andere favorisierten. Ein horribles, aber leider nicht ungewöhnliches Beispiel dafür hat ein Angehöriger des durch Christopher Browning einerseits und Daniel Goldhagen andererseits berühmt gewordenen Polizeibataillons 101 geliefert, dessen knapp 500 Mitglieder etwa 35 000 Menschen ermordet und weitere 45 000 nach Treblinka deportiert haben: »Ich habe mich, und das war mir möglich, bemüht, nur Kinder zu erschießen. Es ging so vor sich, dass die Mütter die Kinder bei sich an der Hand führten. Mein Nachbar erschoß dann die Mutter und ich das dazugehörige Kind, weil ich mir aus bestimmten Gründen sagte, dass das Kind ohne seine Mutter doch nicht mehr leben konnte. Es sollte gewissermaßen eine Gewissensberuhigung für mich selbst sein, die nicht ohne ihre Mutter mehr lebensfähigen Kinder zu erlösen.«[64]

Dass so etwas möglich und von den Akteuren moralisch integrierbar ist, zeigt, dass die Täter keine mitgebrachten moralischen Hemmungen haben überwinden oder sich korrumpieren lassen mussten. Es zeigt, dass es die Selbstvergewisserung über ihr *trotz allem* noch intaktes moralisches Vermögen war, die es ihnen erst ermöglichte, Morde zu begehen und sich dabei nicht als Mörder zu fühlen. Sie mordeten gewissermaßen nicht als Person, sondern als Träger einer historischen Aufgabe, hinter der ihre persönlichen Bedürfnisse, Gefühle, Widerstände notwendig zurückstehen mussten. Das heißt, sie mordeten mit Hilfe einer subjektiven Distanz von der Rolle, die sie ausfüllten.

Rollendistanz ist, wie Erving Goffman ausgeführt hat, eine zentrale Bedingung professionellen Handelns; sie bezeichnet den Abstand »zwischen Tun und Sein«.[65] »Tatsächlich«, fügt Goffman an, »verleugnet das Individuum nicht die Rolle, sondern das mögliche Selbst, das die Rolle für alle Rolleninhaber impliziert, die sich nicht dagegen wehren.«[66] In diesem Sinne sichert der psychologische Mechanismus der Rollendistanz eine Selbstwahrnehmung, die nicht in der Rolle aufgeht – weshalb jemand wie Rudolf Höß, einer der größten Massenmörder der Geschichte, seine Autobiographie auch mit den folgenden Sätzen beschließen konnte: »Mag die Öffentlichkeit ruhig weiter in mir die blutrünstige Bestie, den grausamen Sadisten, den Millionenmörder sehen – denn anders kann sich die breite Masse den Kommandanten von Auschwitz gar nicht vorstellen. Sie würde doch nie verstehen, dass der auch ein Herz hatte, dass er nicht schlecht war.«[67]

Das Konzept der Rollendistanz ist unter anderem anhand der Untersuchung des professionellen Handelns von Chirurgen entwickelt worden, nicht zufällig also am Beispiel einer Berufsgruppe, deren Angehörige technisch betrachtet verletzen und deformieren. Ein Chirurg muß eine spezifische Härte gegen das Objekt seines Handelns und gegen sich selbst entwickeln, wenn er professionell erfolgreich sein will, aber als Person würde er sich gewiss nicht als kalt oder gefühllos beschreiben. Im Fall von Ärzten, aber auch von Angehörigen von Berufsgruppen wie Lehrer, Sozialarbeiter, Polizisten, Gerichtsvollzieher, Staatsanwälte, Politiker usw. ist es essentiell, dass ein Abstand zwischen Person und Rolle liegt – sie alle vollziehen Handlungen, die ihnen gelegentlich »menschlich« problematisch, professionell aber geboten scheinen. Genau dieses Konzept, das einen Mechanismus der Bewältigung beruflicher Anforderungen in hoch mediatisierten und professionalisierten Gesellschaften beschreibt, wird auch von den Tätern in Anspruch genommen; deshalb spricht Himmler davon, dass seine Männer beim Töten »anständig« geblieben seien. Vor diesem Hintergrund schrumpfen die Täter sozialpsychologisch auf ein Normalmaß ein, was nun allerdings mehr Schrecken beinhaltet als die Vorstellung, sie hätten irgendwelche Sozialisationsdefizite besessen, seien sadistisch, brutalisiert oder was auch immer gewesen. Es war viel schlimmer: Sie haben einfach etwas getan, von dem sie glaubten, dass es von ihnen erwartet wurde. Und wenn ihnen diese Erwartung gegen den Strich ihres persönlichen Empfindens ging, dann haben sie sich subjektiv von der professionell zugemuteten Rolle distanziert und sich zum Beispiel innerlich so »zusammengerissen«, »dass die Anwesenden nichts Auffälliges wahrnahmen«, und sich dem Leitbild »der fortgesetzt geforderten Selbstüberwindung und unbeugsamen Härte« gefügt, wie es Rudolf Höß in seinen autobiographischen Aufzeichnungen darstellt.[68]

Mit anderen Worten: Der gesellschaftlichen Aufforderung zur Unmenschlichkeit, wie sie von der nationalsozialistischen Moral ausgeht, wird individuell gefolgt, indem *unterschiedliche Formen unmenschlichen Handelns* gewählt werden. Die nationalsozialistische Moral definiert, was getan werden soll, die Rollendistanz reguliert zwischen diesem Sollen und dem individuellen Wollen. Andersherum: In einem veränderten normativen Rahmen verändert sich auch die Auffassung darüber, was als moralisches Verhalten gilt – aber das heißt keineswegs, dass Moral hier keine Rolle mehr spielen würde. Das Verhältnis von Massenmord und Moral ist nicht kontradiktorisch, sondern das einer wechselseitigen Bedingung. Ohne Moral hätte sich der Massenmord nicht bewerkstelligen lassen.

Zurück zu der Aussage des Bataillonsangehörigen, der es sich zugute hielt, nur Kinder erschossen zu haben: Unwillkürlich ist man beim Lesen einer solchen Aussage geneigt, diesem Täter einen geradezu atemberaubenen Zynismus zuzuschreiben, einen Empathiemangel von sprachlos machender Dimension, und gewiss die völlige Unfähigkeit, selbst zu ermessen, was er eigentlich getan hat. Die Psychologie hat uns mit Begriffen und Konzepten ausgerüstet, mit denen wir die bewussten und unbewussten Motive bezeichnen können, die uns in einer solchen Aussage entgegenzutreten scheinen: Abspaltung, Verdrängung, Abwehr, Empathieunfähigkeit, Sadismus usw. usf. Alle diese Begriffe und Konzepte mögen in der Erklärung von Täterhandeln fallweise ihren Sinn haben und etwas Richtiges treffen, aber bei zu raschem Gebrauch erfüllen sie noch eine ganz andere Funktion als eine analytische: Sie ermöglichen uns, die Personen, über die wir analysierend zu sprechen oder zu schreiben vorgeben, zuallererst zu distanzieren, uns zu ihnen »fremd zu stellen« (Christa Wolf), um uns der widerwärtigsten Zumutung ihrer Selbstbeschreibungen zu entziehen – dass die Täter mit ihren Taten im Nachkrieg ganz gut leben konnten, auch wenn sie eben keine Sadisten, Psychopathen oder psychologisch *andere*, sondern ganz normale Menschen waren.

Was ist die Absicht des zitierten Bataillonsangehörigen, wenn er in einer gerichtlichen Vernehmung eine solche Aussage macht? Sein Handeln verständlich zu machen, also ihm einen *Sinn* zu geben, der ihm selbst und, wie er unterstellt, seinen Zuhörern nachvollziehbar ist. Dass dieser Versuch in einen von ihm selbst wohl nicht verstandenen Zynismus hineinläuft, der seine Taten als noch schlimmer erscheinen lässt, als sie ohnehin schon waren, ändert daran gar nichts – denn seine Absicht zielt darauf, sein eigenes Handeln als weniger schlimm, also als *moralisch vertretbarer* darzustellen als das der anderen, die im selben Zusammenhang, mit ihm zusammen, getötet haben. Er schreibt seiner *besonderen Weise zu töten*, indem er einen besonderen Typ von Opfern, nämlich Kinder, wählt, einen moralischen Sinn zu, und diese Sinnzuschreibung dient der Selbstvergewisserung, selbst beim Töten noch ein moralisch handelndes Individuum gewesen zu sein. Und man bedenke: Wenn er das in einer Vernehmung sagt, bedeutet das auch, dass er seinen Zuhörern unterstellt, ihnen werde diese Darstellung als moralische Erwägung und nachvollziehbare Schlussfolgerung im Rahmen eines ihm aufgezwungenen Tötungsvorgangs plausibel, also sinnhaft erscheinen – so sinnhaft wie ihm selbst.

Es werden in diesem Buch noch eine ganze Reihe analoger Selbstbeschreibungen und -deutungen mörderischen Handelns zitiert werden, die alle vorgenommen wurden, um ein Handeln verständlich zu machen, das in der Situation einer viel später stattfindenden Vernehmung oder eines Interviews, also *von außen betrachtet*, als moralisch extrem verwerflich und deshalb unerklärlich erscheint. Mag dieser Operation der Sinngebung auch Verdrängung, Abspaltung, Abwehr, Gefühllosigkeit zugrunde liegen, so werden diese psychodynamischen Mechanismen ganz offensichtlich dafür in Anspruch genommen, sich selbst und den anderen gegenüber das Bild einer moralisch integren Persönlichkeit, eines »guten Kerls« aufrechtzuerhalten, der im Kontext einer nachträglich zugestandenen Amoralität noch eine aus seiner Sicht vergleichsweise vertretbare Weise zu töten gewählt hat. Oder der es aus moralischen Gründen geradezu für einen Glücksfall für alle Beteiligten, auch die Opfer, hält, dass er an Ort und Stelle ist, wie der folgende Selbstbericht dokumentiert:

»Wenn alles klappt, habe ich wieder tausenden von Frauen und Kindern das Leben gerettet. Jetzt weiß ich, warum der Herrgott mich noch aufgespart hat. In dieser furchtbaren Zeit voll Blut und Tränen soll ich die Menschlichkeit hochhalten. Es erfüllt mich mit tiefem Glück, so viel Gutes tun zu dürfen.«[69] Dieser Tagebucheintrag datiert vom 25. September 1944; er stammt vom »Oberkommandierenden im Raum Warschau« Erich von dem Bach-Zelewski, und es geht um die Niederschlagung des Warschauer Aufstands. Zuvor war der Tagebuchschreiber zunächst als SS-Obergruppenführer und später als »Sonderbeauftragter für die Bandenbekämpfung« für zahllose Massentötungen hinter der Front verantwortlich.

Solche Beispiele scheinen extrem, sind es aber nicht, wenn man sie im Kontext zeitgenössischer Quellen betrachtet. Angesichts der Fülle solcher Selbstbeschreibungen aus Tagebüchern, Briefen, Vernehmungsmitschriften etc. wird einsichtig, dass wir es uns viel zu einfach machen, wenn wir bei dem Versuch, das Handeln von Tätern (und Täterinnen) in Vernichtungsprozessen erschließen zu wollen, dieses Handeln schlankweg als irrational, krank und/oder amoralisch charakterisieren. Das hilft uns selbst zwar, mit dem überlebensgroß Grauenhaften der Taten umzugehen, weil es uns in der Überzeugung bestärkt, zu so etwas niemals fähig zu sein. Aber es steht einer Annäherung an den sozialen und psychologischen Prozess des Tötens systematisch im Weg, wenn wir davon ausgehen, dass Menschen gleichsam in einen anderen Zustand übergehen, wenn sie etwas tun, was unseren (und oft ihren eigenen) moralischen Überzeugungen nicht entspricht. Wir haben es in Massenmorden und genozidalen Prozessen in der Regel nicht mit disponierten Mördern zu tun, sondern mit Menschen, die sich aus Gründen, die ihnen selbst plausibel waren, entschieden haben, zu töten.

Menschen verbinden, so kalt sich das im Zusammenhang von Gewalt und Massenmord anhört, mit ihrem Handeln in aller Regel einen *partikularen Sinn*, und die Gewalt- und Tötungsvorgänge, um die es in diesem Buch geht, wurden von ganz gewöhnlichen Menschen, aus normalen Familien mit normalen Problemen, zum Teil ausgestattet mit akademischen Ausbildungen, Doktortiteln und humanistischer Bildung, ausgeführt. Eine traditionelle Form der Beschäftigung mit den Tätern ist – ausgehend von Beschreibungen von Täterpersönlichkeiten, die von Opfern (wie Eugen Kogon) stammten – von einem psychopathologischen Ansatz ausgegangen[70] oder hat die Ursachen für das Handeln der Täter in autoritären Charakterstrukturen zu finden versucht.[71] Solche dispositionellen Erklärungsansätze[72] sind, von wenigen Einzelfällen abgesehen, untauglich, weil sich diejenigen, die Täter geworden sind, hinsichtlich ihrer Sozialisations- und Herkunftsmerkmale, ihrer Religions- und Schichtzugehörigkeit, ihres Alters, ihres Geschlechts etc. in keiner Weise von der Gesamtbevölkerung unterscheiden. Das bedeutet umgekehrt, dass die Persönlichkeitsmerkmale der Täter kein einheitliches Profil aufweisen: »Vielmehr unterschieden sich die Ausführenden der Vernichtungsmaßnahmen sowohl in ihrer gesellschaftlichen Stellung als auch in ihrem psychologischen Profil. Mit zunehmender Brutalität gegenüber den Juden wandelte sich deutlich auch das Rollenverständnis der Täter. Einige von ihnen legten Übereifer an den Tag, andere neigten zu ›Exzessen‹, wieder andere standen ihrer Aufgabe mit Vorbehalten und Zweifeln gegenüber.«[73]

Wenn es zutreffend ist, dass die Täter aus allen Schichten, Milieus und Regionen kamen, wenn wir in den Sozialisationsumfeldern alle möglichen Konstellationen vorfinden, kurz: wenn wir bei den Täterinnen und Tätern nichts Besonderes in ihrer Persönlichkeit finden, dann muss die Suche nach einer Antwort auf die Frage, wie das alles möglich war, bei den Prozessen und Situationen ansetzen, in denen die Täter sich dazu entschieden haben, zu Mördern zu werden. Und um wiederum diese Entscheidung rekonstruieren zu können, müssen wir herauszufinden versuchen, wie sie die Prozesse und Situationen, in denen sie sich befanden, wahrgenommen und gedeutet haben.

Eine Sozialpsychologie des Massenmords muss also analytisch von drei Fragen ausgehen, nämlich wie die Täter die Situation wahrgenommen und interpretiert haben, in denen sie töteten, welche Binnenrationalität (die von außen betrachtet ganz und gar irrational sein kann) ihnen ihr Handeln als sinnvoll erscheinen ließ, und wie die sozialen und psychischen Prozesse und situativen Dynamiken waren, die ihrer Entscheidung zum Töten vorausgegangen sind.

Aber zunächst ist eine Voraussetzung, um diese Fragen überhaupt sinnvoll stellen zu können, die Berücksichtigung der Tatsache, dass Menschen mühelos imstande sind, die unterschiedlichsten Sicht- und Verhaltensweisen, die tiefsten Ambivalenzen und die schärfsten Widersprüche ganz praktisch in ihrem Fühlen, Denken und Handeln parallel existieren zu lassen. Der eingangs erwähnte Willy Peter Reese ist genauso Täter und Zuschauer im Vernichtungskrieg wie er Mann, Regimegegner, Schöngeist, Zyniker und jemand ist, der Angst um sein eigenes Leben hat. Er ist sowenig damit erschlossen, dass man ihn »Mörder« nennt, wie damit, ihn als »Dichter« oder »Opfer« zu bezeichnen.

Ich werde in diesem Buch auf eine Reihe sozialpsychologischer Experimente zu sprechen kommen, die zu den erschütterndsten Resultaten hinsichtlich zwischenmenschlicher Hilfsbereitschaft und hinsichtlich gegebener Potentiale zum Gehorsam und zur Gewalt gegenüber Wehrlosen geführt haben. Bislang ist zu wenig betont worden, dass die Persönlichkeit einer Versuchsperson, die – zum Beispiel in Stanley Milgrams berühmtem Gehorsamkeitsexperiment – einer anderen Person scheinbar bedenkenlos einen tödlichen Stromschlag zu verabreichen bereit ist, keineswegs darin aufgeht, einen Knopf drücken zu können, was die Tötung eines Menschen zur Folge haben könnte. Jenseits dieses experimentell erzeugten Verhaltens kann dieselbe Person durchaus jemand sein, der unter Lebensgefahr eine hilflose Person vor dem Ertrinken rettet, das behinderte Nachbarskind spazieren fährt, der Pazifist ist und im Großen und Ganzen an das Gute im Menschen glaubt (das er durch sein eigenes Verhalten im Versuch freilich widerlegt hat).

Es ist ein kategorialer Fehler, das Handeln eines Menschen in einer gegebenen Situation auf seine ganze Persönlichkeit hin zu generalisieren; es geht im Gegenteil darum, herauszufinden, welche Interpretation der Situation, in der er sich befand, ihn dazu veranlasst hat zu tun, was er getan hat. Bemerkenswerterweise waren Milgrams Versuchspersonen, nachdem sie im nach dem Experiment stattfindenden »debriefing« darüber aufgeklärt wurden, was der eigentliche Zweck der Übung war und dass sie dem »Opfer« in Wahrheit gar keine Schmerzen zugefügt hatten, nicht erleichtert. Sie waren zutiefst erschüttert darüber, dass sie so leicht zu einer Handlungsweise veranlasst werden konnten, die sie selbst abscheulich fanden und die ihrem Selbstbild nicht entsprach.[74] Das Milgram-Experiment lässt in diesem Sinn nicht nur Rückschlüsse auf die Gehorsamsbereitschaft von Menschen zu, sondern auch auf deren Grundannahmen über sich selbst.

Menschen handeln im Rahmen von Situationen, die unterschiedliche Freiheitsgrade für ihr eigenes Tun beinhalten. Diese können in Situationen extremer Machtkonzentration auf einer Seite sehr klein sein; in der Regel sind sie selbst noch in militärischen oder paramilitärischen Gewaltkontexten relativ groß, was unter anderem damit zu tun hat, dass funktionale Prozesse desto effizienter und reibungsloser ablaufen, je mehr die einbezogenen Personen Raum für eigene Deutungen und Handlungen – und das heißt immer: partikulare Optimierungen – im Rahmen der gegebenen Aufgaben haben.[75] Deshalb enthalten die Befehle, denen etwa die Einsatzgruppen und Sonderkommandos im Vernichtungskrieg folgen, ein hohes Maß an Unspezifität und Auslegungsspielraum,[76] wer durch Begriffe wie »Partisan«, »Funktionär«, »Kommissar«, »Plünderer« etc. bezeichnet ist. Das können die Männer vor Ort entscheiden, und fast ausnahmslos haben sie sich für eine weite Auslegung der Begriffe entschieden. Wenn man niemanden entkommen lässt, macht man nichts falsch. Alf Lüdtke hat zurecht darauf hingewiesen, dass bei der neuerdings beliebten Verwendung des Begriffs »Handlungsspielraum« allzu leicht übersehen wird, dass sich Handlungsmöglichkeiten prinzipiell in alle Richtungen öffnen: Sie können »eigensinniges Sichentziehen, vielleicht sogar Widerständigkeit beinhalten, aber auch besonders hemmungsloses Morden!«[77]

Eine sinnvolle Analyse von Handlungen kann mithin erst dann erfolgen, wenn die Situation, in der sich jemand befindet, nach den Fragen rekonstruiert wird: Was hat diese Person getan? Welche alternativen Handlungsmöglichkeiten hätte es in dieser Situation gegeben? Warum hat sie sich für die Option entschieden, die sie schließlich gewählt hat?

Freiheitsgrade sind nicht einfach objektiv gegeben – sie müssen vom Handelnden auch wahrgenommen werden, und daraus leitet sich die Frage ab: Wie hat der Handelnde die Situation wahrgenommen, in der er sich befand? Wie hat er die Erwartungen an sein Handeln interpretiert? Wie hat er seinen eigenen Spielraum eingeschätzt?

Dem Handeln geht also prinzipiell die Definition der Situation voraus, und diese Definition ist für das Handlungsergebnis entscheidend, gleichgültig, wie irrational, falsch oder unbegründet die Definition durch den Handelnden gewesen sein mag. In der Formulierung von William Thomas lässt sich dieser komplexe Sachverhalt kompakt zusammenfassen: »Wenn Menschen Situationen als real interpretieren, dann sind diese in ihren Folgen real.«[78] Dieses Theorem enthält zwei wichtige Konsequenzen für eine Täterforschung: Erstens, dass neben den objektiven historischen und sozialen Handlungsbedingungen deren subjektive Deutung von entscheidender Wichtigkeit dafür ist, welche Handlung schließlich vollzogen wird, und zweitens, dass diese Handlung dann allerdings reale Folgen hat. Das bedeutet zum Beispiel, dass ein Paranoiker seinen Briefträger für den Agenten einer feindlichen Verschwörung halten und deshalb umbringen kann – was objektiv vollständig irrational, im Rahmen der Deutung des Täters aber höchst rational und sinnhaft ist und im Übrigen dazu führt, dass der Briefträger wirklich tot ist.

Allgemeiner gesagt, geht es in meiner Sicht auf die Täter um die Rekonstruktion eines sozialen Prozesses, in den die Akteure mit spezifischen Wahrnehmungen und Deutungsmustern eintreten und dessen Interpretation sie zu Handlungen veranlasst, die ihnen selbst als sinnhaft erscheinen. Das nenne ich *partikulare Rationalität*, und dieser Begriff bezieht sich auf die Interpretationen, Schlussfolgerungen und die daraus resultierende Praxis eines Handelnden, nicht auf einen philosophischen Begriff von Vernunft oder substantieller Rationalität. Das Rationale ist in dieser Sicht, um Helen Fein zu zitieren, nicht notwendigerweise das Gute,[79] es kann auch in höchstem Maße unmenschlich sein.

Im folgenden Kapitel geht es zunächst um eine skizzenhafte Nachzeichnung der kollektiven normativen Orientierungsveränderungen in der deutschen Gesellschaft nach 1933, weil es wichtig ist zu verstehen, dass die Täter und Täterinnen des Vernichtungskrieges und des Lagersystems eine in weitesten Teilen der Bevölkerung verbreitete Annahme teilten: dass die Juden ein Problem darstellten, das einer Lösung bedurfte. Erst in diesem weiten Kontext einer *nationalsozialistischen Moral* wird das situative Handeln von Tätergruppen und von einzelnen Tätern rekonstruierbar, dass dann in konkreter und zum Teil höchst engagierter und einfallsreicher Tötungsarbeit bestand. Solche situativen Handlungen bzw. Handlungssituationen sind Gegenstand des Kapitels »Tödliche Situationen«. Die Tötungsarbeit selbst wird in den dann folgenden Kapiteln vor allem am Beispiel der Praxis eines Polizeibataillons beschrieben – und zwar in einer Perspektive, die das Morden als einen Prozeß sieht, der vor dem ersten Tötungsakt beginnt, über vielfältige Einzelgeschehnisse und -entscheidungen verläuft und unterscheidbare Dimensionen aufweist.

Im daran anschließenden Abschnitt wird ein Vergleich zwischen Massentötungen in unterschiedlichen Ländern und unter unterschiedlichen Rahmenbedingungen versucht (Kapitel »Wie und warum man Feinde vernichtet«). Ein abschließendes Kapitel zieht vor dem Hintergrund von all dem die wenig optimistisch stimmende Schlussfolgerung, dass im Rahmen menschlichen Handelns alles möglich ist. Diese deprimierende Feststellung sollte allerdings nicht zu dem anthropologischen Fehlschluss verführen, dass man deshalb auch nichts daran ändern könne, dass es immer wieder zu solchen Prozessen von Massentötungen kommt. Im Gegenteil: Gerade aus dem Umstand, dass Menschen zu jeder Art von Handlung fähig sind und es oft nicht einmal besonders großen Aufwands bedarf, sie zu Mördern zu machen, folgt die Aufforderung an jeden Einzelnen, sich über die Tragweite seiner Schlussfolgerungen jederzeit Rechenschaft abzulegen. Jedenfalls dann, wenn er anders sein möchte als die Männer, die in diesem Buch beschrieben werden.

Alle diese Facetten einer Beschreibung von Massenmorden, Gewaltdynamiken und Tötungsbereitschaften gehen von einer zentralen Kategorie aus, nach denen Menschen ihr Leben führen und mit denen sie ihr Handeln begründen: Sinn. Gerade im Zusammenhang extremer Gewalt, die aus der Distanz heraus betrachtet äußerst sinnlos erscheinen mag, wird sichtbar, wie die einzelnen Akteure beständig – vor der Tat, während der Tat und nach der Tat – damit beschäftigt sind, ihrem Handeln Sinn beizulegen. Dies ist kein rein individueller Vorgang, sondern ein sozialer, denn die Maßstäbe und Gewissheiten in Bezug auf sinnhaftes bzw. sinnloses Handeln sind sozial gebildet.

Insofern dreht sich dieses Buch um Fragen, die ausdrücklich

nicht anthropologischer Art[80] sind und etwa auf die Suche nach archaischen Erbschaften führen und mangelnde Tötungshemmnisse damit erklären, dass sie in der »Natur des Menschen« lägen. Menschen gibt es nur im Plural, und sie existieren in sozialen Räumen, die sie selbst geschaffen haben. Diese Räume sind historisch und kulturell bestimmt; sie werden durch Kategorien wie Macht, Gewalt, Ideologie, Technik, Emotionen definiert, also durch sozial gebildete Kategorien, die historisch und kulturell unterschiedlich ausfallen. Wenn also Menschen als Angehörige von Einsatzgruppen morden, dann ist das etwas anderes, als wenn Menschen im Dreißigjährigen Krieg gemordet haben. Die Kategorien Macht, Gewalt, Ideologie, Technik und Emotionen sind jeweils unterschiedlich gefüllt; die Akteure kommen aus anderen Sozialisationsumfeldern, die Opfer werden anders definiert, der nachträgliche Umgang mit den Taten fällt jeweils unterschiedlich aus. Konstant bleibt nur, dass es Tote gibt, viele Tote.

Nationalsozialistische Moral

»Wenn in späteren Jahren einmal ein Forscher, der die Juden nur vom Hörensagen kennt, die Akten im Stadtarchiv Dortmund durchwühlt, wird er die Erkenntnis gewinnen, dass auch die deutschen Pfandleihanstalten zu ihrem geringen Teil an der Lösung der Judenfrage in Deutschland mitgearbeitet haben.« Das schreibt mit sichtlicher Befriedigung über die geleistete Arbeit der Leiter der Städtischen Leihanstalt Dortmund im August 1941.[81] In diesem stolzen Satz steckt eine Menge von dem, was man eine »nationalsozialistische Moral« nennen könnte, denn dieser Amtshandelnde geht von mehreren Gewissheiten aus:

1. dass es gut und sinnvoll war, zur »Lösung der Judenfrage« beigetragen zu haben,
2. dass es gut und sinnvoll war, sie auf eine so radikale Weise zu lösen, dass Nachgeborene – die Historiker einer imaginierten Zukunft – Juden überhaupt nur noch »vom Hörensagen« kennen können. Das bedeutet, dass eine imaginierte Zukunft Bestandteil gegenwärtiger Entscheidungen für Handlungen ist,

3. dass es eine mühevolle, aber lohnende Arbeit ist, zu einem erwünschten zukünftigen Zustand beizutragen, und
4. dass diese Zukunft durch ein neu definiertes »Universum allgemeiner Verbindlichkeit« charakterisiert ist, zu dem die Juden nicht gehören.

1. Raul Hilberg leitet den Abschnitt über die Täter in seiner großen Untersuchung über die »Vernichtung der europäischen Juden« mit den folgenden Sätzen ein: »Die Deutschen töteten mehr als fünf Millionen Juden. Dieser Gewaltausbruch kam nicht aus heiterem Himmel; er fand statt, weil ihm die Täter einen Sinn beimaßen.«[82] Was Hilberg an dieser Stelle mit »Sinn« meint, bezieht sich auf die in der deutschen Gesellschaft jener Zeit allgemein geteilte Gewissheit, dass eine »Judenfrage« existierte, die der dringlichen Lösung bedurfte – ganz so, wie dies der Leihanstaltsleiter zum Ausdruck bringt. Eine solche allgemeine Gewissheit setzt sich niemals durch, wenn sie bloß als reine Ideologie existiert, sondern dann, wenn sie Teil einer gesellschaftlichen Praxis wird, in der soziale, juristische, materielle Ausgrenzung zur tagtäglich geübten Form des Umgangs mit einer Personengruppe wird – in dem Sinn etwa, den Hannah Arendt formuliert hat: »Die Nazis handelten wirklich so, als ob die Welt von Juden beherrscht sei und einer Gegenverschwörung bedürfe, um gerettet zu werden. Die Rassedoktrin war nicht mehr eine Theorie höchst zweifelhaften wissenschaftlichen Wertes, sondern wurde jeden Tag innerhalb einer funktionierenden Welt realisiert, in deren Rahmen es höchst ›unrealistisch‹ gewesen wäre, ihren Realitätswert zu bezweifeln.«[83] Diese Einschätzung lässt sich geradezu spiegelbildlich mit einem Satz von Goebbels belegen, der am 20. August 1941 in seinem Tagebuch notiert: »Man braucht sich nur vorzustellen, was die Juden mit uns machen würden, wenn sie die Macht besäßen, um zu wissen, was man tun muß, da wir die Macht besitzen.«[84]

Die unmittelbar 1933 einsetzende Kaskade von Verordnungen und Gesetzen, die etwa jüdischen Hochschullehrern oder Richtern die Ausübung ihres Berufes untersagten, unterstützt von den Initiativen von Sportfunktionären und Vereinsvorständen, die jüdische Boxer aus Boxvereinen und Kleingärtner aus der Kolonie ausschlossen, etablierte sukzessive, aber doch erschreckend schnell, eine gesellschaftliche Wirklichkeit, in der zwei Kategorien von Menschen geschaffen wurden: solche, die als »arische« oder »deutsche« Menschen zum Universum allgemeiner Verbindlichkeiten gehörten – für die also soziale Werte wie Mitleid, Solidarität, Nächstenliebe nach wie vor in Geltung waren –, und solche, die zu diesem Universum nicht gehörten und die gerade desto mehr ein Problem darstellten, das der Lösung zu bedürfen schien, je weiter der Ausgrenzungsprozess sich radikalisierte. Wenn also »der Jude« aus der Sicht rassenbiologischer und völkischer Theorien auf der einen Seite und des Alltagsbewusstseins auf der anderen Seite als der Feind der Deutschen schlechthin erschien, dann mag man das – von heute aus betrachtet – als absurd oder eben als vollständig irrational bewerten; das ändert aber gar nichts daran, dass diese Wahrnehmung zeitgenössisch das Fundament dafür bildete, Handlungen zu propagieren und umzusetzen, die den ganz und gar wirklichen Tod von Millionen Menschen zur Folge hatten. Und nicht nur das: Diese in Taten umgesetzte Deutung führte auch dazu, nachhaltig eine Wirklichkeit zu etablieren, in der die Gruppe, die zu Opfern gemacht wurde, fürderhin vor allem im Rahmen dieser Definition wahrgenommen wird: »Man erinnert sich ihrer hauptsächlich im Sinne dessen, was ihnen allen widerfuhr.«[85]

An dieser Stelle mag es sinnvoll sein, darauf hinzuweisen, dass sich Täter und Opfer psychologisch *nicht* unterscheiden, bevor die einen durch die anderen in einen sozialen Prozess involviert werden, der in der Ausgrenzung, Beraubung, Deportation und schließlich Vernichtung der Opfer besteht. Gleichwohl bilden Täter und Opfer Teile einer gemeinsamen sozialen Figuration; ihre Wahrnehmungen, Deutungen und Handlungen sind aufeinander bezogen, wenn auch im Rahmen eines extremen Machtungleichgewichts. Der Leihanstaltsleiter hat diese Figuration auf der Seite derjenigen miterlebt und mitgestaltet, die zur Mehrheitsgesellschaft gehörten und die – nicht von Anfang an, aber gegen Ende oft schon – die letzte Konsequenz dieses Prozesses durchaus gutzuheißen in der Lage waren. Die anderen, die den erleidenden Teil desselben Prozesses bildeten, waren zum selben Zeitpunkt, im August 1941, bereits tot oder befanden sich in einem Zustand der akuten Bedrohung und waren, falls sie nicht emigrieren konnten, der völligen Willkür derjenigen von der anderen Seite und damit in den meisten Fällen dem sicheren Tod ausgeliefert. So sind die zunehmende Verarmung und Marginalisierung der Opfer in den Folgejahren von 1933 und die im selben Zeitintervall wachsende Ignoranz und Feindseligkeit der Täter und Zuschauer zwei Seiten desselben Vorgangs, in dessen Verlauf sich auch die normativen Standards – also das, was als »normal« empfunden wird – verändern. Im Protokoll der Wannsee-Konferenz vom Januar 1942 findet sich eine Formulierung, in der von »verproletarisierten Juden«[86] die Rede ist. Bevor sie schließlich vernichtet werden konnten, sind die Opfer erst in einen Zustand gebracht worden, der sie nicht nur administrativ, sondern auch sozial aus der Mehrheitsgesellschaft ausschloss.

2. Die Phantasie, dass man eines nicht allzu fernen Tages die Juden nur noch »vom Hörensagen« werde kennen können, ist keine private Idee unseres Leihanstaltsleiters; an anderer Stelle wurden zum selben Zeitpunkt bereits die Exponate für das in Prag zu errichtende »Jüdische Zentralmuseum der SS« zusammengetragen,[87] und die Rasseanthropologen sammelten akribisch Daten, um die vormalige Existenz einer ausgestorbenen Rasse für die Nachwelt zu erhalten. Was bedeutet eigentlich diese bizarr scheinende Idee, dass man diejenigen, die man zuerst ausgrenzt, dann beraubt, deportiert und schließlich ermordet, in musealisierter Form wiederum zum Bestandteil der eigenen Geschichte macht? Es bedeutet zum einen, dass die Auslöschung einer Gruppe von Menschen erst dann vollständig erfolgt ist, wenn auch die Erinnerungen an diese Gruppe ausgelöscht bzw. hegemonial definiert sind. Totalitäre Staaten betreiben, wie etwa der Stalinismus am ausgeprägtesten gezeigt hat, in intensiver Weise praktische Erinnerungspolitik,[88] weil – wie etwa auch in literarischen Utopien wie »1984« oder »Fahrenheit 451« dargestellt – für die vollständige Beherrschung von Menschen die Beherrschung ihres Gedächtnisses erforderlich ist. Insofern gehört eine nationalsozialistische Fassung der Geschichte der Juden zum Gesamtprojekt der Vernichtungsanstrengungen, zu denen der Leihanstaltsleiter beiträgt, weil sie ihm einleuchten. Die Juden werden in seiner Gedankenwelt, und das ist das darüber hinaus Bemerkenswerte, als bereits Ausgestorbene vorausentworfen – und solche

Vorentwürfe auf einen erst später zu erreichenden Zustand sind zentraler Bestandteil einer nationalsozialistischen Moral.

Handlungen beziehen sich in jedem Moment sowohl auf Vergangenes wie auf Zukünftiges – auf Vergangenes deshalb, weil sie auf Erfahrungen zurückgreifen, auf Zukünftiges, weil ein zu erreichendes Ziel Bestandteil des Handlungsentwurfs und seiner Umsetzung ist. Wenn wir eine Handlung ausführen, liegt dieser die Antizipation einer späteren Handlungsfolge zugrunde. Jede Erfahrung, so Alfred Schütz, »trägt Protentionen von Ereignissen mit sich, deren unmittelbare Nachfolge erwartet wird [...], und sie trägt Antizipationen von temporal entfernten Ereignissen mit sich, mit denen die gegenwärtige Erfahrung erwartungsgemäß verbunden ist.«[89] Dabei gibt es Antizipationen von zeitlich weit entfernten Ergebnissen – etwa von anderen Gesellschaftszuständen –, die im Modus des Futurum zwei wahrgenommen werden: Es wird geschehen sein. Das Futurum zwei ist eine komplexe mentale Operation, denn es setzt voraus, dass man imaginativ auf etwas in einer Zukunft Entstandenes zurückblickt – wie es etwa W. G. Sebald den Volksgenossen zuschreibt, »im August 1942, als die Spitzen der sechsten Armee die Wolga erreicht hatten und als nicht wenige davon träumten, wie sie nach dem Krieg in den Kirschgärten am stillen Don auf einem Landgut sich niederlassen wollten«.[90] Schütz nennt dieses Vorausträumen eine »antizipierte Retrospektion«, und genau solche antizipierten Retrospektionen treiben das Denken und Handeln des Leihanstaltsleiters wie der Museumskuratoren wie der Rasseanthropologen wie unzähliger anderer an, die am Projekt der Judenvernichtung beteiligt waren.

Die Protagonisten des »Dritten Reichs« bezogen einen großen Teil ihrer Energien aus antizipierten Retrospektionen; eine prototypische Figur dafür ist Albert Speer, der sogar eine »Ruinenwerttheorie« entwickelte, die die Monumentalbauten des »Tausendjährigen Reiches« bis in eine Zukunft hinein entwarf, in der nur noch Trümmer und Ruinen von der einstmaligen Größe des Reichs künden würden.[91] Die absolut selbstverständliche Inbesitznahme von Städten und Ländern, ihre Definition als bloßes Rohmaterial für die eigenen Gestaltungsutopien, zeigt sich etwa auch in einem Tagebucheintrag des bereits zitierten Erich von dem Bach-Zelewski, der das eroberte Minsk besichtigt und dabei räsoniert: »Die Oper ist im jetzigen bolschewistischen Stil gebaut und müsste später verschwinden.«[92] (14.8.1941) Die von Hitler ursprünglich verfolgte Idee, die französische Hauptstadt nach der Eroberung Frankreichs zu zerstören, wird nach einer touristischen Blitzreise des »Führers« nach Paris zugunsten einer konstruktiveren Variante aufgegeben: »Bereiten Sie einen Erlaß vor,« teilte er Albert Speer mit, »in dem ich die volle Wiederaufnahme der Bauten in Berlin anordne… War Paris nicht schön? Aber Berlin muß viel schöner werden! Ich habe mir früher oft überlegt, ob man Paris nicht zerstören müsse, […] aber wenn wir in Berlin fertig sind, wird Paris nur noch ein Schatten sein. Warum sollen wir es zerstören?«[93]

Andere prototypische Projekte, die von antizipierten Retrospektionen angetrieben sind, sind im Nationalsozialismus die »rassisch« reine Volksgemeinschaft oder die Besiedelung des Ostraums; damit einhergehende Umsetzungen sind die Judenverfolgung und -vernichtung, die Euthanasie, die Menschenversuche in den Lagern, die Morde und Deportationen in den eroberten Ländern. Man darf in diesem Zusammenhang nicht vergessen, dass der Nationalsozialismus auf die im Altersdurchschnitt jüngste Funktionselite aller modernen Gesellschaften setzte – »zum Zeitpunkt der Machtübernahme 1933 war Goebbels 35 Jahre alt, Heydrich 28, Speer 27, Eichmann 26, Mengele 21, Himmler und Frank waren 32. […] Sie errichteten das im zerstörerischen Sinn erfolgreichste Generationsprojekt des 20. Jahrhunderts.«[94] Auch die weniger prominenten Männer der Funktionselite waren um die dreißig, gut ausgebildet und höchst engagiert, und sie machten sich gerade darum mit äußerster Energie an ihre Aufgaben, weil ihnen das »Dritte Reich« eine baldige »Realisierung des Utopischen« (Hans Mommsen) zu versprechen schien.[95] Wenn man etwa die destruktiven Energien betrachtet, die in die (zu erheblichen Teilen auf Zwangsarbeit beruhenden) Waffenproduktion investiert wurden, in die Pläne zur Ostsiedelung, in das Vernichtungsprojekt, wenn man die gigantischen Ausmaße von KDF-Bauten wie Prora auf Rügen oder von unterirdischen Produktionsanlagen wie Mittelbau-Dora im Nordharz mit eigenen Augen sieht, dann erschließt sich etwas von dem Potential, das zur Entfaltung kommt, wenn man Menschen Umsetzungs- und Gestaltungsräume für ihre Wünsche, Hoffnungen und Energien eröffnet, wie moralisch negativ und wie destruktiv diese auch immer sein mögen.

3. Die Realisierung des Utopischen macht Arbeit. Wie man an unserem Leihanstaltsleiter sieht, kann Arbeit aber Freude machen, wenn sie ein Ziel hat, das der Arbeitende selbst sinnvoll findet und bei dessen Erreichen er stolz sein kann, also dann, wenn seine Behörde »zu ihrem geringen Teil an der Lösung der Judenfrage in Deutschland mitgearbeitet« hat. Der Stolz speist sich aus der tätigen Teilhabe an einem gemeinsamen Projekt – und zwar in einer eher abstrakten Form der Teilhabe an der historischen Mission des »Führers« und in der konkreten Form der Ausführung der eigenen Aufgaben, die indirekt oder (wie im Fall des Leihanstaltsleiters) direkt mit dieser Mission verknüpft sind oder auch nur subjektiv so wahrgenommen werden.

Die Arbeit des SS-Obergruppenführers von dem Bach-Zelewski war direkt mit den militärischen und exterminatorischen Aspekten dieser Mission verbunden; sein Tagebuch ist voll von Klagen über Behinderungen seiner Arbeit durch unfähige Wehrmachts- und SS-Offiziere, über Fehlentscheidungen von höherer Stelle, von Skepsis gegenüber den Strategien und Taktiken des Militärs. Die Kehrseite dieser Klagen ist die Selbstwahrnehmung eines engagierten Protagonisten einer historischen Mission, der versucht, die Dinge erstens im Sinne des Führers, zweitens im Sinne des Reichsführers SS und drittens in seinem eigenen Sinne so gut wie nur irgend möglich auszuführen.

Von dem Bach-Zelewskis Tagebuch berichtet von seinem energischen Einschreiten gegen die sexuelle Zügellosigkeit seiner Leute (»Mein Haus muß rein bleiben«, 5. 9. 41[96]), duldet keine Unkorrektheiten von Untergebenen (19. 1. 42)[97] und klagt unablässig über »Gegenspieler«, »Feiglinge«, »Drückeberger« aus den eigenen Reihen, wobei er das größte Unverständnis dort entwickelt, wo diese Personen anscheinend zu ihrem eigenen Vorteil, also zum Nachteil der gemeinsamen Mission, agieren. Sein eigene Haltung besteht in Rast- und Selbstlosigkeit: »Jeden einzelnen Mann meiner Standarten lernte ich persönlich kennen. Um die Familien meiner SS-Männer kümmerte ich mich, wie um meine eigenen.« (27. 6. 41)[98]

Nachdem am 27. September 1941 Himmler das besetzte Mogilev besucht hatte, notierte von dem Bach-Zelewski: »Selten habe ich den Reichsführer so aufgeschlossen gesehen. Er war zufrieden mit allem, was ich geschaffen habe. Meine sauberen Unterkünfte machten auf ihn wohl auch grossen Eindruck, weil auf der anderen Seite das vollkommen zerstörte Mogilev als Kontrast wirkte [...]. Beim gemeinsamen Essen weiße Tischtücher und Blumen, saubere Ordonnanzen und weibliche Bedienung, kleine Tafelmusik einer russ. Klaviervirtuosin und eines Balalaikaspielers.« (27.10.41)[99] Unschwer ist hier der Stolz darüber zu erkennen, es dem Reichsführer recht gemacht zu haben, aber direkt im Anschluss an diese Beschreibung stellt von dem Bach-Zelewski eine Reflexion an, die seine ureigene Motivation deutlich machte, seine tiefe Überzeugung, Teil einer kulturellen Mission zu sein: »Wir Deutschen dürfen unsere kulturellen Bedürfnisse gerade hier nicht aufgeben, wenn wir nicht auf das Niveau dieser ostischen Rasse herabsinken wollen.«

Dass diese Berichte über seine Art der Realisierung von kulturellen Bedürfnissen von Eintragungen durchsetzt sind wie »habe ich durch meine Kompanie die männliche Bevölkerung des Dorfes exekutieren lassen« (7.8.41),[100] konterkariert sein Arbeitsethos nicht, sondern unterstreicht es: Von dem Bach-Zelewski, und mit ihm zahllose andere, führt seine Mission in einer tiefen Überzeugtheit von der Notwendigkeit der damit verbundenen Aufgaben aus. Und wenn er damit an die Grenze seiner Belastbarkeit geht, dokumentiert das nur seine Definition der Situation und sein Arbeitsethos. Als ihm Himmler per Funkspruch die baldige Gewährung eines Erholungsurlaubs signalisiert, weil von dem Bach-Zelewski an einer Nierenentzündung leidet, funkt dieser empört zurück: »Äusserung Reichsführers über versprochenen Urlaub mir unverständlich, da ich schon Oktober gehen sollte, aber mich stets geweigert habe, während Frontbewegung Urlaub zu gehen. [...] Ich bin empört, mir Urlaub zuzutrauen vor endgültiger Beruhigung der Front.« (19.12.41)[101]

Auch wenn Himmler zwei Tage später zurückmeldet: »Lieber Bach, Ihr F[unk]t[elegramm]. mit großem Vergnügen und viel Freude gelesen« (21.12.41),[102] lässt sich von dem Bach-Zelewskis Haltung kaum als ausschließlich autoritär und karrieristisch interpretieren: Es geht ihm selbst um etwas, und seine Definition der Aufgabe, vor der er und die deutsche Kulturnation stehen, erfordert eben die Hintanstellung persönlicher Unannehmlichkeiten gegenüber der notwendigen Ausführung der Arbeit.

Der Auschwitzkommandant Rudolf Höß etwa resümiert in seinen autobiographischen Aufzeichnungen, »in Auschwitz seit Beginn der Massenvernichtung nicht mehr glücklich« gewesen zu sein. »Ich wurde unzufrieden mit mir selbst. Dann noch die Hauptaufgabe, die nie abreißende Arbeit und die Unzuverlässigkeit der Mitarbeiter. Das Nichtverstanden- und Nichtgehörtwerden von meinen Vorgesetzten. Wahrlich kein erfreulicher und wünschenswerter Zustand.«[103] Zumindest für den Kommandanten des Vernichtungslagers wäre die Verbindung von »Auschwitz« und »Glück« also kein Widerspruch gewesen – wäre da nicht die Frustration über ausbleibende Erfolgserlebnisse, das Zermürbende der Arbeit, die Ignoranz der Mitarbeiter, das Aufreibende des Dienstes gewesen. Die Massenvernichtung macht so viel Arbeit, dass das Glück des Kommandanten dadurch getrübt wird.

Seine Klage, ab dem Zeitpunkt der Massenvernichtung nicht mehr glücklich gewesen zu sein, bezieht sich nun aber keineswegs auf die moralischen Implikationen seiner dienstlichen Aufgabe, sondern auf die mit ihr verbundenen technischen Probleme und die Unfähigkeit seiner Mitarbeiter, die ihm die Erfüllung seiner Aufgabe so schwer machten. Wenn man sich die Gewalt antut, beim Lesen der autobiographischen Zeugnisse von Tätern wie Höß oder von dem Bach-Zelewski momentweise das Wissen zu suspendieren, woran sie denn rastlos bis zur Erschöpfung gearbeitet haben, dann wird vor allem eines deutlich: dass Akteure dieses Schlages nicht einfach im Rahmen einer wahrgenommenen Pflichterfüllung gehandelt haben, sondern ihre Definition von Pflichterfüllung eben darin bestand, weit über das geforderte Maß hinauszugehen, *mehr zu tun* als von ihnen erwartet werden konnte. In der Mobilisierung einer solchen Motivation, die gewiss viel mit tradierten Pflichtethiken und mit Arbeits- und Produktstolz zu tun hat, liegt eine der fatalen Stärken des nationalsozialistischen Systems, und diese Mobilisierung war nur möglich, weil die Akteure vom Sinn ihrer aufreibenden Aufgabe zutiefst überzeugt waren und deshalb ihr Bestes zu geben bereit waren.

4. Das Projekt freilich, für das sie sich engagierten, basierte auf der vorgängigen Definition, dass es eine »Judenfrage« gab, die dringend der Lösung harrte. Die Verallgemeinerung dieser Definition ist, wie gesagt, eine Frage der Praxis; Peter Longerich hat eindrücklich dargestellt, dass die »Judenpolitik« das zentrale Schaltelement des nationalsozialistischen Strukturwandels der Öffentlichkeit war: »Das Regime reduzierte wiederholt die komplexen Problemlagen, denen es sich gegenübersah, auf die ungelöste ›Judenfrage‹ und stellte diese in den Mittelpunkt seiner Politik. Damit schrieb das Regime antisemitische Deutungsmuster als verbindliche, Widerspruch ausschließende Interpretation der Wirklichkeit fest: Es ordnete innen- und außenpolitische, militärische, soziale, wirtschaftliche und kulturelle Phänomene einem alles beherrschenden antijüdischen Diskurs unter. Im Zuge dieses Prozesses setzte das Regime gleichzeitig bestimmte Verhaltensmuster der Bevölkerungsmehrheit gegenüber der jüdischen Minderheit durch, die – durch die Propaganda aufgegriffen und verstärkt – die Zustimmung der Bevölkerung zur ›Judenpolitik‹ zum Ausdruck bringen sollten.«[104]

Was das auf der sozialen Mikroebene des Alltags ab Januar 1933 bedeutete, lässt sich eindrucksvoll bei Viktor Klemperer, Lilly Jahn oder Sebastian Haffner nachlesen. So findet sich Lilly Jahn, eine mit einem »arischen« Arzt verheiratete jüdische Ärztin in einem kleinen Ort in der Nähe von Kassel, bereits im Laufe des Jahres 1933 völlig isoliert; Freunde und Bekannte brechen den Kontakt zur Familie Jahn ab; Lilly selbst, bis dato eine anerkannte und beliebte Ärztin, gibt ihre Tätigkeit auf, damit wenigstens die Praxis des Ehemanns weiterlaufen kann. Wenn sie zum Einkaufen ging, »blickte sie stets nur zu Boden, um niemanden in die Verlegenheit zu bringen, sie grüßen zu müssen.«[105] Die enorme Dynamik des Entsolidarisierungsprozesses im nationalsozialistischen Deutschland ist bis heute noch nicht Gegenstand einer sozialpsychologischen Untersuchung geworden, obwohl sie beunruhigende Hinweise auf die offenbar gegebenen Möglichkeiten gibt, normative und soziale Gefüge in nur wenigen Monaten umzuformatieren und eine spezifische Moral, in diesem Fall eine nationalsozialistische, zu etablieren. Michael Wildt hat kürzlich darauf hingewiesen, in welch offener Brutalität sich die alltägliche Verfolgung jüdischer Bürger unmittelbar ab März 1933 abspielen konnte und welche Rolle insbesondere Jugendliche in dieser Form öffentlicher Gewaltpraxis spielten. Von einer »stillen« Judenverfolgung in den ersten Jahren des Nationalsozialismus, wie sie verschiedentlich behauptet wird, könne mithin überhaupt nicht die Rede sein.[106]

Sebastian Haffner hat den ungeheuer schnell ablaufenden Prozess eines Gesellschaftsumbaus für das ganze Jahr 1933 aus eigener Anschauung beschrieben; seine Darstellung stellt die bis heute einzige systematische Dokumentation des rapiden Strukturwandels der Öffentlichkeit im Jahr der so genannten Machtergreifung Hitlers dar. Hier findet sich die schonungslose Selbstanalyse eines Zeitgenossen, der die Etablierung der neuen Verhältnisse nach dem Januar 1933 äußerst kritisch und angewidert registriert, gleichwohl aber in den Umbauprozess involviert wird und sich selbst verändert. Was ihn von den meisten seiner Zeitgenossen unterscheidet, ist vor allem, dass ihm der Umbau seiner eigenen psychosozialen Verfassung bewusst ist.

Haffner schildert einen Umbauprozess, der auch die Verhaltensnormen der einzelnen Gesellschaftsmitglieder umfasst. Im März 1933, zwei Monate nach der »Machtergreifung« Hitlers, sitzt Haffner als junger Gerichtsassessor in der Bibliothek des Kammergerichts, als SA-Leute das Gericht auf der Suche nach jüdischem Personal durchsuchen. Dieser Vorgang läuft, wie Haffner resümiert, erstaunlich unspektakulär ab: »Es war alles überaus glatt gegangen. Die [jüdischen] Richter hatten ihre Togen ausgezogen und waren bescheiden und zivil aus dem Hause gegangen, die Treppe hinunter flankiert von aufgestellten SA-Leuten. Nur im Anwaltszimmer war es etwas wild zugegangen. Ein jüdischer Anwalt hatte ›Menkenke gemacht‹ und war verprügelt worden.«[107]

Haffner selbst nimmt diese Ereignisse, in der Bibliothek sitzend, nur von ferne wahr und hofft, dass sie bald vorüber sein mögen. Aber schließlich erscheint die SA auch im Leseraum: »Die Tür wurde aufgerissen, braune Uniformen quollen herein, und einer, offenbar der Anführer, rief mit schallender, strammer Ausruferstimme: ›Nichtarier haben sofort das Lokal zu verlassen!‹ Es fiel mir auf, daß er den gewählten Ausdruck ›Nichtarier‹ und den höchst ungewählten ›Lokal‹ verwendete. Wieder antwortete einer [...]: ›Sind schon raus!‹ Unsere Wachtmeister standen in einer Haltung da, als wollten sie die Hand an die Mütze legen. Mir schlug das Herz. Was konnte man tun? Wie wahrte man seine Haltung? Ignorieren, sich gar nicht sehen lassen! Ich senkte mich auf mein Aktenstück. Ich las mechanisch irgendwelche Sätze: ›Unrichtig, aber auch unerheblich ist die Behauptung des Beklagten…‹ Keine Notiz nehmen!

Indem kam eine braune Uniform auf mich zu und machte Front vor mir: ›Sind Sie arisch?‹ Ehe ich mich besinnen konnte, hatte ich geantwortet: ›Ja.‹ Ein prüfender Blick auf meine Nase – und er retirierte. Mir aber schoß das Blut ins Gesicht. Ich empfand, einen Augenblick zu spät, die Blamage, die Niederlage. Ich hatte ›ja‹ gesagt! Nun ja, ich war ein ›Arier‹, in Gottes Namen. Ich hatte nicht gelogen. Ich hatte nur viel Schlimmeres geschehen lassen.«[108]

»Schlimmeres« aus der Sicht Haffners, das war, zu ignorieren wie die jüdischen Kollegen und Vorgesetzten abgeführt wurden, und darüber hinaus eine *Entscheidung* zu treffen: von den Ereignissen, trotz innerer Widerstände, trotz genauer Beobachtung, keine Notiz zu nehmen. Haffner ist aus politischen Gründen einige Jahre später nach England emigriert, und man wird nicht entfernt sagen können, dass er auch nur ein Mitläufer gewesen sei. Gerade deswegen lässt sich der sensiblen Schilderung der Veränderung seines eigenen und des kollektiven Verhaltens ablesen, wie sich die dynamische Modifikation von Verhaltensnormen vollzieht. Dabei spielen drei psychologische Mechanismen wichtige Rollen. Zunächst ist es die nicht weiter erklärungsbedürftige Angst vor Repression, die besonders in einer neuen, präzedenzlosen, nicht recht einschätzbaren Situation wirksam wird. Wenn man nicht weiß, was die Regeln sind, neigt man dazu, *nicht* zu handeln. Die im Fall Haffners nur indirekte Bedrohung durch die SA-Leute wirkt sich als beträchtliche Verhaltensverunsicherung aus und führt zu der Entscheidung, sich in die Akten zu vertiefen, sich also eine Art virtuellen Schutzraum zu konstruieren oder, wie Erving Goffman sagen würde, ein »Territorium des Selbst« aufzurichten, sich zu schützen.[109]

An dieser Stelle wird ein weiterer Mechanismus wirksam, der sich in der Regel verhängnisvoll auswirkt: Wir neigen nämlich dazu, etwas, was wir mit einem ambivalenten Gefühl getan haben, vor uns selbst zu legitimieren, mit unserem Selbstbild in Einklang zu bringen. Deshalb erscheint es subjektiv oft sinnvoller, eine Handlung zu wiederholen, als sie durch eine Korrektur in Frage zu stellen. Wenn man sich also ein erstes Mal für das Wegducken entschieden hat, wächst die Wahrscheinlichkeit, dass man dies in analogen Situationen ein zweites, drittes, viertes Mal tun wird. Und umgekehrt wird es immer unwahrscheinlicher, dass man vom einmal eingeschlagenen Weg noch abweichen würde. Und dies wiederum bietet die Basis für einen dritten grundlegenden psychologischen Mechanismus: dass man nämlich als Teil eines ablaufenden gesellschaftlichen Umbauvorgangs zu Beginn noch gegen Geschehnisse aufbegehren würde, die man nur wenig später gleichgültig toleriert. Wären also bei dem geschilderten SA-Überfall die jüdischen Kollegen nicht »bescheiden« gegangen, sondern von der SA in Gegenwart Haffners geschlagen, verletzt oder gequält worden, wäre dessen Toleranzschwelle vermutlich überschritten gewesen – was in dieser frühen Situation, wo sich noch nichts wirklich »Schlimmes« abspielte, noch nicht der Fall war.

Mit dem weiteren Fortgang des Umbauprozesses werden weit schwerwiegendere Verletzungen moralischer Selbstansprüche hingenommen, als man sie zu Beginn toleriert hätte. Dieser Mechanismus erklärt die so irritierende Akzeptanz der Ausgrenzung der Juden aus der deutschen Mehrheitsgesellschaft selbst auf seiten derjenigen, die zunächst überhaupt nicht antisemitisch waren. Wegsehen, Dulden, Akzeptieren, Mittun und Aktivwerden sind keine grundlegend voneinander verschiedenen Verhaltensweisen, sondern Stadien auf einem Kontinuum der Veränderung von Verhaltensnormen.

Der sensible und kritische Sebastian Haffner jedenfalls findet sich nur wenige Monate später in einem »Gemeinschaftslager für Referendare« in Jüterbog wieder und begegnet sich dabei, wie er nationalsozialistische Lieder singt, Wehrsportübungen absolviert, weltanschaulich geschult wird und dabei »Schmiere steht«, als ein Referendar einem »Femegericht« unterworfen, also gemeinschaftlich verprügelt wird.

Abends in der Kantine lauscht man einer Ansprache Hitlers im Radio. »Als er ausgeredet hatte, kam das Schlimmste. Die Musik signalisierte: Deutschland über alles, und alles hob die Arme. Ein paar mochten, gleich mir, zögern. Es hatte so etwas scheußlich Entwürdigendes. Aber wollten wir unser Examen machen oder nicht? Ich hatte, zum ersten Mal, ein Gefühl so stark wie ein Geschmack im Munde – das Gefühl: ›Es zählt ja nicht. Ich bin es ja gar nicht, es gilt nicht.‹ Und mit diesem Gefühl hob auch ich den Arm und hielt ihn ausgestreckt in die Luft, ungefähr drei Minuten lang. So lange dauern das Deutschland- und Horst-Wessel-Lied. Die meisten sangen mit, zackig und dröhnend. Ich bewegte ein wenig die Lippen und markierte Gesang, wie man es in der Kirche beim Choralsingen tut.

Aber die Arme hatten alle in der Luft, und so standen wir vor dem augenlosen Radioapparat, der nun die Arme hochzog wie ein Puppenspieler die Arme seiner Marionetten, und sangen oder taten so, als ob wir sangen; jeder die Gestapo des anderen.«[110]

Haffner zeigt hier eindrucksvoll nicht nur den sukzessiven Umbauprozess des von ihm ursprünglich akzeptierten und für akzeptabel gehaltenen Verhaltens, sondern auch dessen Feinabstimmung in der gemeinsamen sozialen Praxis. Der Umbau der Verhaltensnorm kommt weder von außen, noch ist er ein individueller Vorgang, sondern einer, der sich in jener wechselseitigen Bestätigung bildet, die soziales Handeln selber ist. So, und zwar bei allem »inneren« Widerstand und bei aller Kritik, wird auch Sebastian Haffner zu einem Kameraden unter anderen, und sein einziges Mittel zur Wahrung seiner persönlich wahrgenommenen Integrität besteht im Rückgriff auf eine innere Distanzierung: »Ich trug eine Uniform mit Hakenkreuzbinde. Ich stand stramm und putzte mein Gewehr. Aber das alles galt ja gar nicht. Ich war nicht gefragt worden, ehe ich es tat. Es war ja gar nicht ich, der es tat. Es war ein Spiel, und ich spielte eine Rolle.«[111]

Man sieht, es ist die Rollendistanz, die die Teilhabe an einem Verhaltensmodell erlaubt, das die Person sich selbst nur kurze Zeit zuvor keineswegs gestattet hätte. Wenn man solche Veränderungen von Verhaltensnormen als »moralische Korrumpierung« oder »Wegfall von Hemmungen« interpretiert, um die Wahrnehmungen, Handlungen und Verhaltensweisen von Menschen im Nationalsozialismus zu erklären, greift man zu kurz: Denn hier wird das als »normal« definierte zwischenmenschliche Verhalten *als Ganzes* verändert, und die Orientierungen der Einzelnen verändern sich auf subtile, von ihnen selbst unbemerkte Art und Weise in diesem

Rahmen mit. Das Erstaunlichste daran ist, wie schnell das alles gehen kann.

Die Veränderung wird übrigens von Außenstehenden viel eher registriert als von Insidern, also von Beobachtern, die nicht Teil desselben Prozesses sind. So kommt Teddy, eine nach Paris verzogene Freundin Haffners, im Sommer 1933 nach Berlin, um eine gänzlich fremde Welt vorzufinden: »Es war Teddy geradezu anzusehen, wie sie nach Luft schnappte. Ganz harmlos fragte sie noch nach Lokalen und Kabaretts, die längst geschlossen waren, nach Schauspielern, die es längst nicht mehr gab. Sie hatte natürlich vieles in den Zeitungen gelesen, aber nun, in der Wirklichkeit, war doch alles ganz anders – weniger sensationell vielleicht, aber viel schwerer zu verstehen und viel schwerer zu ertragen. Die Hakenkreuzfahnen überall, die braunen Uniformen, denen man nirgends auskam: im Autobus, im Café, auf der Straße, im Tiergarten – überall machte es sich breit wie eine Besatzungsarmee. Das ständige Trommeln, die Marschmusik Tag und Nacht – komisch, Teddy horchte noch auf und fragte, was denn jetzt los sei. Sie wußte noch nicht, daß man eher Anlaß zum Fragen gehabt hätte, wenn es einmal keine Marschmusik gegeben hätte. Die roten Plakate mit den Hinrichtungs-Bekanntmachungen an den Säulen, fast jeden Morgen, neben den Plakaten der Kinos und der Sommerrestaurants; ich sah sie schon gar nicht mehr, aber Teddy schauderte noch plötzlich zusammen, wenn sie harmlos die Säule studierte. Auf einem Spaziergang zog ich sie plötzlich in einen Hausflur. Sie begriff es gar nicht und fragte ganz erschreckt: ›Was ist denn los?‹

›Da kommt eine SA-Fahne‹, sagte ich, wie man das Selbstverständlichste von der Welt sagt.

›Naja, und?‹

›Und willst Du sie vielleicht grüßen?‹

›Nein, wieso?‹

›Das muß man, wenn man ihr auf der Straße begegnet.‹

›Was heißt muß? Man tuts einfach nicht.‹

Die arme Teddy, sie kam wirklich aus einer anderen Welt! Ich antwortete gar nicht, ich zog nur eine trübsinnige Grimasse.«[112]

Die Sensibilität Haffners im Registrieren jener subtilen, vielleicht in jedem Einzelschritt harmlos scheinenden Wahrnehmungs- und Orientierungsveränderungen, die in ihm selbst vorgingen, als der Nationalsozialismus die gesellschaftliche Deutungs- und Handlungshoheit übernahm, macht die Lektüre seines Buches zu einer verstörenden Erfahrung. Und diese Erfahrung wirft in sozialpsychologischer Sicht eine entscheidende Frage auf: Wie ist es möglich, dass Veränderungen in Verhaltensnormen, die jedermann für gegeben und gültig hält, in solcher Geschwindigkeit vonstatten gehen können, wie wir es am Beispiel besonders der Frühphase des »Dritten Reiches« beobachten können?

Im Ergebnis bedeuten diese normativen Veränderungen, dass eine Gruppe von Gesellschaftsmitgliedern sukzessive aus dem »Universum der allgemeinen Verbindlichkeit« ausgeschlossen wird, das für die Anderen, die Zugehörigen zur Mehrheitsgesellschaft, nach wie vor in Geltung ist, nun aber exklusiv wird. Dieser Vorgang ist, wie gesagt, die zentrale Voraussetzung für die Entstehung genozidaler Prozesse. Denn die Ausschließung verläuft über die Definition, dass die auszuschließende Gruppe *an sich*, und das heißt: jedes ihrer Mitglieder, eine Bedrohung für das Wohlergehen und letztlich für die Existenz der Mehrheitsgesellschaft ist – die dann folgerichtig ihr Heil darin erblickt, diese als bedrohlich wahrgenommene Gruppe unschädlich zu machen und, in letzter Konsequenz, zu vernichten. Deshalb geht allen bekannten Vernichtungsprozessen eine Definition der bedrohlichen Gruppe voraus, und dieser Definition schließt sich eine sich beschleunigende soziale, psychologische, materielle und juristische Deklassierung an, die die zunächst nur behauptete Andersartigkeit der ausgeschlossenen Gruppe zunehmend in eine von den Zeitgenossen gestaltete und gefühlte Realität überführt.

In der extrem vereinseitigten Machtsituation des ab 1941 einsetzenden Vernichtungsprozesses sind die sozialen Universen der Angehörigen der Tätergesellschaft auf der einen Seite und die der Angehörigen der Opfergruppen nahezu vollständig voneinander getrennt; die Einführung des »Judensterns« im September 1941 macht die bis dahin immer noch gegebene Möglichkeit der individuellen Überschreitung der Grenze zwischen den Universen unmöglich. Im Ergebnis treten sich Täter und Opfer als Angehörige zweier vollständig verschiedener Menschengruppen gegenüber – ganz so, wie die durch Zugehörigkeit nobilierten »arischen Herrenmenschen« sich das vorgestellt hatten.

Primo Levi beschreibt eine Situation als Häftling in Auschwitz, die dieses gegenmenschliche Verhältnis prägnant zum Ausdruck bringt. Es geht darum, dass Levi, der Chemiker war, einem »Chemiekommando« zugeteilt werden wollte, dafür aber eine »Chemieprüfung« vor einem SS-Arzt abzulegen hatte. Levi tritt ins Zimmer dieses Arztes namens Pannwitz: »Pannwitz ist hochgewachsen, mager und blond; er hat Augen, Haare und Nase, wie alle Deutschen sie haben müssen, und er thront fürchterlich hinter seinem wuchtigen Schreibtisch. Ich, Häftling 174517, stehe in seinem Arbeitszimmer, einem richtigen Arbeitszimmer, klar, sauber und ordentlich, und mir ist, als müsste ich überall, wo ich hinkomme, Schmutzflecken hinterlassen.

Wie er mit Schreiben fertig ist, hebt er die Augen und sieht mich an.

Von Stund an habe ich oft und unter verschiedenen Aspekten an diesen Doktor Pannwitz denken müssen. Ich habe mich gefragt, was wohl im Innern dieses Menschen vorgegangen sein mag und womit er neben der Polymerisation und dem germanischen Bewusstsein seine Zeit ausfüllte; seit ich wieder ein freier Mensch bin, wünsche ich mir besonders, ihm noch einmal zu begegnen, nicht aus Rachsucht, sondern aus Neugierde auf die menschliche Seele.

Denn zwischen Menschen hat es einen solchen Blick nie gegeben. Könnte ich mir aber bis ins letzte die Eigenart jenes Blickes erklären, der wie durch die Glaswand eines Aquariums zwischen zwei Lebewesen getauscht wurde, die verschiedene Elemente bewohnen, so hätte ich damit auch das Wesen des Wahnsinns im Dritten Reich erklärt.«[113]

Damit trifft Levi allerdings den Kern der Funktionsweise des nationalsozialistischen Systems, die in der von einer übergroßen Mehrheit für notwendig gehaltenen und von einer Minderheit erlittenen Lösung eines wahrgenommenen und gefühlten Problems liegt. Die Ursache dieses Problems lag in der grundsätzlichen, unhintergehbaren und unaufhebbaren Verschiedenheit zweier Personengruppen, weshalb die Politik der Ausgrenzung und Vernichtung war – darin ist Raul Hilberg einerseits und Peter Longerich[114] andererseits zu folgen –, auch kein Akzidenz der nationalsozialistischen Herrschaft war, sondern ihr theoretischer und praktischer Kern. Denn die unter vielen Aspekten – wissenschaftlich, historisch, sozialpolitisch etc. – begründete »Judenfrage« übernahm unter Herrschaftsgesichtspunkten sowohl die Rolle eines kollektiven Bezugspunkts wie die einer Relaisstation zur Reduktion von Komplexität. In genau dieser Rolle setzt sie die ungeheure Energie frei, die kennzeichnend für die kurze Geschichte des »Dritten Reiches« ist.

Longerich argumentiert in dieser Hinsicht, dass sich mehrere Phasen antijüdischer Politik zwischen 1933 und 1941 identifizieren lassen, die jeweils dem Motiv folgten, komplexe innen- und außenpolitische Problemlagen »in den Interpretationsrahmen eines antijüdischen Abwehrkampfes zu pressen: Auf die internationale Kritik an der neuen Regierung reagierte man – in einer kritischen Phase des Machtergreifungsprozesses – mit dem ›Boykott‹ der deutschen Juden; die komplizierte Situation des Jahres 1935 beantwortete das Regime mit der Segregation und rechtlichen Diskriminierung der Juden, die man in erster Linie für die kumulierenden Probleme verantwortlich machte; und nach dem gleichen Muster folgten auf die außenpolitischen Spannungen des Jahres 1938 der Pogrom und die völlige Ausschaltung der Juden aus der deutschen Gesellschaft.«[115]

Der Übergang zur dezidierten Vernichtungspolitik fällt mit dem Überfall auf die Sowjetunion zusammen, ihre rapide Ausweitung und schließliche Totalisierung koinzidiert mit der ernüchternden Erkenntnis, dass dieser Teil des Krieges nicht mit einem schnellen Sieg enden würde. Die beständige Verschärfung der antijüdischen Politik bedeutet zugleich eine Zuspitzung aller sozialen und politischen Fragen auf die »Entjudung« der als expansiv gedachten Gesellschaft. »Dieser antisemitische Interpretationsrahmen«, so Longerich, »war nicht nur verbindliches Deutungsmuster innerhalb des durch die Nationalsozialisten bestimmten Diskurses, sondern setzte auch Verhaltensmuster für das Alltagsverhalten der Bürger in der Öffentlichkeit: Dazu gehörte das Meiden jüdischer Geschäfte, die Aufgabe persönlicher Kontakte zu Juden, aber auch die Rolle des sich passiv verhaltenden Augenzeugen, die sich bei weiten Teilen der Bevölkerung während des Novemberpogroms beobachten lässt.«[116]

Auf diese Weise wird ein Handlungs*zusammenhang* sichtbar, in dem ein verändertes normatives Gefüge nicht vertikal von oben nach unten durchgesetzt wird, sondern in dem auf praktische und sich immer noch verschärfende Weise das Verhältnis zwischen den Menschen entsolidarisiert wird und eine neue soziale »Normalität« etabliert wird. In dieser Normalität mag es zwar ein Durchschnittsvolksgenosse noch 1941 für undenkbar halten, dass Juden umstandslos getötet werden, aber nichts Bemerkenswertes darin sehen, dass Ortsschilder verkünden, dass der entsprechende Ort »judenfrei« sei, dass Parkbänke nicht von Juden benutzt werden dürfen, dass die jüdischen Bürger vollständig entrechtet und beraubt werden uws. usf.

In diesem Sinn argumentiert in einem der Kriegsverbrecherprozesse etwa ein Beamter des Reichsaußenministeriums, Albrecht von Kassel, als er aufgefordert wird, zu erklären, was man unter dem Begriff »Endlösung« verstanden habe:

»Dieser Ausdruck ›Endlösung‹ ist ja in verschiedenem Sinne gebraucht worden. 1936 bedeutete Endlösung ja nur, dass die Juden alle Deutschland verlassen sollten, und dabei sollten sie allerdings ausgeplündert werden; es war nicht schön, aber auch nicht verbrecherisch…

Richter Maguire: War das soeben eine richtige Übersetzung?

Dr. Becker: Ich bitte Sie, noch einmal den Satz zu wiederholen.

Antwort: Ich habe gesagt, es war leider nicht schön, aber nicht verbrecherisch. Man wollte ihnen nicht ans Leben, sondern man wollte ihnen nur das Geld wegnehmen.«[117]

In einer solchen Aussage, der sich zahllose Ähnliche hinzufügen ließen, dokumentiert sich die normative Verschiebung, die zwischen 1933 und 1945 stattgefunden hatte und sich in der *assumptive world*[118] der Volksgenossinnen und -genossen etabliert hatte. Und diese verallgemeinerte Veränderung des normativen Gefüges bildete die mentale Basis für die Umsetzung der »Endlösung der Judenfrage«, wie sie dann ab 1941 von den ganz normalen Männern und Frauen durchgeführt oder gebilligt wird. Instruktiv hierzu mögen noch zwei Aussagen von Krankenschwestern sein, die beschuldigt wurden, Patienten in der Heil- und Pflegeanstalt Meseritz-Obrawalde mit Gift getötet zu haben:

Frage: »Sie haben eben erwähnt, daß Sie Beamtin waren und sich deswegen verpflichtet fühlten, jeden an Sie gerichteten Auftrag zu erfüllen. Haben Sie sich nie Gedanken über die Rechtmäßigkeit der Aufträge und Ihres Handelns gemacht? Hätten Sie beispielsweise irgendein anderes Verbrechen, wie Diebstahl, Meineid, Raub usw. begangen, wenn man es von Ihnen als Beamtin gefordert hätte?«

Antwort: »Einen Bankraub oder einen Diebstahl hätte ich nicht ausgeführt, weil man so etwas nicht tut. Außerdem hätte ein Diebstahl nicht zu meinen Aufgaben gehört. Auf Zwischenfragen sage ich, daß ich einen Diebstahl nie begangen hätte. Ich weiß, daß man so etwas nicht tun darf. In der schlechten Zeit war ich Verkäuferin und ich hätte damals leicht Gelegenheit gehabt. Aber so etwas habe ich nie getan, weil ich einfach wußte, das darf man nicht tun. Schon als Kind hatte ich gelernt: Du darfst nicht stehlen.«

Eine andere Krankenschwester:

»Wenn mir vorgehalten wird, ob ich auf einen entsprechenden Befehl hin einen Diebstahl ausgeführt hätte, so sage ich hierzu, daß ich das nicht getan hätte. Die Verabreichung von Medikamenten und sei es auch zum Zwecke der Tötung von Geisteskranken gewesen, sah ich allerdings als eine mir obliegende Dienstpflicht an, die ich nicht verweigern durfte.«[119]

Die Variabilität von Moralvorstellungen zeigt sich an diesen Stellen, wo das Töten als moralische Pflicht wahrgenommen wird, in aller Deutlichkeit. Die nationalsozialistische Moral erhebt die Auslöschung von Menschen in den Status einer moralischen Verpflichtung, behält aber andere tradierte Normen wie etwa das Diebstahlsverbot bei. »Von nun an«, schreibt Omer Bartov, »kann man davon sprechen, dass konventioneller Moral ein unmoralischer Charakter«[120] zugeschrieben werden kann – dann nämlich, wenn sie der höheren Moralität entgegensteht, zum übergeordneten Wohl der Volksgemeinschaft, der Rasse, des Blutes, der Natur etc. zu töten.

Das »Dritte Reich« als normatives Modell

Daniel Goldhagens Buch »Hitlers willige Vollstrecker« ist nach seinem Erscheinen 1996 in der Öffentlichkeit kontrovers und von den Historikerinnen und Historikern überwiegend ablehnend aufgenommen worden – vor allem deswegen, weil Goldhagens These, ein eliminatorischer Antisemitismus habe die Deutschen beseelt und sie daher zum Holocaust geführt, in dieser Schlichtheit nicht nur nicht haltbar war, sondern auch Goldhagens Umgang mit den Quellen so sehr beeinflusste, dass sein Vorgehen gelegentlich nur mit Wohlwollen als wissenschaftlich durchgehen konnte. Bei aller berechtigter Kritik gegenüber Goldhagen sind aber zwei Perspektiven seines Buches in der Diskussion doch zu Unrecht vernachlässigt worden: Zum einen, dass er sein Augenmerk von der industriellen Vernichtung in den Lagern auf die direkten Tötungen durch die Männer der Polizibataillone, Einsatzgruppen und Sonderkommandos hinter der Front legte, die dem Massenmord in den »Menschen-Vernichtungs-Anlagen« (Rudolf Höß) vorausging. Damit hat er erneut auf das erklärungsbedürftige Phänomen aufmerksam gemacht, dass eine extrem große Anzahl von Morden nicht im Rahmen der totalen Institution Vernichtungslager stattgefunden hat, sondern in direkter Begegnung von Tätern und Opfern vonstatten gegangen war. Zum anderen ging Goldhagens Untersuchung von einer Unterstellung aus, die ihn zwar zu falschen Schlussfolgerungen führte, die aber als Ausgangshypothese richtig war: Da die Deutschen im Nationalsozialismus nicht von denselben moralischen Grundüberzeugungen ausgingen, die wir für uns selbst in Anspruch nehmen, sei es eine falsche Voraussetzung, »dass die Deutschen damals [...] unseren Idealvorstellungen von uns selber entsprachen.«[121]

Das hört sich simpel an, bedeutet aber für die Untersuchung des Täterverhaltens einen entscheidenden Schritt nach vorn: Denn vor einem solchen Hintergrund geht man nicht auf die Suche nach den psychologischen Umständen, die die eigentlich guten Deutschen zu erbarmungslosen und grausamen, gleichgültigen und emotionslosen Tätern und Mitläufern machten, sondern von dem einfachen Sachverhalt aus, dass sie sich, wenn sie mordeten, eben nicht gut verhielten. Dieser Sachverhalt zieht eine andere Fragestellung nach sich als die Annahme, die Bereitschaft zum Töten hätte zunächst die Überwindung moralischer Hemmungen und ethischer Barrieren zur Voraussetzung gehabt. Während diese Annahme auf der empirisch durch nichts gedeckten Überzeugung basiert, die Zivilisierung hätte bis zum 20. Jahrhundert eine gründliche Abneigung gegen das Töten etabliert, besteht Goldhagens plausible Hypothese darin, dass der Massenmord von Menschen vorbereitet und vollzogen wurde, die allem Anschein nach keine fundamentalen Schwierigkeiten damit hatten, ihr mörderisches Handeln in Einklang mit ihrem Selbstkonzept zu bringen.

Die Deutschen fühlten sich zur Zeit des Nationalsozialismus einem normativen Modell verpflichtet, das die Erniedrigung und Verfolgung anderer Menschen nicht verurteilte, sondern forderte, und das im letzten Drittel des »Dritten Reiches« auch vorsah, dass es notwendig und gut sei, zu töten. Es ist klar, dass die kurze Dauer der NS-Herrschaft nicht ausreichte, ein vollständig neues normatives Modell zu etablieren. Vorstellungen über die absolute Ungleichheit von Menschen, Prinzipien der Über- und Unterordnung, Orientierung an Fragen der Ehre, des Blutes, der Gemeinschaft, der Rasse, gehen dem Nationalsozialismus voraus, werden durch ihn praktisch radikalisiert und ergänzt um einen wissenschaftlich begründeten Rassismus sowie um den Traum von der vollständigen Gestaltbarkeit der Welt. Norbert Elias hat in seinen »Studien über die Deutschen« versucht, die gesellschaftliche Situation in Deutschland vor 1933 hinsichtlich ihrer ethischen und moralischen Orientierungen zu untersuchen, um die Frage zu klären, wie »Hitler möglich war«. Und bei der Klärung dieser Frage »drängt sich in der Tat die Einsicht auf, dass diese Ausbreitung von gesellschaftlich sanktionierten Modellen der Gewalttätigkeit und der sozialen Ungleichheit zu den Voraussetzungen seines Kommens gehörte.«[122]

Elias spricht von einem »Gestaltwandel« im deutschen Bürgertum, der sich in der zweiten Hälfte des neunzehnten Jahrhunderts vollzogen habe, in dem Fragen der Ehre, der Ungleichheit von Menschen, der Satisfaktionsfähigkeit, der Nation und des Volkes zunehmend größere Bedeutung zukam als den Idealen der Aufklärung und des Humanismus. Dieser sich etablierende »Ehrenkanon« beinhaltet eine strikte »Hierarchisierung der menschlichen Beziehungen« ebenso wie eine »klare Ordnung des Befehlens und Gehorchens«, während der bürgerlich-mittelständische Kanon »explizit den Anspruch auf Geltung für alle Menschen zu erheben scheint und so implizit das Postulat der Gleichheit aller Menschen bekundet.«[123] Elias führt diese Entwicklung darauf zurück, dass die Einigung der deutschen Nation nicht eine bürgerliche Leistung war, sondern aus dem militärischen Sieg von 1871 hervorging, und der war unter der Führung traditioneller aristokratischer Eliten errungen worden. Das führte Elias zufolge zu einer Abkehr von den Idealen des bürgerlichen Moralkanons und zur Orientierung am Ehrenkanon der traditionellen Oberschichten – mit der Folge einer normativen Herabsetzung humanistischer Ideale und Gleichheitsvorstellungen. »Ehrenfragen rangierten hoch, Moralfragen niedrig. Probleme der Humanität, der Identifizierung von Mensch zu Mensch waren aus dem Gesichtskreis verschwunden, und im großen und ganzen wurden diese früheren Ideale als Schwäche sozial niedrigstehender Schichten negativ bewertet.«[124]

Eine solche »Verhaltens- und Empfindenstradition« vermittelt sich auch in Erziehungsideale und Sozialisationsmuster. Am prägnantesten sind solche Muster in der Literatur des frühen 20. Jahrhunderts beschrieben worden, in den »Verwirrungen des Zöglings Törless« von Robert Musil oder in Arthur Schnitzlers »Leutnant Gustl«. Klaus Theweleit einerseits und Helmut Lethen andererseits haben die subjektiven Aneignungen dieser Verhaltens- und Empfindenstradition als »Männerphantasien« und »Verhaltenslehren der Kälte« analysiert,[125] und diese Tradition lässt sich in mehr oder minder ausgeprägten Spuren gewiss noch bis in die zweite Hälfte des 20. Jahrhunderts in Deutschland verfolgen, im Rekurs auf »deutsche« Tugenden wie Disziplin und Prinzipientreue sicher auch noch darüber hinaus. Für das beginnende 20. Jahrhundert jedenfalls dürfte sie eine der Faktoren in der Herausbildung jener normativen Orientierungen gewesen sein, die der Nationalsozialismus radikalisierte. Die biographischen Dokumente, die Wibke Bruhns in ihrer familialen Spurensuche »Meines Vaters Land«[126] zusammenstellt, legen ebenso von dieser Vorgeschichte des Nationalsozialismus Zeugnis ab wie die autobiographischen Aufzeichnungen Sebastian Haffners, bei dem sich nachlesen lässt, welche Verwerfungen in den bis 1914 weitgehend stabilen Werte- und Orientierungsmustern die deutsche Niederlage im Ersten Weltkrieg und die damit verbundenen Brutalisierungs- und Kränkungserfahrungen erzeugten, gerade in der Generation derjenigen, die erst in der Nachkriegszeit, also in der Weimarer Republik, erwachsen wurden und die dann die funktionale Elite des »Dritten Reichs« stellte.[127]

Dieses psychosoziale Amalgam bildete die Basis für die Formierung einer nationalsozialistischen Moral. Das alles hat aber 1933 noch nicht die Gestalt, die es nach 1941 annimmt, und es bleibt die Frage, wie die zeitlich so ungeheuer beschleunigte Praxis der Ausgrenzung der Juden sofort nach der so genannten Machtergreifung ohne relevanten Widerstand der Mehrheitsbevölkerung möglich war – obwohl der eine oder andere nunmehrige Volksgenosse über den »SA- und Nazipöbel« durchaus die Nase rümpfte oder die einsetzende Kaskade der antijüdischen Maßnahmen als unfein, ungehörig oder einfach als inhuman empfand. Was ich mit »ungeheuer beschleunigt« meine, lässt sich mit einer Auflistung von Saul Friedländer illustrieren:

»Im März 1933 untersagte die Stadt Köln Juden die Benutzung städtischer Sportanlagen. Vom 3. April an mussten in Preußen Anträge von Juden auf Namensänderung dem Justizministerium vorgelegt werden, ›um die Verschleierung der Abstammung zu verhindern‹. Am 4. April schloss der deutsche Boxer-Verband alle jüdischen Boxer aus. Am 8. April sollten alle jüdischen Dozenten und Assistenten an Universitäten des Landes Baden unverzüglich entlassen werden. Am 18. April entschied der Gauleiter von Westfalen, dass einem Juden das Verlassen des Gefängnisses nur gestattet werden würde, wenn die beiden Personen, die das Gesuch auf Entlassung unter Stellung einer Kaution eingereicht hätten, oder der Arzt, von dem das medizinische Gutachten stammte, bereit wären, an seiner Stelle ins Gefängnis zu gehen. Am 19. April wurde der Gebrauch des Jiddischen auf Viehmärkten in Baden verboten. Am 24. April wurde die Verwendung jüdischer Namen zum Buchstabieren im Telefonverkehr untersagt. Am 8. Mai verbot es der Bürgermeister von Zweibrücken Juden, auf dem nächsten Jahrmarkt Stände zu mieten. Am 13. Mai wurde die Änderung jüdischer Namen in nichtjüdische verboten. Am 24. Mai wurde die restlose Arisierung der deutschen Turnerschaft angeordnet, wobei die vollständige arische Abstammung aller vier Großeltern gefordert wurde.«[128]

Interessant an dieser äußerst unvollständigen, lediglich beispielhaften Liste ist zum einen die Kreativität im Auffinden der unterschiedlichsten Aspekte des »Jüdischen«, wie bei der Buchstabierliste für den Telefonverkehr, zum anderen das freiwillige, oft vorauseilende Exekutieren antijüdischer Ausgrenzungsmaßnahmen durch Privatpersonen in Vereinsfunktionen oder durch Kommunalbeamte, die die entsprechenden Verordnungen durchaus nicht hätten erlassen müssen, sondern aus freien Stücken erlassen haben. Das verweist nicht nur auf eine schon antizipierte Handlungsmöglichkeit, die jetzt im Sinn eines herbeigewünschten »Du darfst!« (Klaus Michael Mallmann) freudig genutzt wird, sondern auch darauf, dass solche Maßnahmen innerhalb der entsprechenden Verbände und Kommunen bei Nicht-Betroffenen auf Zustimmung, jedenfalls nicht auf Protest oder gar Widerstand stießen.

Auf der Mikroebene des sozialen Alltags des Nationalsozialismus sind solche Maßnahmen, die *andere* treffen, aber von Nicht-Betroffenen natürlich zur Kenntnis genommen werden, allgegenwärtig. Friedländer notiert, dass im Frühjahr 1933, wie man etwa anhand der Stuttgarter Stadtchronik nachweisen kann, »kaum ein Tag« verging, »an dem nicht auf die eine oder andere Weise irgendein Aspekt der ›Judenfrage‹ in Erscheinung trat.«[129] Die »großen« antijüdischen Gesetze, die gleichsam die normsetzende Spitze dieses Eisbergs ausgrenzender Praxis bilden, sind das »Gesetz zur Wiederherstellung des Berufsbeamtentums« vom 7. April 1933, das unter anderem die Versetzung aller »nicht-arischen« Beamten in den Ruhestand vorsah. Noch im selben Jahr wurden 1200 jüdische Professoren und Dozenten entlassen; die Tageszeitungen vom 8. April 1933 verkünden freudig die Entlassung Max Horkheimers in Frankfurt. Am 22. April werden nicht-arische Kassenärzte aus den kassenärztlichen Vereinigungen ausgeschlossen.[130] Am 14. Juli 1933 wird das »Gesetz zur Verhinderung erbkranken Nachwuchses« verabschiedet, das unter anderem die Sterilisierung aller Personen mit »erblichen Krankheiten« vorsah – worunter nach zeitgenössischer Definition auch Schizophrenie und starker Alkoholismus fielen.[131]

Wie immer auch die Gesetze und Maßnahmen bei den einzelnen Volksgenossinnen und Volksgenossen ankamen – festzuhalten ist, dass sich auch in dieser frühen Phase, die ja zumindest auch für die Nicht-Betroffenen den Charakter einer normativen Innovationsoffensive hatte, keinerlei Unmut artikulierte. Die bereits zitierten Beobachtungen Haffners geben einen Hinweis darauf, wieso das so sein konnte.

Aber was heißt eigentlich Nicht-Betroffene? Wenn wir, wie im ersten Kapitel vorgeschlagen, den Vorgang der Ausgrenzung, Beraubung und Vernichtung als einen Handlungszusammenhang, als soziale Figuration von Tätern und Opfern betrachten, ist es logisch eigentlich unmöglich, von Nicht-Betroffenen zu sprechen: Wenn eine Personengruppe auf solch schnelle, verdichtete, öffentliche und nicht-öffentliche Weise aus dem Universum der allgemeinen Verbindlichkeit ausgeschlossen wird, dann bedeutet das umgekehrt, dass sich der wahrgenommene und gefühlte Stellenwert der Zugehörigkeit zur definitionssetzenden Mehrheitsgesellschaft *erhöht* – und zwar zum einen auf der Ebene jener kollektiven Nobilitierung, die die praktisch umgesetzte Theorie von der Herrenmenschenrasse bedeutete. Vor dem Hintergrund dieser in Gesetze und Maßnahmen gegossenen und so praktisch gewordenen Theorie konnte sich noch jeder sozial deklassierte ungelernte Arbeiter ideell jedem jüdischen Schriftsteller, Schauspieler oder Geschäftsmann überlegen fühlen, zumal dann, wenn der ablaufende gesellschaftliche Prozess dann auch die faktische soziale und materielle Deklassierung der definierten Personengruppen durchsetzte.

Die zweite psychologische Gratifikation, die für den Einzelnen auf diese Weise entsteht, ist das Gefühl einer relativ verringerten sozialen Gefährdungslage – ein ganz neues Lebensgefühl in einer exklusiven Volksgemeinschaft, zu der man nach den wissenschaftlichen Gesetzen der Rassenauslese so unabänderlich gehörte, wie die anderen genauso unabänderlich niemals gehören konnten.[132] Klaus Mann bringt die Funktionsweise dieser Gratifikation an der Figur von Gustav Gründgens, der in seinem Roman »Mephisto« Hendrik Höfgen heißt, prägnant zum Ausdruck, wenn er Höfgen zu Beginn der NS-Herrschaft reflektieren lässt: »Angenommen aber sogar, die Nazis blieben an der Regierung:

Was hätte er, Höfgen, schließlich von ihnen zu fürchten? Er gehörte keiner Partei an, er war kein Jude. Vor allem dieser Umstand – dass er kein Jude war – erschien Hendrik mit einem Mal ungeheuer tröstlich und bedeutungsvoll. Was für ein unverhoffter und bedeutender Vorteil, man hatte es früher gar nicht so recht bedacht! Er war kein Jude, also konnte ihm alles verziehen werden!«[133]

Der Gedanke Höfgens markiert eine plötzlich gewonnene Sicherheit vor absoluter Deklassierung, wie umgekehrt die definierte Zugehörigkeit zur »jüdischen Rasse« eine absolute, durch nichts zu kompensierende Deklassierung bedeutete, wie hoch oder gefestigt die soziale Position des Betroffenen in der deutschen Gesellschaft zuvor auch immer gewesen sein mochte. Dieses Prinzip deklassierender und nobilitierender sozialer Praxis setzte sich folgerichtig bis in die Konzentrationslager fort, wo noch jeder Schwerkriminelle in der sozialen Hierarchie weit über den Juden stand und – das ist wichtig – auch über die sozialen Machtmittel verfügte, diesen hierarchischen Unterschied jederzeit praktisch zur Geltung zu bringen, zum Beispiel dadurch, dass er Kapo wurde und seine relative Position im Lagergefüge mit Hilfe »seiner« von ihm abhängigen Gefangenen weiter verbessern konnte.

Es ist diese Einheit von absoluter Deklassierung und absoluter Nobilitierung, die die Spaltung einer Gesellschaft mit einer psychosozialen Durchschlagskraft versieht, die eine auf andere Distinktionsverfahren wie Leistung, Herkunft, Bildung setzende Gesellschaftsstruktur nie erreichen könnte. Insofern etabliert der Nationalsozialismus in den ersten Monaten seiner Herrschaft ein Kollektiv der Profiteure und ein Kollektiv der Verlierer, die sich solange in einem Interdependenzverhältnis befinden, wie es überhaupt noch lebende Angehörige des Verliererkollektivs gibt. Und wie die einleitenden Hinweise zur antizipierten Retrospektion einer postjüdischen Geschichte zeigen: sogar noch über diese Zeit hinaus.

Das, was Saul Friedländer »Erlösungsantisemitismus« nennt –, die Zentrierung einer kompletten Weltsicht um die Lösung der »Judenfrage« – greift als praktisches politisches Instrumentarium also schon mit Beginn der NS-Herrschaft, und die sich selbst verstärkende Spirale von eher passiver Toleranz angesichts der Ausgrenzung der Juden bis hin zu aktiver Beraubung und Partizipation wird über den skizzierten Deklassierungs- und Nobilitierungsmechanismus in Gang gesetzt und dynamisiert. Die letzte Stufe dieses fatalen Vorgangs wird erreicht, als angesichts des Scheiterns eines schnellen Siegs über die Sowjetunion gegen Ende des Jahres 1941 es opportun schien, »die künftige Führung des Krieges, der länger und blutiger zu werden drohte als ursprünglich angenommen, ganz unter das Motto eines Kampfes ›gegen die Juden‹ zu stellen.«[134]

Die antijüdische Politik war also Herrschaftszweck und Herrschaftsinstrument in eins, und sie vermochte, wie sich so erschreckend gezeigt hat, tatsächlich eine enorme Bindekraft nach innen zu entfalten. Jedenfalls ließ sich hinsichtlich der antijüdischen Politik, wie Friedländer resümiert, ein hohes Maß an aktiver und passiver Zustimmung bei den Angehörigen der neuen Volksgemeinschaft erreichen – eine soziale Komplizenschaft, die in der Bandbreite von einem freudig angenommenen »Du darfst!« über achselzuckendes Geschehenlassen bis zu einer gleichwohl passiven Haltung des schlechten Gewissens reicht. »Als jüdische Kollegen entlassen wurden, äußerte kein deutscher Professor öffentlichen Protest; als die Zahl der jüdischen Studenten dramatisch reduziert wurde, regte sich in keinem Universitätsgremium und bei keinem Fakultätsmitglied Widerstand; als im ganzen Reich Bücher verbrannt wurden, brachte kein Intellektueller in Deutschland und auch niemand sonst im Land offen irgendwelche Scham zum Ausdruck.« Und Friedländer fügt an: »Ein solcher totaler Zusammenbruch ist mehr als ungewöhnlich.«[135]

Ist er das tatsächlich? Sozialpsychologisch betrachtet scheint es so zu sein, als genüge eine Kombination aus Gratifikationen, die einer Mehrheit aufgrund unveränderlicher Merkmale verliehen werden, und Beraubungen, die einer Minderheit ebenfalls aufgrund unveränderlicher Merkmale angetan werden, um einen Prozess in Gang zu setzen, in dem staatliche Politik und tätige Teilhabe der Mitglieder der Volksgemeinschaft eine soziale Ausgrenzungsdynamik starten, deren prinzipielle Grenzenlosigkeit schließlich in die Vernichtung der einen durch die anderen führt. Tötungsbereitschaft entsteht in diesem dynamischen Vorgang erst – aber sie wird am Ende so wirksam, dass Menschen zu Mördern werden, die es nur kurze Zeit zuvor nie für möglich gehalten hätten, dass das passieren könnte.

Tödliche Situationen

Die Handelnden

Die Ereignismeldung UdSSR Nr. 100 vom 1. Oktober 1941 teilt auf Seite 15 mit, dass die Juden Kiews höchst erfolgreich aufgefordert worden waren, sich am Morgen des 29. September zur Umsiedlung, wie es hieß, einzufinden. Die Plakate, die die Betroffenen für diesen Morgen an einen zentralen Sammelplatz beorderten, zeigten eine Wirkung, an die die Organisatoren selbst nicht geglaubt hatten. Statt der erwarteten 5000 bis 6000 Personen fand sich eine unübersehbare Menschenmenge ein,[136] und da es bei diesem Projekt in Wahrheit nicht um eine Umsiedlung, sondern um die Erschießung der Juden ging, standen die Deutschen vor einem beträchtlichen logistischen Problem, das aber durch die vereinte Anstrengung von Waffen-SS, Wehrmacht und erschießungserfahrenen Einsatzkommandos gelöst werden konnte. Die Ereignismeldung 106 verzeichnet sachlich: »In Zusammenarbeit mit dem Gruppenstabe und 2 Kommandos des Polizei-Regiments Süd hat das Sonderkommando 4a am 29. und 30. September 33 771 Juden exekutiert. Geld, Wertsachen, Wäsche und Kleidungsstücke wurden sichergestellt und zum Teil der NSV zur Ausrüstung der Volksdeutschen, zum Teil der kommissarischen Stadtverwaltung zur Überlassung an bedürftige Bevölkerung übergeben. Die Aktion selbst ist reibungslos verlaufen. Irgendwelche Zwischenfälle haben sich nicht ergeben. Die gegen die Juden durchgeführte ›Umsiedlungsmaßnahme‹ hat durchaus die Zustimmung der Bevölkerung gefunden. Daß die Juden tatsächlich liquidiert wurden, ist bisher kaum bekanntgeworden, würde auch nach den bisherigen Erfahrungen kaum auf Ablehnung stoßen.«[137]

Ganz so ereignislos war die Sache nicht vonstatten gegangen. Vernehmungsprotokolle aus späterer Zeit verzeichnen etwa, dass der Polizeibataillonsangehörige Ernst Feuer, der wie viele andere Personen vom Rand der Schlucht von Babij Jar bei dieser gigantischen »Judenaktion« zuschaute, durch einen Querschläger in die Hoden getroffen wurde und verletzt abtransportiert werden musste.[138] Oder dass die Einsammlung des Geldes und der Wertgegenstände der Opfer zu viel Aufwand und Zeit kostete und somit die Geschwindigkeit der Erschießungen behinderte, weshalb sie schließlich aufgefordert wurden, sich zu entkleiden und sich erschießen zu lassen, bevor sie noch ihre Wertsachen einzeln abgeben konnten.[139] Aber am Ende hatten die Mörder genau 33 771 Männer, Frauen und Kinder in den Tod befördert. Im darauffolgenden Frühjahr machte der Bach, der durch die Schlucht verlief, »Schwierigkeiten«: Er führte Blut im Wasser.[140]

Die Ermordung der Juden von Kiew in der Schlucht von Babij Jar ist ein Kulminationspunkt in der bis dahin kurzen Geschichte der Einsatzgruppenmorde. Wie eine Erschießung in dieser Größenordnung konkret aussehen konnte, hatte sich wahrscheinlich noch niemand ausgemalt, als im März 1941, in Vorbereitung des für den Juni geplanten Angriffs auf die Sowjetunion, die etwa 600 bis 900 Mann starken Einsatzgruppen geplant wurden, denen die Aufgabe zukommen sollte, im rückwärtigen Heeresgebiet, also hinter der vorrückenden Front, »in eigener Verantwortung gegenüber der Zivilbevölkerung Exekutivmaßnahmen zu treffen.«[141]

Die Aufgaben der Einsatzgruppen bestanden in einer sehr allgemeinen Formulierung von Ende April 1941 in der »Erforschung und Bekämpfung der staats- und reichsfeindlichen Bestrebungen«, die sich möglicherweise in Gestalt von Partisanenaktionen und Widerstandsgruppen in den eroberten Gebieten hätten ergeben können.[142] Es wurde also bereits im Vorwege des Angriffs, der erst am 22. Juni stattfand, zum einen großer Wert auf die Klärung der jeweiligen Kompetenzen zwischen Wehrmacht und SD gelegt. Zum anderen wurde der exekutive Maßnahmenbereich der Einsatzgruppen bzw. der aus ihnen gebildeten Einsatzkommandos in einer

Stärke von je etwa 60 Mann relativ vage, also auslegungsfähig gehalten. Während in einem Protokoll über eine Besprechung beim Generalquartiermeister Eduard Wagner am 13. Mai 1941 festgehalten wird, dass Personen, die »für die Abwehr von Interesse« sein könnten, »nicht beseitigt werden« sollten, enthielt der berüchtigte »Kommissarbefehl« vom 6. Juni 1941 die Weisung, dass alle sowjetischen Funktionäre in der Armee wie in der Zivilverwaltung nicht als Kriegsgefangene zu betrachten, sondern sofort zu erschießen seien.[143] Heydrichs Befehl vom 2. Juli 1941 über die Aufgaben der Einsatzgruppen hielt dagegen bereits fest, dass neben den Funktionären und Kommissaren alle »Juden in Partei- und Staatsstellungen« sowie alle »sonstigen radikalen Elemente (Saboteure, Propagandeure, Heckenschützen, Attentäter, Hetzer usw.)« zu liquidieren seien.[144] Heydrich überließ, wie Michael Wildt schreibt, die Entscheidung, wer vor Ort schließlich umzubringen sei, den Führern der Einsatzkommandos, wobei die Benennung zu ermordender Personengruppen lediglich eine Richtlinie, keine explizite Festlegung darstellte. »Der häufige Verweis in der Forschungsliteratur«, schreibt Wildt, »auf die unterschiedliche Praxis der Einsatzgruppen verfehlt daher den Charakter von Heydrichs Befehl. Die Kommandos erhielten keineswegs eine detaillierte Anweisung, was in einer jeweils gegebenen Situation zu tun sei, sondern der Befehl stellte vielmehr einen Auftrag zum Handeln dar, eine Ermächtigung, im Sinn des Befehls vor Ort eine adäquate Entscheidung zu fällen.«[145]

Dass die Formulierung solch vager Kategorien implizit eine Aufforderung zur Erschießung von Juden überhaupt darstellte, wurde von den Männern der Kommandos offenbar auch so verstanden: Bereits Ende Juni werden erste Massaker (wie in Bialystok) an Juden verzeichnet, am 2. Juli erschießt das Sonderkommando 4a mit Unterstützung der Wehrmacht und der Ordnungspolizei 1160 Juden in Luzk,[146] bis Mitte Juli hat sich die Praxis, die jüdischen Männer in den eroberten Gebieten umstandslos zu erschießen, bereits verstetigt. Vor dem 11. Juli 1941 wurde vom Höheren SS- und Polizeiführer Erich von dem Bach-Zelewski der folgende Befehl erlassen:

»...sind alle als Plünderer überführten männlichen Juden im Alter von 17 bis 45 Jahren sofort standrechtlich zu erschießen. Die Erschießungen haben abseits von Städtchen, Dörfern und Verkehrswegen zu erfolgen. Die Gräber sind so einzuebnen, dass keine Wallfahrtsorte entstehen können. Ich verbiete das Fotografieren und die Zulassung von Zuschauern bei Exekutionen. Exekutionen und Gräber sind nicht bekanntzugeben.

Die seelische Betreuung der bei diesen Aktionen beteiligten Männer haben sich die Bataillons-Kommandeure und Kompanie-Chefs besonders angelegen sein zu lassen. Die Eindrücke des Tages sind durch Abhaltung von Kameradschaftsabenden zu verwischen. Ferner sind die Männer laufend über die Notwendigkeit der durch die politische Lage bedingten Maßnahmen zu belehren.«[147]

Auffällig sind hier drei Dinge: die Erweiterung der Gruppe der zu Erschießenden, denn natürlich gab es weder Ermittlungen noch Überführungen der als »Plünderer« bezeichneten Juden, noch eine Prüfung des ohnehin willkürlich festgelegten Alters der zu erschießenden Personen. Diese Festlegungen folgen vermutlich eher einem Legitimierungsbedarf nach innen: Haben sich Personen eines Vergehens, etwa also des Plünderns, schuldig gemacht, gibt es einen Grund für eine Bestrafung; sind sie männlich und im jungen bis mittleren Erwachsenenalter, können sie potentiell als Kämpfer, mithin als Gegner gelten. In dieser Logik verzeichnen die Ereignismeldungen zunächst auch die Erschießung von »jüdischen Kommunisten« oder »Plünderern«.[148]

Ganz ohne Zurechnung irgendeines Merkmals oder einer Handlung der Person zu der Maßnahme, sie zu erschießen, geht es zu diesem Zeitpunkt offenbar noch nicht, jedenfalls nicht in der Papierform des Befehls; wir werden später sehen, dass das Verlassen dieser wenigstens noch symbolischen Zurechnung von »Vergehen« und »Strafe« Schwierigkeiten mit sich bringt, etwa dann, wenn Kinder erschossen werden sollen.

Zweitens ist die Geheimhaltung der Aktionen bemerkenswert. Diese war auch deswegen notwendig, weil es der reibungslose Ablauf einer »Judenaktion« erforderte, dass die Opfer möglichst lange darüber im Unklaren blieben, was ihnen geschehen würde; deshalb wurden sie aufgefordert, sich zu »Umsiedlungen« oder »Arbeitseinsätzen« zu versammeln, bevor sie zu den »abseits« gelegenen und meist bereits präparierten Erschießungsstätten transportiert wurden.

Drittens taucht hier in präventiver Perspektive der Aspekt der psychischen Belastung der Männer und die daraus resultierende Notwendigkeit einer »seelischen Betreuung« auf – wobei die Kompensationsmaßnahmen für die antizipierten seelischen Nöte sowohl auf der emotionalen (Alkohol und Kameradschaft) wie auf der kognitiven Ebene (Aufklärung über die Notwendigkeit der Maßnahmen) angesiedelt werden. Besonders dieser dritte Aspekt ist bemerkenswert, zeigt er doch, dass den Oberkommandierenden der Vernichtung von Anfang an klar war, dass die Erschießung wehrloser Menschen psychisch eine andere Belastung für die Männer darstellen würde als etwa eine beliebige Kampfhandlung an der Front. Beide Handlungen haben zwar das Töten zum Gegenstand, aber sie finden in völlig verschiedenen Referenzrahmen statt, und die Absicht besteht hier darin, die »Judenaktionen« möglichst nahe an einen militärischen bzw. polizeilichen Referenzrahmen heranzurücken, in dem das Ermorden der Juden durch die Täter jedenfalls annähernd einem Zweck zugeordnet werden kann.

Wie auch immer: Die Ereignismeldungen wie die später in Ermittlungsverfahren gegen die Einsatzgruppen festgehaltenen Exekutionszahlen zeigen eine rapide Steigerung der Erschießungen in den Monaten Juli und August 1941 und damit eine Routinisierung des Tötens an, die offenbar auch die erwarteten seelischen Nöte der Beteiligten in der Praxis abzudämpfen half. Als allerdings der Kreis der zu erschießenden Personen unter bis heute nicht ganz geklärter Befehlslage[149] im August 1941 auf Frauen und Kinder erweitert wird, tritt das Problem der »seelischen Belastung« in neuer Schärfe auf: Da viele der Mannschaftsangehörigen selbst Kinder haben, entstehen Identifikationen mit den Opfern, anders als im Fall der Männer, die, wenigstens mit einiger Mühe, als ernstzunehmende Gegner wahrgenommen werden können, und der Frauen, die als potentielle Partisaninnen, Flintenweiber, Saboteurinnen usw. immerhin noch als feindlich und bedrohlich interpretiert werden können. In den Quellen tauchen wiederholt Äußerungen von Mitleid mit den Kindern auf, Weigerungen, diese zu ermorden, oder es kommt zu massiven Konflikten, wenn Kinder *nicht* erschossen werden, man aber auch nicht weiß, was stattdessen mit ihnen geschehen soll.

Von solchen Konflikten abgesehen lässt sich grundsätzlich aber sagen, dass die bestehenden oder auftretenden Hemmnisse nicht stark genug waren, die rasante Eskalation in den Erschießungszahlen zu behindern. Die ungeheuerliche Zahl der mehr als 33 000 in der Schlucht von Babi Yar ermordeten Männer, Frauen und Kinder zeugt ebenso von der zwischen Juli und September 1941 erreichten Effizienz des Tötens wie die Zahl von mehr als 500 000 Toten, die sich die etwa 3000 Männer der Einsatzgruppen bis Ende 1941 auf ihr Konto schreiben konnten.[150]

Innerhalb weniger Monate finden wir also eine dramatische Eskalation der Judenerschießungen, und auch wenn sich ähnliche, aber zahlenmäßig weit kleinere Aktionen bereits anderthalb Jahre zuvor in Polen verzeichnen lassen,[151] erreichen die »Judenaktionen« im rückwärtigen Gebiet der Ostfront sowohl quantitativ als auch qualitativ eine neue Dimension: die einer systematischen Vernichtung der jüdischen Bevölkerung (wobei auch – bei dieser Gelegenheit – Insassen psychiatrischer Anstalten erschossen werden).[152]

Die Frage ist an dieser Stelle nicht, wie die Entschlussbildung zu diesem gigantischen exterminatorischen Prozess verlaufen ist und wer dafür verantwortlich war – beides ist historisch hervorragend untersucht.[153] Auch über die Tötungskarrieren der Einsatzgruppen wie über einzelne Polizeibataillone liegen inzwischen eine Reihe von Einzeldarstellungen vor, die die Wege und Aktionen der einzelnen Einheiten nachzeichnen.[154] Hier geht es nicht um die Rekonstruktion des Täterhandelns in der Perspektive des Historikers, sondern um die sozialpsychologische Frage, warum Menschen mehr oder minder bereitwillig sich in den Tötungsvorgang einzugliedern bereit waren und – mit Freude, Gleichgültigkeit oder Abscheu – ihre blutige Arbeit verrichteten. Man muss sich dabei Folgendes klarmachen: Es handelte sich zwar bei vielen der Einsatzgruppenmörder, nicht aber der Reservepolizisten um exponiert überzeugte »Nazis« oder, in Goldhagens Begrifflichkeit, um »Weltanschauungskrieger«, die von einer Mission getrieben waren, die in ihrem tiefsten Innersten stabil verankert war. Es handelte sich aber auch nicht um gedankenlose, ungebildete oder primitive Handlanger des Todes, die blind Befehlen gefolgt wären, sondern um Personen, die etwas mit einer neuen Aufgabe anzufangen suchten, die ihren individuellen Absichten entgegenkam, zuwiderlief oder diese unbeschadet ließ, je nachdem. In jedem Fall haben sie auf diese reagieren müssen und reagiert, und zwar mit einem insgesamt verheerenden Ergebnis.

Gruppen

Zunächst ein paar Worte zur Zusammensetzung und Organisation der Akteursgruppen in den rückwärtigen Heeresgebieten des »Barbarossa«-Feldzugs: Die Einsatzgruppen waren mobile Einheiten des Sicherheitsdienstes und der Sicherheitspolizei, die vor allem in Osteuropa eingesetzt wurden. Zu ihren Aufgaben gehörten »die Überwachung des politischen Lebens, die Sicherstellung von staatlichen Akten, vor allem aber die Ermittlung und Ermordung von angeblichen politischen Gegnern und von ›rassisch Unerwünschten‹.«[155] Einsatzgruppen waren bereits beim Einmarsch in Böhmen und Mähren, Österreich und Polen dabei. Im Rahmen des Polenfeldzuges hatten sie den Auftrag zur Ermordung der polnischen Intelligenz und verübten Massaker an der jüdischen Bevölkerung.

Für den Einmarsch in die Sowjetunion legte der Oberbefehlshaber des Oberkommandos des Heeres, General Walther von Brauchitsch, nach einer Beratung mit Reinhard Heydrich und dem Generalquartiermeister Eduard Wagner fest, dass für die Erfüllung »besonderer sicherheitspolitischer Aufgaben, die außerhalb des Bereichs militärischer Operationen lägen, Sondereinheiten des SD im rückwärtigen Armeegebiet eingesetzt würden.«[156] Deren Aufgabe sollte das Auffinden und Bekämpfen reichsfeindlicher Organisationen und Personen umfassen,[157] und diese Aufgabe sollten sie selbstverantwortlich durchführen. Das Heer sollte lediglich logistische Unterstützung leisten, Einsatzbefehle hingegen sollten von Heydrich erlassen werden. Die Zusammenarbeit mit der Wehrmacht wurde durch Verbindungsoffiziere im jeweiligen Armeestab der Armee gewährleistet, der die Einsatzgruppen zugeordnet wurden.[158]

Für den Feldzug gegen die Sowjetunion waren vier Einsatzgruppen gebildet worden: die Einsatzgruppen A, B, C und D.[159] Sie umfassten insgesamt circa 3000 Mann, die sich hauptsächlich aus Angehörigen des SD und der Sicherheitspolizei aus dem Reichssicherheitshauptamt (RSHA) rekrutierten. Hinzu kamen noch Kompanien der Ordnungspolizeibataillone 9 und 3, die auf die Einsatzgruppen verteilt wurden. Die kommandierenden Offiziere und Führer der Einsatz- und Sonderkommandos der Einsatzgruppen wurden von Heydrich und zum Teil von Himmler persönlich ausgesucht.[160] Die Mannschaften wurden, so der ehemalige Gestapochef Bruno Streckenbach, nach einem einfacheren Verfahren ausgewählt: »Er [Streckenbach] habe mit Sipo, Kripo und SD über die jeweilige Quote verhandelt und dann von den verschiedenen Dienststellen in ganz Deutschland Listen mit den Namen von Männern angefordert, die für den Fronteinsatz geeignet waren und bei ihrer gegenwärtigen Arbeit abkömmlich waren. Es seien nicht immer die schlechtesten Männer gewesen, die man ihm gemeldet habe.«[161]

Christopher Browning vermutet, dass nicht wenige der Männer sich aus Karrieregründen um eine Versetzung zu den Einsatzgruppen bemühten.[162] Allerdings nahm die Sorgfalt in der Auswahl der Männer ab. Ab April 1941 wurden ganze Einheiten zum Einsatz verpflichtet: Ein gesamter Lehrgang der Führerschule der Sicherheitspolizei in Berlin-Charlottenburg etwa wurde im Hörsaal über seine Abkommandierung informiert.[163] Insgesamt, so Andrej Angrick, ist davon auszugehen, dass das Personal der Einsatzgruppen durchweg weltanschaulich im Sinne des Nationalsozialismus gefestigt war, da nicht wenige zum Führernachwuchs des RSHA zählten.[164]

Unterstützt wurden die Einsatzgruppen von Einheiten der Ordnungspolizei und Kompanien der Waffen-SS. Die Einsatzgruppen A, B und C waren den Heeresgruppen Nord, Mitte und Süd zugeordnet, die Einsatzgruppe D unter der Leitung von Otto Ohlendorf dem Armee-Oberkommando 11 an der Schwarzmeerküste. Dieser Zuteilung entsprechend erklären sich auch ihre jeweiligen Einsatzgebiete.

Die Einsatzgruppe A unter ihrem ersten Kommandeur Franz Walter Stahlecker war vor allem in Lettland, Estland und Litauen eingesetzt, das Gebiet der Einsatzgruppe B reichte von Weißrussland bis zu den Außenbezirken Moskaus. Der erste Leiter dieser Gruppe war Arthur Nebe. In der Ukraine leitete zunächst Dr. Dr. Otto Rasch, ab Oktober 1941 Dr. Max Thomas die Einsatzgruppe C. Die südliche Ukraine, die Krim und Teile des Kaukasus waren das Einsatzgebiet der Einsatzgruppe D, zunächst geleitet von Otto Ohlendorf.

Die Einsatzgruppen waren untergliedert in Einsatzkommandos und Sonderkommandos.[165] So bestand die Einsatzgruppe C aus vier Unterkommandos: den Einsatzkommandos 5 und 6 sowie den Sonderkommandos 4a und 4b.

Zunächst sollten den Sonder- und Einsatzkommandos unterschiedliche Aufgabenbereiche zufallen. Die Einsatzkommandos sollten in den bereits eroberten »rückwärtigen Heeresgebieten« eingesetzt werden, wogegen die Sonderkommandos den Fronttruppen angegliedert werden sollten. Diese Unterteilung wurde im Verlauf des Feldzuges zunehmend bedeutungslos, die Einheiten wurden nach geographischen Notwendigkeiten eingesetzt.[166]

Bereits wenige Wochen nach Beginn des Krieges gegen die Sowjetunion wurde die zentrale Aufgabe der Einsatzgruppen deutlich: die Ermordung der jüdischen Zivilbevölkerung. Darüber hinaus waren sie für den Tod von Kriegsgefangenen, Sinti und Roma, Geisteskranken und »bandenverdächtigen« Zivilisten verantwortlich.[167] Den Massenerschießungen (ab November 1941 wurden zum Teil auch Gaswagen zur Ermordung eingesetzt), die die vier Einsatzgruppen zu verantworten haben, fielen wie gesagt mehr als eine halbe Millionen Menschen zum Opfer.[168]

Grundsätzlich wurden die Einsatzgruppen vom Reichssicherheitshauptamt aus gesteuert. Tatsächlich umging Himmler als Reichsführer SS und Chef der deutschen Polizei das RSHA über die ihm direkt unterstellten Höheren SS- und Polizeiführer diese Befehlskette jedoch.[169] Die Höheren SS- und Polizeiführer der jeweiligen Heeresgebiete koordinierten die größeren Mordaktionen und zogen dazu auch die ihnen unterstellten Polizei- und Waffen-SS-Einheiten heran. Auch mit der Wehrmacht arbeiteten die Einsatzgruppen eng zusammen;[170] Wehrmachtseinheiten übernahmen etwa die Absperrungsaufgaben in Babij Jar.

Unterstützt wurden die Einsatzgruppen bei ihrer mörderischen Arbeit von mehreren Polizeibataillonen der Ordnungspolizei, die ebenfalls zur Ermordung der jüdischen Bevölkerung eingesetzt wurden.[171] Drei dieser Polizeibataillone, die Bataillone 303 und 314 sowie das uns noch weiter beschäftigende Bataillon 45, bildeten das

Polizeiregiment Süd (ab Juli 1942 umbenannt in Polizeiregiment 10). Grundsätzlich unterstanden die Polizeieinheiten Heinrich Himmler, vor Ort waren sie den drei Höheren SS- und Polizeiführern (HSSPF) in Russland unterstellt. Das Polizeiregiment Süd war dem HSSPF Russland Süd, Friedrich Jeckeln, unterstellt, der darüber hinaus noch die Polizeibataillone 304 und 320 befehligte.

Sechs von 16 Führern der Einsatzgruppen trugen Doktortitel, in einem Fall, Rasch, sogar deren zwei. Sein Nachfolger Max Thomas hatte dafür ein Doppelstudium vorzuweisen; er war nach dem Studium von Jura und Medizin Facharzt für Psychiatrie gewesen. Die hierarchisch nachgeordneten Personen waren Architekten (SS-Standartenführer Paul Blobel) oder Kaufleute (Kommandoführer Fritz Braune),[172] Anwärter für Kommissarlehrgänge (Martin Fasse) oder hatten andere qualifizierte Ausbildungen, und auch die Mannschaftsdienstgrade bestanden zumeist aus Männern, die sowohl einen Schulabschluss als auch eine Berufsausbildung hatten. Die Altersjahrgänge, aus denen sich die Bataillonsangehörigen rekrutierten, lagen so, dass die allermeisten den prägenden Zeitraum ihrer Sozialisation noch vor dem Nationalsozialismus durchlaufen hatten; auch sonst lassen sich aufgrund ihrer soziodemographischen Merkmale und individueller persönlicher Voraussetzungen keine besonderen Auffälligkeiten finden.[173] Trotzdem mordeten sie, und zwar schon 1941, in einer frühen Kriegsphase, und sie mordeten hinter der Front, ohne selbst in militärische Kampfhandlungen involviert worden zu sein, die vielleicht eine Verrohung oder Brutalisierung, wie im Fall Willy Peter Reeses, mit sich gebracht hätten.

Die Bataillonsangehörigen mordeten also gewissermaßen präzedenzlos, im Allgemeinen und im Besonderen, und der Umstand, dass sie de facto nicht hätten zu morden brauchen, macht die Sache nur noch rätselhafter. Wir wissen inzwischen, dass es nicht einen einzigen nachweisbaren Fall gibt, in dem jemand, der sich der Teilnahme an einer Erschießung verweigert hätte, dafür ernste persönliche Konsequenzen – Versetzung in ein Strafbataillon, Hinrichtung – hätte gewärtigen müssen. Die Arbeiten, zu denen die Männer im Fall einer Weigerung eingeteilt worden wären bzw. wurden, konnten unangenehm sein, der Ansehensverlust bei den Kameraden (»Feigling«, »Drückeberger«, »Scheißkerl«) erheblich. Eine Gefahr für das eigene

Leben, gar für das der Angehörigen, bestand aber nicht, wenn man nicht mitmachen wollte – schon deshalb nicht, weil es dysfunktional für die effiziente Durchführung der »Judenaktionen« gewesen wäre, wäre ein zu hoher Prozentsatz unter den Ausführenden gewesen, der große persönliche Schwierigkeiten mit der Erfüllung ihrer Aufgabe gehabt hätte. Auch aus diesem Grund gilt der »seelischen Betreuung« der Männer und ihrem psychischen Wohlergehen beträchtliche Aufmerksamkeit. Der Befehlsnotstand war ein Mythos, der nicht zuletzt durch die Protagonisten selbst in die Welt gesetzt wurde, die ja aus juristischen Gründen ein jenseits ihres eigenen Selbst angesiedeltes Tötungsmotiv, also zumindest einen subjektiv wahrgenommenen Zwang benötigten, um einigermaßen unbeschadet aus der Sache herauszukommen.

Wieso also fangen diese ganz normalen Männer im Sommer des Jahres 1941 an, unbewaffnete Männer aus ihren Häusern zu holen, diese ihrer Habseligkeiten zu berauben, um sie anschließend mit einer sich schnell verfeinernden professionellen Raffinesse zu erschießen? Warum überwinden sie dann ihre fallweise durchaus vorhandenen Irritationen und ihren Widerwillen, wenn sie nur wenige Wochen später bereits mit der Aufforderung konfrontiert werden, auch Säuglinge, Kleinkinder, Schulmädchen und -jungen zu erschießen?

Für eine wenigstens näherungsweise Beantwortung dieser Fragen muss zuerst einmal festgehalten werden, dass die Vernichtung der Juden insbesondere zu Beginn kein statischer Sachverhalt ist, sondern ein sich selbst perfektionierender und dynamisierender Prozess, was sowohl die Handlungsabläufe der Taten als auch die Perspektiven der Täter betrifft. Man kann sich das daran klarmachen, dass die Optimierungsversuche des Tötens, die über Experimente mit neuartiger Munition und Gaswagen schließlich in die Einführung der Gaskammern und die Installierung industrieller Vernichtungsstätten münden, auf die technischen und psychologischen Schwierigkeiten zurückgehen, die die direkten Tötungshandlungen an den Erschießungsgruben mit sich brachten. Insofern war es äußerst wichtig, dass sowohl Christopher Browning als auch Daniel Goldhagen den Blick von der Stufe der industriellen Massenvernichtung, der vergleichsweise hochtechnisierten machinery of destruction, auf die manuellen Tötungsvorgänge zurückrichteten, die ihr vorausgegangen waren.

Noch in der die Holocaustforschung lange lähmenden Debatte zwischen »Intentionalisten« und »Funktionalisten«[174] zeigt sich, dass kein rechtes Verständnis für die Bewegungsform sozialer Prozesse herrscht: Denn soziale Prozesse können Handlungsergebnisse hervorbringen, die von keinem der beteiligten Akteure antizipiert, geschweige denn geplant wurden, und sie können sich ungeheuer rasch dynamisieren. Die Handlungsfolgen von gestern, so hat es Johan Goudsblom treffend formuliert, sind die Handlungsbedingungen von heute, und Menschen sind höchst geschmeidig darin, sich jeweils neuen situativen Bedingungen anzupassen. Aus intentionalem Handeln können institutionalisierte Vollzüge und »Sachzwänge« werden, in funktionelle Abläufe können individuelle Absichten eingefügt werden.

Also werden wir das Handeln der Einsatzgruppen- und anderer Massenmörder nicht erklären können, wenn wir ihre Handlungs- und Entscheidungssituationen statisch betrachten. Des Weiteren müssen wir im Auge behalten, dass wir es nicht mit Handelnden zu tun haben, die jeder für sich eine einsame Entscheidung zum Töten treffen, sondern dass die Akteure Teile eines Interaktionsgefüges sind, in dem sie untereinander klären, was richtig und was falsch ist, in dem sie sich wechselseitig am Handeln und Entscheiden der anderen orientieren, in dem sich die Richtigkeit einer Entscheidung nicht abstrakt erweist, sondern in einem konkreten Ergebnis sichtbar wird, das wiederum Folgen hat. In jedem sozialen Prozess ist die Wahrscheinlichkeit, die Richtigkeit einer einmal getroffenen Entscheidung durch ihre Wiederholung zu bestätigen, größer als die Wahrscheinlichkeit, dass sie durch Innehalten oder durch eine Korrektur revidiert würde. Menschen stellen höchst ungern in Frage, wofür sie sich einmal entschieden haben, was im Umkehrschluss bedeutet, dass die Wahrscheinlichkeit, dass sich jemand für die Teilnahme an einer zweiten Exekution entscheidet, größer ist als beim ersten Mal, selbst wenn die Erfahrung, die er dabei gemacht hat, im höchsten Maße ekelhaft und widerwärtig gewesen ist.[175]

Menschliches Handeln ist, vielleicht muss das an dieser Stelle noch einmal betont werden, von außen betrachtet oft höchst widersprüchlich, gar paradox, weil es sich an inneren Konsistenz- und Plausibilitätskriterien orientiert, die sich wiederum situativ verändern können – was übrigens funktional mit der evolutionär hervorragendsten Eigenschaft der menschlichen Spezies zu tun hat: ihrer Anpassungsfähigkeit. Menschen sind soziale Wesen, deren Perspektiven und Handlungen in außerordentlich hohem Maße von den soziohistorischen, kulturellen und situativen Settings bestimmt sind, in denen sie sich gerade befinden.

Man kann in diesem Zusammenhang die berühmten Konformitätsexperimente von Salomon Asch erwähnen: Hier ging es um eine äußerst simple Aufgabe, in der Versuchspersonen einschätzen mussten, welche von drei Linien in der Länge einer zum Vergleich gegebenen Standardlinie entsprach.[176]

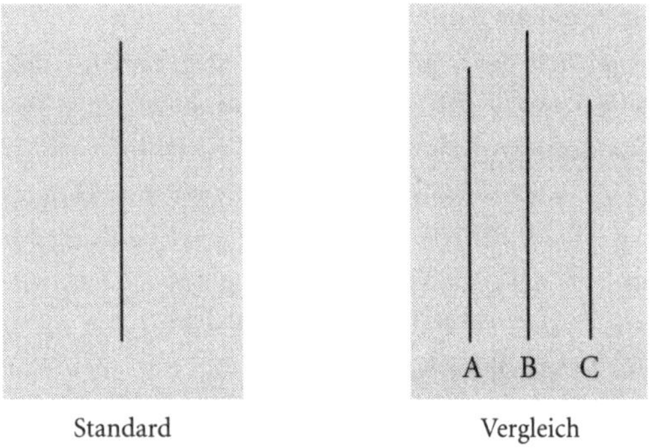

Beispiellinien, die in Salomon Aschs Konformitätsexperiment benutzt wurden

Der Witz von Aschs Experiment bestand nun aber darin, dass die Schätzung jeweils in einer Gruppe von sieben bis neun Personen stattfand, von denen lediglich eine einzige über den eigentlichen Zweck der Übung *nicht* informiert war: die Versuchsperson. Und diese hatte ihre Schätzung als Letzte abzugeben. Die anderen, instruierten Gruppenteilnehmer gaben bewusst falsche Schätzungen ab, mit dem Ergebnis, dass die Versuchspersonen ziemlich verunsichert waren und nur zu einem Viertel bei der korrekten Schätzung blieben. Die anderen schlossen sich der in der Gruppe vorherrschenden Meinung an. In einer Kontrollgruppe, in der die wahrlich nicht schwierige Aufgabe individuell gelöst werden musste, tendierte die Fehlerquote gegen Null. Der Einfluss der Gruppe auf die Wahrnehmung und das Verhalten der einzelnen macht sich auch daran deutlich, dass die Probanden im umgekehrten Setting – 16 wirkliche Versuchspersonen und eine instruierte Person, die bewusst eine falsche Schätzung abgab – sich über diese Person derart lustig machten und kaputtlachten, dass selbst der Versuchsleiter Asch in Gelächter über seinen armen Kollaborateur ausbrach.[177]

Muzafer Sherif hatte einige Jahre zuvor experimentell nachweisen können, dass gerade in Situationen, in denen die Teilnehmer unsicher sind, vorhandene Referenzrahmen aufgegeben werden und eine Orientierung an der unterstellten Gruppennorm gesucht wird[178] – je größer die Unsicherheit, je ungewohnter die Situation, desto stärker die Übereinstimmung mit der Gruppe.

Vor diesem Hintergrund könnte man vermuten, dass die Situation hinter der vorrückenden Front für die Männer eines Reservepolizeibataillons, die zu diesem Zeitpunkt noch nicht lange im Einsatz waren, eine vergleichsweise neue Situation darstellte, die überdies davon gekennzeichnet war, dass das gewohnte heterogene Umfeld, das das Zivilleben in seiner Mischung aus Privat- und Berufsleben kennzeichnet, durch das homogene soziale Umfeld der jeweiligen Einheiten ersetzt war. Den Referenzrahmen für eigene Überlegungen, Orientierungen und Entscheidungen bildet nunmehr die neue Wir-Gruppe; die Orientierungsrahmen, die zu Hause bestimmend sind, können hier, in der geographisch, sozial und professionell anderen Handlungssituation, keine dominante Geltung mehr beanspruchen.[179]

Deshalb wäre es zunächst einmal sinnvoll, zu untersuchen, mit welchen *Erwartungen* die späteren Täter in die Situation hineingingen, die für sie neu war und in denen durchaus einige Parameter ihres gewohnten Handelns fehlten: Personen, die aus einem polizeilichen Zusammenhang kamen, werden erwartet haben, dass sie – wie es in den Befehlen zunächst auch zum Ausdruck kam – polizeianaloge Sicherungs- und Aufklärungsarbeiten verrichten müssten; Personen, die aus militärischen Zusammenhängen kamen, werden davon ausgegangen sein, dass sie es mit Kampfhandlungen im weitesten Sinne, etwa der Partisanenbekämpfung, zu tun bekommen würden. Am ehesten werden die hierarchisch höher angesiedelten Personen, die ihre bisherige Karriere bei der Gestapo oder beim SD durchlaufen hatten, auf das eingestellt gewesen sein, was dann auf sie zukam.

Die Aufforderung, eine »Judenaktion« durchzuführen, bedeutete also für die meisten den Eintritt in eine neue Situation; insofern wäre es sinnvoll, in einem zweiten Schritt die *Initiations*situation, von der Befehlsausgabe über die nötigen Verständigungsprozesse bis zur Planung der Durchführung der Aktion, zu untersuchen. Hier findet eine Form der Aneignung der neuen Situation statt: Was heißt das, eine Massenexekution durchzuführen? Wie werden die Opfer, wie werden die Kameraden sich verhalten? Ist diese Situation mit Gefahren verbunden, mit Angst? Wird man leisten können, was von einem erwartet wird?

Dann folgt die *Durchführung* der Aktionen, die Professionalisierung des Mordens zur Tötungsarbeit – der komplexeste Teil des Prozesses. Welche Maßnahmen sind erforderlich, damit es nicht zu »Zwischenfällen« kommt, welche Täuschungsmanöver müssen eingesetzt werden, wie viele Personen werden für das Zusammentreiben der Opfer benötigt, wie viele Lastwagen für ihren Abtransport, wie viele für die Absperrung des Erschießungsgeländes? Welche Art der Erschießung wird die effektivste sein, welche zugleich dem Referenzrahmen der Täter, etwas Militärisches oder Polizeiliches zu tun, am nächsten kommen? Welche Probleme, mit den Waffen, den Opfern, dem Gelände werden auftreten? Wie wird man reagieren, wenn man durch das Blut oder durch Knochensplitter der Opfer beschmutzt und kontaminiert wird? Wie wird man es selbst, wie werden es die Kameraden verkraften, als Schütze eingeteilt zu sein?

Schließlich hat jede Handlung eine Ausgangssituation und Folgen. Welche Erfahrungen wird man gemacht haben, welche Schwierigkeiten wird man gelöst haben, an welchen wird man gescheitert sein? Welche Konsequenzen sind daraus für die nächste, die übernächste Aktion abzuleiten? Und nicht zuletzt: Wie hat man sich gefühlt? Konnte man darüber sprechen, was man getan hat, würde man sich trauen, in Briefen darüber zu berichten? Was würde geschehen, wenn man es nicht aushielte?

Die Dynamik des Vernichtungsprozesses und der exekutierten Gewalt bringt selbst neue Anforderungen hervor – etwa die des Tötens von *Kindern* –, auf die die Täter in spezifischer Weise reagieren. Die Ermordung von Kindern stellt die extremste Form der Tötungsarbeit dar und bereitet den Tätern die ausgeprägtesten Schwierigkeiten. Hier, aber auch in anderen Zusammenhängen lassen sich spezifische *Modulationen* – individuelle Versuche des Unterlaufens der gegebenen Anforderungen und Weisungen – verzeichnen, wie auch im Kontext von vereinzelten Akten des *Helfens*. Schließlich lassen sich – wiederum eher vereinzelt – psychische und psychosomatische *Belastungen* auf Seiten der Täter verzeichnen.

Diese Kategorien geben die Struktur für die Prozessanalyse des Tötens vor, die ich in den nächsten Abschnitten unternehmen möchte. Zunächst müssen aber kurz die Männer vorgestellt werden, die in diesem Prozess eine Rolle gespielt haben.

Männer

Das Polizeibataillon 45 war im 1938 annektierten Sudetenland in Aussig zusammengestellt worden. Es bestand zunächst ausschließlich aus aktiven Beamten der Schutzpolizei. Nach einem Einsatz in Polen 1940 wurde das Bataillon im Oktober desselben Jahres zurück nach Aussig verlegt und mit Reservisten aufgefüllt. Die Einheit hieß nun Reserve-Polizeibataillon 45. Das Bataillon setzte sich aus drei Kompanien zu je 100 bis 120 Mann, einer Kraftfahrzeugstaffel, einem Nachrichtenzug und dem Bataillonsstab zusammen. Die Kompanien waren in jeweils vier Züge unterteilt, die in der Regel von einem Offizier oder einem Hauptwachtmeister geführt wurden. Die Züge wiederum waren in drei Gruppen von jeweils etwa 10 Mann gegliedert. Zu jeder Kompanie gehörte ein so genannter schwerer Zug, der mit Maschinengewehren ausgerüstet war. Kommandiert wurde das Reservepolizeibataillon von Major Ulrich Gutmann. Die erste Kompanie führte Hauptmann Hans Paschke, die zweite Leutnant Engelbert Klamm, die dritte Kompanie wurde von Hauptmann Werner Appel geleitet. Im Frühjahr 1941 wurde das Bataillon zur Vorbereitung auf den Russlandfeldzug nach Polen verlegt und dort mit den Polizeibataillonen 303 und 314 zum Polizeiregiment Süd (später

Polizeiregiment 10) zusammengefasst. Das Polizeiregiment Süd war direkt dem HSSPF Russland-Süd Friedrich Jeckeln unterstellt.

Folgende Personen spielen in den mörderischen Zusammenhängen, in die das Bataillon 45 einbezogen ist, eine Rolle (Pseudonyme, die aus Datenschutzgründen erforderlich sind, werden durch ein * gekennzeichnet):

Werner Appel*, Hauptmann der Polizei. Chef der 3. Kompanie des Reserve-Polizeibataillons 45. Gestorben im September 1966.[180]

Franz Bischof*, geboren 1914 in Neu-Ullersdorf/Tschechien. Bischof lernt im elterlichen Betrieb das Schneiderhandwerk und bleibt bis 1939 dort beschäftigt, zwischenzeitlich, ab 1936, leistet er seinen Wehrdienst im tschechischen Heer. Dann meldet er sich freiwillig zur Polizei und wird im Dezember 1939 zur Polizei-Ausbildungshundertschaft in Aussig einberufen. Bei Aufstellung des Reserve-Polizeibataillons 45 wird Bischof der zweiten Kompanie unter Kompaniechef Klamm zugeteilt. Als Wachtmeister der Schutzpolizei ist er Gewehrführer beim vierten Zug der Kompanie. Nach einer Verwundung 1944 wird er Ausbilder in Dresden-Hellerau, 1945 gerät er in tschechische Kriegsgefangenschaft, aus der er im April 1946 entlassen wird. Zum Zeitpunkt seiner Vernehmung 1969 ist Bischof Arbeiter in Mannheim. Das Ermittlungsverfahren gegen ihn wird eingestellt.[181]

Paul Blobel, geboren 1894 in Potsdam, SS-Standartenführer. Blobel meldet sich als Freiwilliger zur Armee im Ersten Weltkrieg; nach dem Krieg studiert er Architektur. Er tritt 1931 in die NSDAP ein, 1932 in die SS. Mit Beginn des »Unternehmens Barbarossa« wird er Führer des Sonderkommandos 4a der Einsatzgruppe C in der Ukraine. Ab Sommer 1942 ist er verantwortlich für die Beseitigung der Massengräber in Polen und der Sowjetunion. Die so genannte Enterdungsaktion trägt den Decknamen »Aktion 1005«. Die Leichen der Ermordeten werden von Kriegsgefangenen, hauptsächlich Juden, ausgegraben und verbrannt. Blobel entwickelt spezielle Scheiterhaufen für die Verbrennung und Gerätschaften zum Zermahlen der Knochenreste. Ab Oktober 1944 kommandiert Blobel die Einsatzgruppe »Iltis«, die zum Kampf gegen jugoslawische Partisanen eingesetzt wird. Im ersten Einsatzgruppenprozess wird Paul Blobel 1948 zum Tode verurteilt und 1951 in Landsberg gehängt.[182]

Ewald Böhm*, geboren 1914 in Schaar/Tschechien. Meldet sich 1940 freiwillig zur Polizeiausbildung in Aussig. Er ist Mitglied in der NSDAP und der SA. Nach einer Ausbildung am Maschinengewehr wird Ewald Böhm der 2. Kompanie des Polizeibataillons 45 zugeteilt. Bis zu einer Verwundung im Januar 1944 in der Ukraine dient der Zugwachtmeister als Gewehrführer bei dieser Einheit. 1945 gerät er in Prag in amerikanische Kriegsgefangenschaft aus der er im April 1947 entlassen wird. Zum Zeitpunkt seiner Vernehmung arbeitet er als Angestellter bei der Post. Ein Ermittlungsverfahren gegen ihn wird eingestellt.[183]

Karl-Heinz Dackeln*, geboren 1916 in Dresden. Dackeln ist nach eigener Aussage immer überzeugter Gegner der Nationalsozialisten gewesen, tritt allerdings schon als Schüler 1934 in die NSDAP ein. Nach seinem Abitur geht er 1935 zur Schutzpolizei Dresden, wird 1939 Oberleutnant der Schupo, ab 1941 Adjutant des Bataillonskommandeurs Gutmann beim Reserve-Polizeibataillon 45. 1942 wird er zum Hauptmann befördert. Nach dem Krieg gerät Dackeln kurze Zeit in englische und amerikanische Kriegsgefangenschaft. 1948 wird er wieder in den Polizeidienst aufgenommen und 1949 zum Beamten auf Lebenszeit ernannt. 1968, zum Zeitpunkt des Ermittlungsverfahrens gegen ihn, ist er Polizeirat und Leiter eines Landespolizei-Kreiskommissariats in Baden-Württemberg. Das Verfahren gegen ihn wegen Beihilfe zum Mord wird eingestellt.[184]

Erwin Denker*, geboren 1913 in Flöhau/Tschechien. Denker ist von Beruf Friseur. Von 1933 bis 35 leistet er seinen Wehrdienst beim tschechischen Heer. Bis zum Einmarsch der deutschen Truppen arbeitet er in seinem Ausbildungsberuf, dann bewirbt er sich für eine Ausbildung bei der Polizei. Im Januar 1940 kommt er zum Polizeibataillon 45, in diesem Jahr tritt er auch in die NSDAP ein. Nach Kriegsende wird er als Arbeiter bei Siemens beschäftigt. 1960 tritt er wieder in den Polizeidienst ein.[185]

Martin Fasse*, geboren 1912 in Mellingen/Schweiz. 1914 zieht die Familie nach Schwäbisch-Hall; Fasse lernt nach dem Schulabschluss im Geschäft seines Vaters den Beruf des Küfers. 1932 tritt er in die NSDAP, 1933 in die SS ein. 1941 wird er zum SS-Obersturmführer befördert und als Angehöriger des Lehrgangs leitender Dienst an die Grenzpolizeischule in Pretzsch/Elbe versetzt. Fasse wird Teilkommandoführer des Sonderkommandos 4a der Einsatzgruppe C und behält diesen Posten bis Oktober 1941. Im Herbst 1943 wird er zum Befehlshaber der Sicherheitspolizei und des SD nach Athen versetzt und dort Leiter der Außenstelle in Patras. Nach Kriegsende ist er bis 1948 in amerikanischer Kriegsgefangenschaft und wird als Zeuge im Einsatzgruppenprozess vernommen. Bis zu seiner Festnahme im Mai 1965 leitet er das väterliche Küfereigeschäft mit Wein- und Spirituosenhandel. Martin Fasse wird 1973 wegen Beihilfe zu Mord zu acht Jahren Haft verurteilt.[186]

Ernst Feuer*, geboren 1913 in Berkenbrügge/Polen. Von Beruf Gärtner; Angehöriger der 2. Kompanie des Reserve-Polizeibataillons 45. Feuer begeht unmittelbar vor seiner Vernehmung im Ermittlungsverfahren gegen Angehörige des Polizeiregiments Süd in den Räumen der Polizeidienststelle Bielefeld Selbstmord mit dem Pflanzengift E 605.[187]

Helmut Groscurth, geboren 1898, Oberstleutnant. Groscurth war Leutnant im Ersten Weltkrieg und seit 1924 wieder Soldat. Ab 1939 Chef der Abteilung z. b.V. (zur besonderen Verwendung), 1940 Chef der Abteilung Heereswesen im OKH (Oberkommando des Heeres), 1941 als 1. Generalstabsoffizier bei der 295. Infanteriedivision, ab 1942 Chef des Generalstabs des XI. Armeekorps vor Stalingrad. Groscurth stirbt im April 1943 in sowjetischer Kriegsgefangenschaft an Flecktyphus. Er wird zum Kreis des militärischen Widerstandes gegen Hitler gezählt.[188]

Ulrich Gutmann*, geboren 1892 in Voigtsdorf/Schlesien. Bis 1911 ist er Arbeiter in einer Maschinenfabrik. Er verpflichtet sich dann beim Heer und dient im Ersten Weltkrieg, danach schließt er sich einem Freikorps an. 1920 beginnt er seine Polizeilaufbahn in Kattowitz-Königshütte, 1933 tritt er in die NSDAP ein. Bis 1938 bleibt er bei der Schutzpolizei, zuletzt als Abschnittskommandeur beim Polizeipräsidium Dresden. Er nimmt am Einmarsch in Österreich teil und führt von Ende 1939 bis Ende 1940 ein Polizeibataillon in Polen. Im Januar 1941 tritt er der SS bei. Ab Mai 1941 bis zu seiner Rückversetzung nach Dresden im Juli 1942 ist Major Ulrich Gutmann Kommandeur des Reserve-Polizeibataillons 45. Nach dem Krieg bleibt er bis 1948 in Kriegsgefangenschaft. Gutmann wird nach dem Krieg nicht wieder in den Polizeidienst aufgenommen und Ende 1949 pensioniert. Das Ermittlungsverfahren gegen Ulrich Gutmann wird wegen Verhandlungsunfähigkeit Ende der 60er Jahre eingestellt.[189]

Friedhelm Hesse*[190], geboren 1903 in Tiebschnitz/Sudentenland. Wird im Januar 1941 zur Ausbildungshundertschaft der Polizei in Brüx eingezogen und mit der Neuaufstellung des Reserve-Polizeibataillons 45 der 2. Kompanie zugeteilt. Hesse zieht mit der Kompanie Pfingsten 1941 nach Polen. Auf dem Vormarsch nach Kiew wechselt er zur Kraftfahrzeugstaffel als Fahrer eines LKW. Zum Zeitpunkt seiner Vernehmung arbeitet er als Maschinenschlosser.[191]

Hans-Heinrich Hügel*, geboren 1905 in Brand-Erbigsdorf/Sachsen. Nach einer wegen Betriebsschließung abgebrochenen Lehre und darauffolgender Arbeitslosigkeit meldet sich Hügel 1923 freiwillig als Polizeianwärter. Nach der Ausbildung bis 1941 tritt er in die Bereitschaftspolizei ein. Im Frühjahr 1941 wird er als Kompaniehauptwachtmeister zur 3. Kompanie des Reserve-Polizeibataillons 45 versetzt. Nach dem Krieg bis zu seiner Pensionierung 1965 ist er wieder im Polizeidienst, als Polizeiobermeister tätig.[192] Das Ermittlungsverfahren gegen Hügel wird wegen Verhandlungsunfähigkeit eingestellt.[193]

Engelbert Klamm*, geboren 1914 in Würzburg. Klamm lernt Kunst- und Bauschlosser, 1932 tritt er der SS und der NSDAP bei. Nach erfolgreichem Abschluss seiner Ausbildung auf der SS-Junkerschule Braunschweig wird er 1936 zum SS-Untersturmführer ernannt und zum RSHA nach Berlin versetzt. 1937 erfolgt die Ernennung zum

Leutnant der Schutzpolizei und zum Führer einer Polizei-Ausbildungshundertschaft. Im Frühjahr 1941 wird Klamm Chef der 2. Kompanie des Reserve-Polizeibataillons 45. Er behält die Führung bis August 1942 bei; nach einem Generalstabslehrgang geht er als Stabsoffizier beim Befehlshaber der Ordnungspolizei nach Kroatien. Im April 1945 wird er zum Major der Schutzpolizei befördert. Nach Kriegsende führt Klamm eine Konditorei; von 1967 bis zu seiner Verhaftung 1969 ist er Angestellter bei einer Krankenkasse. Engelbert Klamm wird wegen Beihilfe zum Mord im August 1971 zu einer Freiheitsstrafe von sieben Jahren verurteilt.[194]

Karl Milze*, geboren 1913 in Haida/Sudetenland. Nach der Gesellenprüfung dient er zwischen 1935 und 1937 im tschechischen Heer, danach bei der tschechischen Gendarmerie. Nach dem Einmarsch der deutschen Truppen 1938 wechselte er zur deutschen Polizei. Ab Juni 1940 ist er bei der 2. Kompanie des Polizeibataillons 45 als Reserveoberwachtmeister der Schutzpolizei und stellvertretender Zugführer. 1944 wird er zum Leutnant der Schutzpolizei ernannt. Milze ist bis 1948 in englischer Kriegsgefangenschaft und arbeitet danach als Angestellter einer Firma als Werkschutzleiter. Das Ermittlungsverfahren gegen ihn wird eingestellt.[195]

Friedrich Ophusen*, geboren 1902 in Stangendorf/Sachsen. Wird im März 1940 zur Polizeiausbildung nach Reichenberg eingezogen und der 3. Kompanie des Reserve-Polizeibataillons 45 zugeteilt. Wegen einer Krankheit scheidet er aus dem Dienst aus und stößt erst im Juli 1941 in Schepetowka in der Ukraine wieder zu dieser Einheit. Zum Zeitpunkt seiner Vernehmung arbeitet Friedrich Ophusen als Zimmermann.[196]

Hans Paschke*, Kompaniechef der 1. Kompanie des Reserve-Polizeibataillons 45 und stellvertretender Bataillonskommandeur. Paschke fällt im Mai 1943.[197]

Manfred Pfeffer*, geboren 1907 in Benshausen/Thüringen. Meldet sich Anfang 1940 freiwillig zum Polizeidienst. Nach Ausbildungsstationen in Brünn, Halle und an der Kraftfahrschule in Wien wird

Pfeffer nach Aussig versetzt und der Kraftfahrzeugstaffel des Polizeibataillons 45 zugeteilt. Nach dem Einsatz im Russlandfeldzug wird Pfeffer mit dem Bataillon nach Italien verlegt. Das Kriegsende erlebt der Hauptwachtmeister der Schutzpolizei in Kärnten. Nach dem Krieg arbeitet er als Malermeister.[198]

Ottokar Schönfeld*, geboren 1909 in Petlarnbrand/Tschechien. Meldet sich nach der Annexion des Sudetenlandes 1938 freiwillig zum Polizeidienst. Ebenfalls ab 1938 gehört er der NSDAP als Blockwart an. Nach der Polizeiausbildung wird er nach Aussig versetzt und später der 2. Kompanie des Polizeibataillons 45 zugeteilt. Bis zu einer Verwundung im März 1944 gehört er dieser Einheit an. Bei Kriegsende war der Hauptwachtmeister der Schutzpolizei im Erzgebirge stationiert. Danach arbeitet er als Angestellter bei der Post.[199]

Wolfgang Trautmann*, geboren 1910 in Łódź/Polen. Von Beruf Schuhmacher und Spinnmeister. Nach dem Einmarsch der deutschen Truppen wird der »Volksdeutsche« Trautmann im November 1939 zur Musterung einberufen. Nach einer Ausbildung bei der 5. SS-Totenkopf-Standarte in Oranienburg und einer Kriminalistik- und Strafrechtsschulung an der Polizeischule in Pretzsch/Elbe kommt er im Sommer 1941 als Angehöriger des Sonderkommandos 4a der Einsatzgruppe C in die Ukraine. Im März 1942 wechselt er zum Sonderkommando 4b. Im August 1944 wird der SS-Oberscharführer zum Befehlshaber der Sicherheitspolizei und des SD (BdS) nach Verona versetzt. In Italien gerät er bei Kriegsende in englische Kriegsgefangenschaft, aus der er im Dezember 1946 entlassen wird. Zum Zeitpunkt seiner Vernehmung arbeitet Wolfgang Trautmann als Kranführer.

Max Wels*, geboren 1905 in Bischofteinitz/Tschechien. Wels ist Buchbindermeister, wird 1940 zum Polizeidienst eingezogen und der Polizei-Ausbildungshundertschaft in Ossegg zugeteilt. Wels kommt bei der Aufstellung des Reserve-Polizeibataillons 45 zur 2. Kompanie unter Kompaniechef Klamm. Nach dem Krieg arbeitet er in seinem erlernten Beruf.[200]

Vor dem Morden

Es steht gewiss außer Frage, dass die nationalsozialistische Moral ein Hintergrundklima geschaffen hatte, das bei vielen der zu Ariern nobilitierten Deutschen die Überzeugung enthielt, dass es zum einen Menschengruppen gab, die zu ihrem Universum der allgemeinen Verbindlichkeit definitiv nicht zählten. Und dass es ihrem Rechtsgefühl nach zum anderen unproblematisch, wenn nicht notwendig schien, mit den jeweils Anderen – Juden, Polen, Russen usw. – so zu verfahren, wie es für das »deutsche Volk« opportun erschien. Wie sich diese normative Hintergrundüberzeugung im Bewusstsein jedes einzelnen Volksgenossen und jeder einzelnen Volksgenossin konkret übersetzte, ist im Rückblick nicht zu überprüfen, aber dass die nationalsozialistische Moral bei den meisten zumindest eine mentale Spur hinterlassen hatte, die eine Entscheidung zum Töten nunmehr wahrscheinlicher machte als noch wenige Jahre zuvor, kann als plausibel gelten. Insbesondere dann, wenn eine solche Entscheidung im Kontext eines Krieges gefordert war.

Zum Zeitpunkt der Planung der Einsatzgruppen für den bevorstehenden Angriff auf die Sowjetunion lag die Eroberung Polens schon mehr als anderthalb Jahre zurück; das besetzte polnische Territorium hatte bereits als Experimentierfeld für die systematische Verfolgung und Ghettoisierung der Juden sowie für Massaker dienen können.[201] Für das hemmungslose Vorgehen von SS und Wehrmacht in Polen gab es, Raul Hilberg zufolge, einen zentralen Grund, der »in der deutschen Vorstellung von den Polen und den polnischen Juden bestand. In den Augen der Deutschen waren die Polen von Natur aus minderen Werts als die Deutschen und die polnischen Juden niederen Werts (wenn das überhaupt noch möglich war) als die deutschen Juden. Der polnische Jude stand auf der untersten Sprosse der deutschen Rangleiter – im Zusammenhang mit dem östlichen Judentum pflegten die Deutschen vom ›Untermenschentum‹ zu sprechen. Beim Umgang mit den östlichen Völkern – Polen wie Juden – konnte sich die deutsche Bürokratie rücksichtsloser und rigoroser gebärden. In Deutschland musste sie die Rechte und Privilegien der Deutschen berücksichtigen und darauf achten, die Vernichtungsmaßnahmen von der deutschen Bevölkerung fernzuhalten. [...] In Polen wurde derartigen Problemen nur eine geringe Beachtung beigemessen, denn es spielte keine Rolle, ob durch eine auf die Juden zielende Maßnahme auch Polen geschädigt wurden.«[202]

Die ersten Massaker an polnischen Juden fanden bereits wenige Tage nach Kriegsbeginn statt, stießen allerdings als Initiativtaten einzelner SS-Angehöriger auf Missfallen und wurden gelegentlich auch gerichtlich verfolgt – so etwa in den Fällen eines SS-Sturmmannes und eines Polizeiwachtmeisters, die auf eigene Faust etwa 50 Juden erschossen hatten. Herbert Jäger nennt daneben auch ein kriegsgerichtliches Verfahren um dieselbe Zeit, wo es darum ging, dass ein SS-Mann wiederum aus eigener Initiative 50 jüdische Gefangene erschossen hatte. Die Häufung solcher Fälle vor den Gerichten führte offenbar zu einem Gnadenerlass Hitlers für alle derartigen Gewaltverbrechen, die bis zum 4. Oktober 1939 in den besetzten polnischen Gebieten von Deutschen begangen worden waren.[203] Am 18. September hatte der Befehlshaber der 14. Armee, Wilhelm List, einen Befehl erteilt, der »den Diebstahl von Eigentum, das Niederbrennen von Synagogen, die Vergewaltigung von Frauen und die Erschießung von Juden« ausdrücklich verbot[204] – ein deutlicher Hinweis auf die bis dahin geübte Praxis von Initiativtätern, die aus militärischer Sicht nicht akzeptabel war.

Das tragende Motiv für solche Befehle lag freilich auch in der permanenten Konkurrenz von SS und Wehrmacht, wobei Letztere die Übergriffe dazu zu verwenden suchte, die SS zu desavouieren; eine etwaige Besorgnis um die jüdische oder nicht-jüdische Bevölkerung spielte dabei keine Rolle. Am 19. September 1939 einigten sich der Chef der Sicherheitspolizei, Heydrich, und der Generalquartiermeister vom Oberkommando der Wehrmacht, Wagner, auf Maßnahmen zur »Flurbereinigung« unter Polens »›Judentum, Intelligenz, Geistlichkeit und Adel‹ [...]. Man kam überein, die deutschsprachigen Gebiete Polens von Juden zu säubern sowie die jüdische Landbevölkerung zu evakuieren und in Ghettos innerhalb der größeren Städte zusammenzufassen.«[205] Das mittelfristige Ziel bestand in der vollständigen »Absiedelung« der Juden in das Generalgouvernement und ihrer Ghettoisierung in den Städten.

Wir haben es hier also mit einem anderen Vorgang zu tun, als bei den unmittelbar nach dem Einmarsch stattfindenden Aktionen im rückwärtigen Heeresgebiet in Russland, geht es nun doch von vornherein nicht um Deportation und Konzentrierung der jüdischen Bevölkerung, sondern um ihre umstandslose Vernichtung. Gleichwohl spielen die Erfahrungen mit dem Sammeln der Juden, den Transporten, mit Einzelerschießungen und Massakern in Polen eine Vorläuferrolle für die Lösung der Aufgabe der Einsatzgruppen und Polizeibataillone in Russland, die per definitionem in der Befriedung und Sicherung der eroberten Gebiete bestehen sollte.

Bereits am 30. März 1941 hatte Hitler vor der Generalität ausgeführt, dass es sich bei dem Unternehmen »Barbarossa« nicht um einen Krieg im klassischen Sinne handeln würde, sondern um einen »Vernichtungskampf«: »Wir führen nicht Krieg, um den Feind zu konservieren.«[206] Mit dieser Definition wurde Manfred Messerschmidt zufolge der § 47 des Militärstrafgesetzbuches außer Kraft gesetzt, der besagt, dass ein Soldat sich strafbar macht, wenn er einem erkennbar verbrecherischen Befehl nachkommt. Mit dem Konzept eines »Vernichtungskampfes« wurde ein Krieg vorbereitet, »der die Wehrmacht aktiver an die politischen Ziele binden sollte als während des Krieges und der Besatzungszeit in Polen, wo das Vorgehen von Einsatzkommandos, SS und Polizei schon als ›Volkstumskampf‹ deklariert worden war.«[207]

Vor diesem Hintergrund war es nur folgerichtig, dass die »Richtlinien für das Verhalten der Truppe in Russland« ein »rücksichtsloses und energisches Durchgreifen gegen bolschewistische Hetzer, Freischärler, Saboteure, Juden und restlose Beseitigung jedes aktiven und passiven Widerstands« verlangte.[208] Wie bereits erwähnt, ist die faktische Vermittlung, Durchsetzung und Dynamisierung des allgemeinen Rahmenbefehls zum Vorgehen gegen die Juden eine vielschichtige Angelegenheit und schlägt sich in der Praxis als »Geflecht von Weisungen, Anordnungen, Belehrungen und Befehlen nieder«,[209] das auf der Ebene der praktischen Durchführung als weitgehend frei gestaltbare Aufforderung zur Liquidierung der Juden verstanden und umgesetzt wurde.

Das bedeutete aus der Sicht des einzelnen Mannschaftsangehörigen auch, dass er nicht unbedingt wusste, was genau seine Aufgabe sein würde und welches Ausmaß sie annehmen würde. Andrej Angrick schreibt über die Mannschaften der Einsatzgruppe D, dass diese mehrheitlich davon ausgegangen waren, »für Sicherungsaufgaben, Ernteeinbringung oder zum Objektschutz eingesetzt zu werden. Bei der Ausbildung mochte ihnen auch der Gedanke gekommen sein, dass man sie auch direkt für Nahgefechte einsetzen würde, da der ›Häuserkampf‹ zu den ›Trainingseinheiten‹ [...] gehörte. Ein einziger Aspekt verursachte bei einigen von ihnen ›Kopfzerbrechen‹: das ›Einstudieren‹ einer Geiselerschießung.«[210] Es ist sicher schwer, einzuschätzen, wie viel einzelne Personen von dem antizipieren konnten, was sie schließlich zu tun hatten; generell wird man aber davon ausgehen können, dass die Männer eher eine praktische Einführung in einen sich dynamisierenden mörderischen Handlungsrahmen erlebten, als dass sie gedanklich darauf vorbereitet gewesen wären, massenhaft Menschen zu erschießen.

Zu dieser Einführung gehörte, dass es in vielen der sowjetischen Gebiete, die nun von den vorrückenden deutschen Truppen besetzt wurden, zuvor – wie Dieter Pohl für die Ukraine ausführlich dargestellt hat – zu Massenhinrichtungen unter der Zivilbevölkerung, Folterungen in Gefängnissen und zahlreichen Willkürakten durch die sowjetische Geheimpolizei gekommen war. Mit dem Einrücken der Deutschen fanden an vielen Orten antijüdische Pogrome statt, da den Juden die Schuld an den Gewaltexzessen der Sowjets gegeben wurde.[211] So kam es in den ersten Wochen des »Barbarossa«-Feldzugs fast überall zu antijüdischen Ausschreitungen; die Einsatzgruppen hatten lediglich die Weisung bekommen, Pogrome nach Möglichkeit zu initiieren oder zu befördern. Dabei spielten einheimische Paramilitärs und Milizen eine zentrale Rolle, wie etwa in der Ukraine, wo die Organisation Ukrainischer Nationalisten (OUN) schon vor dem Abzug der Sowjets im Untergrund aktiv gewesen war und unmittelbar vor Kriegsbeginn Milizen aufgestellt hatte: Diese »gingen zusammen mit fanatisierten Bevölkerungsteilen vereinzelt bereits vor dem deutschen Einmarsch gegen Juden vor. Die eintreffenden SiPo-Kommandos unterstützten diese Morde weisungsgemäß und führten sie in Massenerschießungen weiter. [...] Die zahllosen Pogrome in Kleinstädten entwickelten sich weitgehend ohne deutsche Mithilfe. Insgesamt wurden wohl 24 000 Juden – meist Männer – Opfer dieser Welle von Gewalt.«[212]

Diese Situation bildet einen Rahmen für das, was die Männer der Einsatzgruppen wahrnahmen, und es gibt zahlreiche Quellen, die Zeugnis zum einen von ihrer grundsätzlich antijüdischen Perspektive ablegen, zum anderen von der Situation nach dem Rückzug der Sowjets und des NKWD. Am 5. Juli 1941 notiert ein Angehöriger der Einsatzgruppe C in seinem Tagebuch die Beobachtung einer Szene in Lemberg: »Wir fuhren weiter die Straße entlang. Hunderte von Juden mit blutüberströmten Gesichtern, Löchern in den Köpfen, gebrochenen Händen und heraushängenden Augen laufen die Straßen entlang. Einige blutüberströmte Juden tragen andere, die zusammengebrochen sind. Wir fuhren zur Zitadelle, dort sahen wir Dinge, die bestimmt noch selten jemand gesehen hat. Am Eingang der Zitadelle stehen Soldaten mit faustdicken Knüppeln und schlagen hin, wo sie treffen. Am Eingang drängen die Juden heraus, daher liegen Reihen von Juden übereinander, wie Schweine, und wimmern sondergleichen, und immer wieder traben die hochkommenden Juden blutüberströmt davon. Wir bleiben noch stehen und sehen, wer das Kommando führt. ›Niemand.‹ Irgendjemand hat die Juden freigelassen. Aus Wut und Hassgefühl werden nun die Juden getroffen. Nichts dagegen, nur sollten sie die Juden in diesem Zustand nicht herumlaufen lassen.«[213]

Am 6. Juli 1941 schreibt ein junger Soldat in einem Feldpostbrief an seine Eltern nach Wien über NKWD-Opfer, die im Keller des Gerichtsgebäudes von Tarnopol gefunden wurden: »Jetzt müssen die Juden die Toten aus dem Keller herauftragen schön hinlegen und dann werden ihnen die Schandtaten gezeigt. Hierauf werden sie nach Besichtigung der Opfer erschlagen mit Knüppel und Spaten. Bis jetzt haben wir ca. 1000 Juden ins Jenseits befördert aber das ist viel zuwenig für das, was die gemacht haben.« Die Eltern des Schreibers sorgten dafür, dass dieser Brief vervielfältigt und in Schaufenstern Wiener Geschäfte ausgehängt wurde – was für beträchtlichen Aufruhr sorgte und umgehend der Wehrmachtspropaganda Anlass gab, in Zukunft »darauf hinwirken zu lassen, dass derartige Gräuelberichte von Soldaten aus dem Felde nicht in die Heimat gesendet werden.«[214]

Am 7. Juli 1941 schildert ein Angehöriger des Reservepolizeibataillons 105 in einem Brief an seine Frau Hanna einen anderen Aspekt der neuen, aufregenden Situation: »Die Juden mussten alles, was wir gebrauchen können, hergeben. Jeden Morgen um 7 Uhr muß das auserwählte Volk antreten und alle Arbeit für uns machen. Sie müssen die Bude ausfegen, Stiefel putzen, Wäsche waschen und plätten, Besorgungen machen, Wasser holen und wegbringen usw. Wir brauchen überhaupt nichts mehr zu tun.« Das ist die eine Seite, die des komfortablen Besatzerlebens. Auch auf die andere, die nochmals brutalere Seite, kommt der Schreiber zu sprechen: »Die Juden sind Freiwild. Jeder kann sich auf der Straße einen greifen, um ihn für sich in Anspruch zu nehmen. Ich möchte in keiner Judenhaut stecken. [...] Man kann den Juden nur noch einen gut gemeinten Rat geben: keine Kinder mehr in die Welt zu setzen. Sie haben keine Zukunft mehr.«[215]

Wir finden in diesen willkürlichen Ausschnitten drei wichtige Aspekte, die für Wahrnehmungsrahmen der Akteure von Bedeutung sind: Die Massaker werden der Sache, aber nicht immer der Form nach, für gut geheißen – hier wird eine Abgrenzung gegen die *Methoden* der einheimischen Bewohner gegenüber den Juden deutlich, die nicht den Maßstäben polizeilicher oder militärischer Maßnahmen entsprechen. Zweitens deutet sich eine perspektivische Differenz zwischen den Männern vor Ort und ihren Adressaten zu Hause an: Die Grausamkeiten in den rückwärtigen Armeegebieten sollen zu Hause in Wien und anderswo nicht kommuniziert werden – was den Schreibern der Feldpostbriefe zunächst gar nicht recht bewusst scheint. Sie wollen berichten, was »bestimmt noch selten jemand gesehen hat«, und übersehen dabei, dass sie sich längst in einem Rahmen von Gewalt bewegen, der andernorts überhaupt nicht als kommunikabel gilt. Insofern deuten die Zitate auch an, wie schnell sich die Binnenperspektive der Akteure und ihre Definition dessen, was berichtenswert ist, also ihr Referenzrahmen, verschoben hat. Drittens schließlich hat die Grausamkeit auch die höchst angenehme Rückseite der vollkommenen Verfügungsgewalt über die betroffenen Menschen, die nun zur Hebung des täglichen Lebensgefühls als Sklavinnen und Sklaven auch von Männern eingesetzt werden können, die unter gewöhnlichen Umständen niemals zu solchen Privilegien gekommen wären. Bei all dem wird das herrenmenschliche Hintergrundgefühl überdeutlich, das alles, was den Opfern widerfährt, als ganz selbstverständlich gerechtfertigt erscheinen lässt.

Die Pogrome selbst dürften die Männer gewissermaßen als vorauseilende Zustimmung für ihre späteren »Judenaktionen« gewertet haben, wie übrigens auch die willige Zuarbeit einheimischer Hilfstruppen bei den Erschießungen z. B. der lokalen Bevölkerung beim Aufspüren und Identifizieren von Juden. Die Männer sehen sich hier subjektiv in deutlicher Übereinstimmung mit den Absichten der Bevölkerung in den besetzten Gebieten, was bedeutet, dass in dieser Situation kein äußeres normatives Korrektiv mehr für sie existiert. In diesem Universum sozialer Zustimmung zu dem, was den Juden geschieht, ist der einzelne Bataillonsangehörige hinsichtlich seiner eigenen Positionierung allein auf seine persönliche – moralische oder religiöse – Einstellung verwiesen, wenn er etwaiger Abscheu oder möglichen Bedenken folgen möchte. Und die erweist sich gegenüber der normativen Kraft der faktisch ausgeübten Gewalt meist als äußerst schwach.

Die Männer treten also schon unmittelbar nach dem Beginn des Überfalls auf die Sowjetunion am 21. Juni 1941 in eine in mehrfacher Hinsicht voraussetzungsreiche Situation ein, wenn sie aufgefordert werden, den unspezifischen Rahmenbefehl zur Ermordung der jüdischen Bevölkerung umzusetzen: Die rassistische und vor allem antijüdische nationalsozialistische Moral lässt sie vor dem Hintergrund der allgemein geteilten Grundannahme handeln, dass die Juden prinzipiell ein Problem darstellen, das einer Lösung bedarf – was durch den Antisemitismus der lokalen Bevölkerung und die Reaktionen auf die NKWD-Morde vor Ort noch Bestätigung findet. Zugleich hat die Definition des Weltanschauungskrieges die Soldaten, Reservepolizisten, SS-Männer auf ein normatives Credo verpflichtet, das sich in der Formel »Du sollst töten« zusammenfassen lässt. Dies ist der normative Rahmen, in dem sich die dann rapide dynamisierende Durchführung von »Judenaktionen« abspielt, wobei sich gleich zeigen wird, dass das Beobachten von Gewaltexzessen noch nicht identisch mit eigenem Töten ist. Vielmehr zeigt sich, dass sich vielfältige Arrangements im Umgang mit den von vielen immer noch als unangenehm empfundenen Tötungsbefehlen beobachten lassen.

Initiationen zum Töten

»Reichsführer, das waren nur Hundert!«
Erich von dem Bach-Zelewski
am 15. 8. 1941 zu Heinrich Himmler
nach der Beobachtung einer Massenerschießung

Für die Untersuchung der unmittelbaren Situation der Befehlsausgabe und -übernahme möchte ich zunächst einen klassischen Fall heranziehen, nämlich den vielleicht meistdiskutierten Fall der neueren Holocaust-Forschung, der das sowohl von Christopher Browning wie von Daniel Goldhagen[216] untersuchte Polizeibataillon 101 betrifft. Ein zentrales Element der Auseinandersetzung mit diesem Bataillon war der Umstand, dass es den Männern freigestellt wurde, ob sie beim Töten mitmachen wollten oder nicht. Bei der Befehlsausgabe wurden diejenigen, die sich der Aufgabe nicht gewachsen fühlten, aufgefordert, aus der Gruppe herauszutreten. Der hier nachweisbar vorhandene Handlungsspielraum bildete einen Kristallisationskern der sich an Browning einerseits und Goldhagen andererseits anschließenden Debatten.[217]

Zunächst: Die knapp 500 Angehörigen dieses Bataillons haben rund 38 000 Menschen ermordet und weitere 45 000 nach Treblinka deportiert – was rein rechnerisch bedeutet, dass jeder der beteiligten Täter für das Schicksal von ca. 170 Opfern verantwortlich war. In einer täterpsychologischen Perspektive ist dieses Bataillon aus mehreren Gründen interessant: Erstens weil mit 210 Vernehmungsprotokollen eine ungewöhnliche Menge von Aussagen unmittelbar Tatbeteiligter vorliegt und zweitens, weil die Bataillonsangehörigen im Durchschnitt deutlich älter als dreißig Jahre, mithin Männer waren, deren entscheidendes Sozialisationsalter noch vor dem Nationalsozialismus lag: »Die prägenden Kindheits- und Jugendjahre hatten 1933 schon hinter ihnen gelegen. Viele kamen aus einem für nationalsozialistische Anschauungen relativ unempfänglichen Umfeld. Sie kannten die moralischen Normen der deutschen Gesellschaft vor dem Nationalsozialismus sehr gut und verfügten damit über andere Maßstäbe zur Beurteilung der nationalsozialistischen Politik, an deren Durchführung sie sich beteiligen sollten.«[218]

Leicht auffällig an dieser sich vorwiegend aus dem kleinbürgerlichen und arbeiterlichen Milieu Hamburgs rekrutierenden Mannschaft war lediglich der gegenüber dem Bevölkerungsdurchschnitt erhöhte Anteil von 25 %, die der NSDAP angehörten. Peter Longerich hat darauf hingewiesen, dass vor der Rekrutierung die »SS-Eignung« der Aspiranten geprüft wurde. Wie auch immer dieses Kriterium in der Praxis gehandhabt wurde – das hieß zumindest, dass ihre politische Zuverlässigkeit untersucht wurde und mittels einer Unbedenklichkeitserklärung durch eine Parteidienststelle zu bestätigen war.[219] Personen, die politisch explizit nicht auf der Linie des nationalsozialistischen Staates lagen, fanden sich unter den Polizisten mithin nicht, aber es ist insgesamt gewiss schwer zu entscheiden, ob politische Einstellungen einen relevanten Einfluss auf das faktische Handeln derjenigen gehabt haben, die später zu Mördern an den Erschießungsgruben geworden sind. Nach Brownings Schätzung haben eben 80 – 90 % dieser Männer Juden getötet, obwohl es fast alle, wie Browning vermutet, zumindest anfangs entsetzte und anwiderte. »Die meisten schafften es einfach nicht, aus dem Glied zu treten und offen nonkonformes Verhalten zu zeigen. Zu schießen fiel ihnen leichter.«[220]

Um eine Antwort auf die sich anschließende Frage zu finden, warum das möglich sein konnte, stellt Browning eine Reihe von Überlegungen an: Hinsichtlich der im Rahmen von kriegerischen Auseinandersetzungen und insbesondere im Rahmen von »Rassenkriegen« sich zeigenden Brutalisierung kommt er anhand seines Falls zu einem zwiespältigen Ergebnis: Zwar konstatiert er eine zunehmende Brutalisierung der Bataillonsangehörigen. Da diese aber *vor* der ersten Erschießungsaktion mit wenigen Ausnahmen keinerlei Kampferfahrung hatten, lässt sich hieraus keine Erklärung für die Teilnahmebereitschaft an der ersten Mordaktion ableiten: »So gesehen war die Brutalisierung der Polizisten nicht die Ursache, sondern das Ergebnis ihres Verhaltens.«[221]

Des Weiteren sieht Browning darin, dass sich die Mordaktionen während des Krieges abspielten und im Rahmen verbreiteter rassistischer Konzepte begründet wurden, Faktoren, die es den Tätern ermöglichten, sich von ihren Opfern zu distanzieren,[222] diese mithin aus dem »Universum allgemeiner Verbindlichkeiten« auszuschließen.

Die Frage, ob die Akteursgruppe aufgrund selbstselektiver Zusammensetzung von vornherein aus besonders gewaltbereiten Männern bestand, beantwortet Browning angesichts ihrer soziodemographischen Struktur mit einem verhaltenen »Nein«.[223] In diesem Zusammenhang diskutiert er auch das Konzept vom »Autoritären Charakter«.[224] dem er nur insofern Erklärungsrelevanz zumisst, als er einen »sleeper«-Effekt für möglich hält: Vorhandene, aber nicht manifeste Gewaltorientierungen können dann aktiviert werden, wenn die entsprechenden Rahmenbedingungen dafür vorliegen.[225] In etwaigen Karriereorientierungen der Akteure kann Browning hingegen überhaupt kein überzeugendes Erklärungsmodell für das Handeln der Täter finden – zumal die Verweigerung der Teilnahme keine oder nur milde Konsequenzen nach sich gezogen hätte.[226] Die Rolle von Indoktrinierung und ideologischer Einschwörung veranschlagt Browning ebenfalls als eher gering (im Gegensatz zu Goldhagen, der im »eliminatorischen Antisemitismus« der deutschen »Weltanschauungskrieger« bekanntlich die zentrale Erklärungsvariable sieht).[227]

Interessanter erscheint ihm der Erklärungswert sozialpsychologischer Experimente, insbesondere des Stanforder Gefängnisexperiments von 1971, das nach Einschätzung von Philip Zimbardo gezeigt hat, wie leicht Menschen, bei denen keinerlei Disposition zu sadistischem Verhalten vorliegt, je nach dem sozialen und situativen Setting zu brutalem und sadistischem Verhalten veranlasst werden können.[228] Noch höheren Stellenwert misst Browning den Gehorsamkeits-Experimenten von Stanley Milgram bei, die, zahlreich variiert und in den unterschiedlichsten Ländern repliziert, eine insgesamt doch erschreckend hohe Bereitschaft ganz gewöhnlicher Menschen erkennen lassen, anderen Menschen aus ziemlich abstrakten Gründen schmerzhafte und sogar tödliche Stromstöße zu verabreichen.[229]

Gehorsam

Das Milgram-Experiment ist für unsere Fragestellung höchst instruktiv, deshalb hierzu einige ausführliche Bemerkungen:

Anfang der sechziger Jahre konzipierte der junge Sozialpsychologe Stanley Milgram, übrigens ein Schüler von Salomon Asch, ein Experiment, mit dem er das Phänomen der Gehorsamsbereitschaft gegenüber einer Autorität zu untersuchen hoffte – und zwar mit dem ausdrücklichen Verweis auf die Frage, wie das Handeln der nationalsozialistischen Mörder sozialpsychologisch zu erklären sei. Der Versuchsaufbau sah vor, dass eine per Annonce gesuchte und mit 4,50 Dollar entlohnte Versuchsperson als »Lehrer« mit einer anderen (allerdings vom Versuchsleiter instruierten) Versuchsperson, dem »Schüler«, einen Lerntest durchzuführen hatte, bei dem der »Lehrer« den »Schüler« jeweils dann mit Stromstößen zu »bestrafen« hatte, wenn dieser eine falsche Antwort gab. Die Stromstärke wurde mit jeder Bestrafung erhöht. Die Rollen von »Lehrer« und »Schüler« wurden scheinbar zufällig verteilt, so dass die eigentliche Versuchsperson sich im Glauben befand, dass er ebenso gut die Rolle des Schülers hätte bekommen können. Auch konnte er sich vom Funktionieren des Gerätes, das die Stromstöße an den Schüler weiterleitete, überzeugen, indem er selbst mit einem leichten Schlag geschockt wurde. Lehrer und Schüler befanden sich in verschiedenen Räumen und konnten sich nicht sehen, wohl aber hören.[230]

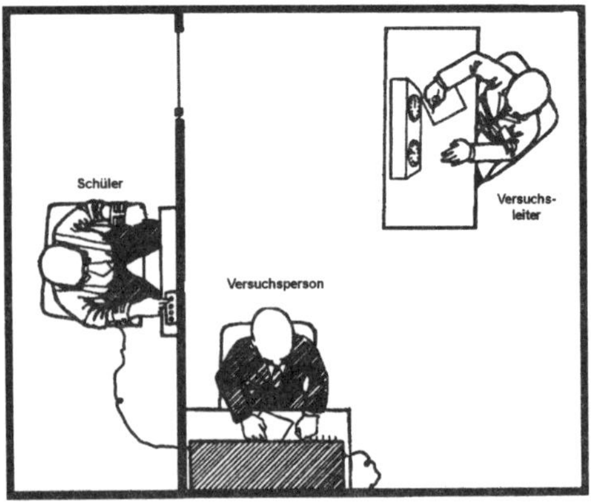

Versuchsanordnung

Die interessante Frage war nun, wie weit die »Lehrer« gehen würden. Die Skala des Gerätes, mit dem die »Bestrafung« vorgenommen wurde, sah Stromstöße bis 450 Volt vor; auf entscheidenden Stufen waren die Schalter überdies mit Warnhinweisen (»schmerzhaft«, »schwerer Schock!« etc.) versehen. Die Befunde waren niederschmetternd: 65 % der Versuchspersonen führten den Lerntest bis zum bitteren Ende durch. Das heißt, sie verabreichten dem »Schüler« (scheinbar) auch die höchste Dosis von 450 Volt, obwohl dieser zu diesem Zeitpunkt schon keinen Laut mehr von sich gab, nachdem er zwischenzeitlich gejammert, geschrien und um den Abbruch des Experiments gefleht hatte. Besonders beunruhigend war an diesem Ergebnis nicht nur die schiere Zahl der zum Töten gehorsamsbereiten Versuchspersonen, sondern insbesondere, dass der Versuchsleiter keinerlei formale Macht über die Personen hatte. Er trat lediglich als Wissenschaftler in einer nach Wissenschaft aussehenden Institution auf, und wenn die Versuchspersonen aufgrund der Schmerzenschreie und der Bitten des »Schülers« das Experiment abbrechen wollten, teilte er ihnen einfach, wenn auch in autoritärem Tonfall, mit, das Experiment erfordere, dass sie weitermachten und er, der Versuchsleiter, trage die Verantwortung für alles. Das war ausreichend, um zwei Drittel aller Versuchspersonen zum Weitermachen zu veranlassen.

Das Experiment ist in mehr als zehn Ländern repliziert worden, und die Ergebnisse fielen immer ähnlich aus. Dabei standen stets die spektakulären zwei Drittel gehorsamsbereiter Probanden im Mittelpunkt der Aufmerksamkeit; weniger diskutiert wurde, dass die Versuchspersonen, wie die Filmaufnahmen zeigen, die Milgram von den Versuchen machte, oft extreme emotionale Schwierigkeiten mit ihrer »Aufgabe« hatten, den Versuchsleiter darauf aufmerksam machten, dass der Schüler Schmerzen hatte und mit ihm über einen Abbruch des Experiments verhandelten. Sie befanden sich mithin in einer höchst dissonanten Situation, die sie sehr aufwühlte. Das heißt, die meisten von Milgrams Probanden führten nicht stoisch eine vorgegebene Aufgabe aus, sondern *entschieden sich* irgendwann dafür, gehorsam zu sein, wenn auch zweifelnd und in höchstem Maße unsicher.

Zum anderen wurde bislang zu wenig hervorgehoben, dass die Quote der Gehorsamen regelmäßig sank, wenn der Versuchsaufbau variiert wurde. Dabei wurde deutlich, dass mehrere Faktoren die Gehorsamsbereitschaft stark beeinflussten:

Soziale Nähe: Wenn der Kontakt zum »Schüler« variiert wird, er sich also im selben Raum befindet wie der »Lehrer« oder wenn dieser die Bestrafung so vornehmen muss, dass er die Hand des »Schülers« bei einer falschen Antwort auf eine stromführende Platte pressen muss, sinkt die Gehorsamsbereitschaft deutlich (auf 40 % bzw. auf 30 %). Die Bedeutung der Variablen »soziale Nähe« wurde auch in dem Setting deutlich, in dem »Lehrer« und »Schüler« Freunde, Bekannte oder Verwandte waren, die zusammen für das Experiment gewonnen wurden (»Bring-a-friend-condition«). Hier sank die Gehorsamsbereitschaft auf 15 %; die »Ungehorsamen« brachen überdies das Experiment viel früher ab als die Verweigerer in den anderen Versuchsanordnungen. Eine typische Aussage einer ungehorsamen Versuchsperson in diesem Setting war etwa: »Mein Herr, ich bin kein Sadist!«

Francois Rochat und Andre Modigliani, die die Ergebnisse dieses Versuchs von 1962 später noch einmal ausgewertet haben, haben zwei wirksame Unterschiede zum Basis-Setting herausgearbeitet, die die Versuchspersonen systematisch weniger gehorsamsbereit sein lassen: Die Referenzgruppe des »Lehrers« wird in der »bring-a-friend-condition« durch die Beziehung der beiden Versuchspersonen gebildet; deshalb besteht in diesem Fall eine Loyalitätsbeziehung zwischen »Lehrer« und »Schüler«, nicht zwischen »Lehrer« und Versuchsleiter. Die bereits vorgängig bestehende Beziehung macht es dem »Lehrer« in dieser Variante moralisch schwer, wenn nicht unmöglich, das Experiment *fortzusetzen*, während in der Basisvariante eine moralische Verpflichtung gegenüber dem Versuchsleiter wahrgenommen wird, die es dem »Lehrer« schwer macht, das Experiment *abzubrechen*. In einer Situation sozialer Nähe ist eine Verantwortungsdelegation offensichtlich nicht ohne Weiteres möglich (wofür übrigens auch spricht, dass soziale Nähe eine zentrale Funktion für das Verhalten von Rettern hat[231]). Soziale Nähe, so könnte man sagen, verhindert die fatale Logik des »Wer A sagt, muss auch B sagen«, weil die Logik des Zwischenmenschlichen hier eine größere Verbindlichkeit für den Handelnden hat: Auf die autoritäre Aufforderung, das Experiment fortzusetzen (»Sie haben keine Wahl!«), entgegnete eine der Versuchspersonen einfach: »Warum? Was können Sie mir tun?«[232] Allerdings muss man festhalten, dass offensichtlich ohne eine solche prävalente soziale Bindung Tür und Tor für gehorsames und destruktives Verhalten weit offen stehen.

Eine Rolle spielt übrigens auch, dass die beiden Versuchspersonen sich schon seit mindestens zwei Jahren kannten und auf einen Bezugsrahmen gemeinsamer Erfahrung und Bindung zurückgreifen konnten, was auch daran sichtbar wurde, dass sie vor und während des Experiments Scherze machten und Kommentare austauschten. Im Basisdesign des Experiments waren die Versuchspersonen in sozialer Hinsicht allein, das Experiment selbst erzeugte in hohem Maße Unsicherheit und Stress, und die einzige Person, die überhaupt Orientierung gab, war der Versuchsleiter. Insofern lag es hier relativ nahe, sich am Referenzrahmen »Experiment« und dementsprechend an den Vorgaben des Versuchsleiters zu orientieren und sich dafür zu entscheiden, gehorsam zu sein.

Verhalten des Versuchsleiters: Die höchste Gehorsamkeitsrate wird in der Basisbedingung erreicht, in der der Versuchsleiter stoisch die Aufforderung wiederholt, fortzufahren, weil die ordnungsgemäße Durchführung für das Experiment unverzichtbar sei. Hier ist das Verhalten des Versuchsleiters konsistent und lässt keine Unsicherheit erkennen. Wenn zwei Versuchsleiter mit nicht so konsistentem Verhaltensmuster anwesend sind, sinkt die Gehorsamsrate auf null.[233] Dissonanzen und Widersprüche auf Seiten der Autorität eröffnen ganz offensichtlich Räume für eigenverantwortliches Denken und Entscheiden. Dasselbe gilt für eine Variante des Experiments, die in Deutschland durchgeführt wurde: Die Versuchspersonen konnten, bevor sie selbst an die Reihe kamen, einen (fingierten) Versuchsdurchlauf beobachten, in dem der »Lehrer« den Gehorsam verweigerte und das Experiment beendete. Unter dieser Bedingung brachen mehr als die Hälfte der Probanden später dann selbst das Experiment ab. Offenbar wurde auf diese Weise das Bestehen einer alternativen Handlungsmöglichkeit aufgezeigt, was es den Versuchspersonen leichter machte, aus dem vorgegebenen Rahmen auszubrechen.

Sehr niedrig wird die Quote der Gehorsamen, wenn den Versuchspersonen völlig freigestellt wird, ob und wie sie den »Schüler« bestrafen. In diesem Setting übernahm der Versuchsleiter gegenüber der Versuchsperson lediglich noch die Funktion, ihn »auf technische Fehler aufmerksam zu machen«: nur noch 7 % der Versuchspersonen waren unter dieser Bedingung in vollem Umfang gehorsam.[234] Milgram selbst hatte in seinen Untersuchungen festgestellt, dass die Quote der gehorsamsbereiten Personen dramatisch sank, wenn der Versuchsleiter nicht persönlich anwesend war, sondern seine Instruktionen telefonisch gab. Interessanterweise stieg in diesem Setting nicht nur die Zahl der Verweigerer an; viele Versuchspersonen verlegten sich auch darauf, das Experiment zu unterlaufen, zu »schummeln«, indem sie eine bestimmte Stromstärke zu verabreichen vorgaben, in Wirklichkeit aber im unteren, harmlosen Bereich der Bestrafung blieben. Offensichtlich, konstatiert Milgram, »fanden sie es einfacher, ihren Konflikt auf diese Weise zu bewältigen, als offen mit der Autorität zu brechen.«[235]

Die Versuchspersonen bewältigten also den Konflikt auf eine Weise, die es ihnen erlaubte, die beunruhigende Aufgabe scheinbar zu erfüllen und zugleich zu unterlaufen. Mit Erving Goffman ließe sich dieses im Alltag sehr oft zu beobachtende Phänomen als »Modulation« einer Situation bezeichnen. Die Rahmenbedingungen werden akzeptiert, vielleicht sogar als unausweichlich betrachtet, durch eine spezifische Auslegung aber unterlaufen, wobei die Absichten der auftraggebenden Person oder Institution oft sogar in ihr Gegenteil verkehrt werden. Die Alltagssprache nennt das »Schummeln«, »Tricksen« oder »so tun als ob«.[236]

Eine weitere Variante des Experiments führt allerdings zur Erhöhung der Rate der gehorsamsbereiten Personen: Wenn die Doppelrolle von »Lehrer« und »Bestrafer« aufgesplittet wurde, zeigten diejenigen, die lediglich ihre Aufforderung zur Bestrafung an eine weitere Person in einem zweiten Raum weitergaben, eine gegenüber dem Basisexperiment erhöhte Gehorsamsbereitschaft.[237] Dieses Ergebnis verweist auf die Rolle, die die arbeitsteilige Zerlegung von Handlungsketten im Vollzug von administrativ geplanten Gewalttaten oder, wie Hannah Arendt das genannt hat, »Verwaltungsmassenmorden« spielt. Zygmunt Bauman hat dafür den Begriff der

»Adiaphorisierung« geprägt, die Herstellung von moralischer Indifferenz und Verantwortungslosigkeit dadurch, dass die Akteure mit den Folgen ihres Handelns niemals direkt konfrontiert sind.[238]

Insgesamt zeigt der ganze Komplex des Milgram-Experiments in Stanley Milgrams eigener Formulierung, dass »ganz gewöhnliche Menschen, die einfach ihre Aufgabe erfüllen und keinerlei Feindseligkeit [gegenüber ihren Opfern] empfinden, Akteure in einem extrem destruktiven Prozess werden können.«[239] Dabei wies er insbesondere auf die Rolle hin, die die jeweiligen Referenzrahmen für die Gehorsamsbereitschaft spielten – zum Beispiel die gefühlte Verpflichtung, die man dem Versuchsleiter gegenüber eingegangen war, der institutionelle Kontext, die Angst, für das Scheitern des Experiments verantwortlich zu sein etc. Solche Referenzrahmen spielen eine enorm große Rolle für die Art und Weise, wie Menschen ein gegebenes Setting interpretieren und wie sie sich aufgrund dieser Interpretation zu einer Handlung entschließen. Gehorsam ist man nicht, sondern man entscheidet sich dafür, gehorsam zu sein.

Entscheidung zum Gehorsam: Ein Problem der Übertragung der Ergebnisse sozialpsychologischer Experimente auf die Analyse historischer Situationen besteht darin, dass man es im Labor mit kontrollierten Situationen ohne soziale Vorgeschichte zu tun hat, in der sozialen Wirklichkeit mit komplexen Handlungssituationen, in die eine ganze Reihe kontingenter situativer Faktoren, persönlicher Voraussetzungen, sozialer Erwartungen etc. eingeht. Man kann diese Differenz zwischen Experiment und historischer Situation an der Gretchenfrage der Bataillon-101-Forschung sehr gut verdeutlichen: Die besondere Herausforderung dieses Falles liegt ja, wie schon erwähnt, darin, dass der Kommandeur des Bataillons, Major Trapp, nach der Erläuterung des bevorstehenden *ersten* Mordeinsatzes seinen Männern ausdrücklich die Möglichkeit eingeräumt hatte, vorzutreten und sich von dieser Aufgabe freistellen zu lassen.[240] Von diesem Angebot haben je nach Aussage nur 10 oder 12 Männer Gebrauch gemacht. Ist diese niedrige Zahl damit zu erklären, dass es sich hier um eine Situation handelt, die im Sinne Milgrams von den Männern Gehorsam forderte?

»Major Trapp«, schreibt Browning, »stellte keine starke, sondern eine schwache Autoritätsperson dar. Er räumte unter Tränen ein, die dem Bataillon übertragene Aufgabe sei furchtbar, und bot den älteren Reserve-Polizisten an, sich von ihr freistellen zu lassen. Doch wenn Trapp vor Ort auch nur eine schwache Autoritätsperson war, so berief er sich doch auf ein ferneres Autoritätssystem, das alles andere als schwach war«[241] – nämlich auf das NS-Regime und seine Leitvorstellungen. Das heißt, Trapp war keine Autorität, repräsentierte aber eine.

Aus sozialpsychologischer Sicht ist es äußerst unwahrscheinlich, dass eine abwesende und doch relativ abstrakte Autorität, wie sie ein Herrschaftssystem darstellt, für die konkrete Entscheidung eine Rolle spielt, ob man töten wird oder nicht – zumal, wenn diese Entscheidung auch noch explizit freigestellt wird.[242] Viel bedeutender dürfte hier gerade der Umstand sein, dass der Major Trapp eben eine »schwache« Autorität war – jemand nämlich, der seinen Leuten gegenüber zum Ausdruck bringen konnte, dass er selbst als Mensch sehr unter dem Befehl litt, den er nun mal auszuführen hatte. Dieses Bild »schwacher Autorität« muss in der Sicht seiner Männer stark, nämlich aufrichtig und deshalb motivierend wirken: Denn erstens können sie in ihrem Vorgesetzten jemanden sehen, der deutliche Schwierigkeiten mit der Erfüllung der Aufgabe hat, die ihm befohlen worden ist – was die möglicherweise zu erwartenden eigenen Schwierigkeiten relativiert und nach Trapps Vorbild auch handhabbar erscheinen lässt.[243] Zweitens wirkt die Schwäche Trapps, der unisono als beliebter und fürsorglicher Vorgesetzter beschrieben wurde, als Loyalitätsaufforderung: Man wird seinen geschätzten Vorgesetzten ja ausgerechnet in einer Situation, mit der er selber Schwierigkeiten hat, nicht gern im Stich lassen wollen. Drittens handelt es sich bei der Entscheidungssituation, in der die Männer sich befinden, gerade nicht um eine eindeutige Gehorsamkeitssituation, sondern um eine Situation, in der vieles uneindeutig ist: Weder ist ihnen (in Ermangelung von Erfahrung) konkret klar, wie das aussieht, was sie zu tun haben, noch wissen sie in dieser Situation genau, was von ihnen erwartet wird: Entschlossenheit, Zögern, Besonnenheit, Härte, Mordbereitschaft oder gar Verweigerung, Disziplin, Weinerlichkeit oder alles zusammen. Uneindeutige

Situationen erfordern vom Akteur eine sinnhafte Erschließung sowie eine Schlussfolgerung, die als sinnhaft erlebt werden kann. Und hier mag es dem einzelnen allemal sinnvoller scheinen, Loyalität mit dem geschätzten, weil »schwachen« Kommandeur zu zeigen. Und es mag ihm ganz einleuchtend sein, dass man auch Befehlen folgen können muss, deren Ausführung einem schwer fällt – zumal wenn die übergroße Majorität der anderen, die ebenfalls nicht hervortreten, die Richtigkeit der eigenen Interpretation durch ihre Entscheidung, mitzumachen, im selben Augenblick bestätigt. Es liegt also – zumindest vor dieser ersten Mordaktion – subjektiv für die allermeisten viel näher mitzumachen, als nicht mitzumachen.

Ergänzend ließe sich noch die Überlegung heranziehen, dass die Entscheidung, nicht mitzumachen, hieße, die schlimme Arbeit den Kameraden aufzubürden und sich selbst davon auf ihre Kosten auszunehmen – was ein unsozialer Akt gewesen wäre, wie Browning vermerkt.[244] Dies alles wirft Licht auf das Handeln in Gruppensituationen, und darum geht es hier. Die Sozialpsychologie der Intergruppenbeziehung[245] hat auf der Grundlage zahlreicher Experimente nachgewiesen, dass selbst sehr willkürlich konstruierte Gruppenzugehörigkeiten das Handeln der einzelnen in konkreten Entscheidungssituationen bestimmen.[246] Aus der Altruismusforschung ist bekannt, dass sich Hilfeverhalten sehr stark auf die Mitglieder der Eigengruppe konzentriert.[247] Norbert Elias hat in theoretischer Perspektive argumentiert, dass das Handeln einzelner Menschen nur vor dem Hintergrund ihrer (wahrgenommenen) Wir-Gruppen-Zugehörigkeit und in seiner Interdependenz mit den Handlungen anderer verstanden werden kann.[248] Die Wir-Gruppe fordert Loyalität, während die Sie-Gruppe, gegen die sich der Befehl richtet, als bedrohlich oder minderwertig betrachtet wird. Insofern haben die späteren Opfer schon im Augenblick der Befehlsausgabe kaum eine Chance, dass sich die späteren Täter dafür entscheiden werden, sie *nicht* zu töten. Militärisch formierte Situationen sind auf geradezu prototypische Weise nach diesem Wir- und Sie-Gruppen-Schema strukturiert, bevor auch nur eine einzige Konfrontation stattgefunden hat – man denke hier nur an die Begriffe »Kameradschaft« oder »Korpsgeist«. Hinzu kommt, dass im Krieg die Männer unter sich sind und keine Personen jenseits ihrer Gruppe mehr existieren, die den Referenzrahmen der Gruppe In Frage stellen könnten. Deutlich wird das auch darin, dass in Feldpostbriefen, wie bereits erwähnt, gelegentlich erstaunlich offen über die Taten berichtet wird. Die Schreiber gehen offensichtlich davon aus, dass der Referenzrahmen, an dem sie sich orientieren, auch für die Adressaten – meist die Ehefrauen – gilt.

Man stelle sich im Rahmen eines Gedankenexperiments vor, welche sozialen Kosten ein Bataillonsangehöriger auf sich nähme, der sich, wie Browning sagt, »nonkonform« verhielte und »aus dem Glied« träte: Er verletzt Gruppennormen, die er selbst teilt und für gültig hält, er verletzt die Loyalitätsverpflichtungen seinem Vorgesetzten sowie der Gruppe, eventuell auch engen Freunden innerhalb dieser Gruppe gegenüber, er isoliert sich von der Gruppe, die seine Haltung als überheblich, feige, schwach o.ä., jedenfalls nicht als anerkennens- oder gar bewundernswert betrachten würde, und man muss bei all dem auch bedenken, dass dies alles nicht nur temporäre, sondern möglicherweise dauerhafte Konsequenzen für den Betroffenen hat, die in dieser Situation der Befehlsausgabe noch gar nicht abzusehen sind. Die individuellen Folgen aufgrund des Ausscherens aus einer Gruppe, der man ja noch auf unabsehbare Zeit nolens volens angehören wird, sind also subjektiv beträchtlich und in ihrer Tragweite noch gar nicht vollständig abzuschätzen, während auf der anderen Seite zunächst »nur« die Teilnahme an einer Erschießung gefordert wird, deren konkrete Umstände man zu diesem Zeitpunkt sowenig kennt wie die Möglichkeit ihrer unablässigen Wiederholung. Und die einzelnen Bataillonsangehörigen beobachten, dass die anderen stehen bleiben und nicht aus der Gruppe heraustreten; offensichtlich, so scheint es, sehen also auch die allermeisten der Kameraden kein Problem darin, mitzumachen.

Weiterhin könnte man jetzt noch die als normative Hintergrundvoraussetzung präsente nationalsozialistische Moral berücksichtigen, die es als normal oder gar notwendig erscheinen ließ, Juden, Partisanen etc. zu vernichten, um Schaden von der eigenen Wir-Gruppe abzuwenden. Schließlich konnte man, wie Major Trapp in seiner Ansprache an das Bataillon formulierte, auch einfach an die deutschen Frauen und Kinder denken, die in der Heimat zu schützen waren. Diese Aufforderung mag allerdings auch insofern doppelsinnig verstanden worden sein, als die

Angst vor den Folgen einer Verweigerung vielleicht auch Folgen für die Angehörigen oder aber Furcht vor Anerkennungsverlusten vor den »Lieben daheim« umfasste. Und des Weiteren könnte man sich vergegenwärtigen, dass Härteorientierungen, autoritäre Erziehungsideale, gewaltsame Konfliktlösungsmodelle in den Milieus, aus denen die Akteure stammten, sozialisatorisch eine bestimmende Rolle spielten.[249]

Ich habe einmal in einem Universitätsseminar nach der Lektüre des Buches von Browning den Versuch gemacht, in einem gemeinsamen Brainstorming die Faktoren aufzulisten, die aus der Sicht der Akteure dafür sprachen, nicht hervorzutreten und sich dem Morden zu entziehen. Nach einer mehrstündigen Diskussion wurde schließlich ein einfaches Pro- und Contra-Schema an die Tafel geschrieben, das alle denkbaren Faktoren, die subjektiv in dieser einen Appellsituation eine Rolle gespielt haben könnten, auflistete: links Pro für das Verbleiben in der Gruppe, rechts Contra für den Entschluss, nicht mitzumachen. Die linke Tafelhälfte füllte sich enorm schnell, und zwar mit all den Faktoren, die ich bereits aufgelistet habe. Auf der rechten Seite gab es nur drei Einträge: eine universalistische, philosophisch begründete Ethik, die das Töten grundsätzlich ablehnt, und eine christlich geprägte Moral, die das Töten verbietet, drittens so etwas wie eine antizipierte Empathie den Opfern gegenüber – und nach allem, was man weiß, sind derlei Haltungen und Orientierungen nur in seltenen Ausnahmefällen geeignet, gewaltsame Handlungen zu inhibieren, weshalb es übrigens auch im Zivilleben vorkommen soll, dass Pastoren ihre Ehefrauen erschlagen. Das Vorhandensein ethischer Grundüberzeugungen schließt ihre Verletzung nicht aus.[250]

Befehle: Soweit also die demoralisierende Re-Analyse des Falls von Browning und Goldhagen. Ungewöhnlich an diesem Fall war nicht so sehr, dass Major Trapp seine Leute ausdrücklich vor die Alternative gestellt hatte, mitzumachen oder sich der Erschießungsaktion zu entziehen, ungewöhnlich war eher schon die Ausdrücklichkeit des Befehls. In den Vernehmungsprotokollen und Gerichtsurteilen zu den Einsatzgruppenmorden findet sich eine ganze Reihe höchst unterschiedlicher Varianten der Befehlsausgabe – von der dezidierten Mitteilung wie bei Major Trapp bis zu eher situativen Aufforderungen vor Ort, dass man nun als Schütze eingeteilt werde.

Grundsätzlich ist dazu zu sagen, dass der sich zunächst auf die männlichen Juden beziehende Exekutionsbefehl ebenso als »Rahmenbefehl« zu verstehen ist wie die dann erfolgte Ausweitung des Erschießungsbefehls auf die Frauen und die Kinder. Schon der »Kommissarbefehl« vom 6. Juni 1941 sah im letzten Passus die folgende Durchführungsbestimmung vor: »Es wird gebeten, die Verteilung nur bis zu den Oberbefehlshabern der Armeen bzw. Luftflottenchefs vorzunehmen und die weitere Bekanntgabe an die Befehlshaber und Kommandeure mündlich erfolgen zu lassen.«[251] Wie Herbert Jäger dargestellt hat, galt die Erschießung als generelle Anordnung, die dann für die jeweiligen Einzelaktionen ohne nochmalige konkrete Anweisungen als gültig betrachtet wurde.[252]

Schauen wir uns nun an, wie das Polizeibataillon 45 sich zu einer Tötungsbrigade entwickelt hat. Seine erste »Judenaktion« findet in Schepetowka statt, 1941 eine ukrainische Kleinstadt zwischen Lvov und Kiew. Die jüdische Gemeinde bestand seit dem 17. Jahrhundert. 1926 zählte sie 3916 Mitglieder, was einem Anteil von 26,7 % der Gesamtbevölkerung entsprach. Als die Deutschen die Stadt im Juli 1941 eingenommen hatten, wurden nahezu alle jüdischen Bewohner der Stadt, die nicht hatten fliehen können, ermordet. [253]

Das Polizeibataillon 45 war vom 24. August bis zum 1. Septem ber 1941 in Schepetowka stationiert. Dort bekam Major Gutmann, der Kommandeur des Polizeibataillons, von Regimentskommandeur Hermann Franz die Anweisung, dass sich seine Einheit an der vom Reichsführer SS befohlenen Ausrottung der Juden in Russland beteiligen müsse.[254] Im Urteil über den Führer der 2. Kompanie, Engelbert Klamm, wird bemerkt, Gutmann habe erkannt, dass es sich hierbei um einen rechtswidrigen Befehl handelte und sich geweigert. Nach einigen Drohungen gegen ihn und seine Einheit habe er schließlich den Befehl ausführen müssen.[255]

Man vermutet, dass Gutmann einige Tage nach dem Gespräch mit Franz den Befehl bekam, mit seinem Bataillon an einer »Judenaktion« in Schepetowka teilzunehmen. Browning schreibt: »Innerhalb weniger Tage brachte das Bataillon mehrere hundert noch in Schepetowka verbliebene Juden um, darunter auch Frauen und Kinder.«[256] Im Urteil gegen Klamm wird davon ausgegangen, dass Gutmann den Befehl an Klamm weitergegeben hat und diesen anwies, die Aktion mit der 2. Kompanie durchzuführen; auch Franz' Anweisungen über die Art und Weise der Exekutionen sollen so an Klamm gelangt sein. Über den Ablauf der Exekution weiß das Urteil Folgendes zu berichten:

An einem Morgen wurde der Straßenzug, in dem die jüdische Bevölkerung wohnte, abgesperrt, die Menschen mit Hilfe der ukrainischen Miliz aus ihren Häusern geholt und auf einem Platz unter der Bewachung der 2. Kompanie gesammelt. Den Menschen wurde gesagt, sie würden evakuiert oder kämen zum Arbeitseinsatz. In Lastwagen brachte man sie dann in kleineren Gruppen zum Erschießungsgelände außerhalb des Ortes in der Nähe eines Wäldchens. Dort befanden sich Gräben oder Bombentrichter, an deren Rand sich die Opfer mit dem Gesicht zur Grube stellen mussten. Sie wurden von den Angehörigen der 2. Kompanie durch Genickschüsse aus Karabinern oder Pistolen ermordet. Engelbert Klamm leitete die Exekution auch an den Gruben. Im Urteil wird von etwa 100 Toten ausgegangen,[257] aber diese Zahl beruht ausschließlich auf den Aussagen Gutmanns. In der Anklageschrift wird denn auch vermutet, dass die tatsächliche Opferzahl »weit über 100 gelegen haben [muss], da allein der Zeuge Hanger* mit seinem Lkw drei Transporte mit je 25 bis 35 Menschen zur Exekutionsstätte gefahren hat und mehr Transportfahrzeuge eingesetzt gewesen sind.«[258] Da das Bataillon sich mehrere Tage in Schepetowka aufhielt, ist die Vermutung Brownings, die Exekutionen hätten sich über mehrere Tage hingezogen, nicht unwahrscheinlich, zumal dies die erste kollektive Aktion dieser Art des Bataillons war.

Wie stellt sich diese erste »Judenaktion« in der Sicht der beteiligten Akteure dar? Der Kommandeur des Reserve-Polizeibataillons 45 war der Polizeimajor Ulrich Gutmann, 1892 geboren, zum fraglichen Zeitpunkt also schon fast 50 Jahre alt. Gutmann war wie Trapp bei seinen Männern sehr beliebt, galt aber als weichherzig und gegenüber SS-Leuten wie Oberleutnant Klamm als wenig konflikt- und durchsetzungsfähig. Unter den Bataillonsangehörigen wurde er »Papa Gutmann« oder gar »Opa Gutmann« genannt – eine Bezeichnung, die wie im Fall Trapp für sich selbst spricht:

Man hatte es hier mit einem gütigen, leicht überforderten, eben höchst identifikationstauglichen Vorgesetzten zu tun, der sich um seine Leute kümmerte, wenn es darauf ankam.[259] Auch in Gutmanns Fall scheint es so gewesen zu sein, dass ihn der erfolgte Befehl zur systematischen Judenerschießung in tiefste Beunruhigung gestürzt hat.

Gutmann hat, wie gesagt, durch den Regimentskommandeur Franz erfahren, dass ein Befehl Himmlers zur systematischen Erschießung der Juden vorliege, den er, Gutmann, nun umzusetzen habe. Nach eigener Darstellung widerspricht Gutmann dem Befehl, wird aber von Franz darauf hingewiesen, dass er in diesem Fall damit rechnen müsse, »vor ein SS- und Polizeigericht gestellt« zu werden. Gutmann berichtet, dass schon damals Gerüchte kursierten, dass Offiziere in ähnlichen Situationen erschossen worden seien, weshalb er seinen Widerspruch zurücknimmt. Interessant wird nun, dass Gutmann sich daraufhin mit seinem Adjutanten Karl-Heinz Dackeln und seinem Ordonanzoffizier Johannes Christoph bespricht, um zu einer gemeinsamen Entscheidung zu kommen, ob dem Befehl gefolgt und wie verfahren werden solle. Die drei, obwohl in retrospektiver Sicht alle gegen einen solchen Befehl eingestellt, kommen »schließlich jedoch übereinstimmend zu dem Ergebnis [...], dass wir uns dem Befehl nicht widersetzen können. [...] Wir hatten schließlich alle Angehörige zu Hause, und wir wollten uns nicht erschiessen lassen.«[260]

Diese diskursive Aushandlung des weiteren Vorgehens ist insofern interessant, als es hier um einen sozialen Vorgang der Entscheidung zum Töten geht. Dass diese Diskussion stattgefunden hat, wird von Dackeln bestätigt, auch dass sie prinzipiell zur Führungspraxis des wohl eher betulichen Gutmann passte – zumal dieser nach dem Gespräch mit Dackeln und Christoph mit den Kommandoführern Appel, Paschke und Klamm sprach und deren Meinungsbild erkundete: »Appel äußerte damals Bedenken und sagte: ›Was machen wir bloß, was machen wir bloß?‹ Auch Paschke war dagegen. Klamm äußerte sich gar nicht.«[261]

Folgerichtig wird Klamm mit der Durchführung der ersten Aktion in Schepetowka befasst. Klamm quittiert abends den Vorgang mit der lapidaren Mitteilung: »Aktion erledigt.« Interessant ist hier die soziale Verteilung des Entscheidungsprozesses. Der Befehl wird nicht einfach umgesetzt, sondern diskutiert, und Gutmann kann auf diese Weise subjektiv für sich in Anspruch nehmen, nicht allein verantwortlich für die Exekution des Befehls zu sein: »Ich selbst wollte nicht entscheiden.«[262] Folgerichtig klagt er auch an einer anderen Stelle seiner Vernehmung, sich von Dackeln und Christoph im Stich gelassen gefühlt zu haben: »Wenn diese beiden Offiziere gegen diesen Befehl, bzw. gegen die Durchführung dieses Befehls gewesen wären, dann wäre ich bestimmt nochmals zu Rgt.Kdr. Franz gefahren, hätte die beiden Offiziere mitgenommen und dem Rgt.Kdr. klar gemacht, dass wir einen solchen Befehl nicht ausführen könnten. [...] Beide fürchteten sich genau wie ich, vor den Folgen einer Befehlsverweigerung (SS- und Pol.-Gericht, Degradierung u. Versetzung zu einer Strafeinheit oder Aburteilung). Wir drei Offiziere waren damals bereits verheiratet, und wir mussten um unsere Angehörigen fürchten (Sippenhaft).«[263] Mit anderen Worten: Der moralisch (und juristisch) eigentlich Verantwortliche, Major Gutmann, teilt durch den gemeinschaftlichen Aushandlungsprozess seine Verantwortung gleichsam durch drei, mehr noch, er schreibt Dackeln und Christoph die Verantwortung dafür zu, dass er seiner eigenen moralischen Überzeugung, den Befehl verweigern zu sollen, nicht nachkommen konnte. Wir finden also auf dieser Hierarchieebene eine subtile Aushandlungs- und Aneignungsform einer Situation, die als Zumutung empfunden und einer moralischen Prüfung unterzogen wird. Und obwohl die Handlungsspielräume im Fall dieser Protagonisten im Vergleich etwa zu den Mannschaftsdienstgraden objektiv relativ größer sind, entschieden sie sich dafür, dem Befehl Folge zu leisten. Die konsensuelle Entscheidung, den Befehl umzusetzen, entlastet alle Beteiligten, und wenn im Nachhinein sowohl Gutmann wie Dackeln behaupten, der jeweils andere habe das Argument mit den Familienangehörigen angeführt, um dafür zu votieren, sich dem Befehl zu fügen, dann ist das nur ein Beleg dafür, wie eine gemeinschaftliche Entscheidungssituation Verantwortlichkeit nicht stärkt, sondern fragmentiert.

Gutmann ordnet also die Erschießung an, wobei er allerdings, einmal entschieden, auf höchste Professionalität in der Durchführung achtet: Er erklärt Klamm*, »dass er sich zunächst über das Gelände zu informieren habe. Dann sollten die Leute aus ihren Wohnungen geholt und gesammelt werden. Später sollten sie zum vorgesehenen Exekutionsgelände gebracht werden. Den Leuten sollte gesagt werden, dass sie evakuiert würden, dass sie sich gut anzuziehen, Bargeld und Verpflegung mitzubringen hätten. So ist es dann anderntags auch ausgeführt worden. Die Aktion begann schon morgens. Hinsichtlich der Erschießung war vorgesehen, dass sich die Leute mit dem Gesicht zur Grube stellen und dass sie von hinten her erschossen werden sollten. Sie sollten dann gleich in die Grube fallen. Von der Durchführung der Aktion habe ich mich etwa eine Stunde nach Beginn persönlich überzeugt, um festzustellen, dass keine Grausamkeiten vorkamen. [...] Es wurden jeweils einige Juden – vielleicht acht bis zehn Leute – auf einmal vom Waldrand zur Grube geführt. Sie stellten sich dann an der Grube auf und wurden von hinten mit Karabinern erschossen. Es waren mehrere Männer zum Schiessen eingeteilt. Geschossen wurde mit Karabinern. Der Schütze stand nicht direkt mit seinem Gewehr an dem zu Erschießenden, sondern er stand ein Stück zurück. Der Lauf wurde nicht etwa am Nacken aufgelegt. Ich habe aus Anlaß meines Erscheinens an der Exekutionsstelle auch beobachtet, wie einige Leute schon sofort, ohne dass sie einen Schuß erhalten hätten, in die Grube sprangen. Sie sind dann von oben erschossen worden. Es ist dann nicht ein Schütze in die Grube gesprungen, sondern es ist vom oberen Rand geschossen worden. Es sind Männer und Frauen getötet worden. [...] Mittags erstattete mir Klamm im Quartier Vollzugsmeldung«.[264]

Gutmann nimmt für sich in Anspruch, infolge der gemeinschaftlich getroffenen Entscheidung »nächtelang« nicht geschlafen zu haben – was er offensichtlich zur Verdeutlichung dessen erzählt, dass er etwas tun musste, was seinem besseren moralischen Vermögen massiv zuwiderlief. Wir finden hier also drei Mechanismen, die auch in der experimentellen Situation bei Milgram wirksam sind: die *Verteilung bzw. Delegation der Verantwortung*, die *Entscheidung zum Gehorsam* und die subjektive *Distanzierung von der Tat*, die man gleichwohl begeht. Es ist die Inanspruchnahme dieser psychologischen Mechanismen, die Gutmann zum Täter werden lässt, obwohl wir ihm wahrscheinlich sogar glauben müssen, dass ihm das alles höchst unangenehm war.

Betrachten wir nun die mittlere Hierarchieebene des Bataillons. Hans-Heinrich Hügel war Spieß der 3. Kompanie des Bataillons. Der »Judenaktion« von Schepetowka war bereits eine kleinere Erschießung in Dubrovka vorausgegangen, Hügels Initiation zum Töten. Hier ging es darum, die jüdische Apothekerfamilie des Ortes zu erschießen. Der Befehl wurde dem Führer der 3. Kompanie, Appel, vom Regimentskommandeur erteilt: »Appel war damals ziemlich schockiert und brachte zum Ausdruck, dass er sich nicht ganz wohl bei dieser Angelegenheit fühle. Er meinte aber weiter, da es sich um einen Befehl handele, könne er nicht umhin, diesen auszuführen. Es war auch eine Vollzugsmeldung verlangt.«[265]

Warum dieser Befehl an Appel ergeht, bleibt unklar. Das Prekäre dieses Falls liegt aber offenbar darin, dass die 15-jährige Tochter des Apothekers in der Küche der Kompanie arbeitete und deshalb den Männern, also ihren designierten Mördern, persönlich bekannt war. Hier existiert also eine gewisse soziale Nähe zum Opfer, die im Fall der Massenerschießungen meist nicht gegeben ist.[266] Daraus vermutlich resultiert Appels »Schock«, und Hügel selbst behauptet, die Apothekerfamilie selbst noch am Abend vor der Exekution aufgesucht zu haben, weil er sie zur Flucht überreden wollte – wovon sich die Familie allerdings seiner Darstellung nach nicht überzeugen lassen wollte.

Offensichtlich bereitete diese Exekution aus verschiedenen Gründen emotionale Probleme: weil sie die erste überhaupt war, wegen der sozialen Nähe zu den Opfern, wegen der Erstmaligkeit und weil nicht nur Männer erschossen werden sollten. Aber die Aktion findet trotz allem statt: »Die Apothekerfamilie wurde festgenommen. Die erwähnte 15-jährige Tochter wurde von ihrer Arbeit bei der Kompanie weggeholt. Die Exekutionsstätte lag nicht weit vom Quartier weg. Die einzelnen Schüsse habe ich gehört. Appel stand auch bei der Exekution unmittelbar an der Straße, wo gleich nebenan die Erschießungen erfolgt sind. Es hatten sich auch viele Zivilisten als Zuschauer versammelt.« Hügel, der in seinen Vernehmungen aus nahe liegenden Gründen peinlich darauf achtet, nicht mit dem direkten Töten in Verbindung gebracht zu werden (obwohl er nach Aussagen anderer Beteiligten als skrupellos und sadistisch galt[267]), berichtet, er sei während der Erschießung von seinem Kameraden Brucka, der »Judenhasser« und deshalb mit Engagement und Spaß bei der Sache gewesen sei, aufgefordert worden, mitzuschießen. Als Hügel abgelehnt habe, sei er als »Feigling« beschimpft worden.

Diese Initiation zum Töten findet zwar in quantitativ kleinem Rahmen statt, hat aber eine besondere Brisanz für die Beteiligten, weil sich Frauen und Kinder unter den Opfern befinden, die man überdies zum Teil auch noch kannte. Insofern wird mit der Durchführung dieser Aktion eine emotionale Schwelle überschritten, und die folgende Erschießung in Schepetovka hat zumindest für Appel und Hügel nicht mehr den Charakter des absolut Neuen und Unerwarteten.

Aber welche Bedeutung hat dieser Sachverhalt für die Initiation zum Töten, die auch die anderen Männer des Bataillons 45 durchlaufen werden? Das erste Mal ist nicht für alle das erste Mal; die Beteiligten fangen zu unterschiedlichen Zeitpunkten an, selbst zu töten. Das aber heißt, dass sich zum einen bei einzelnen Beteiligten schon ein Erfahrungs- und Expertenwissen angesammelt hat, das bei späteren Exekutionen weitergegeben werden kann. Die bereits »Eingeweihten« sind aber nicht nur auf der technischen Ebene relevant: Sie machen auch für diejenigen, die noch nicht getötet haben, sinnfällig, dass man so etwas tun kann, ohne dass dadurch für einen die Welt untergeht. Eine Initiation zum Töten findet also bereits statt, ohne dass man schon direkt beteiligt sein müsste. Daneben führt die Ungleichzeitigkeit der persönlichen Initiation zum Mörder gewiss zur Bildung von Gerüchten – und viele der Beteiligten erzählen denn auch, sie hätten »vorher« schon etwas von Erschießungen gehört. Das wiederum heißt, dass die gesamte Situation im rückwärtigen Heeresgebiet vor der Hintergrundannahme wahrgenommen wird, dass hier *auch* Judenerschießungen stattfinden könnten und dass die eigene Kompanie vielleicht *auch* früher oder später an der Reihe wäre, »Judenaktionen« durchzuführen. Was als erstmaliger Befehl erscheint, ist vielleicht also nur der erstmalig an einen selbst gerichtete Befehl.

Wir haben es also, wie auch Jürgen Matthäus schreibt, mit einem »chronologisch und regional uneinheitlichen« Vorgang von zum

Teil »widersprüchlicher Dynamik« zu tun,[268] und besonders in einem solchen uneinheitlichen Prozess spielen individuelle Initiativen und Ausgestaltungen eine große Rolle. Ein durchgängiges Schema von Handlungen, schreibt auch Andrej Angrick in seiner Darstellung der Einsatzgruppe D, lässt sich »nur bedingt feststellen; viele der Initiativen hingen nämlich in erheblichem Maße von der Persönlichkeit und Motivation der jeweiligen Funktionsträger ab.«[269] Das faktische Auslegen und Ausführen von Befehlen ist demgemäss die Sache von Praktikern, die, wie der bereits mehrfach erwähnte Engelbert Klamm, als SS-Männer, überzeugte Nationalsozialisten oder einfach als »Judenhasser« mehr mit der auf sie zukommenden oder sich sogar anbietenden Aufgabe identifiziert sind als die anderen und die die Dinge auf der Ebene des direkten Tötens vorantreiben. Bei der ersten systematischen Massenexekution, die das Bataillon 45 in Schepetowka durchführt, liegt – wie man an Gutmanns Ausführungen sehen konnte – bereits die Logistik vor, die auch die späteren, zahlenmäßig noch viel größeren »Judenaktionen« strukturiert. Bei diesen werden dann noch situative Modifikationen vorgenommen, die sich aus der rapide anwachsenden Zahl der Opfer ergeben – wie das Entkleiden der Menschen, weil der individuelle Raub ihrer Wertsachen vor dem fast fließbandhaft getakteten »Zuführen« der Opfer in die Gruben zu lange dauert und den reibungslosen Ablauf stört.

Schon der Ablauf dieser ersten Aktion in Schepetowka ist geradezu modellhaft strukturiert – das Durchkämmen des Ortes mit Hilfe von Hinweisen aus der ortsansässigen Bevölkerung, wo Juden wohnen oder sich versteckt halten, das Sammeln der Opfer, ihr Abtransport auf LKWs zur abgesperrten Erschießungsgrube und die schließliche Exekution. Das technische Schema ist also vorab bekannt (und zwar vermutlich aus vorangegangen Erschießungen in Polen), und dazu steht in merkwürdigem Kontrast, dass die Täter bei ihren späteren Vernehmungen alle zum Ausdruck bringen, wie überrascht sie gewesen seien, als die jeweiligen Erschießungsbefehle ergangen seien. So auch Klamm: »Ich war erschrocken. Ich empfand das Ansinnen als ungewöhnlich, ich war vollkommen ›außer Häuschen‹. Meine ablehnende Haltung gegenüber dem erhaltenen Befehl habe ich des Öfteren drastisch zum Ausdruck gebracht, ich habe gesagt, so eine Schweinerei mutet man uns zu, wir sind Soldaten und wollen kämpfen, aber nicht das tun.«[270]

Interessant ist hier, dass Klamms Empörung (die, wie Zeugenaussagen vielfältig belegen, ohnehin eine nachträgliche Erfindung ist) selbst in der retrospektiven Darstellung sich darauf bezieht, dass der militärische Referenzrahmen des Tötens verlassen wird; der Befehl selbst bereitet ihm dagegen keine Probleme. »Der Befehl«, berichtet er in einer anderen Vernehmung, »enthielt keine Einzelanordnungen, er war ganz allgemein gehalten. Von diesem Befehl habe ich Kenntnis genommen und an die jeweiligen Zugführer weitergegeben [sic!]. Über Einzelheiten wurde dabei nicht gesprochen, das war Sache der Zugführer. Ich bin dann jeweils hinausgefahren und habe mich davon überzeugt, ob alles in Ordnung geht. Z. B. ist beim SD vorgekommen, dass mit Maschinenpistolen in die Linie hineingeschossen wurde, wobei die Menschen nicht sofort getötet wurden. Ich habe dann überwacht, dass die Tötung ordnungsgemäß durch Genickschuß erfolgte. Ich gebe zu, dass ich mich in Einzelfällen genau überzeugt habe, ob die Schüsse auch tödlich waren und selbst auch den Gnadenschuß abgegeben habe, wenn ich gemerkt habe, dass er noch nicht tot war. Ich wollte verhindern, dass ein Verwundeter, der sowieso nicht mehr mit dem Leben davongekommen wäre, eingescharrt [sic!] worden wäre.«[271]

Auffällig an dieser Darstellung ist wiederum, wie unspezifisch der Befehl ist – was ein weiterer Beleg dafür ist, dass der Gesamtvorgang und -zweck eigentlich keine Frage aufwarf. Selbst ohne »Einzelanordnungen« konnte ein Kompaniechef also schon bei den ersten Erschießungen davon ausgehen, dass die Sache »ordnungsgemäß« durchgeführt werden würde. »Ordnungsgemäß« heißt hier: in möglichst großer symbolischer Annäherung an einen militärischen Referenzrahmen, zu dem eine Hinrichtung per Genickschuss passt, nicht aber der Einsatz von Maschinenpistolen, der überdies das Problem mit sich bringt, dass viele Opfer nicht sofort tot sind. Der militärische Referenzrahmen, der Klamm so wichtig ist, taucht etwa auch in dem Begriff »Linie« auf oder in der Betonung, dass er als Offizier den »Gnadenschuss« gab, wenn es nötig war.[272]

Otto Ohlendorf, Führer der Einsatzgruppe D, erläuterte im Rahmen der Nürnberger Prozesse 1946 die Bedeutung der Aufrechterhaltung des militärischen Referenzrahmens. Er selbst habe stets darauf geachtet, dass »eine militärische Liquidationsweise« beibehalten wurde und die Tötungen durch frontale Erschießung, nicht »einzeln durch Genickschuß« erfolgten. Die Einheitsführer anderer Einsatzkommandos hielten sich zu seinem Missfallen nicht an dieses Arrangement.[273] Ohlendorf war gegen ein anderes Vorgehen, »weil es sowohl die Opfer als auch die, die zur Tötung befohlen waren, unendlich seelisch belastete.«[274] Wir werden gleich sehen, dass die »Belastungen« der Opfer beim Finden des angemessenen Tötungsarrangements nicht die geringste Rolle spielten, sollten aber zunächst Ohlendorfs Begründung für das hinrichtungsanaloge Tötungsarrangement betrachten:

»Auf der einen Seite sollte damit erreicht werden, dass die einzelnen Führer und Männer auf militärische Weise die Hinrichtung vollziehen konnten, und daher keinen eigenen Entschluß zu fassen brauchten. Es war lediglich ein Befehl, auch äußerlich ein Befehl. Zum anderen war mir bekannt, dass bei den einzelnen Hinrichtungen durch seelische Erregungen sich Misshandlungen nicht vermeiden ließen, da die Opfer zu früh von ihrer Hinrichtung erfuhren und daher nervenmäßig einer längeren Belastung nicht Stand hielten. Ebenso erschien es mir unerträglich, dass einzelne Führer und Männer auf diese Weise gezwungen wurden, im eigenen Entschluß eine große Anzahl von Tötungen vorzunehmen.«[275]

Ohlendorfs Begründung für die Aufrechterhaltung des militärischen Arrangements ist eine psychologische und eine technische: Der Vorgang verläuft seiner Ansicht nach effizienter, wenn er als Hinrichtung inszeniert wird (was durch die Praxis schnell widerlegt wurde), zum anderen erspart das hinrichtungsanaloge Arrangement eine persönliche Zurechnung des Tötens. Tatsächlich wurde in einigen Fällen zu Beginn der Massenerschießungen vor den Tötungen der Opfer auch noch eine Art Urteilsverlesung vorgenommen;[276] eine Praxis, die sich mit dem rasanten Anwachsen der Opferzahlen schnell von selbst erledigte, zumal es mit der Erweiterung der Tötungen auf Frauen und auf Kinder relativ bizarr gewesen wäre, Urteile zu verkünden – ist es doch das Wesen eines

Urteils, einen Zusammenhang zwischen Vergehen und Strafe herzustellen.

Die Bedeutung des militärischen Referenzrahmens kommt gerade auch anhand der Frage der angemessensten Erschießungsmethode zum Ausdruck, über die sich viele Beschreibungen finden. Der SS-Obersturmführer Martin Fasse vom Sonderkommando 4a kann dafür als exemplarisch herangezogen werden: Es geht hier um eine initiale Erschießungsaktion von 402 jüdischen Menschen in Shitomir am 7. August 1941[277], wo zunächst eine »Gruppe von Juden am Grubenrand aufgestellt« war, und zwar »mit dem Gesicht in Richtung der Schützen.«[278] Es handelte sich hierbei um etwa zehn bis zwölf Opfer, auf jeden kam ein Schütze, so dass das Arrangement stark einer Hinrichtung, etwa nach einem Kriegsgerichtsurteil, ähnelte. Nach dem Feuerbefehl und den darauf erfolgenden Schüssen fielen die Opfer, wie vorgesehen, nach hinten in die Grube, waren aber, anders als vorgesehen, meist nicht sofort tot, sondern nur verletzt. Angesichts dieses Umstands fand sofort eine Besprechung statt, wie die Erschießungstechnik geändert werden könnte. »Ergebnis dieser Besprechung war der Befehl an den Zug der Waffen-SS, beim weiteren Fortgang der Exekution Kopfschüsse zu geben. Dies führte dazu, dass, sofern die Schützen trafen, die Schädeldecken der Opfer hochflogen und die Gehirnmasse zum Teil den Schützen ins Gesicht spritzte. Der Komp. Führer, Grafhorst, der sich für seine Leute verantwortlich fühlte, wehrte sich gegen diese Art der Erschießung. So kam es, dass die Erschießungsart nochmals geändert wurde.«[279] Bei einer späteren Besprechung wurde nochmals betont, dass »diese Art der Erschießung für Opfer und Schützen unerträglich sei. Dies deshalb, weil bei Herzschüssen meiner Ansicht nach etwa 25 % nicht richtig getroffen waren und weil bei den Kopfschüssen nicht nur die Opfer die Schützen ansehen mussten, sondern darüber hinaus auch noch einmal ein Prozentsatz von etwa 5 % nicht tödlich getroffen war.«[280]

Man kann hier wie im Zeitraffer sehen, wie sich aus einem hinrichtungsanalogen und daher vielleicht zunächst nahe liegendsten Arrangement in der neuen situativen Bedingung ein Problem resultiert: Denn die Männer versuchen, dieses eher für Einzelfälle oder kleine Gruppen entwickelte Arrangement auf Erschießungen großer Personenzahlen anzuwenden; deshalb reihen sie die Opfer am Grubenrand auf. Die Täter haben aber nicht damit gerechnet, dass ein erheblicher Teil der Opfer nur verletzt wird, was bei einer Hinrichtung kein Problem darstellt, weil hier ohnehin ein »Gnadenschuß« gegeben wird; in dieser neuen Situation würde das den Ablauf aber erheblich stören. Das Arrangement, das danach ausprobiert wird, hat den Vorteil höherer Effizienz, aber auch höherer Belastung, und zwar, wie Fasse sagt, für die Opfer wie für die Schützen. Man muss sich hier vorstellen, dass das Herausexperimentieren der besten Lösung in Anwesenheit der jeweils nächsten Opfer stattfindet. Die Akteure sind aber soweit von der Lösung ihres Problems absorbiert, dass dieser Umstand gar keine Rolle spielt – übrigens auch nicht, wie man sieht, in Fasses Darstellung mehr als drei Jahrzehnte später. Es handelt sich beim Finden des richtigen Erschießungsarrangements einfach um ein fachliches Problem – wie sich unter anderem dort zeigt, wo eine Gruppe von Schützen nach einer mit Maschinenpistolen durchgeführten Erschießung »›Fachgespräche‹ führt, da ›bei einigen Opfern die Schädeldecke wegflog oder aufklappte‹. Ein derartig ›scheußlicher‹ Anblick erregte die Schützen, die sich darüber beschwerten, nicht die richtige Munition für eine Exekution erhalten zu haben, und nun nicht recht wussten, wie sie ›fachgerecht‹ ihre Arbeit fortsetzen sollten.«[281]

Später, im Zuge einer Standardisierung aus funktionalen Gründen, wird das zunächst gar nicht vorgesehene Arrangement der von hinten gegebenen Kopfschüsse gefunden, das weiter dadurch optimiert wird, dass die Opfer nicht stehen, sondern knien bzw. liegen, womit es leichter wird, den Raum der Gruben optimal auszunutzen, ohne die Leichen noch eigens bewegen zu müssen. Dass die Opfer dann aufgefordert werden, sich auf die Leichen der zuvor Erschossenen zu legen, ist nur ein weiterer Schritt in einer Handlungsfolge, in der lediglich noch eine instrumentelle Rationalität eine Rolle spielt. Alles Militärische ist mit der Praxis der Durchführung gleichsam unbemerkt abhanden gekommen – bis darauf, dass »Gnadenschüsse« »auf Grund alter Überlieferung und Sitte« von Offizieren gegeben werden.[282] Eine analoge Stufenfolge ist in der Erweiterung der Opfergruppen von Männern auf Frauen und Kinder zu beobachten; auch hier werden neue Techniken erforderlich, weil man Kinder nicht genauso erschießen kann wie Erwachsene – zum Beispiel, weil sie nicht verstehen, was die Mörder von ihnen wollen.

Gerade im Finden neuer Arrangements unter Beibehaltung symbolischer Handlungselemente wie im Fall der »Gnadenschüsse« zeigt sich, was unter einem Begriff wie »situative Dynamik« zu verstehen ist: das beständige Entstehen von Handlungsproblemen und das ebenso beständige Finden von Lösungen, mit denen sich nicht nur die Arrangements, sondern auch die Wahrnehmungen der Akteure nuanciert verändern. Als besonders unangenehm empfundene Mordaktionen werden gelegentlich einheimischem Hilfspersonal aufgebürdet.[283] Bei Erschießungsaktionen wird manchmal Musik abgespielt, um die Schüsse zu übertönen.[284] Auf der technischen Ebene wird gelegentlich eine Art zweigabeliger Forke aus Holz eingesetzt, mit denen die Opfer in die richtige Erschießungsposition dirigiert und dort gehalten werden: »Zwei Mann hatten eine Art Holzgabel, wo er den Menschen im Rücken fasste. Zwei Mann waren mit Maschinenpistolen bewaffnet und gaben dem Opfer den Genickschuss oder Schuss in den Rücken. Sogleich bekam er mit der Holzgabel einen mächtigen Stoß und der arme Mensch kollerte hinunter in die Schlucht.«[285] Parallel wird mit effizienterer Munition[286] sowie mit Gaswagen experimentiert.[287] Verschiedene Einheiten kommen auf unterschiedliche Professionalisierungen des Tötens; generell wird aber Töten als Arbeit, die man besser oder schlechter praktizieren kann, nunmehr der zentrale Referenzrahmen für die Akteure.

Beim Finden von Arrangements schlägt natürlich die Stunde der Praktiker. Und damit können wir zurück zu Tätern wie Engelbert Klamm kommen, die eine Schlüsselrolle gerade in heterogenen, unspezifischen und insgesamt noch nicht von Routine geprägten Situationen wie in Schepetowka spielen. Der zögerliche und unsichere »Papa« Gutmann ist schwerlich in der Lage, Struktur in die etwas diffuse Situation zu bringen. Nicht nur, dass Klamm die Skrupel seines Vorgesetzten ganz offensichtlich nicht teilt, sondern ganz im Gegenteil – wie Gutmann, Dackeln und auch eine Reihe von Mannschaftsangehörigen versichern – völlig vom Sinn der Erschießungen überzeugt ist, er bringt auch die nötige Entschiedenheit mit, sie anzuleiten und durchzuführen. Im uneindeutigen Handlungsgefüge der Ersttötung liegt für die Beteiligten also nichts näher, als Männern vom Schlage Klamms das Feld zu überlassen, ihn die Aktionen leiten, die Männer instruieren, die verwundeten Opfer töten zu lassen.

Vielleicht ist es Zufall, wie dieses Handlungsgefüge zusammengesetzt ist, aber wir finden hier eine soziale Figuration vor, in der ganz unterschiedliche Charaktere mit ganz unterschiedlichen Machtmitteln *gemeinsam* eine Aufgabe bewältigen, und zwar auf eine Weise, die erstens den Vollzug sicherstellt, und zweitens geeignet ist, alle Beteiligten emotional ganz gut mit der Sache leben zu lassen. Gutmann etwa kann sich sagen, eigentlich dagegen zu sein, aber gerade wegen der gescheiterten Versuche, sich zu verweigern, nichts machen zu können; dasselbe gilt für seinen Adjutanten und seinen Ordonnanzoffizier. Auf der Hierarchieebene darunter finden sich ähnliche Skrupel, aber wir werden noch sehen, dass jemand wie Appel (»Was machen wir bloß? Was machen wir bloß?«) schon kurze Zeit später höchst aktiv und (zur Verwunderung einiger seiner Männer) brutal selber tötet. Die Situation ist während der Vorabsprachen noch kontingent, insofern liegt es für Appel und Paschke hier nahe, sich eher so betroffen und scheinbar unentschlossen zu zeigen, wie Gutmann, Dackeln und Christoph sich gerieren. Es geht hier auch um eine soziale Abstimmung unter den Akteuren, und gerade die Besorgnis und Betroffenheit unter den Offizieren stellt die *gefühlte Gemeinsamkeit* her, dass eigentlich niemand hinter dem Befehl steht, den sie aber gleichwohl, wie alle wissen, ausführen werden. Die Gruppe bildet also einen normativen Referenzrahmen, der den einzelnen Beteiligten jeweils zwar keinen komfortablen, aber einen moralisch interpretierbaren Platz gewährt.[288]

Klamm übernimmt, offensichtlich gern, die Rolle desjenigen, in dessen Zuständigkeit die Ausführung fällt, der die Situation strukturiert und der Tatsachen schafft; insofern spielt er eine enorm wichtige Rolle für das gute Gewissen der anderen in einer bösen Situation. Und als Praktiker ist er genau derjenige, der zwischen der Kommandoebene und den Mannschaften konkret vermittelt, indem er in gewisser Weise allen zeigt, wie es geht – wobei alle anderen Akteure implizit darüber ein wechselseitiges Einverständnis herstellen können, dass niemand, abgesehen vom Praktiker, von sich aus bereit gewesen wäre, den ersten Schritt zu tun. Diese Figuration ist nicht nur geeignet, die initiale Situation tatsächlich gemeinsam zu bewältigen und dem Befehl nachzukommen, sie taugt auch noch fast dreißig Jahre später in den Vernehmungen dazu, die moralischen Zurechnungen zu verteilen – mit dem Ergebnis übrigens, dass das Verfahren gegen Gutmann eingestellt und Klamm zu sieben Jahren Haft verurteilt wird. Wir können nun betrachten, wie es nach der Initiation zum Töten weitergeht.

Tötungsarbeit. Die Durchführung

»Von Jalta bis Sewastopol
So ringsherum um Simferopol
Da hausen wir wie die Titanen
Ganz mächtig. Und die Partisanen
Kriegen mal endlich toll
Ihr ziemlich großes Arschloch voll.
Ferner die Juden und Krimtschaken
Verlernen schnell das Nüsseknacken.
So tobt der Kampf an allen Fronten
Wir waren überall dabei
Und zeigten gerne was wir konnten
Und nicht ein Einzger schoß vorbei.«[289]

Dieses Gedicht wurde auf einem Kameradschaftsabend im Januar 1942 zum Besten gegeben; es spricht von einer gewissen Befriedigung über das Geleistete und eine Form von Arbeitsstolz. Das Töten hatte hier, nach etwas mehr als einem halben Jahr Praxis, eine so stabile Gestalt angenommen, war schon so alltäglich, das es in die Form eines launigen Gedichts gegossen werden konnte. Die Aktionen selbst folgten einem mittlerweile standardisierten Schema: »Zuerst wurden die Juden in Razzien festgenommen und in Gruppen unterschiedlicher Größe zu einem mehr oder minder entlegenen Erschießungsplatz gebracht, wo die zuerst Angekommenen ein Massengrab ausheben mussten. Danach mussten sie sich ausziehen und in einer Reihe vor dem Massengrab aufstellen, so dass sie durch die Wucht der Schüsse in die Grube fielen. Die Nachfolgenden zwang man, sich auf die bereits Ermordeten zu legen, bevor man sie ihrerseits erschoss. Was die Täter als ›geordnetes‹ Exekutionsverfahren darstellten, war in Wahrheit ein Blutbad. In der Nähe von Städten entstand dabei trotz gegenteiliger Befehle ein Phänomen, das man als ›Exekutionstourismus‹ bezeichnen könnte. Deutsche jedweder Couleur besuchten während oder außerhalb ihres Dienstes die Erschießungsstätten, um zuzusehen oder zu fotografieren.«[290]

In dieser knappen Beschreibung von Jürgen Matthäus sind die wesentlichen Elemente benannt, die uns auf den folgenden Seiten beschäftigen werden: der Ablauf als solcher, der im Verlauf der »Judenaktionen« beständig Modifizierungen erfährt, die Probleme und Schwierigkeiten, die bei der Durchführung auftreten, auf Bewältigung drängen und permanente Korrekturen und Optimierungen nach sich ziehen, und das Verhalten der Beteiligten – der Offiziere, der Schützen, der Opfer, der Zuschauer, wobei Letztere das Ganze offenbar als durchaus unterhaltsame Veranstaltung auffassten.[291]

Ein Detail in Matthäus' kurzer Zusammenfassung ist besonders bemerkenswert: der Umstand nämlich, dass man »trotz gegenteiliger Befehle« zu den Erschießungen pilgerte, (übrigens wohl gelegentlich auch darum bat, einmal mitschießen zu dürfen[292]), dass man fotografierte, vielleicht sich auch an dem obszönen Szenario völlig hilfloser, nackter Menschen und besonders Frauen delektierte. Für die Zuschauer einsteht hier ein aufregendes Gefühl absoluter voyeuristischer Macht; dass dabei mal einer einen Querschläger in die Hoden abbekommt (vgl. S. 59), ist nicht mehr als ein Betriebsunfall, der vorkommen kann. Der Attraktionswert scheint insgesamt größer als die Angst, gegen Anordnungen oder Befehle zu verstoßen. Ein Major der Wehrmacht, Rösler, beschreibt, dass bei einer Erschießung »aus allen Richtungen [...] Soldaten und Zivilisten auf einen nahen Bahndamm« zuliefen, hinter dem sich die Aktion abspielte: »Polizisten mit besudelten Uniformen liefen umher. Soldaten (zum Teil nur mit einer Badehose bekleidet) standen in Gruppen beisammen; Zivilisten, darunter Frauen und Kinder, schauten zu. [...]« Am Schluss seines Berichts erklärte Rösler, er habe in seinem Leben schon einige unerfreuliche Dinge erlebt, ein solches Massengemetzel aber, noch dazu in aller Öffentlichkeit, wie auf einer Freilichtbühne, übersteige alles bisher Gesehene. Es verstoße gegen die deutschen Sitten, Ideale usw.«[293] Trotz einschlägiger Befehle und erzieherischer Maßnahmen war das Problem des Erschießungstourismus offenbar nicht in den Griff zu kriegen; ein Lösungsversuch für dieses Problem bestand dann etwa darin, »den Tötungseinheiten ›im Wege guten Einvernehmens‹ nahezulegen, ihre Erschießungen ›wenn möglich‹ nicht am Tage, sondern bei Nacht durchzuführen«, wie auf einer Konferenz von Militärverwaltungsoffizieren am 8. Mai 1942 beschlossen wurde, allerdings offenbar ziemlich folgenlos.[294]

Kommen wir zurück zum Polizeibataillon 45. Seine nächste große »Judenaktion« findet in Berditschew statt, und hier wird nicht mehr nur Klamms 2. Kompanie aktiv; an dieser Erschießung nehmen alle drei Kompanien des Bataillons teil. Berditschew galt vor dem Krieg, so Wassili Grossmann, als die jüdischste Stadt der Ukraine. Grossmann beziffert den jüdischen Bevölkerungsanteil auf ungefähr 30 000 Juden, etwa 50 % der Gesamtbevölkerung.[295] Diese Zahl korrespondiert in etwa mit den von Raul Hilberg genannten 28 400 Jüdinnen und Juden im Jahr 1923 in Berditschew. Allerdings berechnet er den Bevölkerungsanteil mit 65,1%.[296]

Die Stadt wurde Anfang Juli von den deutschen Truppen eingenommen. Es wird davon ausgegangen, dass nur etwa einem Drittel der jüdischen Bevölkerung die Flucht gelang. Die verbleibenden 20 000 steckte man ab dem 26. August in ein Ghetto, im ärmsten Viertel der Stadt.[297] In den folgenden Wochen gab es offenbar mehrere Massaker an den Juden Berditschews. Das Polizeiregiment Süd meldete am 4. September die Ermordung von 4 144 Juden,[298] Grossmann schreibt für denselben Tag von 1 500 Ermordeten, fast ausschließlich junge Männer, die man unter dem Vorwand eines »Arbeitseinsatzes« aus der Stadt geholt habe.[299]

Im Zeitraum zwischen dem 5. und 21. September 1941 habe René Rosenbauer, der Kommandeur des Polizeiregiments Süd, vom Höheren SS- und Parteiführer (HSSPF) Friedrich Jeckeln den Befehl erhalten, sich an der Vernichtung der jüdischen Bevölkerung Berditschews zu beteiligen. Unter Mithilfe der ukrainischen Miliz wurde an einem der darauf folgenden Tage[300] am frühen Morgen das Ghetto umstellt, die Menschen wurden aus ihren Häusern geholt und auf dem Marktplatz gesammelt. Nach einer Selektion von einigen hundert Facharbeitern und Ärzten[301] brachte man die verbleibenden ca. 12 000 bis 16 000 Personen zum Teil zu Fuß, zum Teil auf Lastwagen zum etwa vier Kilometer entfernten Hinrichtungsgelände. Auf einem Flugfeld waren zuvor fünf Gruben ausgehoben worden. Es ist nicht unwahrscheinlich, dass die Opfer in Flugzeughangars auf ihre Exekution warten mussten, denn sowohl im Urteil als auch bei Grossmann werden diese erwähnt.

Es ist davon auszugehen, dass das Polizeibataillon 45 diese Exekution nicht allein durchführte, sondern in Zusammenarbeit mit »Jeckelns Stabskompanie«, wie Matthäus schreibt.[302] Im Urteil wird von SS- und SD-Einheiten gesprochen. Dort wird davon ausgegangen, dass an zwei der fünf Gruben die Erschießungskommandos aus Angehörigen der Kompanie Klamm bestanden.[303]

In drei wesentlichen Punkten unterscheidet sich das Urteil von der Forschungsliteratur. Im Urteil ist erstens davon die Rede, es habe in den Tagen vor der Exekution Plakatanschläge in der Stadt gegeben, die die jüdischen Bevölkerung dazu aufforderten, sich an einem bestimmten Tag für ihre Evakuierung an vorgegebenen Plätzen zu versammeln. Pohl und Grossmann hingegen gehen davon aus, dass das Ghetto – von dem im Urteil nirgends die Rede ist – in den frühen Morgenstunden von den Polizeiverbänden umstellt wurde und die Menschen aus ihren Häusern getrieben worden seien. Daneben scheint die Zahl der Ermordeten im Urteil deutlich zu niedrig angesetzt.[304] Dort wird von mindestens 1 000 Toten ausgegangen. Die Zahlen von Pohl, Grossmann und Matthäus übersteigen diese um ein Vielfaches. Der dritte Punkt betrifft die Opfer. Im Urteil werden als Opfer Menschen jeglichen Alters und Geschlechts,[305] darunter ganze Familien genannt. Sowohl Pohl als auch Grossmann schreiben von *hauptsächlich* Frauen, Kindern und alten Menschen.[306] Grossmann geht davon aus, dass die erste Ermordungswelle der jungen Männer dazu diente, mögliches Widerstandspotential auszulöschen, weshalb bei der zweiten großen Exekution mehrheitlich Frauen, Kinder und Greise übrig blieben.

Über das weitere Schicksal der verbleibenden Juden und Jüdinnen Berditschews schweigt das Urteil. Zwar blieb das Bataillon noch bis zum 21. September in der Stadt, was die Männer dort jedoch getan haben, ist ungewiss.[307]

Im Fall Berditschew wurde den Mannschaften offensichtlich kein allgemeiner Befehl vorab erteilt: »Soweit ich mich noch an die ersten Aktionen erinnern kann, war es so, dass wir früh antreten mussten. Der Kp.-Chef Paschke gab dann jeweils vor angetretener Kp. bekannt, dass von der SS aus die Kp. eine Aktion durchzuführen hat. Er eröffnete uns weiter, dass wir die Juden zusammenholen müssten, das andere würden wir dann schon erfahren.«[308]

Auch ein anderer Angehöriger derselben Kompanie erzählt, dass der eigentliche Befehl zur Erschießung erst vor Ort erteilt wurde: »Ob bei der Bekanntgabe dieses Befehls die gesamte Kp. anwesend war, also auch diejenigen Kp.Angeh., die zur Absperrung oder zum Transport der Juden zum Ex.-Ort eingeteilt waren, weiß ich heute nicht mehr. Es ist richtig, dass uns Klamm diesen Befehl des HSSPF im Ex.-Gelände, in unmittelbarer Nähe der Grube bekanntgegeben hat.«[309]

Eine solche sukzessive Bekanntgabe des Erschießungsbefehls hat mehrere funktionale Vorteile. Anders als die versammelten Angehörigen des Bataillons 101 traten die Mannschaften bei dieser Form des schrittweise erteilten Befehls gar nicht erst in Reflexionsphasen ein. Man könnte sagen, die Aufforderung, die Trapp vorgenommen hatte und die sich notwendig in eine Frage der einzelnen Bataillonsangehörigen an sich selbst übersetzte, stellt sich hier gar nicht. Wenn man noch gar nicht weiß (oder sich dieses Nichtwissen suggerieren kann), was als Nächstes geschehen wird, wird man sich solange nicht beunruhigt oder aufgeregt fühlen, als noch nichts so Ungewöhnliches wie eine massenhafte Erschießung angeordnet ist. Andererseits muss man sehen, dass eine solche eher lockere Handhabung der Befehlsausgabe darauf baut, dass unter den Mannschaften ein implizites Wissen über den eigentlichen Hintergrund der »Häppchen«-Befehle vorhanden ist, ansonsten würden die einleitenden Akte – das Sammeln der Opfer, das Absperren der Erschießungsorte, das Ausheben der Gruben etc. – nicht fraglos vollzogen. Insofern basiert die sukzessive Befehlsausgabe auf einem kollektiv geteilten Wissen und einem stillschweigenden Einverständnis über das, worum es gehen wird. Zugleich ermöglicht die Unausgesprochenheit des eigentlichen Befehls dem Einzelnen in relativer Gelassenheit abzuwarten, was auf ihn zukommen wird.

Auch Karl Milz, der schon an der Erschießung in Schepetowka beteiligt war, erzählt, dass er einfach an der Grube von Klamm als Schütze eingeteilt worden sei. Darin bestand der Erschießungsbefehl. Sein Kamerad Ewald Böhm bezeichnet den Vorlauf der ersten Erschießung als »geheimnisvoll«, wobei allerdings auffällig ist, dass die Vernommenen sich meist an technische Details überraschend gut erinnern können – im vorliegenden Fall immerhin 26 Jahre nach der Tat: »Vom LKW musste ich dann mit weiteren Kameraden die Opfer einzeln zu einer bereits vorhandenen Grube begleiten. Ausmaße der Grube: ca. 6 – 8 m lang, 2,5 m breit u. 1,5 – 2 m tief. Die Opfer mussten wir dann noch in die Grube, die durch eine Abschrägung zugänglich war, bringen.«[310]

Aus der Gedächtnis- und Traumaforschung kennen wir Phänomene wie das »weapon focussing«: Personen, die bedroht worden sind, können oft die Täter gar nicht, die Waffen aber sehr genau beschreiben, die auf sie gerichtet waren. Allgemein lässt sich sagen, dass gerade in unbekannten Situationen diejenigen Aspekte die größte Aufmerksamkeit finden, die den zentralen Fluchtpunkt des Geschehens bilden oder bilden werden. Der Grad der subjektiven Unsicherheit in einer Situation bestimmt das Maß der Verengung der Aufmerksamkeit auf einzelne Situationsmerkmale.[311] In diesem Fall kommt gewiß hinzu, dass sich die Männer des höchst »Unangenehmen« der Aufgabe bewusst waren, die nun auf sie zukam, und sich deshalb auf ihre partikulare Aufgabe und die damit verbundenen Details konzentrierten, weshalb sie sich an solche im Nachhinein auch so erstaunlich gut erinnern können. Zugleich spiegelt sich in dieser technischen Detailverliebtheit, die einem bei Schilderungen der Durchführung von Erschießungen häufiger begegnet, wie wenig die Opfer als Personen mit bestimmten Eigenschaften oder auch nur mit einem Gesicht in den Erzählungen auftauchen – vermutlich deshalb, weil man sich auf diese personalisierenden Aspekte der Tatsituation nicht hatte konzentrieren können oder wollen. Solche Distanzierungsprozesse werden meist unter dem Stichwort »Dehumanisierung« beschrieben und betreffen etwa auch solche Techniken wie die Entkleidung der Opfer – ebenfalls ein Mittel der

Ent-Individualisierung, die das Töten leichter macht.[312] Insofern korrespondiert schon in der Beschreibung der Initiation die Präzision im technischen Detail mit einer gewissen Nebelhaftigkeit und Stereotypie in der Beschreibung der Opfer.

Ein dritter Beteiligter desselben Vorgangs, Franz Bischof, schildert das Ganze so: »Wir standen in unmittelbarer Nähe einer Grube. Hier bestimmte mich nun Klamm als Schütze, indem er dem Sinne nach sagte: ›Bischof, sie gehen in die Grube und erschießen!‹ Ich habe den Befehl des Klamm befolgen müssen (Befehl ist Befehl) und bin in die Grube gegangen. Ausgerüstet war ich mit einem russ. Schnellfeuergewehr, das jeweils mit 10 Schuß Munition geladen war. Während ich in die Grube ging, wurden die ersten Juden bereits angebracht. Die Juden wurden einzeln in die Grube geschickt. Dort mussten sie sich hinlegen, und sie wurden von mir durch Genickschuß getötet.« Die Frage des Staatsanwalts, woher Bischof überhaupt wusste, wie die Opfer zu töten waren, beantwortet dieser so: »Durch Klamm. Als die ersten Juden an mir in der Grube vorbeigingen, hat Klamm den Juden mit der Hand oder den Fingern an das Genick gegriffen. Dabei wandte er sich an mich und sagte dem Sinne nach: ›Dahin müssen sie schießen.‹«[313]

Die Frage, wie sich die Opfer gefühlt haben müssen, als sie so auch noch als Anschauungsmaterial für ihre eigene Ermordung verwendet wurden, kann an dieser Stelle nicht beantwortet werden, und es ist ohnehin unmöglich, sich in diese Situation der absoluten Demütigung und Bedrohung hineinzuphantasieren. Aber man kann die Frage stellen, was in den Tätern in dieser Situation vorgegangen ist. Noch einmal Karl Milz: »Kaum waren wir in der Grube, kamen bereits die ersten Juden an. Wir Schützen haben uns angeschaut, denn keiner wusste, was wir nun tun sollten bzw. wie die Juden und auf welche Weise die Juden zu erschießen seien.«[314]

Dies ist eine entscheidende Situation, in der noch einmal eine Entscheidung gefordert ist, was jetzt zu tun ist. Noch in der Grube, bevor der erste Schuss fällt, gibt es theoretisch die Chance, auszusteigen, sich zu verweigern, Übelkeit zu reklamieren, Angst, Unfähigkeit. Die Schützen sehen sich an – das heißt, sie versuchen, sich aneinander zu orientieren, herauszufinden, was die jeweils anderen denken, glauben, beabsichtigen. Dieser soziale Prozess der situativen *Verständigung* darüber, um was für eine Situation es sich handelt, in der man sich jetzt befindet, gleicht in gewisser Weise der Situation der Befehlsausgabe im Fall des Bataillons 101, findet nun aber unter Zeit- und Handlungsdruck statt: Die Opfer werden ja bereits »angebracht« und irgendetwas muss geschehen. In dieser Situation ist es der Vorgesetzte, der – wie schon von Bischof beschrieben – das Problem löst, indem er es endgültig auf eine praktische und technische Ebene einengt. Das Problem, das die Schützen *vor* dieser für sie ersten Erschießung haben, wird praktisch als ein instrumentelles definiert, indem gezeigt wird, wie es gemacht werden soll: »Klamm muß unsere Unsicherheit erkannt haben, denn mit einer Handbewegung bedeutete er den ankommenden Juden, dass sie sich der Reihe nach nebeneinander hinzulegen haben [sic!]. Als die Juden bereits auf dem Boden lagen mit dem Gesicht zur Erde, ist Klamm mit Sicherheit an mich herangetreten, hat mir mit einer Hand an mein Genick gegriffen und gesagt dem Sinne nach: ›Hierher muß geschossen werden!‹ Die anderen Schützen standen zu dieser Zeit neben mir und haben das gesehen. Anschließend ging Klamm zu den auf dem Boden liegenden Opfern – die meisten Opfer hatten, auch bei der späteren Erschießung, die Hände vors Gesicht gehalten –, bückte sich und erschoß diese Juden mit einer Pistole durch Genickschuß.

Hinsichtlich der Zahl der von Klamm erschossenen Juden möchte ich mich heute nicht mehr festlegen. Es waren jedenfalls mehrere Juden, mehr als fünf Juden auf alle Fälle. Nachdem Klamm die Juden erschossen hatte, mussten wir ebenfalls mit dem Erschießen beginnen.«[315]

Klamm hatte sein Vollzugswissen bereits in Schepetowka erprobt. In dieser Situation nun ist es nicht nur so, dass er die vor Beginn der Erschießung herrschende Unsicherheit der designierten Schützen auflöst, indem er zeigt, wie es geht. Zugleich engt er damit das Spektrum der Gründe für die Unsicherheit praktisch auf einen einzigen ein: die Frage der Ausführung. Indem er nun aber nicht nur *zeigt*, wohin zu schießen ist, sondern anschließend auch schießt, schafft er einen Sachverhalt. Die Erschießung hat nun bereits begonnen – fünf oder mehr Opfer gibt es schon –, sie muss lediglich noch fortgesetzt werden. Auf diese Weise ist die Erschießung bereits »da«, ohne dass die Schützen schon selbst geschossen hätten. Jeder der Beteiligten befindet sich also bereits innerhalb des mörderischen Prozesses, bevor er noch aktiv geworden ist – indem Klamm den Vorgang gestartet hat, liegt die subjektive Zurechnung der anderen nur noch beim »Nachmachen«, allenfalls im »Mittun«, und das ist etwas anderes als »ausprobieren« und initiativ werden. Zugleich ist in gewissem Sinn das Verbrechen bereits begangen, als Klamms Demonstration abgeschlossen ist; was jetzt noch kommt, verändert die Sache quantitativ, aber nicht mehr qualitativ.

»Fortlaufend kamen die Juden nun hintereinander in die Grube. Klamm bestimmte jeweils, wo sie sich hinlegen mussten: Wir Schützen haben nun auf Anordnung von Klamm zu schießen angefangen. Es wurde dabei kein Kommando gegeben, sondern sobald ein Jude erschossen war, musste sich der nächste auf diesen oder neben ihn hinlegen. Ich glaube, dass etwa drei Schichten toter Juden übereinanderlagen, ehe mit der neuen Reihe begonnen wurde.«[316]

Ist der Vorgang einmal angelaufen, bedarf es keines Kommandos: Wie im Akkord vollzieht sich die Tötungsarbeit. Man bemerkt, dass die Opfer in dieser Beschreibung einer rein instrumentellen Betrachtung unterliegen – sie sind in der Sicht von Karl Milz die Gegenstände seiner Arbeit, Werkstücke, die nur insoweit interessieren, als sie keine Schwierigkeiten machen. Auf den besonderen Stellenwert von Durchführungsproblemen und -schwierigkeiten bei den Erschießungen werde ich gleich noch eingehen – an dieser Stelle sind die Dynamisierung des Tötungsvorgangs, die Suspendierung von persönlicher Zurechnung durch den quasi-automatisch ablaufenden Prozess selbst und die Konzentrierung der Wahrnehmung auf die effiziente Verrichtung der Tötungsarbeit wichtig. Alle diese Momente werden wirksam durch die sukzessive Variante der Befehlsausgabe, die also als höchst effiziente Methode der Integration der Akteure in das Mordgeschehen gelten kann.

Die sukzessive Befehlsausgabe und die praktische Einführung in das Töten (»learning by doing«) bieten als Schritt für Schritt vorgehende Initiation zum Töten psychologisch mehrere Vorteile gegenüber der klassischen Befehlsausgabe: Dem Kommandoführer gibt es ebenso wie den Mannschaften die Möglichkeit, expliziten moralischen Konflikten aus dem Weg zu gehen; bis zu einem gewissen Punkt, und der liegt gewissermaßen schon in der Grube, bleiben die vorgängigen Befehle – Juden sammeln, Straßen absperren etc. – im Bereich der polizeilichen und militärischen Normalität, wie sie damals von den Akteuren definiert und wahrgenommen werden konnte, wenn sie sie so wahrnehmen wollten.

Wenn man den Geschehenszusammenhang einer für die meisten Akteure erstmaligen Erschießungssituation als Ganzen betrachtet, fällt also lediglich der *letzte Akt* der gesamten Handlungskette in das Format des Außergewöhnlichen. Bis es dahin gekommen ist, haben die Beteiligten aber schon eine ganze Reihe von Handlungen vollzogen, deren Richtigkeit in Frage gestellt würde, wenn man jetzt, an ausgerechnet dieser Stelle, innehalten und seine Position im Handlungsgefüge überprüfen würde. Hier wird ein sozialpsychologisch gut beschriebenes Phänomen sichtbar, das als »foot-in-door-tactic« beschrieben wird:[317] Die Wahrscheinlichkeit, jemanden zur Ausführung eines großen Gefallens zu veranlassen, steigt, wenn man zunächst mit der Bitte um einen kleinen Gefallen beginnt. Dieses Phänomen spielte im Rahmen des Milgram-Experiments auf verschiedenen Ebenen eine Rolle: nämlich dort, wo sich die Versuchsperson prinzipiell auf die Durchführung des Experiments eingelassen hatte und damit eine Verbindlichkeit gegenüber dem Versuchsleiter eingegangen war, und in einem zweiten Schritt dort, wo sie begonnen hatte, sehr niedrig dosierte Stromschläge als (gleichwohl schon unangemessene) »Bestrafung« für die falschen Antworten der vorgeblichen Testperson zu erteilen. Auch hier sieht man wieder, wie stark eine einmal gefällte Entscheidung die Einhaltung derselben Entscheidungsrichtung in den folgenden Handlungsschritten determiniert. Wer A sagt, muss auch B sagen – das ist keineswegs eine nur von außen auf den Akteur wirkende Aufforderung, sondern ein tief in seinem Inneren verankerter Handlungsmodus.

Hinzu kommt, dass der Prozess einer »Judenaktion« ein arbeitsteiliger ist: Die Handlungsverläufe sind verteilt. Teile der Mannschaften räumen die Häuser, andere begleiten die Opfer zu den Sammelplätzen, andere fahren die LKWs, andere plündern die zu Erschießenden aus, wieder andere tun gar nichts, einige schießen und andere schütten hinterher die Grube zu. Es sind dies alles Teilvollzüge unterschiedlicher persönlicher Zurechenbarkeit, und jede partielle Handlung in dieser Handlungskette lässt verschiedene Möglichkeiten der Modulation der vorgegebenen Aufgabe zu – Opfer zu »übersehen«, sich zu drücken, aber auch initiativ zu sein, sich bewusst brutal zu verhalten etc. Das heißt, dass es in jedem Schritt des arbeitsteiligen Vollzugs Möglichkeiten der individuellen Aneignung und Ausgestaltung der Aufgabe gibt, und damit auch unterschiedliche psychologische Räume der Verantwortungszurechnung. Nicht umsonst finden sich in den Vernehmungsprotokollen unvergleichlich mehr Beschreibungen von Absperrungen als solche von Erschießungen. Das hat vor allem juristische, aber eben auch psychologische Gründe: Zum einen bedeutet das, dass die Akteure es bis in die Gegenwart überhaupt nicht als Tatbeitrag sehen, wenn sie »nur« Angehöriger eines Einsatzkommandos gewesen sind und in dieser Eigenschaft »nur« abgesperrt haben.[318] Zum anderen liefert die Partialisierung des Tötungsvorgangs dem Einzelnen die Möglichkeit, sein Handeln gegenüber etwa dem der Schützen als »etwas anderes« zu betrachten – und diese Differenzierung innerhalb der Akteursgruppe geht, wie wir schon gesehen haben, so weit, dass die jeweils spezifische Ausführung der Tat in der Darstellung der jeweils befragten Täter immer als »humaner« gilt als die »inhumanere« der anderen Schützen, von der man sich abgrenzt, indem man etwa hervorhebt, welche Art von Opfern man *nicht* getötet hat: »Ich selbst war«, sagt dazu Karl Milz über eine spätere Erschießung, »in der wirklich glücklichen Lage, dass ich zumindest keinen Säugling mit seiner Mutter erschießen musste. Die Kinder, die ich zu erschießen hatte, waren schon so groß, dass sie von der Mutter an der Hand geführt wurden.«[319] Auch hier ist es so, dass einen der sprachlos machende Empathiemangel solcher Täter zunächst übersehen lässt, *weshalb* sie so etwas erzählen: weil sie nicht dem Bild des mitleidlosen Killers entsprechen wollen, das, wie sie fürchten, die Staatsanwälte, Richter, aber auch ihr soziales Umfeld und »die anderen« überhaupt von ihnen haben könnten.

Zurück zum Geschehen in Berditschew. Erwin Denker, Angehöriger der 1. Kompanie des Polizeibataillons 45, berichtet einen anderen Ablauf als Milze und Bischof von der 2. Kompanie. Sein Kommandoführer Paschke habe bereits einen Tag vor der Aktion mitgeteilt, dass Denker »dabei« sein werde. Unmittelbar vor der

Aktion tritt die Kompanie an und Paschke erläutert Befehl wie Ausführung, im Unterschied zu Klamm theoretisch, da die eigentliche Aktion noch gar nicht begonnen hat. Bei dieser werden die Schützen dann noch einmal direkt an der Grube »eingewiesen«; und ab diesem Zeitpunkt ist der Ablauf derselbe wie im Fall der Schützen der 2. Kompanie:

»Wir und später auch die jüd. Opfer mussten in die Gruben springen. [...] Die Opfer wurden dann irgendwie herangeführt. Sie sprangen einzeln in die Grube. [...] Die Opfer mussten sich hinknien und wurden von uns durch Genickschuss erschossen. Am Grubenrand dürften sicher noch andere Kp.-Angehörige eingesetzt gewesen sein, denn wenn sich jeweils die erschossenen Juden nicht mehr rührten, wurde von oben gerufen: ›Der Nächste!‹ Dann sprang auch schon der nächste Jude in die Grube. [...] Irgendwelche Pausen gab es kaum. Es wurden laufend Opfer herangeführt und von uns erschossen.«[320]

Auch hier steht das Akkordhafte des Erschießungsvorgangs im Vordergrund der Beschreibung; die initiale Situation der Befehlsausgabe hätte aber im Modus Paschke einen anderen Raum zum Nachdenken geöffnet, als es im Modus Klamm offenbar der Fall war. Vielleicht ist es daher kein Zufall, dass Denker nach eigener Aussage bei der ersten Befehlsausgabe am Tag vor der »Judenaktion« Paschke gefragt hatte, »ob das nicht andere erledigen könnten«. Er sei daraufhin aber von Paschke mit Erschießung bedroht worden (»Sie müssen mitmachen, sonst stelle ich sie an die Mauer!«). Wie sehr das auch eine Schutzbehauptung gewesen sein mag – auffällig ist hier doch, dass der zeitliche Raum zwischen der Befehlsausgabe und der eigentlichen Mordaktion einen Raum zum Nachdenken, zum Zögern, zum Entstehen von Skrupeln, zum Aushandeln zumindest eröffnen konnte, der im geschilderten Modus der sukzessiven Befehlsausgabe so gar nicht entstand.

Man kann davon ausgehen, dass die Männer dieses Bataillons nach den initialen Erschießungen in Dubrovka und Schepetowka einige grundlegende Erfahrungen gemacht hatten: Die Sache war durchführbar, die Opfer konnten erfolgreich getäuscht werden und sie ließen, vielleicht im Zustand einer paralytischen Angst, meist ohne erkennbare Widerstände alles über sich ergehen bis zu dem finalen Punkt, an dem sie dann schließlich getötet wurden. In den Vernehmungsprotokollen ist beständig die Rede davon, dass »Ausschreitungen« gegen die Opfer nicht vorgekommen seien, womit zum einen betont werden soll, dass die Täter nicht »unnötig« grausam gehandelt haben, zum anderen ein Widerschein der Erleichterung darüber zu erkennen ist, dass die Opfer so »ruhig und gefasst« in den Tod gingen und dabei so erstaunlich wenig Probleme machten. Die Bataillonsangehörigen, gleichgültig mit welchen spezifischen Aufgaben sie betraut gewesen waren, wussten nun, wie es geht, und sie wussten auch, dass es nicht sonderlich viel mit einem machen würde, würde man selbst mit der doch mehrheitlich als unangenehm betrachteten Aufgabe betraut, in die Grube zu steigen und zu schießen.

Allerdings gab es im Verlauf der »geordneten« Durchführung immer wieder auch »störende« Momente – sei es, dass die Waffen nicht funktionierten, sei es, dass ungeeignete Waffen verwendet wurden, sei es, dass Opfer behaupteten, keine Juden zu sein, sei es, dass den Schützen schlecht wurde, sei es, dass einzelne Opfer sich doch nicht »ordnungsgemäß« verhielten und den Männern Probleme machten: durch verbale Angriffe, spucken, Entgegenreichen der Kinder, oder einfach dadurch, dass sie nicht schnell genug tot waren.

Probleme

Blenden wir noch einmal zurück. Wie bereits erwähnt, hatte Major Gutmann im Rahmen einer Lagebesprechung mit dem Höheren SS- und Polizeiführer Jeckeln schon die Information bekommen, dass in den nächsten Tagen eine größere »Judenaktion« in Berditschew anstünde. Nun lag der Befehl vor. Gutmann besprach sich, wie es seine Art war, mit seinen Kompanieführern Paschke, Appel und Klamm, wobei es nun aber wohl nicht mehr um Grundsatzfragen, sondern nur noch um Durchführungsfragen ging. Man erkundete das Gelände, das für die Exekution vorgesehen war – ein ehemaliger Flugplatz, was den Vorzug bot, dass nur wenige hundert Meter zwischen der Erschießungsstätte und einer großen Straße nach Berditschew lagen. Am Morgen der bevorstehenden Exekution wurden mit Hilfe der einheimischen Miliz die Opfer aus den Häusern geholt, gesammelt, und auf LKWs zum Flugplatz gebracht.

Gutmann erhielt zu Beginn der Aktion von Jeckeln noch den Auftrag, einen Teil seiner Männer zu einer in Berditschew gelegenen Anstalt für Geisteskranke zu schicken, die Patienten herauszuholen und gleich mitzuerschießen. Obwohl auch dies eine neue Situation für Gutmann gewesen sein muss, berichtet er an dieser Stelle überhaupt nicht von etwaigen Skrupeln oder moralischen Bedenken, die ihn bei dieser Auftragserteilung überfallen hätten. Lapidar teilt er lediglich mit: »Diesen Befehl habe ich an einen Kp.-Chef meines Btl. weitergegeben. Wer dies war, weiß ich nicht mehr. Jedenfalls wurde der Befehl ausgeführt.«[321] Dieses Detail ist nicht nur wegen des faktischen Tathergangs wichtig – dass man eben, wo man schon mal dabei war, gleich noch Personengruppen liquidierte, die ohnehin als »lebensunwert« bzw., im Jargon der Täter, als »unnütze Esser« galten. Es verweist auch darauf, dass auch ein eher skrupulöser Typ wie Gutmann vor der normativen Hintergrundannahme operiert, dass die umstandlose Erschießung kranker Menschen moralisch unproblematisch ist. Die Beiläufigkeit des Vollzugs spricht Bände über die gefühlte Normalität einer solchen Maßnahme, oder allgemeiner gesagt, dass die assumptive world, in der sich die Männer nun befinden, Tötungen von Menschen, die in irgendeiner Weise als unzugehörig definiert sind, ohne weiteres erlaubte.

Währenddessen hatte Klamm, wie beschrieben, die Schützen eingeteilt und zu Demonstrationszwecken einige Opfer erschossen. Nachdem der Boden der Grube mit der ersten Lage Toter bedeckt war, ordnete Klamm an, dass sich die neu herangeführten Opfer auf die Leichen der zuvor Erschossenen zu legen hatten, um in dieser Position dann selbst erschossen zu werden. Dieses Verfahren, man scheut es sich zu schreiben, hatte sich offenbar als optimal herausgestellt, um erstens den Erschießungsvorgang in größtmöglicher Geschwindigkeit ablaufen zu lassen, und um die maximale Zahl von Opfern in einer Grube unterbringen zu können. Aber ganz reibungslos ging das nicht ab. Es wird berichtet, dass eine junge Frau im Vorbeigehen Klamm beschimpfte und auf die Stiefel spuckte, worauf dieser sie packte, mit dem Gesicht auf den Boden drückte und aufgebracht rief: »Die erschieß ich selbst!« Was er dann auch tat.

Es sind solche besonderen Ereignisse, die in den Vernehmungsprotokollen berichtet werden[322] – der »normale« Ablauf der Erschießungen selbst scheint in der Erinnerung kaum Spuren hinterlassen zu haben. In Schepetowka etwa wollte »sich ein junger Bursche nicht erschießen lassen [...]. Den Burschen hat man einfach in den Trichter gestoßen und vom Trichterrand aus erschossen.« Ottokar Schönfeld, der das erzählt, kommt auch auf ein anderes Problem zu sprechen: »Nach dieser Exekution haben wir Kp.-Angehörige den Befehl bekommen, den Trichter zuzuschaufeln. Beim Zuschaufeln des Trichters kam das Grundwasser oder sonstiges Wasser, das evtl. auf dem Trichterboden war, nach oben. Es war ganz rot gefärbt und warf Blasen.«[323] Erwähnenswert ist immer nur das Besondere, etwa wenn die Begleiterscheinungen des Schießens zu unangenehm werden. So berichtet Franz Bischof, der nach eigener Einschätzung bei den Aktionen etwa 100 Menschen erschossen hat, dass ihm »während des Schießens Blut (es können auch Gehirnteile gewesen sein) ins Gesicht gespritzt« sei. Irgendwann wurde es ihm zuviel: »Dazu kam der penetrante Blutgeruch, und daher habe ich zu diesem Zeitpunkt die Grube verlassen. Mir wurde übel, und ich musste mich nach Verlassen der Grube übergeben.«[324]

Man ist später geneigt, es als »Inferno« oder »Hölle« oder »Chaos« zu beschreiben, was da vorgeht, aber die faktische Grausamkeit überdeckt, dass die Situation keineswegs chaotisch ist. Verlässt man die Hölle, bevor man sich übergibt? Franz Bischof jedenfalls hätte es wohl als peinlich empfunden, wenn er in dieser Situation die Kontrolle über seinen Körper verloren oder Anstandsregeln verletzt hätte, die er gelernt hatte – ein Hinweis darauf, dass soziale Situationen in sehr viel höherem Maße durch Regeln strukturiert sind, als wir gewöhnlich bemerken. Und es ist wichtig, sich klarzumachen, dass Situationen, die Menschen als neu und ungewöhnlich erfahren, in der Regel noch sehr viel Bekanntes enthalten, weshalb gerade die Neuartigkeit einer Situation das Bedürfnis hervorruft, an erprobten Orientierungs- und Handlungsweisen festzuhalten. Mit anderen Worten: Auch die ungewöhnlichste Situation enthält auf der Handlungsebene noch immer einen großen Anteil an »Normalität«, nämlich einer des Wahrnehmens, Deutens und Handelns. Dieses Festhalten an der Normalität geht so weit, wie Stanley Milgram einmal bemerkt hat, dass Menschen es vorziehen, in einem Haus zu verbrennen, als ohne Hose auf die Straße zu laufen.

So grauenhaft die Situation in der Grube ist, sie ist kein Chaos; die Vollzüge laufen geregelt ab, obwohl hervorspritzendes Blut und explodierende Schädeldecken sich nicht an Regeln halten: Die Kompaniechefs befehlen, die Mannschaften bringen neue Opfer heran, warten an der Grube, bis die Schützen fertig sind, ein Waffenwart steht bereit, der die Schützen mit neuer Munition versorgt, die Waffen tauscht, wenn die Läufe zu heiß geworden sind. Wenn jemandem übel wird, ist das ein Problem für den aktuellen Ablauf, nicht Teil eines chaotischen, aus dem Ruder laufenden Vorgangs. »Als ich mich nach Verlassen der Grube,« erzählt Franz Bischof, »und nachdem ich mich übergeben hatte, an einen Baum lehnte, kam Klamm vorbei und sagte: ›Sie Feigling!‹«[325]

Wie gesagt, man neigt dazu, sich den Vorgang wegen der extremen Gewalt, die ausgeübt wird, als »Inferno« vorzustellen, aber wenn man umgekehrt betrachtet, dass das Ganze regelmäßig »geordnet« zu Ende gebracht wird, *obwohl* die Schützen besudelt werden, *obwohl* sich die Grube buchstäblich mit Blut füllt, *obwohl* auch schon mal ein Schütze auf die Leichen fällt und was alles noch, erkennt man, dass der Rahmen, in dem das Ganze stattfindet, intakt bleibt. Die Aktionen haben einen Anfang, einen Mittelteil und einen Schluss, und sie funktionieren, immer wieder. Der Referenzrahmen – hier wird etwas getan, was getan werden *muss* – bleibt vor allem deshalb gültig, weil sich alle Beteiligten, mehr oder weniger leicht, dafür entschieden haben mitzumachen, und der Umstand, dass die ganze Situation wie eine Arena gestaltet ist, um die herum sich Zuschauer versammelt haben, die die Vorstellung goutieren, zeigt in aller Deutlichkeit, dass hier kein Chaos entstanden ist, sondern eine planmäßige Veranstaltung, bei der alle wissen, was geschieht und geschehen wird.

Die Schwierigkeiten, also etwa der Umstand, dass einem Schützen schlecht wird, sind Begleiterscheinungen eines von vielen der direkten Täter als unangenehm empfundenen Vorgangs, aber diese Schwierigkeiten werden bewältigt. Sie geben genaugenommen nur regelmäßig Anlass, das situative Setting beständig zu verbessern,

Probleme beim nächsten Mal zu vermindern oder gar nicht erst entstehen zu lassen. Sie geben aber nie Anlass, das Ganze in Frage zu stellen, nicht einmal für die Schützen selbst. Es ist wie in Milgrams Experiment: Die vorgängige Entscheidung, sich auf den gegebenen und von allen geteilten Referenzrahmen einzulassen, lässt es als immer undenkbarer erscheinen, zurückzukehren an einen Beginn, an dem vielleicht eine Entscheidungsmöglichkeit bestanden hat. Der Vollzug der Tat stiftet Gemeinsamkeit; die Zuschauer bestätigen durch ihre Anwesenheit, dass das, was sich in der Arena abspielt, in Ordnung ist. Es gibt keine Intervention von außen, die angetan wäre, das praktische Einverständnis im Töten aufzubrechen. Überhaupt wird die *aktive Dimension des Zuschauens* bei Gewalthandlungen prinzipiell unterschätzt: Zuschauer bestätigen durch ihre pure Präsenz und durch ihr Nichteingreifen, dass der Referenzrahmen, in dem die Akteure sich bewegen, in Geltung ist und nicht in Frage steht.

Und für Probleme gibt es immer eine Lösung: »Es ist richtig, dass während des Schießens die Laufmündung des russ. Schnellfeuergewehrs aufriß. Bereits zu diesem Zeitpunkt wollte ich die Grube verlassen. Es wurde mir aber sofort, vermutlich vom Waffenwart Hufer, eine Pistole zugereicht. Ich glaube, dass ich bei dieser Exekution auch noch mit einem Karabiner geschossen habe.«[326] Auch hier wird wieder der akkordhafte Charakter der Erschießungen deutlich. Wenn, wie auch an anderen Stellen der Vernehmungsprotokolle berichtet wird, die Gewehrläufe rotglühend werden, werden die Waffen ausgetauscht. Aber auf diese Weise bilden sich auch tötungsspezifische technische Erfahrungen aus: »Geschossen wurde mit der deutschen Maschinenpistole und später mit der russischen Maschinenpistole. Die deutschen Maschinenpistolen haben versagt. Selbstverständlich konnte man aus der deutschen Maschinenpistole auch Einzelfeuer geben, aber sie waren durch die häufige Schußfolge so heiß geworden, dass sie selbst bei Einstellung auf Einzelfeuer Dauerfeuer gaben. Deshalb wurde auf russische Maschinenpistolen zurückgegriffen.«[327]

Bischofs Idee jedenfalls, das technische Problem für sich auszunutzen, und die Grube zu verlassen, wird sofort vereitelt; das Schießen kann weitergehen. Die Atemlosigkeit der Erschießungsarbeit kommt auch im folgenden Bericht zum Ausdruck: »Im Schießen habe ich mich im laufenden Wechsel mit Gräbner* abgelöst. Die Opfer mussten sich hinknien und wurden von uns durch Genickschuß erschossen. [...] Jedes Magazin hat nach meiner heutigen Erinnerung 9 Patronen gefasst. Wenn unsere Magazine leergeschossen waren, haben wir das nach oben durchgegeben und erhielten laufend Ersatzmagazine. [...] Irgendwelche Pausen gab es kaum. Es wurden laufend Opfer herangeführt und von uns erschossen.«[328]

Deutlich wird hier die Arbeitsteiligkeit des Vorgangs. Beteiligt sind Schützen, Waffenwarte, »Zuführer« am Grubenrand. In der Schilderung des gleichsam automatisch ablaufenden Vorgangs fällt wiederum die völlige Gesichtslosigkeit der Opfer, ihre personale Abwesenheit ins Auge; sie treten hier nur noch als Objekte in einem Verarbeitungsprozess auf. Und auch in der Wahrnehmung der Schützen ist es ja tatsächlich Arbeit, die zu erledigen ist. Erst wenn es keinen »Nächsten« mehr gibt, ist Feierabend.

Erwin Denker muss gelegentlich zweimal schießen, wenn ein Opfer nicht gleich tot ist. Schließlich wird auch ihm übel: »Wahrscheinlich weil die ganze Situation, in der ich mich als Schütze befand, so plötzlich auf mich eingewirkt hat, und weil es einen furchtbaren Geruch gab, wurde mir schlecht. Noch in der Grube habe ich mich übergeben. Ich war nicht fähig weiterzuschießen.«[329] Denker erging es zunächst anders als Bischof, der ja von Klamm beschimpft worden war, als er wegen Übelkeit nicht weiterschießen konnte, denn Major Gutmann kam in seiner gütigen Art zu dem derangierten Schützen, erkundigte sich nach seinem Befinden und sprach ihm gut zu. Sein Kompaniechef Paschke allerdings bezeichnete ihn ein paar Tage später wegen seines Verhaltens bei der Exekution als »Scheißkerl«:

Zweifellos erscheint das Verhalten Gutmanns spontan als das sympathischere, aber wir sollten uns eigentlich über diese spontane Reaktion erschrecken, weil wir bemerken, dass wir uns an dieser Stelle bereits in der Immanenz der Situation befinden: Gutmann tröstet Denker, weil dem beim Erschießen von Menschen schlecht geworden ist. Wir werden also nachträglich Zeugen einer zwischenmenschlichen Handlung im Rahmen einer grenzenlos unmenschlichen Situation. Der Referenzrahmen der Zwischenmenschlichkeit erzeugt gerade dort eine emotionale Stabilisierung für den Schützen, wo er schon am Ende seiner Zustimmungsfähigkeit war. Und Gutmann erweist wieder einmal, dass er seinen Spitznamen »Papa Gutmann« zu Recht trägt, ist er doch bereit, sich auch dann um seine Leute zu kümmern, wenn diese nicht in der erwünschten Weise funktionieren. Gleichwohl ist Gutmanns Verhalten eben nicht nur väterlich, sondern in hohem Maße geeignet, die Wir-Gruppe gerade dort zu stützen, wo ein Mitglied, aus welchen Gründen auch immer, ausschert. Dieses Verhalten ist auch in alltäglicheren situativen Konflikten innerhalb von Gruppen zu beobachten, die gewöhnlich so bereinigt werden, dass ein hierarchisch hoch angesiedeltes Mitglied der Gruppe den Konflikt moderiert, etwa indem ein fürsorgliches Gespräch mit dem »troublemaker« stattfindet.

In der gegebenen Situation wird über das »menschliche« Verhalten Gutmanns die vielleicht gefährdete Loyalität des Schützen zur Wir-Gruppe verstärkt, was aber umgekehrt heißt, dass die Distanz zur Sie-Gruppe erhöht wird. Die Opfer verschwinden in einem emotional und sozial indifferenten Raum, und schließlich ist Denker nicht schlecht geworden, weil die Opfer gelitten haben, sondern weil ihre Tötung Schmutz und Gestank erzeugt hat.

Paschke spielt als Kompaniechef eine andere Rolle als Gutmann, ist er doch für die funktionale Umsetzung des Erschießungsbefehls verantwortlich. Deshalb interpretiert er das »Versagen« des Schützen als Störung seiner eigenen Arbeit und lässt Denker das auch spüren. Das nächste Mal soll es besser gehen. Auch in dieser Situation finden wir also eine Figuration sozialer Verhaltensweisen, die wechselseitig voneinander abhängig sind, so verschieden sie auch daherkommen. Denker, das ist für das Funktionieren der Kompanie wichtig, muss handlungsfähig bleiben; er findet emotionale Unterstützung bei Gutmann, der die autoritäre Haltung Paschkes konterkariert. Damit, so wird Denker es empfunden haben, kann man leben, auch dann, wenn das Ganze dem Zweck dient, Hunderte sterben zu lassen. Gerade am Verhalten Gutmanns wird deutlich, welche normative Kraft die *praktischen* Fragen inzwischen bekommen haben: Trost beim Töten ist es, was hier stattfindet, und das fällt eigentlich schon niemandem mehr auf.

Auffällig ist auch, dass Paschke kurz zuvor noch, vor der ersten

Erschießung, voller Skrupel war und sich am liebsten entzogen hätte. Nun agiert er wie Klamm; die Erfahrungen mit den vorangegangenen Erschießungen haben ein neues Handlungsmuster etabliert. Auch über Karl-Heinz Dackeln wird berichtet, dass er nun »aus eigenem Antrieb, aus eigener Initiative und freiwillig« agiert. Gutmann nimmt an, »dass er den anderen Kp.-Chefs und Offizieren nicht nachstehen wollte.«[330] Hier wird noch einmal deutlich, dass die Praxis der Gewalt selbst Sachverhalte – physischer und emotionaler Art – schafft, die zuvor noch nicht existiert haben. Es ist wenig wahrscheinlich, dass Paschke in einer der beiden Situationen – vor der ersten Erschießung oder danach – etwas vorgespiegelt hätte, das seiner Überzeugung nicht entsprochen hätte: Es haben sich zwischenzeitlich nur die orientierenden Referenzrahmen verändert und damit auch die handlungsleitenden Deutungen und Schlussfolgerungen Paschkes.

Damit kommen wir zum Kern unserer Suche nach Erklärungen für das Verhalten der Täter, denn diese verändern sich *innerhalb sich verändernder Situation*, so dass die Abstimmung zwischen Situation und Verhalten erhalten bleibt, während das Ganze in der retrospektiven Aufsicht so aussieht, als würde nur die Person sich widersprüchlich verhalten, sich verändert haben von Dr. Jekill zu Mr. Hyde, um ein beliebtes Interpretament für das Täterverhalten zu verwenden.[331] Paschke ist, wie Gutmann, Dackeln und Appel auch, Jekill *und* Hyde, und den Rollenwechsel zwischen beiden vollzieht er, wie wir alle, mit einer ziemlichen Mühelosigkeit.

Appel übrigens hat dieselbe Entwicklung durchgemacht wie Paschke. Laut Aussage von Hans-Heinrich Hügel hatte Appel schon die Erschießung der Apothekerfamilie in Dubrovka geleitet; er hatte auch in Berditschew persönlich mitgeschossen und am Abend nach der Aktion mit einem gewissen Stolz mitgeteilt: »Das Geschäft ist zu Ende!« Bei einer nochmals grausigeren Aktion in Winniza, kurz darauf, wird deutlich, dass Appel inzwischen genauso wie Paschke eine praktische Haltung den anstehenden Aufgaben gegenüber favorisiert. In Winniza, wo zwischen 500 und 1000 Opfer – Männer, Frauen und Kinder – erschossen wurden, gab es eine signifikante Abweichung vom bislang eingespielten Ablauf: Die Erschießung fand auf einem Gelände statt, auf der sich eine Wasseraufbereitungsanlage befand. Die Zisternen und Brunnen, die mit einer etwa einen halben Meter hohen Brüstung versehen waren, wurden statt der Gruben als Exekutionsstätten und Massengräber verwendet, wobei die Opfer sich auf den Rand zu setzen oder darüber zu beugen hatten, um dann von hinten erschossen zu werden.

Der Beginn der Aktion folgte dagegen dem nunmehr etablierten Muster: In aller Frühe wurden die Opfer aus den Häusern, teilweise noch aus den Betten geholt, wiederum mit Hilfe von Anwohnern, die den Bataillonsangehörigen bei der Identifikation der künftigen Opfer halfen. In Zweifelsfällen mussten die Männer ihr Glied vorzeigen, eine Maßnahme, auf die offenbar wiederum Klamm gekommen ist: »Das habe ich selbst gesehen, wie Klamm auf diese Weise einen Mann als Juden identifizierte. Klamm sagte dann, wie festgestellt worden war, dass der Mann beschnitten ist: ›Du bist doch ein Saujude!‹«[332] Nicht nur in Bezug auf Männer hatte die Durchkämmungsaktion vollständig zu sein: »Besonders furchtbar war es damals für mich, als wir in einer Wohnung eine sehr alte und kranke Frau antrafen. Die Frau konnte nicht mehr gehen und wir mussten sie auf Befehl von Klamm oder Seesen – auf jeden Fall war es einer unserer Kompanieoffiziere – in einer alten Decke zum Lkw schleppen.«[333]

Auch hier wird wieder die innere Regelhaftigkeit des von außen vielleicht chaotisch erscheinenden Vorgangs deutlich: Die Aufgabe besteht darin, die Menschen zu töten, und für die Erfüllung dieser Aufgabe gibt es ein professionalisiertes Ablaufprogramm, das eingehalten werden muss, und zwar vollständig. Deshalb wird die alte, bettlägerige Dame nicht zurückgelassen oder gleich vor Ort erschossen, sondern zur Stätte ihres vorgesehenen Todes transportiert.

In Winniza wurden neben Männern und Frauen auch Kinder erschossen, wobei die Mütter mit ihren Kindern auf dem Arm vor den Brunnenschächten knien mussten; in der Regel wurden dann erst die Kinder und danach die Mütter erschossen. Max Wels berichtet, dass die Opfer, besonders die »jüngeren Menschen und [die] Frauen« »gejammert«, sich aber nicht zur Wehr gesetzt hätten – was wiederum auch noch im Nachhinein Anlass zur Verwunderung gibt: »Man hat sich oft gewundert, dass die Opfer alles in einer Gelassenheit über sich ergehen ließen.«[334]

Dieser Eindruck von »Gelassenheit«, der gewiss nicht die Befindlichkeit der zusammengetriebenen Menschen spiegelt, die jetzt schon sehen können, was gleich mit ihnen geschehen wird, wird durch die Schilderung des »Gejammers« selbst konterkariert; die ständige Schilderung der Ruhe und Gefasstheit der Opfer ist eine Fiktion, die zum subjektiven Wahrnehmungsrepertoire der Täter gehört, das sorgfältig alles zu sehen vermeidet, was nicht dem Bild des gesichtslosen Opfers, dem anonymen Objekt einer Behandlung entspricht.[335] In Winniza war es aber besonders schwer, diese Wahrnehmung aufrechtzuerhalten, denn bei diesen Exekutionen war, mehr noch als bei den vorangegangenen Erschießungen, die aktive Mithilfe der Opfer gefordert. »Die Juden mussten einzeln an den Brunnenschacht. An jedem der Schächte stand ein Mann von der 2. Kompanie. [...] Die Opfer mussten sich dann mit Blick in den Schacht leicht über die Brüstung neigen und wurden von den Schützen mit Pistole durch einen Genickschuß getötet. Die Opfer sind dann kopfüber in den Schacht gefallen. Das ist laufend gegangen. Ich möchte meinen, dass im Durchschnitt je Minute eine Person erschossen wurde, d. h. an jedem Schacht 1 Person pro Minute. Das nehme ich so an. Ich glaube nicht, dass eine längere Zeit beansprucht wurde.«[336]

Die gesamte Erschießung dauerte denn auch nicht länger als drei Stunden. Die Schützen haben sich Max Wels zufolge abgelöst, aber die Erschießung machte diesmal eine Menge Probleme – nicht, weil den Schützen schlecht geworden wäre, sondern weil die Zisternen für einen »ordnungsgemäßen« Ablauf technisch ungeeignet waren. So kam es vor, »dass Erschossene irgendwie hängenblieben und nicht gleich in den Schacht fielen. In diesen Fällen musste nachgeholfen und die Leichen in die Grube bzw. den Schacht geschmissen werden. Das haben die Schützen selbst gemacht.«[337]

Nach anderen Aussagen wurden die nächsten zur Erschießung anstehenden Opfer aufgefordert, die Leichen ihrer »Vorgänger« nach unten zu stoßen. Um in den Schächten mehr Platz zu schaffen, verwendeten die Mannschaften lange Stangen, mit denen sie die unten liegenden Körper in eine ökonomischere Position schoben. Dieser Gebrauch von Werkzeugen zur Optimierung des Tötungsprozesses mag beiläufig erscheinen; tatsächlich zeigt er etwas

Zentrales: Wenn man sich nämlich klarmacht, dass die bisherigen Erschießungen in der Grube stattfanden, wo sich die Opfer aufeinander legen mussten, muss sich hier an den Zisternen jemand Gedanken darüber gemacht haben, wie mit den Ermordeten unter diesen Bedingungen so zu verfahren ist, dass sie platzsparend neben- oder aufeinanderliegen. Die Stangen, die für die Lösung dieses Problems verwendet werden, sind nicht einfach da, sondern müssen herbeigeschafft oder angefertigt werden. Sie sind Instrumente zur technischen Lösung eines Handlungsproblems, das durch den modifizierten Arbeitsprozess entstanden ist. Für jede dieser unauffälligen Lösungen denkt irgendjemand nach, für jede wird irgendeine Form von Anweisung weitergegeben, für jede wird etwas hergestellt oder in Gang gesetzt. Und jede Innovation professionalisiert den Vorgang – das ist der Kern der Tötungsarbeit.

Hans-Heinrich Hügel wurde belastet, in Winniza selbst »an der Grube« mitgeschossen zu haben, was er mit dem luziden Argument bestritt, das könne schon deshalb nicht zutreffen, weil »es sich in Winniza nicht um Gruben, sondern um gemauerte Zisternen handelte.« Allerdings weiß auch er über Probleme bei diesen Aktionen zu berichten: Er erinnere sich genau, »dass aus der großen Zisterne aus den unteren Reihen heraus Hilferufe erklangen, und zwar in deutscher Sprache: ›Erschießt mich doch richtig!‹ Daraufhin trat einer der Schützen in die Zisternenmitte, die Opfer lagen bis etwa 3 oder 4 m hoch unterhalb des Zisternenrandes, und gab hier aus seinem Karabiner mehrere Schüsse in Richtung des Hilferufenden ab. Ich habe dann auch keine weiteren Hilferufe wahrgenommen.«[338]

Diese Beschreibung ist, wie sich später herausstellt, ungenau: Der Schütze musste nämlich in die Zisterne heruntergelassen werden und wurde nach der Verrichtung seiner blutigen Teilaufgabe wieder heraufgezogen. Was liegt hier für eine Situation vor? Warum machen die Männer nicht einfach mit ihren Erschießungen weiter und ignorieren das Rufen von unten? Warum treiben sie den technischen und psychischen Aufwand, das Opfer gewissenhaft zu töten, anstatt ihn langsam unter den folgenden Toten zu Grunde gehen zu lassen? Eine nahe liegende Vermutung ist, dass das Paradigma des »Ordnungsgemäßen« es einfach erforderlich machte, die Aufgabe *vollständig* zu erledigen; diese selbe Haltung der Genauigkeit findet sich in der Durchführung beim Durchsuchen der Häuser, beim Abtransport der alten Dame oder beim Prüfen, ob es sich bei sich weigernden Opfern womöglich tatsächlich nicht um Juden handelt. Zum anderen wollte man gewiss vermeiden, dass jemand davonkäme, indem er sich etwa nachts aus dem Leichenhaufen wieder hervorarbeiten und fliehen würde. Aber es gibt auch psychologische Gründe, hier einen besonderen Tötungsaufwand zu betreiben. Das Opfer spricht deutsch und stellt auf diese Weise eine soziale Nähe zu den Tätern her; es ist offensichtlich mit der Exekution nicht getötet worden. Das militärisch korrekte Handeln erfordert in einer solchen Situation den »Gnadenschuss«, wie er auch an den Erschießungsgruben verabreicht wird, wenn ein Opfer nicht sofort tot ist. Offensichtlich fällt den Männern das Töten leichter, wenn alles korrekt abläuft; derartig brutale Situationen wie mit dem untoten Opfer, das um seine Ermordung fleht, zerren an den Nerven und führen zu einer tiefen Verunsicherung – darum muss der Aufwand getrieben werden. Zugleich gilt hier wieder, dass es für jedes Problem eine Lösung gibt. Wie es lange Stangen gibt, um die Leichen unten in der Zisterne zu verschieben, so gibt es einen Schützen, der sich abseilen und wieder heraufziehen lässt, nachdem das Problem beseitigt ist.

Allerdings machen die Zisternen als Massengräber mehr Schwierigkeiten, als man erwartet hätte: Die Opfer sprangen etwa von sich aus in den Schacht, bevor die Schützen noch abgedrückt hatten, oder sie fielen unabsichtlich hinein, bevor sie ermordet werden konnten. Solche Vorkommnisse erzeugen, wie der schreiende Mann, Stress bei den Akteuren, und sie sind geeignet, die Situation aus dem Ruder laufen, eskalieren zu lassen: »Besonders in Erinnerung habe ich noch das furchtbare Erlebnis, wie ein älterer Mann von Appel nach vorne gedrückt wurde. Ehe Müller* schießen konnte, hatte der Mann das Gleichgewicht verloren und stürzte lebend in den Schacht. Der alte Mann hat furchtbar geschrien. Ich bin nicht zimperlich veranlagt, aber bei diesem Anblick und diesen Schreien des Mannes wurde mir übel. Ich habe nur noch wahrgenommen, wie Appel von irgendeiner Seite eine MP zugereicht wurde und wie er mit dieser Dauerfeuer, bis das Magazin leer war, in den Schacht abgab. Die Schreie des Mannes sind dann verstummt.«[339]

Hier sehen wir eine andere Lösung für das mehrmals auftretende Problem. Offensichtlich erzeugt der Umstand, dass Opfer lebend in die Zisternen fallen, eine Art Panik bei den Schützen. Appel jedenfalls erscheint hier in einer völlig anderen Rolle als bislang; er, der vorher wie Paschke und Gutmann höchst skrupulös und zögerlich war, tritt nun als Schütze auf, und zwar zur Verwunderung seiner Leute, da man bis dato nicht davon ausgegangen war, »dass es ein Kp.-Chef nötig hatte, sich auch aktiv dabei zu beteiligen.«[340] Auch Gutmann findet es problematisch, dass Appel selbst mitgeschossen hat: »Er hätte dies als Kp.-Chef nicht nötig gehabt. Ich habe ihn deswegen gerügt und zu ihm gesagt: ›Was fällt Ihnen denn überhaupt ein?‹«[341] Hügel hat eine Hypothese, weshalb Appel sich in dieser Weise verhielt: »Ich vermute [...], dass er durch diese Handlungsweise die Kp.-Angehörigen, die dabei schwersten körperlichen und seelischen Belastungen ausgesetzt waren, aufrichten und stärken wollte. Ich möchte sagen, aus Überzeugung und aus einer Einstellung gegen Juden hat er nicht geschossen.«[342]

Diese Einschätzung führt mitten hinein in das, was ich als situative Dynamik bezeichne. Die Erschießung in Winniza läuft aus dem Ruder, weil sich die Zisternen aus Gründen, die niemand bedacht hatte, als ungeeignet für die Erschießungen erwiesen. Der Vorgang läuft deshalb nicht geordnet ab, kann nicht geordnet ablaufen. Das erzeugt Stress und Verunsicherung und ein erhöhtes Orientierungsbedürfnis, und diese Orientierung kann nicht von den Mannschaften selbst hergestellt werden, sondern muss vom Kompaniechef vorgegeben werden. Deshalb finden wir Appel hier als brutalen Schützen wieder; die Orientierungsvorgabe besteht in nochmals gesteigerter Gewalt.[343] Bemerkenswert ist, dass Hügel eine explizite Differenzierung zwischen »Appel als Schütze« und »Appel als Person« vornimmt, und dessen »eigentliche« Haltung zu den »Judenaktionen« von dem unterscheidet, was Appel in diesem Augenblick tut. Handlung und Person gehen hier nicht ineinander auf; der Kompaniechef legt einen Abstand zwischen seine Persönlichkeit und seine Rolle, und genau diese Distanz wird von den anderen auch wahrgenommen.

Appel hatte übrigens vor dieser Exekution bei Gutmann angefragt, ob man dem Befehl nicht ausweichen könne (vermutlich weil die Erschießung in Berditschew unmittelbar zuvor stattgefunden hatte), war bei diesem aber auf Ablehnung gestoßen. Überhaupt zeigte Gutmann im Zusammenhang der Aktion in Winniza andere Verhaltensweisen als zuvor, nicht nur während der Erschießung, sondern bereits bei den Vorbereitungen. So erzählt Erwin Denker, der zum Sammeln der Opfer eingeteilt war, von einer merkwürdigen Begebenheit: Am Ende der Sammelaktion befanden sich aus nicht näher aufklärbaren Gründen zwei jüdische Männer und eine Frau auf seinem LKW, mit denen er offenbar nichts anzufangen wusste. Die jüdische Frau bat ihn, sie laufen zu lassen; er könne dafür ihren Schmuck und ihr Geld haben. »Ich versuchte der Jüdin klarzumachen, dass ich ihr nicht helfen könne. Ich müsste in einem solchen Fall mit großen Unannehmlichkeiten rechnen.«[344]

Man muss sich hierbei vergegenwärtigen, dass Denker seine Geschichte 1968 erzählt – offenbar in der Annahme, seinen Zuhörern sei es nachvollziehbar, dass Denker »die Jüdin« um Verständnis dafür bittet, dass sie sich erschießen lassen muss, um ihm »Unannehmlichkeiten« zu ersparen. Intentional erzählt Denker diese Geschichte, um den moralischen Zwiespalt darzustellen, in dem er sich seinerzeit befunden habe; wohl auch, um nebenbei einfließen zu lassen, dass er nicht bestechlich gewesen sei, sondern »korrekt« gehandelt habe. Wie schon mehrfach in den Erzählungen der Täter deutlich wurde, fehlt ihnen bis in die Gegenwart hinein jede Empathie in Bezug auf die Opfer und jeder Sinn für die ungebrochene Menschenverachtung, die in ihren Darstellungen steckt. Aber die Essenz dieser Geschichte richtet sich ohnehin auf das Verhalten von Major Gutmann: »Die Jüdin verlangte sodann, einen Offz. zu sprechen. Weil der Btl.-Kdr. Gutmann in der Nähe stand [...], begab ich mich mit der Jüdin zu ihm und versuchte klarzumachen, was die Frau wollte. Gutmann schrie mich an und sagte: ›Sind Sie froh, dass Sie kein Jude sind. Führen Sie die Frau da rein in die Halle und schauen Sie, dass Sie zu Ihrer Absperrung kommen!‹ Die Frau hat arg geweint und sich gestreubt [sic!] mitzukommen.«[345]

Dieses Verhalten Gutmanns ist neu – so neu übrigens, dass auch der vernehmende Staatsanwalt direkt noch einmal nachfragt, ob es sich hier tatsächlich um Gutmann und nicht um irgendjemand anderen handelt, was Denker* aber ausdrücklich noch einmal bestätigt. Auch Gutmann* bewegt sich also mittlerweile in einem Handlungsrahmen, der die Erschießungen als vielleicht unangenehmen, aber um jeden Preis durchzuführenden Aspekt seiner Aufgabe definiert, und nun gilt nur noch die professionelle Perspektive, der möglichst reibungslose Ablauf. In seiner eigenen Vernehmung konnte sich Gutmann, der über ein ansonsten recht gutes Erinnerungsvermögen verfügte, an die Aktion in Winniza überhaupt nicht mehr erinnern.[346] Bizarrerweise gibt er aber, geradezu spiegelbildlich zu Denkers Darstellung, in einer anderen Vernehmung an, dass bei der Exekution in Winniza eine Frau zu ihm gekommen sei, die behauptet habe, Ukrainerin und nicht »Jüdin« zu sein, woraufhin er sie umstandslos und ohne ihre Angaben zu prüfen, freigelassen habe.[347] Beide Geschichten, die von Denker wie die von Gutmann, sind einigermaßen absurd, denn mit welchem Argument hätte Denker den Bataillonskommandanten überzeugen wollen, eine »Jüdin« freizulassen? Und welches Motiv hätte Gutmann dazu veranlasst, eben diese Frau zur Ukrainerin zu deklarieren und freizulassen, wo andererseits alle ausnahmslos in den Tod geschickt werden?[348] Aber neben diesen beiden bizarren Geschichten gibt es noch eine Reihe von anderen im Zusammenhang der Erschießung in Winniza, was wiederum einen Hinweis darauf gibt, dass diese Aktion wegen der Schwierigkeiten in der Tötungsgeschichte des Bataillons eine besondere Rolle spielt. Sie ist in den Erinnerungen der verantwortlich Beteiligten am wenigsten präsent, setzt aber die meisten Phantasien und Gerüchte frei.

So schildert Manfred Pfeffer die folgende Begebenheit: »Von Polizei- oder Wehrmachtsangehörigen habe ich erfahren, dass man bei dieser Aktion am Brunnen eins oder zwei Kinder eines deutschen Offiziers in einen solchen Brunnen geworfen haben soll. Ob die Kinder nach der Exekution oder noch lebend in einen solchen Brunnen geworfen wurden, vermag ich nicht zu sagen. Die Kinder wurden beim Zusammenholen der Juden irrtümlich mitgenommen. Als man den Irrtum feststellte, sollen die Kinder schon tot gewesen sein.«[349] Diese eher unwahrscheinliche Geschichte, die auch nur von dieser einen Person berichtet wird, bringt aber selbst dann, wenn sie lediglich als Gerücht kursierte, zum Ausdruck, dass die Männer nicht frei von Phantasien eigener Bedrohung waren bzw., wie später noch zu sehen sein wird, bei Erschießungen von Kindern manchmal Assoziationen zu ihren eigenen Kindern herstellten. Solche Gerüchte weisen also auf die besonderen emotionalen Wirkungen, die die Erschießung von Winniza für die Männer mit sich brachte. In diesen Rahmen gehören auch Geschichten wie die, dass ein Schütze auf die erschossenen Juden gefallen ist.[350]

An anderer Stelle wird berichtet, dass ein Schütze einen Nervenzusammenbruch erlitten hatte, »bei dem er richtig tobte. Ich glaube, das war in Winniza. Er kam zum Arzt, ist aber gleich wieder zurückgekommen. Er wurde nicht versetzt, er ist später gefallen.«[351] Auch Gutmann erwähnt, gerüchteweise von einem solchen Nervenzusammenbruch gehört zu haben.[352]

Überhaupt schienen die Bataillonsangehörigen mehrheitlich stark beansprucht. Hans-Heinrich Hügel berichtet, dass die Männer am Abend einen sehr niedergeschlagenen Eindruck gemacht hätten, »fast möchte ich sagen, dass sie völlig erschöpft waren. Im Laufe des Abends bin ich noch durch die Quartiere gegangen und habe mich vereinzelt mit den Kp. Angehörigen unterhalten. Verschiedene Leute waren nicht mehr ansprechbar, besonders diejenigen, die als Schützen mit dem 4. Zug eingesetzt waren.«[353]

Solche Beschreibungen finden sich zu den anderen Erschießungsaktionen kaum; Winniza hatte offensichtlich auch für das Empfinden der Männer einen besonders brutalen Charakter. Die Erschießungen in Winniza erlaubten es weder, den militärischen Referenzrahmen aufrechtzuerhalten, noch die Konfrontation mit den Opfern so zu reduzieren, wie es bei den anderen Aktionen der Fall war. Viele der Männer kamen hier offensichtlich an eine emotionale Belastungsgrenze. Anderen hingegen machte die Erschießung in Winniza, wie wiederum Hans-Heinrich Hügel berichtet, besonderen Spaß. Sie brüsteten sich damit, wie viele Opfer sie in kürzester Zeit erschossen hatten, oder damit, dass ihre Pistolenläufe rotglühend vor Hitze gewesen seien. Ihre Uniformen seien voller Blut gewesen.[354] Der Zugführer Galk etwa, der sich in Berditschew deshalb benachteiligt fühlte, weil sein Zug nicht mitschießen durfte, setzte erfolgreich durch, dass seine Männer in Winniza als Exekutionskommando eingesetzt wurden.

Über Hügel selbst wird allerdings berichtet, dass er »sadistische

Freude daran hatte«, auch jenseits von Erschießungsaktionen einzelne Personen in einer Art Privatgerichtsbarkeit erschießen zu lassen. In einem Fall soll er einen bei der Kompanie beschäftigten Juden dazu veranlasst haben, ein Grab zu schaufeln. »Als der Jude fertig war und erfreut über seine geleistete Arbeit die Grube verlassen wollte, wurde er von Hügel mit der Pistole erschossen. Das habe nicht nur ich, sondern mehrere Kompanieangehörige gesehen.«[355]

Bei vielen solcher Schilderungen von individuell motivierten Tötungen ist unklar, wann und wo genau sie sich zugetragen haben. Es dürfte aber ohne Zweifel sein, dass einzelne Personen oder auch ganze Züge Spaß an den Erschießungen fanden und auch daran, besondere Inszenierungen zu entwickeln. So wird über einen Schützen berichtet, er habe sich in einer Pause auf »eine nackte tote Jüdin, die auf dem Bauch lag, gesetzt [...] und dann habe er in dieser Stellung Brotzeit gemacht.«[356] Dieselbe Person soll sich auch durch besondere Brutalität gegenüber Kindern hervorgetan haben. Ein Angehöriger des Bataillons 322 erzählt, »dass es einzelne Kompanieangehörige gegeben hat, die von einer Art Blutrausch erfasst waren. Ich führe das aber nicht darauf zurück, dass sie sich an den Erschießungen ergötzten, sondern vielmehr darauf, dass es bei solchen Aktionen immer etwas zu ›organisieren‹ gab, was von diesen Leuten dann ausgenutzt wurde.«[357]

Solche Schilderungen legen darüber Zeugnis ab, dass zweifellos sadistische Quälereien, Vordrängen beim Erschießen, sexuelle Übergriffe und in großem Umfang persönliche Bereicherungen vorgekommen sind, und zwar vermutlich mit den Ausweitungen und Normalisierungen der »Judenaktionen« mehr als zu Beginn. Hier ist eine Situation entstanden, in der die Männer realisieren, dass sie plötzlich Dinge tun können, die ihnen unter gewöhnlichen Umständen versagt blieben. Diese Leute nutzen die absolut einseitig verteilte Machtsituationen als Gelegenheitsstruktur, probieren aus, wie weit sie gehen können, und sehen zu, dass sie in materieller, sexueller, emotionaler Hinsicht die sich ihnen bietenden Chancen maximal nutzen können. Herbert Jäger hat die Motivlage dieser Art von Tätern als »rechenschaftslose Handlungsfreiheit« bezeichnet.[358]

Strukturell spielen Personen, die sich den gegebenen individuellen Handlungsspielraum auf diese Weise zunutze machen, eine wichtige Rolle bei den »Judenaktionen«: Nicht nur, dass Männer, die mit Spaß und Engagement bei der Sache sind, die Auswahl der Schützen erleichtern und für hohe Effizienz bei den Exekutionszahlen sorgen, sie übernehmen auch eine wichtige psychologische Funktion innerhalb der Züge und Kompanien: Sie sind für die eher Distanzierten negative Referenzfiguren, von deren Verhalten und Persönlichkeit sie sich distanzieren können, um die eigene Person und das eigene Handeln kontrastiv als humaner, mitleidiger, widerwilliger darzustellen. Das gilt vermutlich ebenso sehr für die historische Situation, wo derlei Positionierungen hilfreich dafür waren, sich für eine bestimmte Weise des Tötens zu entscheiden, wie für die Situation in den oft Jahrzehnte später stattfindenden Vernehmungen.

Hans-Heinrich Hügel ist für diese Inanspruchnahme der sadistischen Anderen prototypisch. Unwillkürlich denkt man bei der Lektüre seiner empörten Schilderungen der Handlungen anderer, dass er selbst zu solchen Dingen niemals fähig gewesen wäre, um dann bei Aussagen anderer Beteiligter überrascht festzustellen, das exakte Gegenteil zu erfahren.[359] Ähnlich verhält es sich im Fall von Gutmanns Adjudanten Karl-Heinz Dackeln, der höchst überzeugend darlegt, Anti-Nationalsozialist gewesen zu sein, Opfer gerettet und extrem unter der ganzen Situation gelitten zu haben, in der Sicht anderer Zeugen aber durchaus gegenteilige Züge offenbarte. Negative Referenzfiguren wie Klamm, Galk, Hügel und viele andere bilden gewissermaßen das psychosoziale und rhetorische Widerlager der eigenen Positionierung, was wiederum deutlich macht, dass die Akteure die Handlungen der anderen, die Situation insgesamt und das, was von ihnen erwartet wird, deuten, auswerten und dabei Positionen finden, die ihnen eine persönliche Aneignung der zunächst uneindeutigen Situation ermöglichen.

Es ist vor diesem Hintergrund auch keineswegs verwunderlich, dass sich unterschiedliche Cliquen mit je differenten Normen bilden (»Clique Klamm«, »Clique Hügel«[360]), Untergruppen also, die sich durch gemeinsam geteilte Auffassungen über die Situation und aneinander orientierte Handlungsweisen auszeichnen. Analoges berichtet auch ein Angehöriger des Bataillons 322: Ebenso wie diejenigen, die sich gerne für die Erschießungen meldeten, »haben sich auch d[ie] andersgesinnten Kameraden im Laufe der Zeit gefunden, die solche Aufträge ungern ausführten.«[361]

Die soziale Situation des Bataillons 45 zeigt also zu diesem Zeitpunkt, im September 1941, Ausdifferenzierungen sowohl auf der individuellen Ebene wie auf der sozialen. Es handelt sich hier keineswegs um eine uniforme Gruppe, sondern um eine soziale Figuration, deren einzelne Mitglieder mit derselben Aufgabe betraut sind, aber persönlichkeits- und subgruppenspezifische Lösungen für die Erfüllung dieser Aufgabe suchen und finden. Dabei identifizieren sich die einen mehr mit den Erschießungen, die anderen distanzieren sich mehr davon. Beide fungieren aber als soziale Referenzfiguren füreinander; ihre Positionierungen sind wechselseitig verschränkt. Psychologisch sorgen diese positiven und negativen Referenzbildungen dafür, dass der Einzelne mit seiner Auffassungen und gefühlten Anforderungen nicht allein bleibt, sondern sich zuordnen kann. In diesem Sinn wird die mörderische Handlungsfähigkeit der Gruppe gerade dadurch sichergestellt, dass jeder Einzelne der Männer seinen eigenen sozialen und moralischen Ort in der Gruppe finden kann. Andersherum: Bestünde die Gruppe nur aus Leuten wie Hügel oder Galk, hätten die Aktionen in sadistischen Exzessen implodieren müssen und nicht mehr professionell, in der angezielten Effizienz, durchgeführt werden können. Es gibt ein Urteil des Obersten SS- und Polizeigerichts vom 9. Juni 1943, wo ein Obersturmführer angeklagt war, ohne Befehl und besonders grausam »Hunderte von Juden ermordet zu haben. Das Gericht bekannte sich ausdrücklich zur Vernichtung der Juden und betonte, dass der Angeklagte nicht wegen der Judenaktion als solcher bestraft wurde, sondern deshalb, weil er sich in seinem Judenhass zu Grausamkeiten habe hinreißen lassen, die ›eines deutschen Mannes und SS-Führers unwürdig‹ seien. Wörtlich heißt es: ›Der Angeklagte hat es zu einer so üblen Verrohung seiner Männer kommen lassen, dass sie sich … wie eine wüste Horde aufführten. Die Manneszucht ist vom Angeklagten in einer Weise aufs Spiel gesetzt worden, wie sie schlimmer kaum denkbar ist.‹«[362]

Bestünde die Gruppe ausschließlich aus Zweiflern wie Gutmann, würden die Befehle dagegen nur zäh oder womöglich gar nicht umgesetzt. Die erwähnten Nervenzusammenbrüche, depressiven oder apathischen Zustände von Schützen waren offenbar keine Einzelfälle – Alkoholismus, Schreikrämpfe, sogar Selbstmorde gehören zum Repertoire der individuellen Reaktionen auf Konflikte zwischen den eigenen Empfindungen und den geforderten Handlungen.[363] Jäger nennt das Beispiel eines Mannes, der nach einer »Judenaktion« »nachts plötzlich in einer Art geistigen Umnachtung aufsprang, wild um sich schoß und mehrere seiner Kameraden tötete und verwundete.«[364] Nervosität und Aufregung besonders bei jungen Schützen führte zu einer erhöhten Notwendigkeit von »Gnadenschüssen«; zum Teil wurden Männer, die ganz offensichtlich mit »ihren mörderischen Pflichten nicht fertig wurden, in die Heimat zurückgeschickt.[365]«

Zusammen mit denjenigen, die in den Vernehmungen gar nicht vorkommen, den Unauffälligen, bilden die Männer gerade in ihrer Verschiedenheit insgesamt eine handlungsfähige Einheit, die ihre Verhaltensweisen, wie etwa an Appel oder Gutmann zu sehen war, schnell den wachsenden Anforderungen anpassen. Gemeinsam werden sie alle zu Mördern, und gerade die individuellen Auslegungen der Anforderungen gewährleisten, dass das Ganze funktioniert. Das ist letztlich auch der Grund dafür, dass niemand wirklich darauf verpflichtet wird, zu schießen, wenn er das nicht will; die damit verbundenen Konflikte und Schwierigkeiten bei der Ausführung würden die Tötungsarbeit insgesamt ineffizienter machen als unter der Vorgabe einer grundsätzlichen Freiwilligkeit und Eigenverantwortung. Individuelle Haltungen und Entscheidungen werden in einer solchen Situation also gerade nicht nivelliert; die Binnendifferenzierung der Gruppe ist wichtig für ihre Handlungsfähigkeit im Ganzen. Was geschieht, könnte man, in Anlehnung an Herbert Jäger, als individuelles Handeln in kollektiven Ausnahmezuständen bezeichnen.[366]

Deutlich wird das auch daran, dass sich die Auswahl der Schützen offensichtlich schnell flexibilisiert hat: Es machen die, die Lust dazu haben, die nötige Routine entwickelt haben oder sich als willige Vollstrecker profilieren wollen. »Es war nicht so, dass es bei uns so streng zuging. Es hieß eben, wer will schießen, wir brauchen einige Leute dazu. Meistens war es dann so, dass sich einige aktive Angehörige der 2. Kompanie durch Hervortreten oder durch Erheben der Hand meldeten und meinten, einer muß es ja machen.«[367]

Einem anderen Angehörigen der zweiten Kompanie ist »nicht erinnerlich, dass sich Freiwillige gemeldet haben. Sollte sich doch einer freiw. gemeldet haben, dann war dies ein Streber.«[368] Ein Polizeioffizier eines anderen Bataillons gibt an, dass sich »so viele Leute gemeldet haben, dass es nicht erforderlich wurde, welche zu bestimmen.«[369]

Ein Angehöriger des Polizeibataillons 322 berichtet: »Oft oder meistens hatten es die Offiziere gar nicht schwer, Erschießungskommandos zusammenzustellen, denn es waren nach meiner Erfahrung immer ein und dieselben Leute, die sich vordrängten.«[370] Hans-Heinrich Hügel, der Spieß der 2. Kompanie, berichtet, dass die Einteilung der Schützen nach den ersten Aktionen nach »Eignung« vorgenommen wurde, ein deutlicher Hinweis darauf, wie sehr sich der Prozess mittlerweile professionalisiert und eingespielt hatte: »Wer als Schütze fungieren sollte, vereinbarte der Zugführer im Einvernehmen mit dem Kp.-Chef, weil nicht jeder als Schütze geeignet war. Es waren fast immer die gleichen Leute.«[371] Ottokar Schönfeld bestätigt das: »Zu diesen Judenerschießungen wurden nur bevorzugte, verlässliche Personen herangezogen.«[372] Major Gutmann erklärt, dass er, nachdem er den »generellen Befehl« erhalten hatte, »Judenaktionen« durchzuführen, »ausdrücklich [...] die Kp.-Chefs davon unterrichtet [hatte], dass zu Erschießungskommandos nur Freiwillige eingeteilt werden durften. Ich meine damit Leute, die sich freiwillig zu diesen Aktionen melden würden. Ich nehme an, dass mein Befehl eingehalten worden ist.«[373] Ein Angehöriger des Polizeibataillons 101 gab an: »Ich kann mich noch mit Sicherheit daran erinnern, dass unser Spieß S. zwei oder dreimal (2mal mit Sicherheit) Erschießungskommandos zusammenstellte. Ich möchte von mir aus sagen, ... dass diese Art von Kommandos nur aus Freiwilligen bestanden.«[374] Auch Herbert Jäger zitiert einen Angehörigen der Reservepolizei, der sagt, dass die Schützen anfänglich zu den Aktionen eingeteilt worden seien, »dass sich jedoch später, ›nachdem sich die Leute an das Blutbad gewöhnt hatten‹, genügend Freiwillige fanden.«[375]

Jäger vermutet, dass sich die Zahl derjenigen Einzelpersonen oder Einheiten, die ihre Mithilfe anboten oder auch darum baten, mitschießen zu dürfen, recht groß war – was allerdings nicht immer willkommen war, unter anderem deswegen, weil das Motiv zur freiwilligen Teilnahme auch darin liegen konnte, dass es bei den Beraubungen, die den Erschießungen vorausgingen, etwas zu holen gab. Andere beteiligten sich aus Sensationslust und Geltungsbedürfnis freiwillig, wie ein Mann, der später verurteilt wurde, weil er die nervösen Schützen bei einer besonders grausamen Erschießungsaktion »angefeuert und Vorschläge für die Erschießung von Frauen und Kindern gemacht hatte. Als zwei Kinder sich an den Beinen des Vaters festklammerten, so dass er nicht zum Erschießungsplatz gehen konnte, gab er den Rat, sie von den Beinen abzuschießen.«[376]

Bemerkenswert an solchen Beispielen ist der Umstand, dass solche Personen von SS- und Polizeigerichten gelegentlich tatsächlich zur Rechenschaft gezogen wurden: Das zeigt, dass man insgesamt sorgfältig darauf bedacht war, die Erschießungsaktionen als regulierte Handlungsabläufe durchzuführen, die einer Ordnung folgten – was einerseits der Effizienz zugute kam, andererseits aber aus Sicht der Befehlsgebenden die Vorgänge stets in einem kontrollierten und kontrollierbaren Rahmen zu halten erlaubte. Deshalb sind sowohl initiative Beteiligungen als auch »übertriebene« Grausamkeiten problematisch. Zum Dritten ist es für das Selbstbild der »normalen« Akteure wichtig, ihre Tötungen im Kontext einer regulär stattfindenden Maßnahme und nicht im Rahmen eines chaotischen Exzesses wahrnehmen zu können. Genau darauf bezieht sich die berüchtigte Ethik der Anständigkeit, wie sie Heinrich Himmler in seiner Posener Rede von 1943 definiert hatte, in der er explizit auf Fälle »menschlicher Schwäche« verwies, die aber »bedauerliche Ausnahmen« blieben.

Größenordnungen

Am 19. September 1941 wurde Kiew vom XXIX. Armeekorps der 6. Armee eingenommen. Zu diesem Zeitpunkt lebten etwa 220 000 Juden und Jüdinnen in der ukrainischen Hauptstadt,[377] was etwa einem Viertel der Gesamtbevölkerung entsprach.[378] Kurz nach der

Einnahme der Stadt, vom 24. bis zum 28. September, erschütterten mehrere Explosionen das Zentrum. Vom NKWD gelegte Sprengsätze zerstörten mehrere zentrale Gebäude, die von der deutschen Militärverwaltung und der Wehrmacht genutzt wurden, und töteten Angehörige dieser Gruppen sowie Zivilisten. Der Höhere SS- und Polizeiführer Friedrich Jeckeln, der Führer der Einsatzgruppe C Dr. Dr. Otto Rasch, der Führer des Sonderkommandos 4a Paul Blobel und der Stadtkommandant Generalmajor Kurt Eberhardt beschlossen daraufhin bei einer Besprechung am 26. September eine Massenerschießung.[379]

Die Druckerei der 6. Armee druckte dreisprachige Plakate mit dem folgenden von der Propagandakompanie 637 verfassten Text: »Alle Juden der Stadt Kiew und Umgebung müssen sich am Montag, dem 29. September 1941, um 8 Uhr morgens an der Ecke Melnikowskaja und Dochturowskaja (neben dem Friedhof) einfinden. Ausweise, Geld und Wertsachen sind mitzubringen, ebenso warme Kleidung, Unterwäsche etc. Jeder Jude, der dieser Anordnung zuwiderhandelt und an anderem Ort angetroffen wird, wird erschossen. Jeder Bürger, der in eine von Juden verlassenen Wohnung eindringt und sich Sachen aneignet, wird erschossen.«[380]

Die Plakate wurden in der ganzen Stadt angeschlagen, und am Morgen des 29. September fanden sich – auch zur Überraschung der Initiatoren – viele Tausend jüdischer Menschen ein. In der Ereignismeldung vom 3. November 1941 heißt es zur Einsatzgruppe C: »Die sich bei Durchführung einer solchen Großaktion ergebenden Schwierigkeiten – vor allem hinsichtlich der Erfassung – wurden in Kiew dadurch überwunden, dass durch Maueranschlag die jüdische Bevölkerung zur Umsiedlung aufgefordert worden war. Obwohl man zunächst nur mit einer Beteiligung von etwa 5000 bis 6000 Juden gerechnet hatte, fanden sich über 30000 Juden ein, die infolge einer überaus geschickten Organisation bis unmittelbar vor der Exekution noch an ihre Umsiedlung glaubten.«[381]

Die versammelten Menschen wurden gezwungen, zur nahe gelegenen Schlucht von Babij Jar zu gehen. Das Gelände bestand aus »welligen Wiesen, durchzogen von tiefen und mehreren hundert Meter langen Schluchten«.[382] Dort mussten die Opfer ihre Wertgegenstände abgeben und ihre Kleidung ausziehen. In kleineren

Gruppen wurden sie an den Rand der Schlucht gebracht und dort mit Maschinengewehren erschossen. Die Durchführung des Massakers war dem Sonderkommando 4a unter Leitung von Paul Blobel übertragen worden. Das Sonderkommando bestand aus Angehörigen des Sicherheitsdienstes und der Sicherheitspolizei, der 3. Kompanie des Waffen-SS-Bataillons zur Besonderen Verwendung und einem Zug des Polizeibataillons 9.[383] Unterstützt wurde das Sonderkommando von ukrainischen Hilfspolizisten, den Polizeibataillonen 45, 303 und 314 des Polizeiregiments Süd sowie von Angehörigen der Wehrmacht.[384] Angrick schreibt, dass auch Teile des Einsatzkommandos 12 zur Durchführung der Massenexekution nach Kiew geschickt wurden.[385]

Im Gerichtsurteil gegen Angehörige des Sonderkommandos 4a heißt es zum Ablauf der Exekutionen: »Zunächst mussten die Juden auf der Strasse zwischen zwei Friedhöfen hindurch zu einer Allee in Richtung zum Babij-Jar-Gelände weiterziehen. Dabei wurden die Juden registriert, mussten ihre Pässe und Wertgegenstände abgeben und etwas weiter an der Allee ihr Gepäck ablegen. Dann wurden sie von der in dichter Kette den Weg säumenden Absperrung mit Schlägen dem am Ende der Allee befindlichen freien Gelände zugetrieben. [...] Dann wurden die Opfer nackt, zum Teil in Unterwäsche und wiederum, um die Erschiessung zu beschleunigen mit Schlägen der Schlucht zugetrieben. [...] Die Schiesstrupps bestanden aus einem Schützen mit Maschinenpistole, 2 Mann, die Magazine nachluden, und mehreren Leuten, die die Opfer in der Schlucht herbeitrieben. Die Opfer wurden vom Rand der Schlucht zur Sohle hinab und zum Exekutionskommando getrieben. Sie mussten sich dann mit dem Gesicht zur Erde auf die blutigen Leichen der bereits Erschossenen legen. Wenn sie es nicht freiwillig taten, wurden sie geschlagen und niedergerissen. Die Schützen traten dann, auf den schwankenden Haufen der Leichen hin- und hergehend, hinter die Opfer und schossen von hinten auf den Kopf. So wurde die Schlucht mit mehreren Schichten der Opfer von hinten nach vorne und von Rand zu Rand gefüllt.«[386]

Bis zum Abend des 29. September konnten nicht alle Opfer, die zur Sammelstelle gekommen waren, ermordet werden. Sie wurden über Nacht festgehalten, am nächsten Morgen wurde die »Arbeit«

fortgesetzt und beendet. In der Nacht konnten sich einige wenige, nicht tödlich Getroffene aus den nur dünn mit Erde bedeckten Leichenhaufen herauswühlen und fliehen, sofern sie nicht von den Posten entdeckt wurden.[387] Nach Abschluss der Massenexekution wurden die Ränder der Schlucht am 1. Oktober von Wehrmachtspionieren gesprengt, um die Leichen zu verbergen.[388]

Aus der Sicht eines Täters sah die Sache so aus: »Als wir in Kiew lagen, wurden wir eines Tages auf die Fahrzeuge verladen. Es hieß, es gehe zum Einsatz. Von einem Judeneinsatz war zu diesem Zeitpunkt noch nicht die Rede. Noch als wir durch die Stadt fuhren, haben wir eine große Menge Juden versammelt gesehen. Wir sind mit unseren Fahrzeugen weiter ins Gelände gefahren. Bei unserer Ankunft war Klamm bereits anwesend. [Er] teilte die Kp. dem Sinne nach so ein: Die und die Leute sind Schützen; die und die Leute sorgen für Munitionsnachschub. Die Züge bilden Spalier und sperren ab. Bei der Besetzung als Schützen wurde wiederum ich eingeteilt. [...] Die Exekution in Kiew ging ähnlich vor sich wie in Berditschew. Klamm war wohl in der Schlucht anwesend. Er hat uns diesmal aber nicht mehr vorgemacht, wie die Juden zu erschießen seien. Als die ersten Juden ankamen, wurde eben, auf irgendeinen Befehl hin mit dem Schießen begonnen. Es ist richtig, dass die Juden vom Schluchtrand bis zur Schluchtsohle anstanden und somit den gesamten Erschießungsvorgang mit ansehen konnten. Es ist richtig, dass diese Juden sich aufgrund der Schnelligkeit der Schützen ausrechnen konnten, wenn sie zur Erschießung an der Reihe waren. Meiner heutigen Erinnerung nach wurden die Juden in der Schluchtsohle angehalten, und, nachdem jeweils ein Opfer erschossen war, der nächste Jude zur Exekutionsstätte geschickt. Dabei ist es vorgekommen, dass manche Juden sehr schnell liefen, vermutlich, um den Erschießungsvorgang zu beschleunigen und nicht länger in Todesangst leben zu müssen. Andere Opfer wiederum gingen langsam, die Hände vors Gesicht gehalten, zum Schützen. Auch hier war die Reaktion der einzelnen Opfer verschieden. Ein Großteil ging gefasst in den Tod. Man hatte bei manchen den Eindruck, dass sie sich zur Erschießung geradezu drängten. Sie standen an, wie zu einem Löhnungsappell.«[389]

Karl Milz ist inzwischen routiniert. Er braucht keine Anweisungen mehr. Die Opfer werden so erschossen, wie sie kommen, und sie zeigen sich in der Sicht des Schützen kooperativ. Der ganze Vorgang scheint mittlerweile so eingespielt, dass der Schütze sich Gedanken über das unterschiedliche Verhalten der Opfer machen kann. Er vermutet Motive hinter dem schnellen Lauf zur Exekution; die Opfer, nimmt er an, wollen die Todesangst nicht länger als nötig ertragen, sondern so schnell wie möglich erschossen werden. Ja, sie drängen in Karl Milzs Erinnerung geradezu darauf, von ihm erschossen zu werden. Der Vorgang hat nun nichts Fremdes, Bedrohliches mehr an sich; der Schütze muss sich weder um die richtige Technik des Tötens mehr Gedanken machen noch sich in irgendeiner Weise überwinden. Ihm wird auch nicht mehr übel. Schepetowka, Berditschew, Winniza – die Stationen auf dem Weg zur Professionalisierung und Normalisierung des Tötens haben soviel Vollzugswissen vermittelt, dass selbst die gigantische Zahl der in der Schlucht von Babij Jar zu »erledigenden Fälle« kein Problem bildet. Gewöhnlich ist von einer zunehmenden »Brutalisierung« der Männer im Fortgang der Erschießungen die Rede;[390] psychologisch ist es angemessener, von *Normalisierung* zu sprechen. Sie werden nicht brutaler, es macht ihnen nur nichts mehr aus, brutal zu sein. Und was wir als »Brutalität« bezeichnen, ist ein funktionaler Aspekt der Tötungsarbeit.

Der geregelte professionalisierte Vorgang hat sich mittlerweile so sehr verselbständigt, dass Karl Milz die Bühne gar nicht mehr wahrnimmt, die sein eigenes und die anderen Kommandos aufgebaut haben und auf der die Akteure, die Täter wie die Opfer, sich verhalten. Er sieht nicht mehr, dass die Opfer von ihm und seinesgleichen systematisch in den Tod getrieben werden; er interpretiert sachkundig, expertenhaft, wie sie sich, verhalten oder drängend, seiner Behandlung zur Verfügung stellen. Mit dem Begriff Arbeit lässt sich am genauesten charakterisieren, was in Kiew vorgeht: die akkordhafte Tötung von am Ende 33 771 Menschen – Männern, Frauen und Kindern.

Der Bataillonsangehörige Friedhelm Hesse erinnert sich im Zusammenhang der Aktion in Kiew daran, dass »damals auch der Küchenwagen ausgerückt ist und wir am Einsatzort mit einem warmen Mittagessen versorgt wurden«. Hesse war nicht zur Erschießung eingeteilt. »Aus Neugierde«, wie er erzählt, habe er sich »mit noch einem Kameraden auf eine Böschung begeben«, von der aus sie bei den Exekutionen zuschauen konnten. Die Küche hatte, fällt ihm später ein, »Schnaps für das Schießkommando dabei und ausgegeben.«[391] Es gab auch andere Zuschauer. Max Wels berichtet, dass sich die Offiziere ebenfalls auf die Böschung begaben und »mit Ferngläsern die ganze Angelegenheit« beobachteten.[392]

»Ich habe mit einem russ. MP in Einzelfeuer erschossen. Es ist richtig, dass sich unter den Opfern, die ich zu erschießen hatte, Männer, Frauen und Kinder befanden. Dabei könnte das jüngste Kind etwa 4 – 5 Jahre alt gewesen sein.«[393] Karl Milz erschießt nach eigenen Angaben etwa 200 bis 300 Menschen, dann muß er »austreten«. Danach kehrt er nicht mehr in die Grube zurück, wird auch von niemandem dazu aufgefordert. Er hat seine Arbeit getan. Hier ist also ein Arrangement gefunden worden, das strukturell dem gewöhnlichen Vollzug einer beliebigen Arbeit gleicht. Dass Milze nach 200 bis 300 Morden nicht mehr schießen mag, geht nicht auf Übelkeit oder irgendeine Form des Widerwillens zurück, sondern darauf, dass er seinen Teil getan hat. Gesetzt den Fall, die Tötungen hätte je Opfer eine Minute gedauert, wäre Milze zu diesem Zeitpunkt auch schon drei bis fünf Stunden bei der Arbeit gewesen; eine Pause bzw. seine Ablösung durch einen anderen Schützen daher mehr als vertretbar. Wir sollten uns nicht vorstellen, wie Karl Milz nach diesen drei bis fünf Stunden aussah; wir sollten uns auch nicht vorstellen, wie hoch das Blut in der Schluchtsohle stand. Wir sollten uns vorstellen, dass die Männer nunmehr imstande waren, ihre Arbeit so sachlich zu betrachten, wie Karl Milz das noch 28 Jahre später wiedergeben konnte. Wahrscheinlich hat er sich am Küchenwagen erst mal ein Mittagessen geholt und ein bisschen mit Schnaps nachgespült. Das Verfahren gegen ihn ist eingestellt worden, weil er glaubhaft machen konnte, auf Befehl Klamms gehandelt zu haben.

Über Klamm selbst ist im Zusammenhang von Babij Jar relativ wenig zu erfahren. Er selbst gibt an, lediglich die Ausführung seiner Befehle überwacht zu haben. Allerdings war er derjenige, dem es zu lange dauerte, dass den Opfern vor der Exekution die Wertgegenstände einzeln abgenommen wurden. Er ordnete deshalb an, dass sich die Opfer der Einfachheit halber selbst zu entkleiden hatten, so dass Schmuck, Geld und andere Wertsachen später aus den Bergen von Kleidungsstücken herausgesucht werden konnten, die die Menschen am Eingang der Schlucht zurücklassen mussten. Klamm erweist sich hier wiederum als der Pragmatiker, als der er sich schon im Rahmen anderer Erschießungen gezeigt hat. Er selbst will sich außer an eine »unübersehbare Menge« von Opfern und an den Querschläger, der einen seiner Männer beim Zuschauen traf, an nichts im Zusammenhang von Babij Jar erinnern können. Vielleicht hatte diese Aktion für ihn jenseits der schieren Quantität nichts Besonderes mehr; sie wird einfach so effizient durchgeführt, wie es eben möglich ist.

Und wie stellte sich die Massenerschießung von Kiew für den Bataillonskommandeur Gutmann dar? Gutmann hatte vom Höheren SS- und Polizeiführer Friedrich Jeckeln schon einige Tage zuvor die Ankündigung erhalten, dass demnächst eine größere »Judenaktion« stattfinden sollte. Nachdem die designierten Opfer durch Plakate aufgefordert worden waren, sich am Sammelplatz, einer am Stadtrand gelegenen breiten Straße, einzufinden, traf dort, wie bereits erwähnt, eine unerwartet große Zahl von Personen ein: »Als ich zu dieser Straße kam, war eine unübersehbar große Menge von Menschen versammelt. Ich konnte gar nicht glauben, dass so etwas möglich war.«[394] Die Opfer wurden in einer Fabrikhalle gesammelt und am nächsten Morgen zur etwa einen Kilometer entfernt liegenden Exekutionsstätte geführt. »Von früh Morgens bis zum Dunkelwerden marschierten die Juden zum Exekutionsort. Es waren Tausende Männer, Frauen und Kinder. Am Eingang der Schlucht wurden sie von SS-Leuten nach oben an den Rand der Schlucht befohlen. Und von dort ist ununterbrochen den ganzen Tag über geschossen worden.«[395]

Gutmann scheint von den Dimensionen dieser Vernichtungsaktion nachhaltig beeindruckt, zeigt aber wie Karl Milz kein Zögern. Er ordnet an, was zu tun ist, begibt sich selbst an den Ort des Geschehens und überwacht den Ablauf: »Es wurde nach meinen Beobachtungen mit Pistolen und Karabinern auf die Menschen geschossen. Sie rutschten dann in die Mulde hinunter. Diese war schon ziemlich voll, an der Stelle, wo ich stand. Es schien so, dass nicht alle in den Mulde befindlichen Leute schon tot waren. Ich habe unten noch Schreie gehört. Es sollen auch abends noch Schreie darin zu hören gewesen sein. Es sind dann abends noch die Angehörigen einer Musikkapelle der Polizei zum Bewachen der Schlucht abgeordnet worden. Wie ich später gehört habe, soll doch noch einigen Juden die Flucht gelungen sein.«[396]

Auch hier wird deutlich, dass die Aktion, so grauenvoll sie von außen erscheint, von einem hohen Maß an Reguliertheit gekennzeichnet ist. Dass Opfer in der Grube, bedeckt von den Körpern anderer Opfer, überlebten und um Hilfe oder vor Schmerzen und Todesangst schrien, erzeugt im Unterschied zur Erschießung in Winniza keine Panikreaktionen. Das alles führt offenbar nicht einmal zur Beunruhigung der Beteiligten. Gutmanns Darstellung wirkt, als handele es sich hier um Durchführungsprobleme, die einfach der großen Zahl der Erschießungen geschuldet waren. Vielleicht wollte man den fabrikmäßigen Ablauf, wie Karl Milz ihn geschildert hat, nicht stören, indem man eigens »Gnadenschüsse« verteilte. Vielleicht schien es in diesem Fall ökonomischer, die Leute langsam sterben zu lassen oder sie dann zu erschießen, wenn sie sich unter den Toten herausgearbeitet hatten und die Schlucht zu verlassen versuchten. Wir wissen nichts darüber, was die Musiker in solchen Fällen getan haben, aber gerade deshalb können wir annehmen, dass sie ihre Aufgabe erfüllt haben – zu töten, wer noch lebte.

In den Vernehmungen macht Gutmann widersprüchliche Aussagen darüber, ob er einen Befehl gegeben hat, die zu exekutierenden Kinder zu zählen. Während er zunächst einen solchen Befehl abstreitet, gibt er später an, es sei möglich, dass er eine Zählung der Kinder befohlen habe, sich aber um das Ergebnis nicht mehr gekümmert habe. »Ich wüsste auch nicht, dass ich darüber eine Meldung erhalten hätte. Es dauerte ja den ganzen Tag und es waren zu viele.«[397]

Die Zahl der Ermordeten ist in der Ereignismeldung Nr. 100 festgehalten; insofern spricht viel dafür, dass entsprechende Zählungen angeordnet waren. Aber in der Durchführung der Aktion ist dies ein Detail, das als Routinehandlung dem Vergessen zum Opfer gefallen ist. Vielleicht ist das wichtig, weil man hier sehen kann, dass die Routine der Tötungsarbeit bereits so weit fortgeschritten ist, dass die Details keinen Eingang mehr in das Langzeitgedächtnis der Akteure gefunden haben. Aus der Gedächtnisforschung weiß man, dass lediglich das Bemerkenswerte, Unerwartete in Erinnerung bleibt. Das, was in regelmäßig ablaufenden Vorgängen immer wieder gleich ist, bewahrt das Gedächtnis nicht auf. In Babij Jar ist die Durchführung der Erschießungsaktionen so weit standardisiert, dass die Routine gegenüber dem Ungewöhnlichen überwiegt. Was den Beteiligten erinnerlich ist, ist die gigantische Zahl der Opfer und in Gutmanns Fall, dass Schreie von Überlebenden zu hören waren. Das ist ungewöhnlich, deshalb erinnert er sich daran, wie Karl Milz, der unten steht und die Einzelnen erschießt, sich daran erinnert, dass die Opfer zur Exekution »drängten«, wie es ihm vorkam. Auch die Erinnerung an dieses Detail ist eine Funktion des Ungewöhnlichen: Es ist Milze im Gedächtnis geblieben, weil es ihm bei der Arbeit vielleicht Stress bereitet hat, dass so schnell so viele nachkamen.

Übrigens wurde die Aktion von Kiew einige Tage später mit einer Unterhaltungsveranstaltung gewürdigt, an der unter anderem Gutmann und Klamm teilnahmen. Sie sollte dazu dienen, wie es hieß, die Männer auf andere Gedanken zu bringen. Bei dieser Party hielt der Höhere SS- und Polizeiführer Friedrich Jeckeln eine Rede, in der er die Massenmorde rechtfertigte und den Männern für ihre Mitwirkung dankte.[398]

Kinder

> *»Ich habe mich nicht für berechtigt gehalten –*
> *das betrifft die jüdischen Frauen und Kinder –,*
> *in den Kindern die Rächer groß werden zu lassen,*
> *die dann unsere Söhne und Enkel umbringen.*
> *Das hätte ich für feige gehalten.*
> *Folglich wurde die Frage kompromisslos gelöst.«*
>
> Heinrich Himmler

Die Erschießung von Kindern öffnet ein besonderes Kapitel in der mörderischen Geschichte des Bataillons 45. Während die Beteiligten mit der Ermordung von Männern und Frauen nach einer gewissen Eingewöhnungszeit wenig Probleme hatten, blieb die Erschießung von Kindern offenbar immer der unangenehmste Teil der

Aufgabe. Entsprechende Schilderungen tauchen in den Vernehmungen an vielen Stellen auf, vermutlich, weil viele der Männer selbst Kinder hatten, weil die Ermordung von Kindern noch am allerwenigsten in einen militärischen oder polizeilichen Referenzrahmen einzuordnen war oder ganz einfach, weil die mit den Kindern verbundenen Szenen an den Gruben und Zisternen noch am deutlichsten eine Art von psychosozialer Nähe zwischen Tätern und Opfern herstellten. Dieser gefühlten Nähe konnten sich einige der Täter nur mit Mühe entziehen. Die entsprechenden Schilderungen sind die grauenhaftesten in den Vernehmungen überhaupt, aber man muss festhalten: Dieses Grauen richtete sowenig wie die genannten Faktoren etwas daran aus, dass die Morde vollzogen wurden, dass die Männer in der Lage waren, ihre Arbeit zu verrichten, *obwohl* sie emotionale Probleme damit hatten.

Die Erschießungsaktionen haben einen Rahmen etabliert, in dem das Töten der Kinder schließlich nicht mehr war als eine Konsequenz aus der praktischen Einsicht, dass die Ermordung der Juden erstens sinnvoll und zweitens machbar war; in der tödlichen Logik dieses Rahmens erschien es denn auch folgerichtig, die Kinder zu töten, wenn man schon die Eltern umbrachte: Was hätte man mit ihnen denn jetzt schon noch machen können? Wie sich diese tödliche Logik voll entfaltet, lässt sich anhand eines besonderen Falles, der Kindererschießung von Belaja-Zerkow, deutlich erkennen.

In diesem relativ gut dokumentierten Fall wird sichtbar, dass sich durch die Tötungsgewalt selbst innerhalb weniger Monate ein sozialer Mikrokosmos etabliert hatte, der eine mörderische Logik entfaltete, die nicht zu unterbrechen war. Mitte August 1941 waren in der westlich von Kiew gelegenen Kleinstadt von ca. 15 000 Einwohnern fast alle Juden getötet worden, und zwar vom Sonderkommando 4a, das unter der Führung des SS-Standartenführers Paul Blobel stand, der im Zivilberuf Architekt war. Aufgrund nicht weiter aufklärbarer Umstände hatte man im Rahmen der Erschießungsaktionen eine Anzahl von Kindern der Opfer nicht getötet, sondern in ein Haus im Stadtgebiet von Belaja-Zerkow gebracht, wo sie ohne Nahrung und Wasser sich weitgehend selbst überlassen blieben. Das Haus wurde von einem ukrainischen Posten bewacht.

Es waren etwa 90 Kinder, vom Säugling bis zu Sechsjährigen. Das Haus erregte einiges Aufsehen, unter anderem bei deutschen Wehrmachtssoldaten, die das Weinen der Kinder gehört hatten und zunächst die Kriegspfarrer Tewes und Wilczek verständigten. Die sahen sich das Haus an und unterrichteten daraufhin den Divisionspfarrer Dr. Reuss, um diesen zu einer Meldung an die zuständige Dienststelle zu veranlassen, weil sie den Zustand unhaltbar fanden.

Reuss verständigte den Oberstleutnant im Generalstab, Helmuth Groscurth. Dieser begab sich in Begleitung des Divisionspfarrers und einiger anderer Männer am Nachmittag des 20. August 1941 zu dem Haus. In seinem späteren Bericht lieferte er die folgende Beschreibung über das, was die Gruppe vorfand: »Das Haus war von der Straße aus zu sehen, das Gewimmer der Kinder zu hören. [...] Die Räume waren angefüllt mit etwa 90 Kindern und mehreren Frauen. Im hintersten Zimmer, in dem fast nur Säuglinge lagen, machte eine Frau sauber. In den übrigen Zimmern herrschte ein unbeschreiblicher Schmutz, Lumpen, Windeln, Unrat lagen umher. Zahllose Fliegen bedeckten die teilweise nackten Kinder. Fast alle Kinder weinten oder wimmerten. Der Gestank war unerträglich.«[399]

Die deutschen Soldaten, die auf dem Hof gestanden hatten, hatten Groscurth zuvor berichtet, dass am vorangegangenen Abend bereits zwei Lastwagenladungen mit Kindern zur Erschießung abtransportiert worden waren. Nach Besichtigung der Räume traf die Gruppe einen Oberscharführer des SD im Treppenhaus, der von Groscurth gefragt wurde, was denn hier eigentlich vorginge. Der Divisionspfarrer erinnerte sich später an diese Situation: »Er antwortete, sie hätten einen Sonderauftrag des Führers durchzuführen und wies auch einen Ausweis vor. [...] Ich erinnere mich aber daran, dass ich die Frage stellte, ob mit den Kindern, die bereits abtransportiert waren, dasselbe geschehen sei [wie mit den Erwachsenen]. Ich kann mich nicht mehr genau erinnern, ob der SS-Mann unklare Antworten gab oder ob er überhaupt schwieg. Von Oberstleutnant Groscurth aufgefordert zu antworten, sagte er: ›Dasselbe‹. [...] Alle Herren waren über die Zustände sehr erschüttert und Groscurth sorgte danach für Abhilfe. Die Kinder wurden versorgt. Einheiten der Division wurden zur Bewachung abgestellt, damit die

Kinder nicht weggebracht werden konnten. Wir haben dann das Haus wieder verlassen.«[400]

Groscurth riskiert einen massiven Konflikt mit SD und SS, indem der die Fortsetzung der Kindererschießung verhindert und eine zumindest notdürftige Versorgung der Kinder veranlasst. Diese Maßnahmen hatte er ergriffen, nachdem er den Feldkommandanten Oberstleutnant Riedl aufgesucht hatte, um das weitere Vorgehen zu besprechen. Der hatte ihm aber lediglich achselzuckend mitgeteilt, dass er auf die »Anordnungen des Obersturmführers [...] keinen Einfluß« habe und keinen Handlungsbedarf sehe. Groscurth erklärte ihm, dass der Vorgang »bereits unter der Truppe zu erheblicher Kritik geführt habe, da die in der Nähe einquartierten Soldaten die ganze Nacht das Gewimmer der Kinder gehört hatten. Ich verlangte weiter, dass die Durchführung des Abtransports unauffällig erfolgen müsse. Ich erklärte mich bereit, Truppen der Division zur Verfügung zu stellen, falls die Fachkräfte des Feldkommandanten nicht ausreichen sollten. Ich erklärte weiter, dass ich die Heeresgruppe sofort unterrichten würde zur Herbeiführung einer Entscheidung, ob die Erschießungen der Kinder fortgesetzt werden sollten.«[401]

Groscurths Ausführungen sind auf den ersten Blick irritierend: Geht es ihm um die Verhinderung der Erschießung der verbliebenen Kinder oder wenigstens um einen Aufschub, um Zeit für eine Lösung zu gewinnen, oder geht es ihm bloß darum, dass die Aktion unauffälliger stattfindet als unter den gegebenen Umständen? Der Kontext der Situation, die Nachkriegsaussagen des damaligen Divisionspfarrers und späteren Weihbischofs Reuss wie auch die Persönlichkeit Groscurths[402] sprechen dafür, dass er in seinem Bericht strategisch argumentiert. Die Absicht, die Erschießung zu verhindern, wäre vom Generalstab kaum akzeptiert worden, zumal Groscurth mit seiner eigenmächtigen Verhinderung eines weiteren Abtransports der Kinder ohnedies schon einen massiven Konflikt mit SS und SD heraufbeschworen hatte.

Groscurth hatte am Abend des 20. August den Vorfall an den Divisionskommandeur gemeldet und um einen Entscheid zur Aufschiebung der Erschießung gebeten. Dem war eine offenbar heftige Auseinandersetzung mit Martin Fasse, Obersturmführer der SS und Führer des für die Erschießung zuständigen Sonderkommandos, vorausgegangen, der einen schriftlichen Befehl der Division forderte, dass die Aktion unterbrochen sei. Da es einen solchen Befehl nicht gab, erklärte Groscurth, dass dieser bislang noch nicht übermittelt, aber in Kürze zu erwarten sei. Daraufhin drohte Fasse, wie Groscurth schreibt, »in einer wenig militärischen Form, er müsse diese Angelegenheit seiner vorgesetzten Dienststelle melden. Er habe klaren Befehl, die Maßnahmen durchzuführen.«[403]

Die Tiefe des hier entstandenen Konflikts kommt unter anderem darin zum Ausdruck, dass zwischenzeitlich ein LKW mit Kindern beladen worden war und abfahrtbereit vor dem Haus stand. Groscurths Spiel auf Zeit ist schließlich erfolgreich, wenn auch nur vorläufig – der Entscheid zur Aufschiebung trifft tatsächlich ein, die Kinder werden wieder abgeladen und zurück ins Haus gebracht. Die Divisionsführung hatte aber zugleich eine Besprechung angeordnet, die am nächsten Vormittag zwischen SS-Standartenführer Blobel, dem Kommandoführer Fasse, dem Feldkommandanten Riedl sowie dem Abwehroffizier Hauptmann Luley und Groscurth selbst stattfinden sollte.

Soweit die Quellen über diese Besprechung Auskunft geben, machen sie deutlich, dass Groscurth keine Chance hatte, eine weitere Aufschiebung oder gar eine Aussetzung der Erschießung zu erreichen, da die anderen Beteiligten sich darüber einig waren, dass Groscurths Intervention völlig unpassend war. Blobel warf Groscurth vor, dass die Wehrmacht nur in den Angelegenheiten der SS »schnüffeln« wolle, »Riedl betonte, dass er die Ausrottung der Juden, auch der Frauen und Kinder, für dringend erforderlich halte, und bemängelte die entstandene lange Verzögerung.«[404] Hauptmann Luley war der Ansicht, dass sich Divisionspfarrer besser »um die Seelsorge der Soldaten kümmern« sollten und nicht um solche Dinge. Angesichts dieser Stimmungslage sah Groscurth keine Möglichkeit mehr, sein Ansinnen durchzusetzen. Die Besprechung endete mit einer Diskussion über die Einzelheiten der nunmehr durchzuführenden Erschießung; daran nahm Groscurth schon nicht mehr teil. In seinem Bericht hielt er fest, dass »im vorliegenden Falle […] Maßnahmen gegen Frauen und Kinder ergriffen [worden sind], die sich in nichts unterscheiden von den Greueln des Gegners, die fortlaufend der Truppe bekannt gegeben werden. [...] Zur Aufrechterhaltung der Manneszucht ist es erforderlich, dass alle ähnlichen Maßnahmen abseits der Truppe erfolgen.« Und er fügte abschließend an: »Aus der Erschießung der gesamten Judenschaft der Stadt ergab sich zwangsweise die Notwendigkeit der Beseitigung der jüdischen Kinder, vor allem der Säuglinge. Diese hätte sofort mit Beseitigung der Eltern erfolgen müssen, um diese unmenschliche Quälerei zu verhindern. Eine anderweitige Unterbringung der Kinder [die Groscurth offenbar recherchiert und vorgeschlagen hatte] wurden vom Feldkommandanten und vom Obersturmführer für unmöglich erklärt, wobei der Feldkommandant erklärte, diese Brut müsse ausgerottet werden.«[405]

Wiederum fügt Groscurth einige strategische Sätze in seine Argumentation ein, aber mit seiner Formulierung über die Maßnahmen, die den »Greueln des Gegners« entsprächen, sowie mit seinem Hinweis auf die Haltung des Feldkommandanten gibt er deutlich zu erkennen, dass er das ganze Vorgehen entschieden ablehnt. Diese Botschaft kommt auch beim Adressaten seines Berichts an, dem Oberkommandierenden der 6. Armee, General von Reichenau, der in seiner Stellungnahme zu Groscurths Bericht dessen inkriminierende Bemerkung zu den »Greueln« als »ungehörig und unzweckmäßig« bezeichnet und abschließend bemerkt: »Der Bericht wäre überhaupt besser unterblieben.«[406]

In der Tat handelt es sich sowohl bei Groscurths Vorgehen wie bei seinem Bericht um einen Vorgang, der normalerweise zu diesem Zeitpunkt gar nicht mehr vorkam. Besonders bemerkenswert ist nämlich, dass Groscurth sich explizit und trotz erheblicher Widerstände gegen das Vorgehen von SS und SD wendet und zunächst damit erfolgreich ist. Dass seine Intervention im Ergebnis aber eine Niederlage ist und ihm das Missfallen von Reichenaus einträgt, dürfte allerdings symptomatisch sein – folgt doch die schließliche Ermordung der Kinder allgemein dem Gesamtrahmen der Vernichtungsstrategie gegenüber der jüdischen Bevölkerung und im Besonderen der tödlichen Logik, dass man mit den Kindern nichts anzufangen weiß, wenn die Eltern bereits ermordet sind. In dieser tödlichen Logik dreht sich der entstandene Konflikt am Ende um die Frage, wer denn eigentlich nun für die Verzögerung und die damit verbundene »unmenschliche Quälerei« der Kinder die Verantwortung trage: das Sonderkommando, das die Arbeit ja fortführen wollte, oder die Wehrmacht in Gestalt von Groscurth? Und wer habe nun schließlich dafür Sorge zu tragen, dass die Sache zu Ende gebracht wird?

Groscurth hatte zum Zeitpunkt der Erörterung dieser Frage die Szene bereits verlassen. Oberstleutnant Luley erklärte nun, »dass der Oberbefehlshaber angeordnet habe, dass in seinem Befehlsbereich die bezüglich der Juden gegebenen Befehle restlos und vollständig durchgeführt werden.«[407] Das hatte schlicht die Konsequenz, dass die verbliebenen Kinder nun unverzüglich zu erschießen seien, und es blieb lediglich die Frage, wer das ausführen sollte. Blobel schlug vor, dass dies die Waffen-SS zu übernehmen habe, woraufhin Fasse (nach eigener Darstellung) einwandte: »›Das sind alles junge Männer; wie sollen wir es vor denen verantworten, wenn sie kleine Kinder erschießen?‹ Daraufhin sagte er [Blobel]: ›Dann nehmen sie doch ihre Männer.‹ Auch jetzt sagte ich wieder: ›Wie sollen die das tun, die haben doch auch kleine Kinder.‹ Dieses Tauziehen hat etwa 10 Minuten gedauert.«[408]

Fasse schlägt schließlich vor, »dass die ukrainische Miliz des Feldkommandanten die Kinder erschießen solle«[409], worauf man sich einigen kann. Fasse überwacht dann die anschließende Erschießung. Diese fand an derselben Stelle statt, »wo die Erwachsenen und die erste Rate der Kinder erschossen worden sind.« Fasse war zwischenzeitlich schon vor Ort gewesen, weil ihn einer seiner Männer darauf aufmerksam gemacht hatte, dass »in gewissen Zeitabständen an der Erschießungsstelle Fontänen einer Flüssigkeit aus Wasser und Blut hochspritzte.«[410]

Martin Fasse hat in seinen eigenen Vernehmungen den Fall von Belaja Zerkow so darzustellen versucht, dass er selbst prinzipiell gegen die Erschießung der Kinder gewesen sei, die schließlich durch das Eingreifen von Groscurth veranlasst worden sei – wobei ihm selbst dann die undankbare Aufgabe zugekommen sei, für die Ausführung zu sorgen. Der tatsächliche Vorgang hingegen dürfte jenem entsprechen, den Groscurth berichtet hatte. Wenn man sich das Handeln der beteiligten Akteure noch einmal genau vor Augen führt, ist diese Situation unter drei Gesichtspunkten bemerkenswert: Durch den Umstand, dass die Kinder nicht sofort erschossen wurden, war überhaupt etwas an der »Judenaktion« von Belaja Zerkow unangenehm aufgefallen. Ein Problem entstand ja erst dadurch, dass sich zunächst Wehrmachtssoldaten über das Schreien und Weinen der Kinder erregten und dass dann die hinzugezogenen Pfarrer den Zustand, in dem die Kinder sich befinden, so unhaltbar fanden, dass sie weitere Schritte veranlassten, durch die dann Groscurth ins Spiel kam. Zweitens ist ungewöhnlich, dass ein Wehrmachtsoffizier so massiv interveniert, dass die Aktion tatsächlich unterbrochen wird und ein Konflikt entsteht. Drittens aber ist zu diesem Zeitpunkt, im letzten Augustdrittel des Jahres 1941, das Töten bereits so alltäglich geworden, dass keine andere Lösung mehr vorstellbar ist, als die zu Waisen gewordenen Kinder ebenfalls zu erschießen. Blobel und Fasse hätten darin ohnehin kein Problem gesehen, der Feldkommandant Riedl war ebenfalls von der Notwendigkeit der »Maßnahmen« überzeugt, und das Oberkommando der Armee hatte offenbar nicht das geringste Interesse daran, einen Konflikt mit dem SD und der SS eskalieren zu lassen, wenn es dabei lediglich um die Erschießung jüdischer Kinder ging.

Man sieht, dass sich das mörderische Handlungsgefüge zu diesem Zeitpunkt bereits so verstetigt hatte, dass eine Intervention keine Chance auf Erfolg mehr hat. Vielleicht hätte es Groscurth in einem unauffälligeren Fall gelingen können, zwei oder drei Kinder heimlich zu retten, aber ein öffentliches Unterbinden der Tötung von 90 Kindern, über die das praktische Todesurteil bereits gesprochen und seine Vollstreckung bereits im Gange war, lag ganz außerhalb seines Handlungsspielraums. Mit anderen Worten: Vor dem Hintergrund des institutionellen Konflikts zwischen Groscurth auf der einen und Blobel bzw. Fasse auf der anderen Seite ist schon längst verblasst, dass es überhaupt noch eine grundsätzliche Frage in Bezug auf die »Aktionen« geben könnte, auch dann nicht, wenn es um Kinder geht. Symptomatisch ist vielmehr, dass Groscurths Eingreifen lediglich noch einen moralischen Spalt in die schon ausgemachte Situation geschlagen hatte: Denn nun mochte eigentlich niemand mehr die Kinder direkt töten, weshalb Fasse ja auf die Idee kam, dies doch die ukrainischen Milizen erledigen zu lassen, was sofort allgemeine Zustimmung fand. Insofern war Groscurths couragiertes Handeln gerade noch dazu angetan, die übrigen Akteure damit zu konfrontieren, dass sie etwas Unmoralisches zu tun im Begriff waren, weshalb aus ihrer Sicht die Lösung folgerichtig im Delegieren der Tat an die Ukrainer bestand.

Im Ergebnis freilich wurden die 90 Kinder genauso ermordet wie unter anderen Umständen auch – im gegebenen Referenzrahmen des Tötens womöglich sogar quälender (durch die Verzögerung) und brutaler (durch die ukrainische Miliz), als es ohne die Intervention Groscurths der Fall gewesen wäre. Das aber heißt, dass sich mittlerweile ein Handlungsrahmen herausgebildet hat, in dem Interventionen nur noch immanent folgenreich sind, während das Töten selbst völlig alternativlos ist. Die situative Dynamik des Tötens hat mithin einen Handlungsspielraum etabliert, der vielleicht noch individuelle – also geheime, getarnte und partikulare – Rettungsaktionen zuließ, aber keine Auseinandersetzung mehr über das Ermorden von Männern, Frauen und eben Kindern selbst.

Diese Situation liegt bereits zwei Monate nach dem Beginn des Vernichtungskrieges vor, und das sagt etwas darüber aus, dass Gewalt Strukturen schafft, die die Handlungsspielräume der Akteure nachhaltig bestimmen. Das ist keine Entschuldigung der Täter, sondern Teil der Logik der Tötungsarbeit, die sie selbst in Gang gesetzt haben und fortschreiben.

Groscurth, offenbar tief entsetzt über seine Niederlage, schreibt am 6. September, nachdem er die vernichtende Stellungnahme von Reichenaus erhalten hat, an den Oberstleutnant im Generalstab Kleikamp, dass nicht nur er selbst, sondern erhebliche Teile der älteren und jüngeren Offiziere und Mannschaften seine Feststellung teilten, dass die exekutierten Maßnahmen den Gräueln der Gegner entsprächen. Er selbst stehe »weiterhin auf dem Standpunkt, dass es bisher ein Vorzug des Deutschen blieb, dass ihn sein Idealismus davor bewahrt hat, sich im Völkerverkehr jeder Sittlichkeit enthoben zu glauben«.[411] Kleikamp, der sich in den sechziger Jahren überhaupt nicht mehr an den Vorgang erinnern konnte, antwortete am 8. September, dass er die delikate Angelegenheit für abgetan halte. »In der augenblicklichen Situation«, schreibt er in lapidarem Doppelsinn, »ist es besser, zu begraben, was sich nicht ändern lässt.«[412]

Zurück zum Bataillon 45: Grundsätzlich gab es im Zusammenhang der Ermordung von Kindern individuell sehr unterschiedliche Reaktionen und Haltungen, die im Grundsatz den Differenzierungen gleichen, die wir schon im Umgang mit den Erschießungen von Erwachsenen vorgefunden haben. Engelbert Klamm etwa berichtet von einem »Kleinstkind«, auf das von einem Schützen schon mehrfach gefeuert worden war, das aber immer noch lebte. Angesichts dieses Problems trat Klamm in die Grube, drehte das Kind vom Bauch auf den Rücken. »Eigenartigerweise war das Kind vorne nicht schwer verletzt. Der Ausschußkanal war fast wieder geschlossen. Man sah nur, dass das Kind blutete. Ich war vollkommen ratlos und habe noch einige Schüsse auf das Kind abgegeben und zwar solange, bis ich das Gefühl hatte, das Kind lebt nicht mehr.«[413] Diese Geschichte wird auch von Ewald Böhm bestätigt: »Ich habe es selber gesehen, dass auf ein Kleinkind im Alter von etwa 1 ½ Jahren zweimal von einem Schützen unserer Kompanie [...] geschossen wurde. Das Kind lebte aber immer noch. Klamm war anwesend, bemerkte, dass die Kinder ein zäheres Leben hätten, und gab dann den Gnadenschuß mit seiner Pistole.«[414]

Wie man sieht, betrachtet Klamm das nicht getötete Kind im Rahmen des von ihm gepflegten Pragmatismus als ein Problem, das zu lösen ist. Seine Ratlosigkeit ist eine technische, die sich auf den ausbleibenden Effekt der vorangegangenen Erschießungsversuche richtete. Generell herrschte unter den Männern die Auffassung, dass Kinder mehr Widerstandskraft aufbrachten als Erwachsene, also schwieriger zu töten waren.[415] Man sollte hier aber auch im Sinn behalten, dass die damit zusammenhängenden Schilderungen im Rahmen von Vernehmungen gemacht werden, die Jahrzehnte nach den Ereignissen stattfinden (was nebenbei bedeutet, dass diese Männer mit dem Wissen um das, was sie getan haben, unspektakulär und vermutlich komfortabel leben konnten). Gerade im Zusammenhang der Ermordung von Kindern werden die Angeklagten und Zeugen alles daran gesetzt haben, als mitfühlend, entsetzt und distanziert vom Grauen zu erscheinen. Bei Klamm finden sich die entsprechenden Schilderungen immer mit der Begründung, er habe geschossen, um den Opfern, entsprechend auch dem Kind, »unnötiges« Leiden zu ersparen.[416] Dass dies eher unwahrscheinlich und sein Pragmatismus auch Teil einer Selbstdarstellungsstrategie ist, erschließt sich dann, wenn bekundet wird, Klamm habe »unsittliche oder lächerliche Witze über eine erschossene Jüdin gemacht, die schwanger war und deren Leib sich nach der Erschießung noch bewegt hat.«[417]

Friedhelm Hesse berichtet von einem Schuljungen, der in der Grube herumlief und dem nicht verständlich zu machen war, dass er sich hinlegen und umbringen lassen sollte. Auch in diesem Fall übernahm Klamm, veranlasste den Jungen, sich hinzulegen, »ließ sich dann von einem Polizisten, der sich auch in der Nähe aufhielt, den Karabiner reichen und hat den am Boden liegenden Schulbuben durch Genickschuß getötet. Das habe ich mit eigenen Augen gesehen, und dieses Bild vergesse ich mein Leben lang nicht.«[418]

Auch anderen Männern macht Klamms brutaler Umgang gerade mit Kindern Probleme. Ottokar Schönfeld berichtet im Zusammenhang der Aktion in Berditschew, dass ihm »besonders noch ein Mann in Erinnerung [sei], der einen kleinen, etwa 4-jährigen Juden im Arm trug und zur Erschießungsstätte ging. Dort wurde er von Klamm, das weiß ich bestimmt, erschossen. Ich habe diesen Vorfall deshalb noch so in Erinnerung, weil der Jude in meinem Alter war und ich selbst zu Hause einen etwa gleichaltrigen Jungen hatte.«[419]

Schönfeld nimmt also wahr, was geschieht, und kann sich, obwohl er sogar von dem Kind als »Juden« spricht, einer Identifikation mit den beiden Opfern nicht entziehen. Hier bemerkt man gleichsam am abweichenden Fall, dass solche Identifikationen mit den Opfern in den Vernehmungsprotokollen nur sehr selten zu finden sind. Die Männer stellen nur im Ausnahmefall eine Beziehung zwischen sich und ihren Opfern her, und dass sie das normalerweise nicht tun, ermöglicht es ihnen im Regelfall umstandslos und, mit wachsender Gewöhnung, ohne emotionale Beteiligung zu töten. Zu den Morden in Babij Jar, als das Töten bereits eine routine- und akkordförmige Arbeit geworden war, finden sich erstaunlich wenig Äußerungen zur Ermordung von Kindern, obwohl es sogar vorkam, »dass die Mütter ihre Kinder den Schützen vor die Füße legten und sie baten, gut zu schießen«[420] – ein bedrückender Hinweis darauf, dass die Mörder selbst daran nichts Bemerkenswertes mehr fanden.

Probleme mit Kindererschießungen werden öfter im Zusammenhang von Exekutionen berichtet, die Babij Jar vorausgingen.

Strukturell sind sie fast alle identifikatorischer Art: »Besonders ergreifend für mich war auch das Erlebnis, als ich im Zusammenhang mit einer Absperrung [...] in der Judenkolonne eine Familie vorüberziehen sah, wozu auch ein kleines etwa 12 Jahre altes Mädchen gehörte. Ich musste dabei unwillkürlich an meine gleichaltrige und ebenfalls blonde Tochter denken. Mir sind damals die Tränen gekommen und heute auch wieder, weil ich ja wusste, was mit diesen armen und wehrlosen Menschen passiert, nämlich, dass sie erschossen werden.«[421] Martin Fasse berichtet von einem Erlebnis, an dem er, wie er sagt, »sehr schwer« trage: »Insbesondere ist mir ein Erlebnis mit einem kleinen blonden Mädchen in Erinnerung, das mich an der Hand nahm. Es wurde später auch erschossen. Das hat mich am meisten erschüttert.«[422]

Ein Schütze des Sonderkommandos 11a berichtet das Folgende: »Wie ich bereits angegeben habe, mussten wir zunächst Männer erschießen. Später kamen die Frauen und Kinder. Bei dieser Exekution spielten sich unbeschreibliche Szenen ab. Ich selbst erinnere mich noch, dass ich auf eine Frau schießen musste, die noch versuchte, ihr kleines Baby dadurch vor dem Tod zu schützen, dass sie das Kind an ihre Brust drückte. Ich vermag hier mit Worten nicht zu schildern, was in diesem Augenblick in mir vorgegangen ist. Kurz darauf hätte ich einen 7 bis 8jährigen Jungen erschiessen sollen. Als wir die Gewehre anlegten, sah ich noch, wie sich der Junge hilfesuchend nach mir umdrehte. In diesem Augenblick hatte ich das Gefühl, mein eigenes Kind erschiessen zu müssen.«[423]

Eine ähnliche Konfrontation erlebt Wolfgang Trautmann mit einem älteren Mädchen, das sich direkt an ihn wendet: »Mir ist in Erinnerung geblieben, dass ein sechzehnjähriges Mädchen sich vor mich hinkniete und mich fragte, warum sie sterben müsse. Ich entgegnete, dass ich ihr das auch nicht klarmachen und ihr nicht helfen könne. Während ich mit diesem Mädchen diese wenigen Worte wechselte, brüllte es schon von der Grube her, warum es stocken würde. Dieses Mädchen hat mir in der Seele leid getan, denn ich konnte ihr doch nicht helfen.«[424]

Neben der Beschreibung solcher Gefühle des Mitleids, die aber de facto folgenlos bleiben – die Kinder werden alle erschossen –, finden sich detaillierte Beschreibungen der ostentativen Grausamkeit von anderen. »Besonders bei der Erschießung von Kindern habe ich die grauenhafte Erinnerung, dass diese Kinder an den Haaren gepackt und dann erschossen wurden. Dabei ist es vorgekommen, dass dem Schützen die Schädeldecke mit den Haaren in der Hand blieb, während das Kind in die Grube fiel. Das habe ich einmal gesehen.«[425]

Berichte über die Ermordung von Kindern finden sich aber auch in Briefen in die Heimat, was gewiss etwas darüber aussagt, auf welchen Referenzrahmen von Normalität die Autoren Bezug nahmen. Ein besonders frappierendes Beispiel ist das folgende, das der Polizeisekretär Walter Mattner am 5. Oktober 1941 geliefert hat, in einem Brief an seine Frau: »Bei den ersten Wagen [mit Opfern] hat mir etwas die Hand gezittert, als ich geschossen habe, aber man gewöhnt [sich an] das. Beim zehnten Wagen zielte ich schon ruhig und schoß sicher auf die vielen Frauen, Kinder und Säuglinge. Eingedenk dessen, dass ich auch 2 Säuglinge daheim habe, mit denen es diese Horden genauso, wenn nicht zehnmal ärger machen würden. Der Tod, den wir ihnen gaben, war ein schöner, kurzer Tod, gemessen [an] den höllischen Qualen von Tausenden und Abertausenden in den Kerkern der GPU. Säuglinge flogen in großem Bogen durch die Luft, und wir knallten sie schon im Fliegen ab, bevor sie in die Grube und ins Wasser flogen.«[426]

Hinsichtlich der Reihenfolge der Erschießung von Müttern und Kindern gab es verschiedene Varianten. Ich habe schon den Angehörigen des Bataillons 101 zitiert, der nur Kinder ermordete, weil er der Auffassung war, dass die Kinder ohne die von seinem Kameraden getöteten Mütter sowieso nicht mehr überlebensfähig waren. Im Sonderkommando 7a war generell angeordnet, »bei Müttern mit Säuglingen zuerst die Frauen zu erschießen, damit diese nicht kurz vor ihrem eigenen Tod die Tötung ihres Kindes erleben müssten.«[427] Karl Milz macht es andersherum: »Es wurde irgendeinmal gesagt, dass bei der Erschießung von Frauen und Kindern zuerst die Kinder und dann erst die Frauen zu erschießen seien, damit die Kinder den Tod ihrer Mutter nicht mit ansehen mussten. Das war zwar keine generelle Anordnung. Ich habe mich aber daran gehalten, um keine unnötigen Quälereien zu verursachen.«[428] Max Wels bestätigt das: »Weiterhin darf ich anführen, dass bei der Erschießung zuerst die Kinder und dann erst die Frauen und Mütter erschossen wurden«[429] – wobei dafür allerdings keine Begründung gegeben wird. Vielleicht blieben die Mütter »gefasster« und damit selbst leichter zu töten als die Kinder, die in wilde Panik ausgebrochen sein müssen, nachdem sie mit angesehen hatten, wie ihre Mütter umgebracht wurden.

In einem Bericht, der sich auf den Herbst 1942 bezieht, heißt es: Wenn Mütter und Kinder zu erschießen waren, »wurde es so gehandhabt, dass zunächst die Kinder und dann die Mütter erschossen wurden. Dies deshalb, um zu verhindern, dass die Kinder nicht noch mehr Geschrei vollführen konnten. [...] Bei den Erschießungen von Müttern und Kleinkindern wurde es so gehandhabt, dass den Müttern erklärt wurde, sie hätten das oder die Kinder neben sich zu legen und nötigenfalls festzuhalten, dass die Erschießung ohne Schwierigkeiten vor sich gehen könne.«[430]

Das Finden von funktionalen Arrangements der Tötungsarbeit ist ein Produkt von Erfahrung, die die Männer mit unterschiedlichen Varianten von Erschießungen gemacht haben. Das funktionalste Arrangement setzt sich durch und wird in den folgenden Exekutionen als Regelverfahren angewendet. In diesen Höllenkreis gehört etwa die bereits erwähnte Erfahrung, »dass auf Kinder öfters geschossen werden musste, weil sich die Kinder nach der Schußabgabe immer noch bewegten.«[431]

In Winniza erwies es sich als probat, die Kinder von den Müttern über den Zisternenrand halten zu lassen, also ebenfalls erst die Kinder, dann die Mütter zu erschießen. »Es wurden dann jeweils vor den Augen der Mütter erst das Kind und dann die Mütter erschossen.«[432] Es ist eine technische Rationalität, die solchen Arrangements zugrunde liegt, und zugleich wird klar, dass keine Aufgabe grauenhaft genug war, um *nicht* durchgeführt zu werden. Und jede Aufgabe öffnete die Alternative, sie »besser« oder »schlechter« auszuführen, wie es etwa schon anhand der Suche nach einem geeigneten Arrangement für das Töten von Erwachsenen zu sehen war. Es entwickeln sich selbsternannte Tötungsexperten wie Klamm, die ihr Vollzugswissen stolz demonstrieren.

Herbert Jäger erwähnt einen Fall, wo bei einer »Durchkämmungsaktion« eine ältere Frau mit einem Kind sich weigerte, die

Verstecke anderer Juden zu verraten. »Als sie die Verstecke ihrer Leidensgenossen nicht preisgeben wollte, riß ihr einer der Männer das Kind vom Arm, packte es an den Beinen und zerschmetterte den Kopf an einem Türpfosten. Die Frau, völlig aus der Fassung gebracht, ließ sich daraufhin das Versteck entlocken. Der Täter soll die Tat seinen Kameraden gegenüber mit den Worten kommentiert haben: ›Man muß es eben nur verstehen!‹«[433]

Das Zerschmettern von Kindern wie in diesem Beispiel taucht in der Literatur häufig auf. Ich möchte darauf nicht näher eingehen. Meistens werden solche Akte ausgesuchtester Brutalität den jeweiligen einheimischen Hilfsmannschaften zugeschrieben; die Erzähler distanzieren sich dann von solcherart offensichtlicher »Unmenschlichkeit«. Aber auch das heißt leider nur, dass – analog zur »Verkürzung des Leidens der Opfer« durch Gnadenschüsse oder durch ausgeklügelte Tötungsarrangements – überhaupt kein normativer Rahmen mehr in Geltung war, der den Männern das absolut Verbrecherische ihres eigenen Tuns, die Tatsache, dass sie zu Kindermördern geworden waren, noch hätte signalisieren können.

Ich glaube nicht, dass sich dieser Verlust von moralischer Urteilsfähigkeit als »moralische Korrumpierung«, »Brutalisierung«, »Verrohung« o. ä. zutreffend charakterisieren lässt. Der soziale Handlungsrahmen hat sich innerhalb weniger Monate als Ganzer verschoben, er erfährt auch keinerlei Korrektiv von außen. Die Männer handeln in einem Mikrokosmos, in dem Differenzen hinsichtlich der Durchführung, aber Einigkeit über die Notwendigkeit der Aktionen herrscht. Die Praxis selbst verändert die normative Perspektive; es geht nun nicht mehr um die Frage, die zu Beginn Männer wie Gutmann, Dackeln oder Paschke umgetrieben hatte: Töten – ja oder nein? Sobald diese Frage einmal positiv entschieden ist, verschiebt sich das normative Problem auf Fragen des »besseren« oder »schlechteren«, »humaneren« oder »inhumaneren« Tötens.[434]

Wie weit das Töten als Vorgang sich normalisiert hatte, kommt etwa in einer zufälligen Debatte zwischen Angehörigen der Elite von Heer und Einsatzgruppe D zum Ausdruck, in der etwa die Frage erwogen wurde, »ob es schwerer sei, für das Vaterland auf ›2 m Distanz einen Juden‹ zu töten oder ›mit der Artillerie ganze Gegenden zu beschießen‹«.[435] Das Erwägen solcher Fragen ist eng mit dem moralischen Selbstbild der Täter verbunden und zeigt in aller Deutlichkeit die Dominanz einer technoiden Moral, die längst aus den Augen verloren hat, worum es im Ganzen geht, aber moralisch in die Details investiert und gerade damit Handlungsfähigkeit gewährleistet.

Die moralische Frage nach der Legitimität des Tötens ist mit der Praxis aus dem Blick geraten. Genau deshalb gibt es auch bemerkenswerte Ausnahmen von den Erschießungen: »Als weiteres Erlebnis möchte ich noch anführen, dass eine Jüdin mit einem 5-jährigen Kind erschossen werden sollte. Die Jüdin wandte sich schreiend an den Wehrmachtsoffz. und beteuerte, man möge das Kind am Leben lassen. Es sei ein deutsches Kind, welches sie aus Deutschland auf der Flucht mitgenommen habe. Die SS-Offz. zeigten sich erbarmungslos, worauf sich der Stadtkommandant einschaltete und eine Nachprüfung veranlasste. Der Stadtkommandant fuhr mit dem Kind und einem SS-Offz. weg, während die Jüdin erschossen wurde. Es wurde später davon gesprochen, das Kind sei am Leben geblieben.«[436]

Hier ist nach unseren moralischen Maßstäben alles aus den Fugen geraten, für die Akteure handelt es sich aber lediglich um die etwas komplizierte Klärung eines sachlichen Problems: Muss das Kind erschossen werden oder am Leben bleiben? Die Szene spielt sich in Winniza ab; während im Hintergrund die Menschen an den Brunnen und Zisternen erschossen werden, gibt es Auseinandersetzungen darüber, ob dieses spezielle Kind erschossen werden darf oder nicht. Die Frau, die das Kind begleitet und die ganze Frage aufgeworfen hat, wird selbstverständlich erschossen; um das Kind wird gestritten. Es geht hier um Regeln und ihre Einhaltung; jeder einzelne Aspekt ist völlig klar, bis auf die Herkunft des Kindes. Wir können sicher sein, dass es ordnungsgemäß erschossen worden wäre, hätte sich – durch was auch immer – herausgestellt, dass es doch nicht »deutsch« gewesen ist.

Gestaltungen

Der aktiven Teilnahme an den Tötungen liegt ein Entscheidungsprozess zugrunde. Die Aufgabe und die mit ihr verbundenen situativen und technischen Anforderungen werden individuell wahrgenommen und angeeignet, an jeder Stelle im Ablauf fällt eine

Entscheidung, etwas so oder anders zu machen. Das bedeutet auch, wie schon anhand der verschiedenen Arrangements zu sehen war, dass die Männer die gegebenen Handlungsspielräume unterschiedlich wahrnehmen und nutzen und dass sie verschiedene Gestaltungen der eigentlich einheitlichen Aufgabe vornehmen – was wiederum notwendig für die Aufrechterhaltung ihrer individuellen Handlungsfähigkeit ist. Man kann die erwähnte Überlegung von Franz Bischof, das Versagen seiner Waffe dafür zu nutzen, die Grube zu verlassen und sich auf diese Weise eine Auszeit vom Töten zu nehmen, als eine solche Gestaltung betrachten, oder zumindest als den Versuch dazu.

Zu Gestaltungen gehören, mit einem Begriff von Erving Goffman, »sekundäre Anpassungen«[437] an die Situation: Man beutet einen gegebenen Handlungsrahmen gegen die Intentionen der Befehlsgeber aus – etwa, indem man sich zu den Erschießungen drängt, weil es da »etwas zu holen gibt«. Herbert Jäger zitiert einen Kriminalangestellten, der bei seiner Vernehmung kühl angab, »dass man sich heute ein falsches Bild macht, wenn man glaubt, die Judenaktionen seien widerwillig durchgeführt worden. Der Haß gegen die Juden war groß, es war Rache, und man wollte Geld und Gold.«[438] Die Erschießungsaktionen bilden für Akteure mit dem Wunsch nach persönlicher Bereicherung Gelegenheitsstrukturen; es ist auch argumentiert worden, dass »Judenhass«, oder allgemeiner Antisemitismus als ideologischer Vorwand verwendet werden, um partikulare Bedürfnisse wie eben Bereicherung, sexuelle Ausbeutung, Voyeurismus usw. zu legitimieren. Klaus Michael Mallmann hat das treffend den »Antisemitismus der Profiteure« genannt.[439] Entsprechend sind es auch diese sekundären Anpassungen, die den Offizieren Schwierigkeiten machen, weil sie in der Planung einfach nicht vorgesehen waren. Soziologisch würde man hier von nicht-intendierten Handlungsfolgen sprechen, die situativ entstehen und ihrerseits Dynamiken der Problemlösung hervorbringen.

Gestaltungen wurden bei den »Durchkämmungsaktionen« vorgenommen, wie im folgenden Beispiel: »Nachdem die leeren LKWs zurückkamen, haben wir die Häuser zwar noch durchsucht, aber keine gründliche Untersuchung mehr vorgenommen. Bei meiner Durchsuchungsgruppe war m. W. noch Fischer*, Willi und Erich

Stoll*. Diese beiden waren der gleichen Ansicht wie ich und wir haben die Kellerräume nur mehr flüchtig durchgesehen. Ich möchte behaupten, dass sich in den Kellerräumen noch Juden befunden haben. Wir haben aber nicht mehr gründlich durchsucht.«[440] Erwin Denker berichtet, ebenfalls im Zusammenhang einer Durchsuchung, »dass ich mit einem Kameraden eine schwerkranke und im Bett liegende ältere Frau angetroffen habe. Diese haben wir zurückgelassen, ohne dass wir darüber Meldung erstattet haben.«[441]

Einen komplizierteren Fall, der sich ebenfalls im Rahmen einer »Durchkämmungsaktion« abspielt, schildert Friedrich Ophusen. Während der Aktion wird Ophusen von einem Wehrmachtsoffizier gefragt, wer der Verantwortliche für das Sammeln der Juden sei, und zwar deswegen, weil sich noch Wäsche von Wehrmachtsangehörigen bei einigen Juden befände, die nach deren Erschießung nicht mehr aufzufinden wäre. »Ich habe Hptm. Appel hierüber Mitteilung gemacht, und auf seine Anordnung hin mussten wir die anwesenden Juden fragen, wer Wäsche für die deutsche Wehrmacht noch im Besitz habe. Es haben sich zwei jüngere Mädchen gemeldet, mit denen ich in deren Wohnung gegangen bin, wo ich die eingeweichte Wäsche gesehen habe. Dabei ist mir eines der Mädchen entwischt und als ich nachschießen wollte, wurde mir das Gewehr von dem anderen Mädchen weggedrückt. Dieses Mädchen bat mich nun, ich solle es ebenfalls laufen lassen. Trotz großer Bedenken habe ich dieses Mädchen auch laufen lassen, da ich Angst hatte, man würde mir Vorhalte machen, wenn ich nur mit einem Mädchen zurückkommen würde.«[442]

Hier wird also eine Gestaltung vorgenommen, die erst aus einem Sachzwang resultiert: Für Ophusen, der seiner Darstellung nach durchaus bereitwillig seiner Aufgabe nachgekommen wäre, die Mädchen auszuliefern, führt die Komplikation, dass einem der beiden die Flucht gelang, zu der Entscheidung, das andere Mädchen ebenfalls laufen zu lassen. Das ermöglichte es ihm, sein Versagen bei der Bewachung besser zu kaschieren, als wenn er mit nur einem Opfer zurückgekehrt wäre und hätte erklären müssen, was vorgefallen war. Hier entsteht die Gestaltung zunächst nicht auf Initiative des Täters, sondern stellt die Lösung eines Problems dar, das sich erst mit dem Verlauf der Situation ergeben hatte.

Die Geschichte mit der Wäsche ist mehr als eine Fußnote zum Tötungsalltag. Sie zeigt, welchen Stellenwert die Opfer in der Optik der Täter einnehmen: Solange kein Befehl vorliegt, sie zu ermorden, wird ihre Arbeitskraft ausgebeutet, wenn der Befehl ergeht, werden sie eben getötet – gleichgültig, welches soziale Verhältnis zuvor bestand. Man muss hier sehen, dass in der Wahrnehmung der Männer das Problem, dass man die Wäsche vielleicht nicht wieder findet, viel größer erscheint, als das, dass man die Wäscherinnen tötet! Klarer kann kaum zum Ausdruck kommen, dass die Opfer von den Tätern kategorial als etwas von ihnen selbst grundlegend Verschiedenes betrachtet werden.

Auch wenn die Täter von Opfern um Hilfe gebeten werden, kann das einen Anlass dafür bilden, eine Gestaltung vorzunehmen: Manfred Pfeffer berichtet, er sei in Babij Jar in der Nähe der Entkleidungsstelle von zwei Frauen angesprochen worden, die behaupteten, Ukrainerinnen zu sein, und ihn um Hilfe baten. »Unweit von dieser Stelle stand mein Kamerad Höhn*, der Fahrer beim Klamm war. Ich ging mit den beiden Frauen zu Höhn, und wir beide haben nun beraten, wie wir die beiden Frauen retten könnten. Ob es sich bei den Frauen um Jüdinnen handelte oder tatsächlich um Ukrainerinnen, kann ich nicht sagen. Wir kamen überein, dass Höhn die beiden Frauen mit seinem Wagen aus der Gefahrenzone bringen solle. Wir beide wussten zwar, was uns bevorstehen würde, wenn diese Rettungstat aufkommen sollte. Wir hatten jedoch mit den beiden Frauen, die heftig weinten, Mitleid. Da ich wusste, dass Klamm in der Schlucht war, riskierte Höhn diese Fahrt. Ich selbst blieb zurück, um bei etwaiger Nachfrage nach Höhn, diesen decken zu können.«[443]

Angrick erwähnt den Fall des Hauptsturmführers Eberhard Heinze, der bei einer Exekution, für die er verantwortlich war, ein zwölfjähriges blondes Mädchen verschonte und es gewissermaßen adoptierte. »Das Mädchen wurde eingekleidet und zu Heinzes Eltern nach Deutschland gebracht.«[444]

In den hier herangezogenen Vernehmungsprotokollen werden unauffällige Unterlassungshandlungen oder Hilfeleistungen häufiger geschildert. Ihr Wahrheitsgehalt lässt sich nicht überprüfen, aber auffällig ist, dass die Erzähler oft erwähnen, dass mindestens noch eine weitere Person an der Entscheidung zur Unterlassung oder zur Hilfe beteiligt war. Die Männer bilden also, sollten die Schilderungen zutreffend sein, als unbeobachtete soziale Gruppen einen eigenen Referenzrahmen für ihr Handeln aus, operieren also – wie in der »bring-a-friend-condition« in Milgrams Experiment (vgl. S. 110) – im Rahmen einer sozialen Beziehung, die es ermöglicht, von der eigentlichen Aufgabe abzuweichen. Zu solchen Gestaltungen gehören auch Verhandlungen darüber, ob man einen Befehl ausführen muss, Versuche, unangenehme Aufgaben zu delegieren oder bestimmte Personen zu retten, indem man sie als Arbeitskräfte definiert, die unverzichtbar seien.[445] Die Beispiele zeigen, dass es durchaus auch Handlungsspielräume gab, die sich zugunsten der Opfer auslegen ließen; wir wissen aber, dass solche Fälle insgesamt sehr selten waren. Wolfram Wette geht davon aus, dass es von 19 Millionen Wehrmachtsangehörigen etwa einhundert waren, die sich bei bestimmten Gelegenheiten dafür entschieden, Menschen zu helfen, statt sie zu töten oder ihrer Ermordung auszuliefern.[446]

Erwin Denker erwähnt übrigens auch eine auf den ersten Blick höchst bizarre Gestaltung einer Situation, die er allerdings allein vornimmt: »Es muß in einer Stadt gewesen sein, als ich während der Hausdurchsuchungen in ein Friseurgeschäft kam, in welchem der Geschäftsinhaber – Jude – gerade beim Rasieren eines Ukrainers war. Der Friseur und seine Frau, die an der Kasse saß, habe ich, wie es angeordnet war, auf die Straße geschickt. Den Kunden habe ich, da ich ja Friseur war, fertig rasiert. Ein Hausmädchen des fraglichen Friseurs, die angeblich Ukrainerin war, habe ich nach Hause geschickt. Die Hausgehilfin hat dann noch das Geschäft abgeschlossen und die Schlüssel mitgenommen.«[447]

Erwin Denker erledigt also ordentlich seine Arbeit, »wie es angeordnet war«, nutzt dann aber die Gelegenheit, sich einmal kurz wieder in seinem Zivilberuf zu üben. In einer geradezu chaplinesken Szene rasiert er den nicht-jüdischen Kunden fertig, bevor er anschließend weiter seiner mörderischen Aufgabe nachgeht. Bemerkenswert ist, wie genau ihm die Szene in Erinnerung ist. Was auf den ersten Blick wie eine Übersprungshandlung aussieht, ist nicht mehr und nicht weniger als die spontane Nutzung eines gegebenen

Handlungsspielraums, und wiederum ein Beleg dafür, wie sehr den Akteuren der mörderische Gesamtrahmen zur fraglosen Routine geworden ist.

Helfen

Ein besonderes, wenngleich kurzes Kapitel bilden die Hilfeleistungen, die den Vernehmungsprotokollen zufolge zahlreich von Offizieren und Mannschaftsangehörigen erbracht wurden. Die meisten davon sind fragwürdig, weil sie nicht überprüfbar sind, aber deutlich wird anhand der Schilderungen, dass es den Erzählern darum geht, ihre innere Distanz zu den Geschehnissen deutlich zu machen. Das hat zum einen natürlich juristische Gründe, zum anderen wird hier eine Rolle spielen, dass sich die Erzähler nunmehr in einem anderen normativen Referenzrahmen befinden als zum Zeitpunkt der Tat. Sie stehen deshalb vor der nicht einfachen Aufgabe, ihre Teilnahme an den Judenerschießungen in einen irgendwie glaubhaften Einklang mit ihrer behaupteten inneren Ablehnung zu bringen.

Die Lösung dieser Aufgabe besteht regelmäßig darin, die Tatbeteiligung so knapp wie nötig zuzugestehen und die innere Distanz so weit wie möglich zum Ausdruck zu bringen. Die dafür gewählten Mittel sind verschieden und reichen von Darstellungen, dass einem schlecht geworden sei und man nicht weitermachen wollte, bis hin zu den Behauptungen vom Typ Klamm, dass man die Exekutionen so effektiv wie möglich habe gestalten wollen, um den Opfern »unnötiges« Leiden zu ersparen – einer Argumentation übrigens, der die Begründungen für die Einstellungen von Verfahren, aber auch die Urteile in erstaunlich ausgeprägtem Maß folgen. Man muss hier aber beachten, dass der Topos von der Vermeidung unnötigen Leidens nicht nur die juristische Funktion hat, sich aus dem Kreis derjenigen herauszudefinieren, die initiativ, grausam und aus persönlichen Motiven heraus gehandelt haben. Es findet sich hier überdies eine Spur jener Ethik der Anständigkeit, die die nationalsozialistische Moral den Tätern mit auf den Weg gegeben hat – je weniger die Opfer zu leiden hätten, desto anständiger könnten die Täter ihre Arbeit verrichten. Allerdings sind Darstellungen von Hilfeleistungen für die Täter ein nochmals probateres Mittel, ihr eigenes Handeln in ein günstiges Licht zu rücken.

Ich möchte nicht pauschal in Abrede stellen, dass in besonderen Fällen Hilfeleistungen tatsächlich erfolgt sind. Man muss dabei allerdings beachten, dass diese sich erstens in einem Kontext eines gigantischen Tötungsvorgangs abspielen, der als solcher nicht in Frage gestellt wird, sich zweitens innerhalb der Logik des Tötens selbst bewegen, etwa dann, wenn eine irrtümlich für eine Jüdin gehaltene Ukrainerin freigelassen wird, und dass drittens die Gesamtzahl der erfassten Hilfeleistungen so gering ist, dass ihre tatsächliche Verbreitung im Rahmen des hier betrachteten Personenkreises sehr zweifelhaft ist.

Besonders Karl-Heinz Dackeln, der Adjudant Gutmanns, hat eine ganze Reihe von Geschichten über seine innere Einstellung und sein gutes Verhalten den Opfern gegenüber zu erzählen. Er erinnert sich zum Beispiel, »dass in einer Großstadt – es muß Kiew gewesen sein – mir eine jüdische mehrköpfige Arztfamilie gemeldet worden war, die vermutlich verhaftet und liquidiert worden wäre. Um dies zu verhindern, habe ich die Arztfamilie persönlich gewarnt. Die Frau des Arztes hat mir damals eine kleine Gedenkmünze – die mir Glück bringen sollte – geschenkt.«[448] Die Erwähnung des Geschenkes, das die Frau Dackeln aus Dankbarkeit gibt, folgt einer Strategie: Geschichten werden dann glaubhaft, wenn sie situative Details enthalten und plastisch erzählt sind. Hier wird Dackelns selbstlose Hilfe symbolisch entgolten, wobei allerdings der Umstand, dass es sich ausgerechnet um eine »*Gedenk*münze« gehandelt haben soll, die Plausibilität gleich wieder in Frage stellt – oder sollte Dackelns heroischer Tat hier schon in Echtzeit gedacht worden sein? An anderer Stelle gibt Dackeln an, »ein Mädchen und ihren kleinen Bruder in Sicherheit gebracht zu haben«, und er fasst zusammen, dass es sein »Bestreben an sich« gewesen sei, »nur zu helfen, nicht aber in irgendeiner Form an den Verbrechen mitzuwirken.«[449]

In einer Zeugenaussage über Dackeln wird erwähnt, dass dieser über die Geschehnisse in Winniza »sehr betroffen war und dies auch zum Ausdruck brachte und mithalf, 5 Personen zu retten, darunter eine Frau mit einem 1 ½ jährigen Kind.«[450] Dackelns Frau hat einen ausführlichen Brief an die Staatsanwaltschaft geschrieben, in dem sie betont, dass ihr Mann sehr unter der damaligen Situation gelitten und geholfen habe, wo immer es möglich war. In Widerspruch dazu stehen die Aussagen von Dackelns Vorgesetzten Gutmann, so dass überhaupt nicht beurteilt werden kann, was Dackeln de facto getan oder nicht getan hat. Sein Fall ist nur deshalb interessant, weil Dackeln die Berichte über seine Hilfeleistungen dafür nutzt, sich als grundsätzlich schuldlos zu stilisieren, indem er sich das Persönlichkeitsprofil eines Helfers zuschreibt. Das schließt aus seiner Sicht automatisch aus, dass er auch Täter gewesen sein könnte: »Es ist absurd, dass ich einerseits geholfen und andererseits wiederum getötet hätte.«[451]

Das nun verkörpert prototypisch, dass einer Person wie Dackeln der situative Zusammenhang, in dem er gehandelt und Entscheidungen zum Töten mitgetragen, Exekutionen beobachtet und beaufsichtigt hat, völlig gleichgültig geblieben ist, während er *sein individuelles Verhalten im Einzelfall* – mag es der Wahrheit entsprechen oder nicht – sowohl in den Vernehmungen wie auch gegenüber seiner Frau und wohl auch gegenüber sich selbst für das einzig Relevante hält. Jenseits der Wahrheitsfrage kann man hier, strukturell ganz ähnlich wie am Beispiel von Franz Stangl, sehen, dass die Gesamtsituation als objektiv gegebenes Handlungsgefüge im Außenraum eigener Zurechenbarkeit definiert wird. Zugleich wird diese als Bühne verwendet, auf der sich das eigene Handeln als »guter Kerl« abspielt. Dackeln sieht sich nicht als Tatbeteiligter, ganz wie seine Ehefrau, und übrigens auch wie das Gericht, das das Verfahren gegen ihn einstellt.

Ganz ähnlich verhält es sich mit Major Gutmann, der zahlreiche Beispiele zu erzählen weiß, wie er seine designierten Opfer vor den Erschießungen warnte. In seinem Fall ist es aber so, dass seine guten Absichten zumeist fruchtlos bleiben, etwa in einer Situation, wo er »die Juden« vor der für den nächsten Tag angesetzten Exekution warnen und sie veranlassen wollte, »sich aus dem Staub zu machen«, wovon aber sein Dolmetscher »nichts wissen« wollte, weshalb die Warnung leider unterblieb.[452] Solche folgenlos bleibenden Geschichten erzählt Gutmann häufiger; im Übrigen verweist er auch darauf, dass er schon 1935 und 1938 Juden geholfen habe – als Beleg dafür, »dass ich gegen die Juden innerlich nicht eingestellt war.«[453]

Während seine Darstellungsweise also ziemlich genau der seines Adjudanten Dackeln entspricht, fällt für ihn auch das bereits erwähnte »Wegschicken« einer Frau, die angab, nicht Jüdin, sondern Ukrainerin zu sein, unter die Rubrik Hilfeleistungen. Die von ihm herangezogenen Beispiele dienen wie im Fall Dackelns der Entwicklung eines Persönlichkeitsprofils, das von einer heftigen inneren Ablehnung des Gesamtgeschehens gekennzeichnet war; Männer wie Gutmann oder Dackeln mussten eben tun, was angeordnet wurde, und halfen dort, wo sie helfen konnten. Wie Franz Stangl (vgl. S. 24) legen auch diese Erzähler Wert darauf, im direkten »zwischenmenschlichen« Verhalten moralisch integer geblieben zu sein. Der Zusammenhang, in dem sich ihr Handeln abspielt, ist demgegenüber kaum von Bedeutung, und es wäre wahrscheinlich zu einfach, wenn man sagen würde, dass die Erzähler lügen. Sie glauben wohl wirklich, dass sie in schwerer Zeit moralisch korrekt gehandelt haben. Aber das deutet nur einmal mehr an, dass die Akteure Probleme der moralischen Zurechnung der Massenmorde nur dann hatten, wenn sich ihrem direkten Handeln Entscheidungsspielräume öffneten; alles andere tritt gar nicht in den Raum ihrer persönlichen Verantwortung. Wenn das bei Offizieren so ist, wäre es verwunderlich, wenn es bei Mannschaftsdienstgraden anders wäre. Auch in ihren Vernehmungen gibt es, wie bereits erwähnt, Darstellungen von Hilfeleistungen – etwa Hans-Heinrich Hügels Warnung an die Apothekerfamilie in Dubrovka, die diese aber in den Wind schlug: »Es ist sehr nett von ihnen, aber wo sollen wir hin, es ist ja alles besetzt.«[454]

Neben solchen Geschichten, die aufgrund ihrer darstellerischen Blässe wenig überzeugend sind und im Übrigen durch Zeugenaussagen über das sonstige Verhalten eines Erzählers wie Hügel konterkariert werden, gibt es auch detailliertere Erzählungen, die durch Lebendigkeit und Genauigkeit den Eindruck gesteigerter Glaubwürdigkeit vermitteln: »Ich wurde mit dem Meister Fritte*, er stammte aus Reichenberg, war aktiver Polizist, zur Durchsuchung der Häuser eingeteilt. In einer Wohnung trafen wir in einem Bett liegend eine Frau und ein etwa 5–6jähriges Kind an. Es war ein Mädel. Die Frau, sie sagte, sie sei die Großmutter des Kindes, gab an, dass das Kind krank sei. Dann packte Fritte das Kind an den Haaren, ging damit zum Fenster (3. Stock) und hielt das Kind an den Haaren zum Fenster hinaus. Diesen Anblick werde ich nie in meinem Leben vergessen. Ich war überzeugt, dass Fritte das Kind auf die Straße geworfen hätte. Daher sprang ich hinzu, erwischte das Kind noch am Körper, riß es zurück und rief Fritte zu, ob er denn keine Kinder hätte. Fritte war verdutzt, sogar erschrocken und überließ mir das Kind. Sogleich verließen wir die Wohnung und ließen die beiden Personen zurück.«[455] Friedrich Ophusen hat mehrere solcher Geschichten zu erzählen, unter anderem eine, in der er Hans-Heinrich Hügel an der Vergewaltigung einer »jungen Russin« hindert.[456] In seinen Geschichten fällt vor allem der Einsatz von Kontrastfiguren auf, deren negatives Verhalten die engagierte Haltung des Erzählers desto prägnanter hervortreten lässt.

Zusammenfassend lässt sich sagen, dass Hilfeverhalten in den Vernehmungen eine stark dramaturgische Funktion für die Zeichnung des eigenen Persönlichkeitsprofils übernimmt – die Darstellung von Hilfeleistungen stützt die Glaubwürdigkeit der eigenen Distanz gegenüber dem mörderischen Geschehen. Situative Beschreibungen lassen in der Regel, wie bei Friedrich Ophusen, Kontrastfiguren auftreten, mit deren Hilfe man diese Distanz noch deutlicher unterstreichen kann. Es finden sich in den Vernehmungen mit einer Ausnahme keine *belegbaren* Hilfeleistungen, sondern lediglich dramaturgische, die ihren Sinn hauptsächlich nicht in der erzählten Zeit, sondern in der Erzählzeit finden. Und es findet sich auch nur eine einzige Person, die ihre Zugehörigkeit zu einem Tötungskommando, ihr Handeln im Rahmen eines mörderischen Gesamtzusammenhangs, als moralisch problematisch einschätzt.

Töten und Alltag

Der Blick auf die Verbrechen hat etwas von einem Sog: Wenn man das Handeln der Akteure zu betrachten versucht, ist der Fluchtpunkt der Betrachterperspektive immer durch das Grauen definiert, das die Täter veranstaltet haben, und natürlich legen, da sie meist juristischer Natur sind, auch die Quellen einen solchen Fluchtpunkt nahe. Aber das Morden ist nur der Grund, aus dem sich die Männer in Russland befanden, es machte nicht die Totalität ihres Lebens aus. Auch hier gab es einen Alltag, »sie gingen in die Kirche oder ins Kino, veranstalteten Sportwettkämpfe, sie genossen ihren Urlaub und schrieben Briefe in die Heimat. Sie amüsierten sich in Bars und Kneipen, tranken, sangen, hatten ein Liebesleben und unterhielten sich miteinander.«[457] Auch Hobbys konnten im Osteinsatz weitergepflegt werden. Der Führer des Sonderkommandos 10a, Heinz Seetzen, zum Beispiel war leidenschaftlicher Philatelist und suchte in den besetzten Orten jeweils die Postämter nach interessanten Briefmarken ab. Postfrische Briefmarken wurden mit rückdatierten Stempeln wertvoller gemacht; Panzerschränke in Privathäusern und Ämtern deswegen geöffnet, weil man darin wertvolle Briefmarken vermutete. Seetzens Sammelleidenschaft trug ihm schließlich einen dienstlichen Verweis ein.[458]

Der Alltag des Krieges ist jenseits solcher Vergnügungen, wie die oral history und die Volkskunde gezeigt haben,[459] oft durch Phasen des Nichtstuns, der Bereitschaft, des Quartierwechsels, der Nachschuborganisation etc. mehr geprägt als durch die eigentlichen »Aktionen«, seien sie kämpferischer oder einseitig mörderischer Art. Entsprechend gab es Pausen, Langeweile, Zeitvertreib. Viele Facetten des Krieges haben einen Charakter von Alltäglichkeit, der kaum berichtet wird, weil erstens Selbstverständliches und zweitens Unspektakuläres kaum berichtenswert erscheint.

Es gibt noch einen weiteren Aspekt des nicht erzählenswerten Alltags des Krieges, und das ist die Alltagsnähe im Verbrechen. Die Situation der absoluten Ungleichverteilung von Macht zwischen den Besatzungssoldaten und Ordnungspolizisten einerseits, der einheimischen Bevölkerung und der Opfer andererseits eröffnet Gelegenheiten für die Männer, Dinge zu tun, die sie zu Hause, in ihrem zivilen Alltag auch gern tun würden, wenn ihre gesellschaftliche Position und das herrschende Normengefüge es denn zuließen: das Ausagieren sexueller Phantasien beispielsweise, das Aneignen von Gütern, die man gern besitzen oder an Angehörige weitergeben würde, das Genießen einer Freiheit des unsanktionierten »Du darfst« – sich bedienen lassen, sich aufgewertet fühlen durch schrankenlose Macht, das Ausagieren von unreglementierter Gewalt. Günter Anders hat das einmal die »Chance der unbestraften Unmenschlichkeit« genannt, die sich hier auftat; Klaus Michael Mallmann spricht von der »Spaßgesellschaft« des Einsatzgruppenalltags.

Sex

Wir wissen aus den Quellen eher wenig zum Beispiel über das Ausnutzen sexueller Chancen durch die machtvollen Besatzungssoldaten, aber wir haben die gesicherte Information, dass unsanktionierte Handlungsmacht im Krieg bzw. kriegsanalogen Situationen regelmäßig dazu führt, dass Soldaten, Polizisten und Milizen Frauen und Mädchen vergewaltigen. Und oft führen Vergewaltigungen, wenn sie etwa unter dem Verdikt der »Rassenschande« oder der Überschreitung von Befugnissen stehen, ihrerseits zur anschließenden Ermordung der missbrauchten Frauen.[460] In der Situation der absoluten Tötungsmacht der Einsatzgruppen eröffnen sich sexuelle Chancen auf höchst perfide Weise unter anderem dadurch, dass jüdische Frauen sich Hoffnungen machten davonzukommen, wenn sie den Männern zu willen waren. Mallmann zitiert das folgende Beispiel aus einer Vernehmung:

»Als ich eines Tages wieder einmal Tischdecken für Leutnant S. von dem Hauptsturmführer Finger holen sollte, habe ich Finger in seiner Unterkunft zunächst nicht antreffen können. Ich war in der SS-Unterkunft, einer früheren Schule oder einem öffentl.[ichen] Gebäude, in Kertsch. Von einem langen Gang aus gingen viele Türen in die einzelnen Zimmer. Ich bin also in den ersten Stock gegangen und habe eines der ersten Zimmer betreten. Als ich die Zimmertür öffnete, sah ich, dass ein SS-Mann auf dem Bett lag und ein junges hübsches Mädchen bei sich hatte. Da mir dieser SS-Mann nicht sagen konnte, wo Finger war, bin ich in ein zweites Zimmer gegangen. Auch in diesem Zimmer traf ich wieder ein junges Mädchen bei einem SS-Mann an. Da ich auch von diesem keine entsprechende Auskunft erhielt, bin ich noch in ein drittes Zimmer gegangen. In diesem dritten Zimmer lag ein SS-Mann ohne Waffenrock, jedoch mit der Hose bekleidet auf dem Bett. Neben ihm, d.h. auf der Bettkante, saß wiederum ein junges, sehr hübsches Mädchen, und ich sah, wie dieses den SS-Mann am Kinn streichelte. Ich hörte auch, wie das Mädchen sagte: ›Gel't Franz, Du erschießt mich nicht!‹ Das Mädchen war noch sehr jung und sprach völlig akzentfreies Deutsch. [...] In diesem Zimmer habe ich dann auf den Hauptsturmführer Finger gewartet. [...] Ich habe den SS-Mann gefragt, ob dieses Mädchen, von dem ich annahm, dass es eine Jüdin war, denn die Russ[inn]en waren weitaus nicht so hübsch, denn wirklich erschossen würde. Der SS-Mann sagte mir, dass die Juden alle erschossen würden, da gäbe es keine Ausnahmen. Ich fragte ihn weiter, was dann mit diesen Mädchen, die ich hier auf diesen Zimmern gesehen hatte, geschehen würde. Der SS-Mann sagte sinngemäß, dass das bitter sei. Manchmal hätten sie ja Gelegenheit, diese Mädchen einem anderen Schießkommando zu geben, meistens aber sei hierzu keine Zeit mehr und sie müßten es selbst machen. Ich war davon so erschüttert, dass es mir zeitlebens im Gedächtnis geblieben ist. Erst waren diese bildhübschen Mädchen die Gespielinnen der SS-Leute, und dann wurden sie von ihnen ermordet.«[461]

Auch Angrick erwähnt, dass Frauen mit der Versicherung, man würde sie vor der Ermordung schützen, zum sexuellen Verkehr gezwungen wurden. »Dies galt für Mannschaftsgrade ebenso wie für den späteren Führer des Sk 10a, Kurt Christmann, dessen jüdische ›Geliebte‹, deren Eltern von seinem Kommando bereits ermordet worden waren, beim Rückmarsch plötzlich ›verschwunden‹ war – worunter die Staatsanwaltschaft München I keineswegs ihre Rettung verstand. Auch von anderen Offizieren seines Kommandos wurde berichtet, dass diese gefangene Frauen mitunter bis zur Bewusstlosigkeit des Opfers vergewaltigten.«[462]

Aber nicht nur die Erschießungsaktionen bilden im Vorfeld Gelegenheitsstrukturen für sexuellen Missbrauch, auch die eigentliche »sicherheitspolizeiliche« Arbeit bietet vielfältige Möglichkeiten in dieser Hinsicht – etwa dann, wenn eine Frau vollständig nackt im Verhörraum sitzt und die Vernehmung unter den Augen von mehreren Kommandoangehörigen stattfindet.[463] Entsprechend gab es auch andere halboffizielle Formen der sexuellen Ausbeutung: Wenn etwa »Theatergruppen« gegründet wurden, denen »vor allem hübsche russische Frauen und Mädchen angehörten, die so ihre Lebensmittelrationen aufbesserten. [...] Nach der Vorstellung wurde ›getanzt, getrunken und die Mädchen wurden sich dann [mit SS-

Angehörigen] irgendwie einig.‹ Außerhalb der Stadt richtete die Kommandoführung geheime Treffpunkte in beschlagnahmten Häusern für diesen Zweck ein und ernannte ›Hausmeister‹, die die Gebäude zu ›behüten‹ hatten. Auch für andere Kommandos lassen sich ähnliche ›Amüsements‹ erahnen – Liebschaften mit den Töchtern einheimischer Bürgermeister, ›Liederabende‹ angeblicher russischer Sängerinnen, Teilnahme an Dorffesten und exzeßhafte Trinkgelage sind belegt.«[464]

Die Situation der unbegrenzten Macht ist eine Einladung an Männer mit Hang zu sadistischen Sexualpraktiken: So erwähnt Mallmann, dass zwei jüdische Mädchen gezwungen wurden, »ihr Gesäß zu entblößen«, bevor auf sie geschossen wurde. Auch jener Fall, in dem ein Mann auf die Leiche einer gerade erschossenen, wie es heißt »besonders eleganten« Frau uriniert, hat zweifellos eine sexuelle Konnotation.[465]

Im rumänischen Akkerman am schwarzen Meer wurden etwa zwölf bis 15 Jüdinnen in einem Haus neben der Unterkunft des Kommandos »inhaftiert«. Wenn dem Kommandoführer danach war, »mussten die Frauen sich ausziehen und wurden zum ›Baden‹ ins Meer getrieben. Ebenso hatten sie nackt die Wäsche im Hofraum des Teilkommandos zu waschen.«[466]

Wie intensiv das Sexualleben in den besetzten Gebieten für die Männer der Einsatzgruppen und Wehrmachtseinheiten war, mag sich auch darin abbilden, dass etwa im Lazarett von Kiew hauptsächlich Patienten mit Haut- und Geschlechtskrankheiten behandelt wurden, und, wie Professor Gebhardt, oberster Kliniker der SS, nach einer Inspektionsreise, kritisch anmerkte, »das ›klinisch-chirurgische Schwergewicht‹ nicht mehr gegeben war.«[467]

In den Vernehmungsprotokollen, die diesem Buch zugrunde lagen, finden sich nur ausnahmsweise Stellen, in denen es explizit um sexuelle Handlungen geht – etwa wenn berichtet wird, dass jemand eine andere Person von einer Vergewaltigung abgehalten hat –, aber es ist sicherlich kaum spekulativ anzunehmen, dass es auch im Kontext dieser Gruppe und speziell im Vorfeld der »Judenaktionen« jede Menge Gelegenheiten zum Befriedigen sexueller Bedürfnisse gegeben hat, die auch genutzt wurden. Dabei zielt die Frage, wie die Männer anerzogene und verinnerlichte Hemmungen haben überwinden können, um nun als brutale Vergewaltiger aufzutreten und die sich bietenden Gelegenheiten auszunutzen, in eine falsche Richtung – weil sie als ungewöhnlich unterstellt, was nicht allzu selten eher gewöhnlich ist. Ein Vergleich mit eskapistischen Verhaltensweisen unter Alltagsbedingungen ist zur Analyse von Täterhandeln vielleicht ergiebiger.

Auch der Alltag bietet Gelegenheitsstrukturen für fast jede Form von Eskapismus, vorausgesetzt, man kann ihn sich leisten, sozial wie finanziell. Das fängt bei kleinen Fluchten in Form von vorsätzlichen Trinkgelagen an, verläuft über Bordellbesuche oder »Seitensprünge« und hört bei offener Gewalt in Form von Schlägereien nicht auf. Mit anderen Worten: Sexuelle Eskapismen ebenso wie körperliche Gewalt, Exzesse überhaupt, sind im Alltag fest verankert; sie finden lediglich meist in bestimmten Formaten der Lockerung, wie etwa im rheinischen Karneval, oder in der großen Nischengesellschaft der Sexindustrie statt, in Studios und Swingerclubs zum Beispiel. Es ist die soziologische Blindheit gegenüber diesen millionenfach belebten Unterseiten des sozialen Alltags,[468] die das Ausagieren von sexueller und physischer Gewalt in der Situation des Krieges exotisiert und als ungewöhnlich oder eruptiv erscheinen lässt. Aber genau genommen findet hier nur eine Verschiebung des Rahmens statt, die für die Angehörigen der machtüberlegenen Gruppe Gelegenheiten schafft, zu machen, was sie ohnehin gern tun oder tun würden. Obgleich die Datenlage schwierig ist, ist es vielleicht trotzdem sinnvoll, die auf den ersten Blick außerweltlich scheinende Zone der Gewalt in den rückwärtigen Heeresgebieten unter dem Blickwinkel relativer Alltäglichkeit zu betrachten.

Arbeit

So haben wir zum Beispiel gesehen, dass das Töten den Charakter von Arbeit angenommen hatte und ein sich sukzessive professionalisierendes Handeln war, das sehr viele strukturelle Ähnlichkeiten mit anderen arbeitsteiligen Vollzügen aufweist. Es gab Mittagspausen und Feierabend. Bei einer Massenerschießung in Mariupol war die Zahl der erfassten Juden zu groß, als dass man sie an einem Tag hätte erschießen können. Man verbrachte sie in einen Kasernenkomplex, der sozusagen als Zwischenlager diente, das nach und nach geleert wurde, jeweils bis zum Feierabend der Täter. Am nächsten Morgen ging es weiter.[469] In Nikolajew führten die Schützen ihre Teepause direkt am Grubenrand durch, während die Opfer in der Grube warteten.[470] Einer der Schützen allerdings echauffierte sich darüber, dass es während der Schießpausen ausgerechnet Blutwurst zu essen gab, was er offenbar für geschmacklos hielt.[471]

Es gab vielfältige Auseinandersetzungen über die erreichte Professionalität bei der Ausführung der »Judenaktionen«. Ohlendorf sprach in einem Bericht vom 2. September 1941 darüber, dass die »bearbeiteten Gebiete« nunmehr befriedet seien.[472] In den vielen Beispielen über die Optimierung der Tötungstechniken, der Wahl der Waffen, der Auswahl der Schützen, der Routinisierung des Schießens, der Fachdiskussionen über die Methoden usw. zeigt sich das Töten als Arbeit, und einmal mehr wird deutlich, dass ab einem bestimmten Niveau von instrumenteller Vernunft und technischer Rationalität Fragen nach Sinn der Arbeit in den Hintergrund treten und Fragen ihrer Funktionalität und Effizienz in den Vordergrund. Was uns aus der Außenperspektive zutiefst irritiert, ist der Umstand, dass hier Menschen ermordet wurden, während es sich in der Binnenperspektive der Täter um eine oft unangenehme Arbeit handelte, die besser und schlechter ausgeführt werden konnte, aber in jedem Fall ausgeführt wurde.

Voyeurismus

Es wurde aber auch deutlich, dass das Töten einen Schauwert von offenbar hoher Attraktivität hatte: Wie Menschen stehen bleiben, wenn es eine Schlägerei gibt, und sich an einer Gewalt delektieren, von der sie nicht selbst betroffen sind, so finden sich die Männer, Frauen und gelegentlich wohl auch Kinder an den zu Arenen werdenden Erschießungsgruben ein, um einem Schauspiel extremer Gewalt beizuwohnen, von dem sie selber nicht betroffen sind:

»Mönnikes und ich gingen direkt zu den Gruben. Wir wurden nicht behindert. Jetzt hörte ich kurz nacheinander Gewehrschüsse hinter einem der Erdhügel. Die von den Lastwagen abgestiegenen Menschen, Männer, Frauen und Kinder jeglichen Alters, mussten sich auf Aufforderung eines SS-Mannes, der in der Hand eine Reit- oder Hundepeitsche hielt, ausziehen und ihre Kleidung nach Schuhen, Ober- und Unterkleidung getrennt, an bestimmten Stellen ablegen. Ich sah einen Schuhhaufen von schätzungsweise 800 bis 1000 Paar Schuhen, große Stapel mit Wäsche und Kleidern. Ohne Geschrei und Weinen zogen sich diese Menschen aus, standen in Familiengruppen beisammen, küssten und verabschiedeten sich und warteten auf den Wink eines anderen SS-Mannes, der an der Grube stand und ebenfalls eine Peitsche in der Hand hielt. [...] Ich beobachtete eine Familie von etwa 8 Personen, einen Mann und eine Frau, beide von ungefähr 50 Jahren, mit deren Kindern, so ungefähr 1-, 8- und 10jährig, sowie zwei erwachsene Töchter von 20–24 Jahren. Eine alte Frau mit schneeweißem Haar hielt das einjährige Kind auf dem Arm und sang ihm etwas vor und kitzelte es. Das Kind quietschte vor Vergnügen. Das Ehepaar schaute mit Tränen in den Augen zu. Der Vater hielt an der Hand einen Jungen von etwa 10 Jahren, sprach leise auf ihn ein. Der Junge kämpfte mit den Tränen. Der Vater zeigte mit dem Finger zum Himmel, streichelte ihn über den Kopf und schien ihm etwas zu erklären. Da rief schon der SS-Mann an der Grube seinem Kameraden etwas zu. Dieser teilte ungefähr 20 Personen ab und wies sie an, hinter den Erdhügel zu gehen. Die Familie, von der ich hier sprach, war dabei. Ich entsinne mich noch genau, wie ein Mädchen, schwarzhaarig und schlank, als sie nahe an mir vorbeiging, mit der Hand an sich herunter zeigte und sagte ›23 Jahre!‹.

Ich ging um den Erdhügel herum und stand vor dem riesigen Grab. Dicht aneinandergepreßt lagen die Menschen so aufeinander, dass nur die Köpfe zu sehen waren. Von fast allen Köpfen rann Blut über die Schultern. Ein Teil der Erschossenen bewegte sich noch. Einige hoben ihre Arme und drehten den Kopf, um zu zeigen, dass sie noch lebten. Die Grube war bereits dreiviertel voll. Nach meiner Schätzung lagen darin bereits ungefähr 1000 Menschen. Ich schaute mich nach dem Schützen um. Dieser, ein SS-Mann, saß am Rande der Schmalseite der Grube auf dem Erdboden, ließ die Beine in die Grube herabhängen, hatte auf seinen Knien eine Maschinenpistole liegen und rauchte eine Zigarette. Die vollständig nackten Menschen gingen an einer Treppe, die in die Lehmwand der Grube gegraben war, hinab, rutschten über die Köpfe der Liegenden hinweg bis zu der Stelle, die der SS-Mann anwies. Sie legten sich vor die toten oder angeschossenen Menschen, einige streichelten die noch lebenden und sprachen leise auf sie ein. Dann hörte ich eine Reihe Schüsse. Ich schaute in die Grube und sah, wie die Körper zuckten oder die Köpfe schon still auf den vor ihnen liegenden Körpern lagen. Von den Nacken rann Blut.«[473]

Diese Beschreibung zeigt, dass die visuellen Gelegenheiten, die die Erschießungsaktionen bieten, vielfältig sind. Dieser Augenzeuge war entsetzt, aber man kann auch von der puren Gewalt fasziniert sein, die einem hier geboten wird, man kann an den halbentkleideten oder gänzlich nackten Körpern der Opfer auch voyeuristische Bedürfnisse befriedigen. Die Opfer stehen ja an, bevor sie erschossen werden, so dass man Zeit für Betrachtungen im Detail hat; man kann sich je nach Geschmack auch an der Entkleidung selbst oder an der Scham der entblößten Opfer delektieren, die nunmehr den Blicken aller Anwesenden schutzlos ausgeliefert sind. Man kann das Ganze in einer Mischung von Abscheu und Faszination wie ein Experiment beobachten, an dem man teilzunehmen das Privileg hat, und man kann gewiss auch einen Thrill dabei empfinden, dass man einfach vorgeführt bekommt, was möglich ist in einer Situation absolut vereinseitigter Macht: dass man Menschen sammeln, reihen, entblößen und warten lassen kann, bis sie an der Reihe sind, sich auf die Körper der bereits Erschossenen zu legen – und dass man sie töten kann, einfach, unterschiedslos, lapidar, als wäre es nichts.

Die Schaulust am Unglück anderer, sei es bei Autounfällen, Stürzen, Schlägereien, Anschlägen usw., ist auch in der Normalgesellschaft nichts Ungewöhnliches, und ihr liegen gewiss ähnliche Motive zugrunde, aber in der Situation der Erschießungen können sich die Zuschauer in der Gewissheit sonnen, dass ihnen so etwas nicht geschehen wird. Sie stehen auch unter keinerlei Handlungsdruck, möglicherweise zu intervenieren – zu helfen, jemanden zur Hilfe zu holen, zu assistieren –, denn was abläuft, ist regelhaft, angeordnet, unausweichlich und hat keinerlei Aufforderungscharakter: Es ist ein Schauspiel. Ich muss noch einmal darauf hinweisen, dass Zuschauer nicht passiv sind: Ihre Anwesenheit und ihr offenbares Interesse bilden einen Rahmen der sozialen Bestätigung um die Erschießungsaktionen herum. Und auch der einzelne Zuschauer selbst kann sich durch die schlichte Anwesenheit von zuschauenden Anderen der Legitimität seiner Schaulust versichern.

Während die klassische Bystander-Situation beim Beobachten eines Unglücks oder bei der Gewalt gegen jemand anderen immer durch ein gewisses Maß an Unsicherheit gekennzeichnet ist, was man tun sollte, und das Nichthandeln gerade dadurch motiviert ist, dass Andere da sind, die ebenfalls nichts tun,[474] sind die Erschießungsaktionen von vornherein als Schauspiele zu verstehen, in die man grundsätzlich, wie bei Theateraufführungen, nicht intervenieren sollte. In diesem Zusammenhang ist beachtenswert, dass etwa die Erschießung in der Schlucht von Babij Jar den Zuschauer schon aufgrund der Topographie eine Beobachterperspektive eröffnete wie in einem Freilichttheater oder in einer klassischen Arena: Man befindet sich in sicherer Distanz zum Geschehen, kann gut sehen und sich nach der Vorstellung darüber unterhalten – zum Beispiel Abscheu äußern, professionell an der Ausführung nörgeln oder betroffen schweigen.

Soziale Beziehungen

Auch die »Durchkämmungsaktionen« bieten attraktive Gelegenheiten für die einheimischen Zuschauer: Sie können sich wichtig machen, indem sie den Bataillonsangehörigen zeigen, wo Juden wohnen oder zu finden sind, sie können hoffen, dass man sich für ihre Gefälligkeiten erkenntlich zeigen wird, sie können Schadenfreude empfinden, wenn sie zusehen, wie die Menschen aus ihren Häusern geholt und abgeführt werden. Aus der Denunziationsforschung ist bekannt, dass die Verschiebung geltender Normen Gelegenheitsstrukturen etabliert, die von den Menschen in Form sekundärer Anpassungen genutzt werden: so etwa, wenn man den ungeliebten Ehemann loswerden kann, indem man ihn wegen defätistischer Äußerungen bei der Gestapo anzeigt.[475]

Auch in der Situation unter der deutschen Besatzung ergaben sich solche Gelegenheiten, vielleicht alte Rechnungen zu begleichen, vielleicht jemandem »eins auszuwischen« oder vielleicht einfach nur rechenschaftslos gemein zu den ungeliebten Nachbarn sein zu dürfen.[476] Für die Männer, die die Durchsuchungen durchführen, ergeben sich gleichfalls eine Fülle von Handlungschancen – sie können sich bereichern, indem sie »etwas mitgehen lassen«, sie können vergewaltigen, Personen »übersehen« und »verschonen«, Geschäfte mit den Opfern machen, sie können, wie der Friseur Erwin Denker, die Arbeit ihrer Opfer zu Ende bringen, oder sie können ihre Arbeit einfach wie angeordnet ausführen, die Häuser in aller Gründlichkeit durchsuchen und die Opfer auf die Straße zerren. Man bemerkt hier die partikulare Macht, die in der Praxis der Durchführung selbst steckt und den Männern Gelegenheit zur Auslegung und Gestaltung ihrer Aufgabe gibt – so wie es im gewöhnlichen Berufsalltag auch ist, nur mit dem Unterschied, dass dort die Handlungsspielräume wie die Aussichten auf persönlichen Profit geringer ausfallen.

Auch hier finden sich also strukturelle Gemeinsamkeiten etwa mit der polizeilichen Razzia; im Vergleich zu rechtsstaatlichen polizeilichen Durchsuchungsaktionen sind aber die Handlungsspielräume der Akteure hier viel größer und können entsprechend weiter nach eigenem Gusto ausgelegt werden. Es handelt sich um Situationen momentaner sozialer Allmacht – über Leben und Tod, über Körper und Besitz – , und in Relation zu dieser Allmacht, zu dem, was man alles tun *könnte*, sehen dann selbst kleinste Hilfeleistungen oder Unterlassungen schon wie großzügige Taten aus. Deshalb finden sich in den Vernehmungen viele Beschreibungen darüber, dass man mit den Opfer verhandelt habe – selbst wenn dabei nichts herausgekommen ist, halten die Täter es schon für erwähnenswert, überhaupt mit ihren Opfern gesprochen zu haben. Auch hier hat sich die Situation durch die spezifische Machtverteilung wie in einem Parallelogramm verschoben – und die kleine Gesten einer machtvollkommenen Person, die diese aus freien Stücken, aus eigener Gnade erweist, wiegen subjektiv natürlich mehr als eine Hilfeleistung, die in einer Situation relativer Egalität erbracht wird.

Normengefüge, das wird hier noch einmal deutlich, verschieben sich nicht in der Theorie, sondern *praktisch*; was aber bedeutet, dass die basalen Handlungsorientierungen in ungewöhnlichen Situationen immer noch in Geltung seien können, nun aber plötzlich Möglichkeiten beinhalten, die unter gewöhnlichen Umständen nicht gegeben wären. Dasselbe gilt für sexuelle Chancen, die sich in Situationen absoluter Machtungleichheit eröffnen und die nach Möglichkeit genauso genutzt werden, wie die Akteure das in für sie weniger einfachen Situationen im Alltag zu Hause auch tun würden – was übrigens für die komplette Bandbreite der jeweiligen sexuellen Vorlieben und Passionen gilt. Situationen absoluter Macht erzeugen gewiss auch den Thrill, absolute Machtausübung gerade in sexueller Hinsicht zu experimentieren; vermutlich führen die Spuren, die George Bataille, Michel Foucault oder auch Pier Paolo Pasolini hinsichtlich der Wahlverwandtschaft totalitärer Systeme und sexueller Extremgewalt gelegt haben, empirisch in die richtige Richtung. Aber da das Material fehlt, scheint es mir besser, dieses Thema an dieser Stelle nicht zu vertiefen und lediglich die folgende Überlegung festzuhalten: Es ist nicht verwunderlich, dass Männer in einer Situation absoluter Macht das zu realisieren versuchen, was sie in Situationen eingeschränkter Macht auch zu realisieren versuchen.

Frauen treten in den hier herangezogenen Vernehmungsprotokollen allenfalls in der Rolle von Zuschauerinnen auf. Im Zusammenhang des Bataillons 101 gibt es jedoch Belege dafür, dass die junge Frau des Kommandeurs der ersten Kompanie, Vera Wohlauf, im Sommer 1942 einige Wochen beim Bataillon ihres Mann zu Besuch weilte und bei mindestens zwei Räumungen bzw. Erschießungen dabei war, neben einigen anderen Ehefrauen von am Ort stationierten Deutschen und einer Gruppe ebenfalls deutscher Rotkreuzschwestern. Unter den Männern des Bataillons gab es einigen Unmut darüber, dass »sich sogar die Ehefrau unseres Kompaniechefs, obwohl sie schwanger war, die Räumung angesehen hat.«[477] Es ist auch die Rede davon, dass Frau Wohlauf solchen Aktionen mit einer Reitpeitsche in der Hand beiwohnte.

Bei den Bereicherungen, die sich in den Gelegenheitsstrukturen der Massenmorde und ihrer Vorarbeiten ergeben, liegt es auf der Hand, dass die Männer – wie unter gewöhnlichen Umständen auch – die Aktionen nach Maßgabe individueller Nutzenmaximierung des sich öffnenden Handlungsspielraums auswerten. Das gilt für alle Hierarchieebenen und ist im Übrigen durch die normative Hintergrundannahme integriert, dass die eroberten Gebiete den

Deutschen ohnehin zur Nutzung und Ausbeutung zur Verfügung stehen – Götz Aly hat das »Massenmord als Technik staatlicher Umverteilung« genannt und überzeugend argumentiert, dass es nicht die Rassenideologie des Nationalsozialismus gewesen ist, die als »Anleitung zu Hass und Vernichtung« zentral wirksam wurde, sondern die praktische Umsetzung eines sozialstaatlichen Gleichheits- und Glücksversprechens, das auf der schrankenlosen Ausbeutung besonders des Ostraums basierte.[478] Dies alles bedarf nicht der Erläuterung: Die Spielräume, die die Eroberer nun vorfinden, sind einfach größer als gewöhnlich, und es wäre psychologisch höchst verwunderlich, wenn sie sie nicht nutzen würden.

Brutalität

Ein letzter Punkt: Wie steht es mit der absoluten Brutalität und Grausamkeit, die die Erschießungen kennzeichnet? Stellen diese eine so radikale Abweichung von der Normalität des Alltags dar, wie es von außen erscheint, oder gibt es selbst in diesem Universum des Grauens Brücken zum Alltag, die das Geschehen für die Akteure weniger außergewöhnlich macht, als es uns erscheinen mag?

Denken wir an den makabren Scherz, dass jemandem gesagt wird: »Hast Du schon gehört: Alle Juden und Friseure kommen ins KZ!«, und dieser nach einem Augenblick des Überlegens zurückfragt: »Aber wieso die Friseure?« Ein Widerschein der Vernichtungslogik fällt auch in unsere analytische Sicht, wenn wir nach dem Handeln der Täter fragen und die unterschiedlichen Opfergruppen durchgehen: Es fällt auf, dass uns die Ermordung von Männern, zumal in der allerersten Phase, in der es zumindest noch eine vage Zuordnung der Opfer zu Kommissaren oder Partisanen gab, nachvollziehbarer erscheint, als die von Frauen und erst recht die von Kindern. Den Tätern ging es, wie die Quellen gezeigt haben, genauso. Es scheint also vorstellbar, dass man Männer töten kann, wenn man eine Situation wenigstens in Spurenelementen als militärisch definieren kann – aber wie ist es mit den Frauen? Die Mörder haben hier noch das Bild der Partisanin und des »russischen Flintenweibs« in Anspruch nehmen können, um die gefühlte Notwendigkeit ihrer Ermordung zu begründen – aber wäre nicht auch ein weiterer Anknüpfungspunkt dort zu sehen, wo die Ausübung von

Gewalt gegen Frauen, zumal innerhalb der in der ersten Hälfte des 20. Jahrhunderts akzeptierten Normen, zum Traditionsbestand des Geschlechterverhältnisses zählte? Wie man Frauen frei und ohne Sanktion missbrauchen kann, so kann man sie auch schlagen oder töten – und eine latente Aggression, die durch die Situation vollkommener Verfügbarkeit in eine manifeste verwandelt werden kann, wird man im Verhältnis von SS-Männern, Wehrmachtssoldaten und Reservepolizisten zu Frauen vermuten können. Und auch die Beziehung von Männern, die unter wilhelminischen und nationalsozialistischen Erziehungsidealen von Autorität und Härte erzogen worden sind, zu Kindern ist gewiss nicht frei von Aggressivität und Allmachtsgefühlen gewesen, zumal dann, wenn sie als »Brut« einer als feindlich definierten und gefühlten »Rasse« gelten.

Wir wissen sowohl aus dem Vietnamkrieg wie aus den postjugoslawischen Nachfolgekriegen, dass auch Kinder als – wenigstens potentielle – Feinde betrachtet werden können. Leutnant Calley etwa, der für seine Beteiligung am Massenmord von My Lai zu einer lebenslangen Freiheitsstrafe verurteilt worden war (die wenig später aufgehoben wurde), hatte keinerlei Zweifel daran, dass auch Kleinkinder und Säuglinge kategorial als feindlich zu betrachten waren: »Die alten Männer, die Frauen, die Kinder – die Babys – waren allesamt Vietcong oder würden in drei Jahren Vietcong sein. Und in den Vietcongfrauen gab es schon tausende kleiner Vietcongs.«[479] Joanna Bourke, die sich mit der Wahrnehmung des Tötens durch Soldaten am Beispiel verschiedener Kriege beschäftigt hat, merkt an, dass sogar eine Person wie Calley wahrscheinlich keine besondere Freude am Töten hatte; gerade aber kaltblütiges Töten von Menschen, die kategorial als Feinde definiert waren, gehört, wie sie schreibt, zum Normengefüge des Krieges, ebenso übrigens wie die sexuellen Übergriffe.

Eine Hintergrundüberzeugung wie die, dass Krieg eben grausam ist, erleichtert das Töten zweifellos, und ein totalisiertes Feindbild lässt es grundsätzlich als notwendig erscheinen. Eigene Erfahrungen mit und Haltungen gegenüber Frauen und Kindern sind in diesem Rahmen nur noch geeignet, die individuelle Handlungsweise auszugestalten: Je nach den persönlichen Voraussetzungen, mit denen ein Angehöriger einer Einheit in eine mörderische Situation kommt, kann er sich dann entscheiden, Frauen und Kinder besonders bestialisch zu ermorden, weil er ohnehin ein aggressives Verhältnis ihnen gegenüber hat, oder sie ohne Affekt, kaltblütig, zu »erledigen«, weil dies zum Handwerk des Krieges gehört, oder zusehen, dass er an so etwas nicht teilnimmt, weil das Töten von Frauen und Kindern mit seinen moralischen Überzeugungen nicht vereinbar ist. Aber in einer prozessorientierten Perspektive erkennt man, dass solche Differenzierungen sich mit der Praxis des Tötens selbst verändern können. Schließlich lässt sich noch aus psychologischer Sicht anführen, dass Aggressivität sogar dadurch gesteigert werden kann, dass den wehrlosen Opfern von den Tätern gleichsam angekreidet wird, sie töten zu *müssen*, obwohl sie das »eigentlich«, aus eigener Motivation, nicht wollen.

Genug davon. Mir geht es hier lediglich um den Vorschlag, die analytische Perspektive von den alltäglichen, gewöhnlichen Momenten des Gewalthandelns ausgehen zu lassen und nicht von dem, was uns als ungewöhnlich oder gar unvorstellbar erscheint. Wenn man nüchtern konstatiert, dass im Rahmen zivilgesellschaftlicher Verhältnisse auch die absonderlichsten Spielarten an sexuellen Bedürfnisbefriedigungen von quantitativ regelmäßig überraschend großen Personengruppen gepflegt werden, rückt das Ausagieren voyeuristischer, physischer und materieller Chancen der Bedürfnisbefriedigung aus dem opaken Raum des Bizarren zurück in den Raum *sozialer Potentialität*. Wenn auch unter normalen Verhältnissen Gewalt gegen Frauen und Kinder zwar negativ bewertet und zum Teil sanktioniert, gleichwohl aber in beträchtlichem Ausmaß praktiziert wird, verliert es den Charakter des Ungewöhnlichen, wenn in einem Zustand der Rechenschaftslosigkeit die Ausübung solcher Gewalt plötzlich freigegeben ist. Dasselbe gilt für das weite Feld der Beraubungen und Bereicherungen, für das des Gewaltvoyeurismus und für das Zuschauen überhaupt. Fügt man jetzt noch die Überlegung an, dass sich der normative und praktische Referenzrahmen, in dem sich die Täter bewegten, als Ganzer verändert hatte und weiter in Veränderung begriffen war, wird klar, dass die Nutzung der sich bietenden Gelegenheiten für die Mehrzahl der Beteiligten eines gewiss nicht kostete: große Überwindung.

Psychische Belastungen

Die rapide Steigerung der Bereitschaft und Kompetenz zum Töten, die sich in der zweiten Hälfte des Jahres 1941 unter den Männern der (Reserve-)Polizeibataillone, der beteiligten Wehrmachtseinheiten, des SD und der SS vollzogen hatte, lässt sich geradezu als Modellfall zweier Theoreme betrachten, eines soziologischen und eines sozialpsychologischen: Erstens entfalten soziale Prozesse Handlungsdynamiken und Handlungsfolgen, die von keinem der einzelnen Beteiligten in der sich dann zeigenden Gestalt antizipiert, geschweige denn geplant wurden. Zweitens zeigt sich in den bisher beschriebenen Vorgängen die strukturbildende Kraft praktizierter Gewalt, die sowohl für die künftigen Opfer wie für das Verhalten und die Selbstwahrnehmung der Täter folgenreich ist. Die Tötungsarbeit ist innerhalb weniger Monate zur Normalität geworden, zu einem Handwerk, das man beherrschen kann, und dieser Umstand erzeugt zusammen mit der erreichten Effizienz das Gefühl bei den Beteiligten, dass vieles machbar ist, was man zu Beginn des Prozesses für schwierig, wenn nicht für undurchführbar gehalten hatte. Die Auswahl der Schützen wirft inzwischen keinerlei Problem mehr auf, genauso wenig wie die richtige Technik bei den Erschießungen. Man kennt die geeigneten Waffen und die effektivsten Arrangements; man weiß, wie man die Opfer am besten sammelt und dass man mit Kindern anders verfahren muss als mit Erwachsenen. Bereits in Babij Jar hatte sich gezeigt, dass Probleme wie in Winniza nicht mehr auftraten, obwohl die Zahl der zu Ermordenden ins Gigantische angewachsen war. Wenn zuvor die Zuversicht herrschte, dass Probleme lösbar sind, wenn man nur die richtige Technik entwickelte, so steht diese nun ganz selbstverständlich, als Handlungswissen, zur Verfügung.

Die »Entfesselung der Endlösung« (Browning) besteht im Wesentlichen in Arbeit, die gemacht wird. Die »Entfesselung« weist mithin eine ganze Reihe nicht-intentionaler Aspekte auf, die sie vorantreiben, ja, die sie überhaupt erst in die Sphäre tatsächlicher Machbarkeit heben. Ein Schlüssel für diese mörderische Machbarkeit liegt, soziologisch betrachtet, in der auf den ersten Blick diffusen, tatsächlich aber höchst effizienten Befehlsstruktur. Der Rahmenbefehl zur Judenvernichtung hatte lediglich eine weit auszulegende Gelegenheitsstruktur geschaffen, die seinen praktischen Interpreten Ermessensspielräume bereitstellte, die diese ganz im Sinne ihres Engagements und ihres Bedürfnisses nach Effizienz zu nutzen trachteten. Eine starre Befehlsstruktur und -definition wäre niemals so schlagkräftig gewesen wie diese – man muss sagen – moderne Form der Befehlserteilung, die die technische Phantasie, den Profilierungswillen und auch die sonstigen partikularen Bedürfnisse der einzelnen Akteure in Anspruch nimmt und in Durchschlagskraft übersetzt. So resümiert ein Bericht des Einsatzkommandos 3 vom 1. Dezember 1941 mit großer Befriedigung das Geleistete, um auf dieser Basis Vorschläge für das weitere Vorgehen zu machen. Der Arbeit des Einsatzkommandos 3 sind zu diesem Zeitpunkt 137 346 Menschen zum Opfer gefallen. Sein Führer Karl Jäger bilanziert diese Leistung mit den folgenden Worten:

»›Ich kann heute feststellen, dass das Ziel, das Judenproblem für Litauen zu lösen, vom EK 3 erreicht worden ist. In Litauen gibt es keine Juden mehr, außer den Arbeitsjuden incl. ihrer Familien. [...] Diese Arbeitsjuden incl. ihrer Familien wollte ich ebenfalls umlegen, was mir jedoch scharfe Kampfansagen der Zivilverwaltung (dem [sic!] Reichskommissar) und der Wehrmacht eintrug und das Verbot auslöste: Diese Juden dürfen nicht erschossen werden. [...]‹ Der Bericht fährt fort: ›Ich betrachte die Judenaktion für das EK 3 in der Hauptsache als abgeschlossen. [...] Ich bin der Ansicht, dass sofort mit der Sterilisation der männlichen Arbeitsjuden begonnen wird, um eine Fortpflanzung zu verhindern. Wird trotzdem eine Jüdin schwanger, so ist sie zu liquidieren.‹«[480]

Man erkennt hier deutlich, dass sich mit der erfolgreichen Praxis des Tötens ein neuer Spielraum der Machbarkeit eröffnet hat, an dessen Horizont die vollständige Auslöschung aller Juden steht; das einstweilige Überleben der »Arbeitsjuden« ist für diesen Einsatzkommandoführer lediglich noch ein temporärer Sachverhalt, die Opfer sind für ihn Lebende auf Zeit, die allein noch die lästige Zivilverwaltung vom Tod trennt. Dieser Aufschub ist nicht mehr als ein Hindernis auf dem Weg zum Erreichen des definierten Ziels.

Auch die wiederholten Versuche, den Tötungsvorgang weiter zu optimieren, sind eine Folge der Erfahrung, dass die Massenmorde zwar durchführbar, aber noch weiter optimierbar sind. In dieser professionellen Perspektive werden zum Beispiel durch das Sonderkommando 4a Erschießungsversuche mit Explosivmunition durchgeführt, die aber nicht zu einem »verbesserten« Ergebnis führen;[481] durch die Einsatzgruppe D wurde an Insassen einer psychiatrischen Anstalt die Tötung durch Sprengladungen experimentiert;[482]das Einsatzkommando C versuchte mit einem Vergasungswagen, in dem etwa 60 bis 70 Personen umgebracht werden konnten, den Tötungsvorgang zu optimieren; dieser wird, auch wegen seiner Störungsanfälligkeit, lediglich ergänzend zu den Erschießungen eingesetzt, kann diese aber nicht ersetzen.[483] Es handelt sich bei all dem um Versuche der technischen Verbesserung eines überhaupt nicht mehr in Frage stehenden Verfahrens. Die hierbei gewonnenen Erfahrungen gehen später in die Tötungstechniken der Vernichtungslager ein – zum Beispiel wird in Treblinka mit den Abgasen eines Dieselaggregats gearbeitet. In Auschwitz wird dann das Blausäuregift Zyklon B eingesetzt, und zwar zur großen Befriedigung des Kommandanten Rudolf Höß. Er schrieb: »Nun hatten wir das Gas und auch den Vorgang entdeckt. – Mir graute immer vor den Erschießungen, wenn ich an die Massen, die Frauen und Kinder dachte. [...] Nun war ich doch beruhigt, dass uns allen diese Blutbäder erspart bleiben sollten, dass auch die Opfer bis zum letzten Moment geschont werden konnten.«[484]

Auch wenn das perfide Argument, dass die Belastungen für Täter und Opfer bei den Erschießungen zu groß gewesen seien, in den Quellen oft vorkommt, scheint es mir plausibler, davon auszugehen, dass das wirkliche Problem in der immer größer werdenden Zahl der Opfer bestand. Woraus im Übrigen das weitere Problem resultierte, dass die Entsorgung der Leichen immer schwieriger wurde – insbesondere dann, als die Wehrmacht sich auf dem Rückzug befand und die Befürchtung bestand, man würde die Massengräber finden und zu Propagandazwecken nutzen. Es wurde dann – wiederum eine ursprünglich nicht intendierte Folge des abgelaufenen Prozesses – das Kommando 1005 unter der Leitung von Paul Blobel eingesetzt, das für die »Enterdung« der Ermordeten zuständig war. Blobel hatte sich als Führer des berüchtigten Sonderkommandos 4b bereits bei den Erschießungsaktionen bewährt (er ist uns im Zusammenhang der Kindererschießung von Belaja-Zerkow schon begegnet). Man sieht bei all dem, wie der Vernichtungsprozess eine eigene Dynamik entfaltet; sowohl quantitativ wie qualitativ werden immer neue Dimensionen erreicht, womit wiederum neue Handlungsprobleme entstehen, die wiederum zu Lösungsversuchen und Lösungen führen. In dieser Perspektive macht es kaum Sinn, die Einsatzgruppenmorde systematisch von der industriellen Massenvernichtung zu differenzieren; es handelt sich um einen Gesamtvorgang, in dem die Letztere eine Handlungsfolge der Ersteren ist. Die Praxis des Vernichtungsprozesses stellt eine Entwicklung vom Handwerk zur industriellen Arbeit dar.

An beiden Polen dieses Kontinuums der Vernichtung kommt es nur in Ausnahmefällen zu psychischen oder psychosomatischen Belastungen der Täter. Die entsprechenden Aussagen der Täter dokumentieren eher, dass sie noch Jahrzehnte nach den Morden nicht fähig waren, ein Verhältnis zwischen sich und ihren Taten zu entwickeln, sondern meist larmoyant auf gesundheitliche Folgen der Ereignisse verwiesen. So berichtet Engelbert Klamm von einer Nierenentzündung, die, seinem Arzt zufolge, »auf großen Kummer oder Aufregung« zurückgehe: »Mir war klar, dass meine Nierenerkrankung im Osten mit den Judenaktionen und die periodischen Erkrankungen in der Heimat mit den durch die laufenden Prozesse wieder aufgewühlten Erinnerungen zusammenhing.«[485]

Major Gutmann klagt in den Vernehmungen darüber, dass er seinerzeit unter Schlafstörungen gelitten habe und sich am liebsten umgebracht hätte, darauf aber mit Rücksicht auf seine Familie verzichtet habe.[486] Vereinzelt finden sich Schilderungen wie die, dass einem Schützen tagelang wegen des Blutgeruchs bei den Erschießungen übel war,[487] oder dass ein anderer durch die Kontamination mit herumfliegenden Gehirn- oder Gewebestücken sich einen behandlungsbedürftigen Ausschlag im Gesicht zugezogen habe,[488] aber insgesamt bleibt in der Revue der Selbstbeschreibungen der Täter auffällig, dass in fast keinem Fall so etwas wie ein Bruch in der Lebensgeschichte erkennbar wird, ja, nicht einmal eine Irritation darüber zu verzeichnen ist, was man zu tun in der Lage war und was man getan hat.[489]

Das ist aus meiner Sicht darauf zurückzuführen, dass die Täter vor Ort innerhalb eines Referenzrahmens gehandelt haben, der keinerlei Zweifel an der Notwendigkeit und Richtigkeit der Handlungen aufkommen ließ; in dieser Hinsicht war das wechselseitig normativ abgestimmte Gefüge, das die Männer praktisch bildeten, hermetisch und durch keinerlei Kritik von außen in Frage gestellt. In einem Goffman'schen Sinn handelten die Männer im Rahmen »totaler« Situationen[490] – in denen die soziale Heterogenität des Alltags fehlt, indem wechselnde Rollen, Sozialkontakte und Anforderungen korrigierend oder konflikthaft aufeinander einwirken.

Gerade in diesem Zusammenhang ist interessant, dass Martin Fasse, der uns ebenfalls schon im Zusammenhang der Kindererschießung von Belaja Zerkow begegnet ist, darüber berichtet, dass er, schon Ende 1941 zurück in der Heimat, Probleme bekommen habe, weil er an den Erschießungen teilgenommen hat. Fasse nimmt nach seiner Rückkehr, die unmittelbar auf die Erschießung von Babij Jar folgt, an einem Kommissarlehrgang teil. Dieser wird mit einer Ansprache des Leiters Erwin Schulz eröffnet, die das Handeln von Fasse und einigen anderen Anwärtern der entsprechenden polizeilichen Laufbahn wenig indirekt thematisiert: »Den Inhalt erinnere ich im einzelnen nicht mehr, ich weiß nur noch, dass er über die bösen Vorkommnisse in Russland nur andeutungsweise gesprochen und sich sinngemäß dahin geäußert hat, niemand solle sich diese Dinge in irgend einer Weise als Vorbild für zukünftige Ereignisse nehmen. Jedenfalls machte er aus seiner Abneigung gegen die Vorgänge in Russland keinen Hehl.«[491]

Hier, im Polizeilehrgang, ist ganz offensichtlich ein anderer Referenzrahmen in Geltung als im rückwärtigen Heeresgebiet. Fasse bleibt wegen seiner Rolle bei den »Judenaktionen« offenbar stigmatisiert; im Herbst 1942 scheidet er aus dem Lehrgang aus, wobei ihm als Begründung mitgeteilt wird, dass er den Anforderungen nicht genüge. Er selbst vermutet, dass er »aus dem Lehrgang auch deswegen ausgeschlossen worden sei, weil ich einer derjenigen gewesen sei, die sich bei den Liquidierungen in Russland hervorgetan hätten« – was, wie er selbst sagt, speziell mit der Erschießung der Kinder in Belaja-Zerkow zusammenhing. Man bemerkt hier, dass das soziale Umfeld in der Heimat, obgleich sicher kein grundsätzlicher Zweifel an der Notwendigkeit der Lösung des »Judenproblems« bestand, die Massenerschießung von Kindern negativ bewertete und Fasse als einen Typ von Täter betrachtete, mit dem man sich nicht gleichmachen wollte. Das ist insofern interessant, als es einen Hinweis darauf gibt, dass die Einsatzgruppentäter innerhalb eines immanenten und sich selbst dynamisierenden Referenzrahmens gehandelt haben, der unter anderen situativen Umständen nicht in Geltung war.

Fasse selbst sieht übrigens sein Handeln dadurch nicht moralisch in Frage gestellt, sondern betrachtet sich als Opfer – weil »die Wehrmacht« versucht habe, ihm »diese Geschichte« in Belaja-Zerkow »anzuhängen«, und weil ihm eben das unter Karrieregesichtspunkten geschadet habe. Konkret geht es dabei darum, dass aus Fasses Sicht die Kindererschießung vom Oberbefehlshaber des Armeeoberkommandos der 6. Armee von Reichenau angeordnet gewesen sei, worüber er, Fasse, sich seinerzeit schon empört habe: »Wir waren auch Offiziere und hatten eine Ehre, und durch den Befehl von Reichenau wurden wir zu einem hundsgemeinen Erschießungskommando erniedrigt. Dr. Rasch [der Führer der Einsatzgruppe C] erwähnte dabei, dass auch Erschießungsbefehle der Wehrmacht auszuführen sind.«[492]

In einer anderen Vernehmung erklärt er: »Wir waren insbesondere erbittert darüber, dass wir als Kriminalkommissare, welche Verbrechen aufklären sollten, dazu missbraucht wurden, an Erschießungen mitzuwirken. [...] Es ist daher zu milde ausgedrückt, wenn man behauptet, die Wehrmacht hätte nur geschwiegen oder geduldet, dass die Exekutionen vorgenommen werden, die Wehrmacht hat auch sonst aktiv sich betätigt, ich nenne nur Belaja-Zerkow und Kiew. Die Maßnahmen geschahen immer unter Berufung auf den Barbarossabefehl. Wir mussten die Drecksarbeit machen. Ich denke ewig daran, dass der Generalmajor Eberhardt sagte: ›Schießen müsst Ihr!‹«[493] Fasse empört sich besonders darüber, dass er aus seiner Sicht tun musste, was er eigentlich als unter seiner Würde betrachtete, und dass er ausgerechnet dafür später Nachteile in Kauf nehmen musste. Auch er nimmt sein damaliges mörderisches Handeln nur in der reinen Immanenz eines ihm aufgezwungenen Geschehens wahr; irgendeine Form persönlicher Verantwortungszurechnung kommt ihm gar nicht in den Sinn.

Zusammenfassend lässt sich eine erstaunliche psychologische Folgenlosigkeit der ausgeübten extremen Gewalt konstatieren – Schuldgefühle sind in den Aussagen an keiner Stelle zu identifizieren, Empathie gegenüber einzelnen Opfer nur in höchst seltenen Einzelfällen, gegenüber Kindern gelegentlich, aber ermordet wurden sie trotzdem. Im Gefolge der berühmten Studie »Die Unfähigkeit zu trauern« von Alexander und Margarete Mitscherlich[494] ist seit den sechziger Jahren viel davon die Rede gewesen, dass die Täter in der Nachkriegszeit ihre Schuld »verdrängt« hätten – was sich bei genauem Hinsehen als allzu positive Sicht der Dinge erweist: Eine Verdrängung von Schuld setzt ja doch voraus, dass diese zumindest initial empfunden wurde. Das ist, jedenfalls den verfügbaren Materialien nach, nicht der Fall; und im Unterschied zur Situation der überlebenden Opfern können wir auch für die Nachkriegszeit so gut wie keine Indikatoren dafür finden, dass die Täter mit ihrem Leben nicht zurechtgekommen wären und in überzufällig großer Zahl in der Psychiatrie, in Therapien oder sonstigen Institutionen psychosozialer Versorgung aufgetaucht wären. Ein Täter wie Hans-Heinrich Hügel teilt denn auch, wie in einem Reflex auf den psychologischen Diskurs der sechziger Jahre, in einer Vernehmung lapidar mit: »Ich habe in dieser Hinsicht keinerlei Schuldkomplexe.«[495] Günter Anders hat zum Thema Schuld und Verdrängung in gewohnter Schärfe bemerkt, dass die Hypothese von der Schuldverdrängung und der Notwendigkeit ihrer Aufhebung nicht zutreffe, »weil die meisten eine Aufhebung der Verdrängung nicht benötigten, und diese benötigten sie nicht, weil sie nichts verdrängt hatten; und verdrängt hatten sie deshalb nichts, weil ihre Erfahrungen (sofern es überhaupt solche waren) gar nicht traumatisch gewesen oder geworden waren.«[496]

In der Tat ist es das hervorstechendste und deprimierendste gemeinsame Merkmal der Täteraussagen, dass eine persönliche Zurechnung von Schuld nirgendwo vorkommt, dagegen aber regelmäßig eine ostentative Darstellung dessen, dass man gegen seinen eigenen Willen und gegen sein eigenes Empfinden in die Lage gekommen war, grauenhafte Dinge zu tun – worunter man selbst gelitten habe. Man kann hier eine Spur der Himmler'schen Ethik der »Anständigkeit« erkennen, die nicht nur zeitgenössisch handlungsleitend war, sondern die es den Täter ermöglichte, sich selbst als Menschen zu sehen, die unter den unangenehmen Aspekten ihrer Arbeit leiden konnten.

Im Nachkrieg stellt diese Selbstwahrnehmung die biographische Bruchlosigkeit und Kohärenz sicher, die beim Lesen der Aussagen so sehr frappiert. Unser Wunsch, es möge etwas von dem, was sie anderen angetan haben, ihr Innerstes erreicht haben, ist nicht mehr als eine Illusion. Herbert Jäger zitiert aus dem Tagebuch eines Schützen: »Zur Exekution antreten. Nun gut, spiele ich halt den Henker und anschließend Totengräber, warum nicht? Es ist doch eigentümlich, da liebt man den Kampf, und dann muß man wehrlose Menschen über den Haufen schießen. [...] Eigentümlich, in mir rührt sich nichts, kein Mitleid – nichts. Es ist eben so, und damit ist für mich alles erledigt.«[497] Ein anderer Täter ist offenbar sogar noch weniger von Zweifeln angekränkelt als dieser Schütze, wenn er in einem Brief an seine Familie schreibt: »Über die Schießerei habe ich Dir schon berichtet, dass ich auch hier nicht versagen durfte.« Und, an seine Kinder gerichtet, fügt er an: »Ihr könnt aber Vertrauen auf Euren Papa haben. Er denkt stets an Euch und schießt nicht über das Maß hinaus.«[498]

Wie und warum man Feinde vernichtet

»Well, I was ordered to go in there and destroy the enemy. That was my job on that day. That was the mission I was given. I did not sit down and think in terms of men, women and children. They were all classified the same, and that was the classification that we dealt with, just as enemy soldiers, Sir.«

Lt. William L. Calley, 1970

Vietnam

Der Vietnamkrieg war kein Vernichtungskrieg wie der Barbarossa-Feldzug. Es ging nicht um die Vernichtung einer rassistisch definierten Menschengruppe, es ging auch nicht um die Auslöschung des Klassenfeindes, auch nicht um ethnische Säuberung oder um die Vernichtung eines Nachbarn, den man als Todfeind zu betrachten gelernt hatte. Insofern spielen die Ereignisse in Vietnam hier nicht dieselbe Rolle wie Massenmorde im Vernichtungskrieg der Deutschen, aber es mag sinnvoll sein, einen im Rahmen dieses Kriegs verübten Massenmord etwas genauer zu betrachten, um der Frage nachzugehen, wie es dazu kommen konnte, dass auch in diesem Fall ganz normale Männer es für sinnvoll und angemessen hielten, wehrlose Männer, Frauen und Kinder zu töten.

Im Fall des Massenmords von My Lai, der am 16. März 1968 stattfand,[499] ging die Tötungsbereitschaft der amerikanischen Soldaten so weit, dass nicht nur Menschen ermordet, sondern auch noch ihr Vieh abgeschlachtet und ihre Häuser niedergebrannt wurden – so, als sollte buchstäblich nichts, keine Spur von den Opfern und ihrem Leben, übrig bleiben. Viele der Frauen des Ortes wurden vergewaltigt, bevor sie ermordet wurden. Es handelte sich um einen Massenmord, der – sieht man von einigen Menschen ab, die durch den mutigen Einsatz des Hubschrauberpiloten Hugh Thompson gerettet wurden[500] – niemanden ausließ, also im Ergebnis einen Vernichtungswillen erkennen ließ, der keine Ausnahmen vorsah. Insgesamt fielen diesem Massenmord 504 Vietnamesinnen und Vietnamesen zum Opfer; ganze drei von ihnen erfüllten als junge Männer das Kriterium, möglicherweise gegnerische Kämpfer zu sein, ein Einziger war nachweislich bewaffnet. Er wurde zu Beginn der Aktion außerhalb von My Lai auf der Flucht von einem Hubschrauber aus erschossen.

Die Tötungsaktion spielte sich innerhalb weniger Stunden ab; sie bestand aus bestialischen Einzelaktionen und systematischen Erschießungen, bei denen Menschen gesammelt und mit Maschinengewehrfeuer getötet wurden. Der Fall My Lai ist im Rahmen dieses Buchs deshalb von Interesse, weil es scheinbar keinen Grund dafür gab, all diese Menschen zu ermorden; sie waren unbewaffnet, wehrlos, es ging von ihnen keinerlei Gefahr aus – aber doch verrichteten die Männer von »Charlie Company« ihre Arbeit mit totaler Konsequenz. Das Ereignis ist damals in der Presse und in der sich anschließenden öffentlichen Debatte als »Massaker« bezeichnet worden – so, als habe es sich um eine emotional entfesselte, rauschhafte Aktion gehandelt, die erst ihr Ende fand, als niemand mehr zu töten übrig war. Tatsächlich wurde sie durch Befehl abgebrochen, und tatsächlich fand in ihrem Rahmen eine Intervention statt – Thompsons Rettungsaktion –, während der das Morden weiterging, und insgesamt weist die Aktion eine Reihe von Merkmalen auf, die ihr einen viel systematischeren Charakter verleiht, als der Begriff »Massaker« nahe legt. Da ist zum Beispiel die organisierte Erschießung eines Teils der Opfer. Einer der Täter beschrieb den Massenmord später in der folgenden Weise:

»Wir haben fast das ganze Dorf, die ganze Gemeinschaft ausgelöscht. Ich kann die Menge der Menschen, die wir töteten, nicht vergessen, genauso wenig wie die Art, wie wir sie töteten. Wir töteten sie auf jede Weise. Haben Sie eine Ahnung, wie es ist, 500 Menschen in vier oder fünf Stunden umzubringen? Es war wie mit den Gaskammern – was Hitler gemacht hat. Du stellst fünfzig Leute in eine Reihe, Frauen, alte Männer, Kinder, und mähst sie einfach nieder. Und so haben wir's gemacht – 25, 50, 100. Einfach getötet. Wir haben sie einfach aufgestellt, haben die M 16 auf automatisches Feuer gestellt, und sie einfach umgemäht.«[501]

Überall, das Life-Magazine dokumentierte es im Dezember 1969, lagen Tote und Verwundete herum; es gab einen Abwassergraben, in dem Opfer, die noch lebten, systematisch mit Maschinengewehrfeuer getötet wurden. Nach der Aktion machten die Männer Pause, packten Lunchpakete aus, aßen, rauchten und machten Witze.[502]

In der öffentlichen Diskussion, die sich um den Massenmord von My Lai etwa anderthalb Jahre später entwickelte, wurde oft gesagt, dass der Vorgang etwas Mysteriöses und Rätselhaftes hatte. Die Soldaten, die ihn verübt hatten, stellten keine besondere Gruppe dar, sie waren weder ihrem Alter, ihrer Herkunft oder ihrer Ausbildung nach anders als die anderen in Vietnam eingesetzten Soldaten; ihr Bildungsstand war möglicherweise besser als der Durchschnitt.[503] Auch die Situation bot keinen Anlass für einen Massenmord: »In den beiden Dörfern hielt sich kein Vietcong auf. Die amerikanischen Soldaten hatten wehrlose Bewohner vor sich [...], die nicht einmal zur Selbstverteidigung Waffen trugen. Von einer Entgleisung, wie wir sie aus bedrohlich empfundenen Situationen und erst recht unter Gefechtsbedingungen kennen, kann also keine Rede sein. Und ein Befehl zum Töten lag nicht vor.«[504]

Der Fall My Lai wirft also dieselben Fragen auf, wie sie am Beginn dieses Buchs standen: Wie konnten die Männer das tun, was sie getan haben, wie kamen sie auf die Idee, sogar Säuglinge als Feinde zu betrachten, die es unter allen Umständen zu vernichten galt? Die entsprechenden Aussagen vor der späteren Untersuchungskommission spiegeln die Wahrnehmung, man habe *Gegner* getötet, bis ins Groteske wider – wie im folgenden Protokoll:

A. Ich habe mein M 16 auf sie gehalten.
F. Warum?
A. Weil sie hätten angreifen können.
F. Es handelte sich um Kinder und Babies?
A. Ja.
F. Und sie hätten angreifen können? Kinder und Babies?
A. Sie hätten Handgranaten haben können. Die Mütter hätten sie auf uns werfen können.
F. Die Babies?
A. Ja.
F. Hatten die Mütter die Babies auf dem Arm?

A. Ich glaube ja.
F. Und die Babies wollten angreifen?
A. Ich habe jeden Moment damit gerechnet, dass sie einen Gegenangriff machen würden.[505]

Mag eine solche Aussage auch als völlig absurd, geradezu irre, erscheinen – ähnliche Darstellungen finden sich in nicht wenigen Dokumenten, in denen Soldaten aus Vietnam zu Wort kommen. Die Totalisierung eines Feindbilds über die Grenze des irgendwie Nachvollziehbaren hinaus ist nichts, was nur in Vietnam anzutreffen war. Gewöhnlich, wie im Fall des rassistischen Vernichtungskriegs oder des Völkermords in Ruanda, wird das Töten von Säuglingen damit begründet, dass diese die »Brut« des Feindes darstellen, mithin also als *zukünftige Gegner* gleich mit vernichtet werden. In Vietnam entstand das Phantasma vom angreifenden Baby wahrscheinlich durch die Diffusität der wahrgenommenen Bedrohung, die vom Vietcong ausging. Die in der Regel unerfahrenen amerikanischen Soldaten operierten in einer Situation des Dschungelkriegs gegen einen Feind, der die Techniken des Partisanenkrieges anwendete und mit Scharfschützen, Sprengfallen und Einzelangriffen in buchstäblich jeder möglichen Situation arbeitete – worauf die Soldaten nicht vorbereitet waren und sich auch nicht vorbereiten konnten. Die Bedrohung durch einen oft unsichtbaren Feind wird mithin als umfassend empfunden, und eine solche diffuse und verallgemeinerte Bedrohung löst ein starkes Gefühl von Kontrollverlust und Orientierungslosigkeit aus; dieses Gefühl findet sich in zahllosen Beschreibungen der Erfahrungen von Vietnam-Veteranen. Der Dschungel »wurde von den GIs als ein Raum extremer Bedrohung erlebt, undurchschaubar, undurchdringlich, unberechenbar, ein feindlicher Raum, dessen Abmessungen, Geräusche und Gerüche von ihnen nicht gedeutet werden konnten. Im Grunde unbezwingbar musste der Dschungel erscheinen, denn hier zählte die technologische Überlegenheit moderner Waffen nicht viel.«[506]

Die Gegner hingegen kannten sich hier aus, was sie in den Augen der amerikanischen Soldaten desto unheimlicher und bedrohlicher machte. Die Maßlosigkeit des flächendeckenden Einsatzes des Dioxins »Agent Orange« zur Entlaubung des Dschungels, das heißt zur Herstellung von Übersichtlichkeit, legt ebenso Zeugnis ab von dem Gefühl der unkalkulierbaren Bedrohung wie die Phantasien über Vietcongfrauen, die Rasierklingen in ihrer Vagina versteckten,[507] und die handgranatenwerfenden Babies. Jeder, so die Bedrohungsphantasie, ist eigentlich ein getarnter Feind, der zu allem entschlossen ist. Zu dieser paranoiden Befindlichkeit kam ein rassistisches Hintergrundkonzept: Nicht nur die Gegner, die Angehörigen des Vietcong, waren grundsätzlich anders und fremd, sondern auch diejenigen, zu deren Verteidigung nach offizieller Sicht man den Krieg führte – und die im Übrigen auch wenig Anzeichen der Freude darüber erkennen ließen, auf diese Weise von den Amerikanern verteidigt zu werden. Sprache, Gesten, Gesichtsausdrücke – alles dies erschien selbst auf Seiten der Südvietnamesen weitgehend unverständlich, verstärkte das Gefühl der Desorientierung und war überdies geeignet, die Grenze zwischen denjenigen zu verwischen, die man verteidigen und die man töten sollte.[508] Die einschlägigen Schimpfbezeichnungen galten denn auch allen Vietnamesen: sie waren »gooks«, »dinks«, »dopes« oder »slopes«[509] – Schlitzaugen oder Esel, Kaninchen, Eichhörnchen, irgendwie sture, verschlagene, ungreifbare Tiere, so etwas wie eine andere Lebensform.

Es existiert also auch in diesem Krieg eine unüberbrückbare kategoriale Trennung zwischen den Mitgliedern der Wir-Gruppe und denen einer Sie-Gruppe, wobei in Vietnam hinzukam, dass zwischen den »guten« und den »bösen« Angehörigen der Sie-Gruppe nur eine verschwommene Grenze bestand, die jederzeit aufgehoben sein konnte: Jeder Vietnamese, hieß das, konnte auch ein Vietcong sein, und es gab keine Möglichkeit, zu erkennen, welcher Gruppe der oder die andere tatsächlich zugehörte. Kurz: Es existierte zunächst ein tief wurzelndes Gefühl, nicht zu verstehen, was gespielt wurde, am falschen Ort zu sein, sein Leben für etwas aufs Spiel zu setzen, mit dem man durchaus nicht identifiziert war, und sich in einer Welt zu befinden, die einem überhaupt feindlich gesonnen war. In einer solchen Situation ist die Verbesserung von Orientierung, die Verringerung des Kontrollverlustes, das Dringlichste, und das einzige probate Mittel, das den Männern dafür zur Verfügung stand, war Gewalt. Und um diese auszuüben, waren sie schließlich in Vietnam. Demgemäß galt als sicherster Weg, um jemanden als Vietcong zu identifizieren, ihn als Vietcong zu behandeln – die »mere gook rule« lautete: »if it's dead and it's Vietnamese, it's VC.«[510] Wenn jemand getötet wurde, dann *war* er Vietcong; Töten und Definieren ist hier dasselbe.

Diese Strukturierungsfunktion der Gewalt verdankt sich nicht nur jenem subjektiven Bedürfnis nach Orientierung, das aus Unsicherheit und Desorientierung resultiert. Sie wurde im Fall des Vietnamkriegs auch durch drei miteinander zusammenhängende militärstrategische Elemente befördert, das jedes für sich zur Nivellierung der Grenze beitrug, wer Gegner war und wer nicht. Das erste Element bestand in der Doktrin des »body count« – eine möglichst große Zahl getöteter Gegner galt als Beleg für den militärischen Erfolg einer Aktion, insbesondere auch gegenüber den Medien daheim in den USA. Bernd Greiner erwähnt in diesem Zusammenhang, dass General Ewell, der Kommandeur der 9. Infanteriedivision, die Parole ausgegeben haben soll: »Falls sie schwanger ist und ihr erschießt sie, zählt sie doppelt.«[511] Das zweite Element bestand in der Taktik des »search and destroy«, also im Aufspüren und vollständigen Zerstören von »Widerstandsnestern«, Waffenlagern, Verstecken etc. Drittens schließlich wurden Kampfgebiete zu »Free Fire Zones« deklariert – was bedeutete, dass innerhalb dieser Zonen auf jeden geschossen werden durfte, der das Pech hatte, sich in einer solchen Zone zu befinden, egal, ob er Soldat, Kind oder Greis war. »Einer Studie des amerikanischen Senats zufolge fanden allein in den ›Free Fire Zones‹, den zur weiträumigen Zerstörung freigegebenen Gebieten, bis 1968 mindestens 300 000 Nicht-Kombattanten den Tod.«[512]

Die soziale Situation vor einer Aktion wie der von My Lai war mithin auf der subjektiven Seite der amerikanischen Soldaten von einem tiefen Gefühl der Unsicherheit und einer damit einhergehenden Gewalt- und Tötungsbereitschaft gekennzeichnet, die durch die rassistische Hintergrundvorstellung gefördert wurde, es ohnehin nur mit »gooks« zu tun zu haben. Überdies war der Aktion von My Lai kurz zuvor der Tod eines beliebten Kompanieangehörigen vorangegangen, der einer Sprengfalle zum Opfer fiel, so dass neben den Orientierungsbedürfnissen für viele die Lust auf Rache eine Rolle gespielt haben dürfte. Und auf der objektiven Seite war es die militärstrategische Entbindung von den Regeln des konventionellen Krieges, die nun das Töten von Zivilisten in den Rang einer vielleicht bedauerlichen, aber keineswegs verbotenen Begleiterscheinung des Kampfes hob. Das kam einer wahrhaft tödlichen Mischung gleich, und vor diesem Hintergrund erscheint das Verhalten der Männer von »Charlie Company« schon weniger mysteriös und die phantasmagorische Wahrnehmung, dass selbst Babies Vietcong seien, weniger abstrus. Die Unterschiedslosigkeit der Opfer ist nämlich sowohl subjektiv wie objektiv funktional, weil sie die Übersichtlichkeit erhöht.

Wir finden also auch in diesem, eigentlich nicht auf die systematische Vernichtung des Gegners orientierten Krieg Elemente, die dem einzelnen Beteiligten das Verrichten von Tötungsarbeit als kaum ungewöhnlich erscheinen lassen. Dem Töten in My Lai liegt also einerseits eine rassistisch fundierte Hintergrundvorstellung – dass das Töten von »gooks« kein Verbrechen ist – zugrunde; zugleich wird sichtbar, dass die mörderische Gewalt selbst in hohem Maße strukturierende Funktionen für die Akteure übernimmt: Das Töten ist für die Täter ein konstruktiver Akt, nach dem Töten sind die Dinge klarer als zuvor.

Damit freilich enden die Parallelen zu den »Judenaktionen« des nationalsozialistischen Vernichtungskriegs. Die deutlichste Grenze dieser Parallelen findet sich eben dort, wo der Hubschrauberpilot Hugh Thompson noch lebende Opfer tatsächlich aus der Kampfzone ausfliegen kann, selbst wenn es dafür erforderlich ist, dass sein Bordschütze die anderen GIs mit dem Maschinengewehr bedrohen muss, damit die Rettungsaktion laufen kann. Thompson nämlich weiß, dass er sich im Recht fühlen kann; ein Kriegsverbrechen ist selbst in Vietnam prinzipiell noch justiziabel, Thompsons mutiges Einschreiten gegen das Verbrechen eine legitime Handlung. Im Rahmen der Tötungsmoral des nationalsozialistischen Vernichtungskriegs wäre eine solche wenigstens theoretische Ahndung des Verbrecherischen ganz undenkbar gewesen, war doch das Verbrechen selbst zur Norm erhoben.

Gleichwohl werden auch hier ganz normale Männer zu Massenmördern, wobei allerdings eine weitere Differenz darin besteht, dass die Veteranen in eine nach rechtsstaatlichen Prinzipien organisierte demokratische Gesellschaft zurückkehrten, in denen sie – wenn auch unter erheblichen Schwierigkeiten – Massaker und Verbrechen, die in Vietnam stattfanden, öffentlich machen und die Behörden zu Untersuchungen veranlassen konnten. Der Anstoß für die Untersuchung des Massenmords von My Lai ging denn auch von der Initiative des Veteranen Ronald Ridenhour aus, der am 29. März 1969 einen Brief an Politiker und Kongressabgeordnete geschrieben hatte, in dem er auf das Geschehen in My Lai aufmerksam machte – was tatsächlich die Einsetzung von Untersuchungskommissionen durch den Kongress und die Army zur Folge hatte. Man braucht nur an den Interventionsversuch von Helmuth Groscurth in Belaja Zerkow zu denken, um den fundamentalen Unterschied der sozialen Situationen und Handlungsspielräume zu erkennen.

Das Töten in Vietnam ist also in vielerlei Hinsicht etwas anderes als das Töten im nationalsozialistischen Vernichtungskrieg. Gleichwohl macht dieser Fall deutlich, dass es nicht unbedingt eines autoritären oder diktatorischen Regimes bedarf, um Handlungsrahmen wie den von My Lai zu eröffnen und Menschen sich für unterschiedsloses Töten entscheiden zu lassen. Eine normative Hintergrundvoraussetzung, situative Anforderungen und individuelle Orientierungsbedürfnisse reichen offenbar dafür aus, dass das geschieht.

Der Vergleich verschiedener massenmörderischer Prozesse ist, das zeigt sich schon an diesem Fall, ein schwieriges Unterfangen. Nicht nur, dass die historischen und sozialen Rahmenbedingungen des Tötens oft sehr verschieden sind – die Vorgänge an sich sind auch so komplex, dass Vergleiche sehr willkürlich werden können. Das zeigen etwa auch die Schwierigkeiten, die die Massenmorde in Kambodscha für eine vergleichende Genozidforschung darstellen. Zwar hatte das Regime der Roten Khmer unter der Führung von Pol Pot in der zweiten Hälfte der siebziger Jahre ein bis zwei Millionen Menschen der kambodschanischen Bevölkerung getötet und damit etwa ein Sechstel bis ein Viertel der gesamten Bevölkerung ausgelöscht.[513] Aber handelte es sich hier um einen Vorgang, in dem auf vergleichbare Weise massenmörderische Prozesse in Gang gesetzt wurden wie im nationalsozialistischen Vernichtungskrieg?

Wahrscheinlich nicht. Die Verschiedenheit der Personengruppen, die Massenmorden zum Opfer fielen, steht hier einem Vergleich genauso im Wege wie die Tötungsarten, die in diesem Gesellschaftsexperiment angewendet wurden – sie reichten vom Verhungernlassen über Vernichtung durch Arbeit bis zum Einschlagen der Schädel der Opfer auf eigens vorgesehenen »killing fields«. Letzteres deutet an, dass es zwar auch in diesem Fall ausgesuchte Vernichtungsstätten und gesonderte Vernichtungsaktionen gab, aber wir wissen nur wenig über die Täter. Festzustehen scheint, dass die Soldaten der Roten Khmer sehr jung waren und meist schon als Zwölfjährige rekrutiert wurden.[514]

Wahrscheinlich lässt sich die kambodschanische Variante der Herstellung von Tötungsbereitschaft eher durch das System einer totalen Gewaltherrschaft erklären, deren Vollstrecker systematisch zum Töten erzogen wurden,[515] und nicht dadurch, dass den Angehörigen einer Wir-Gruppe es sinnvoll und geboten schien, die Mitglieder einer Sie-Gruppe auszulöschen. Wir haben es hier also mit einem Gewaltprozess zu tun, der hinsichtlich des Täterhandelns kaum Parallelen zu den anderen Massenmorden aufweist, die in diesem Buch untersucht werden; nicht umsonst macht der kambodschanische Fall auch dann systematische Probleme, wenn er im Zusammenhang anderer Völkermorde diskutiert wird.[516] Vergleichbar bleibt aus meiner Sicht allenfalls, dass auch hier eine Voraussetzung für das massenhafte Töten in der Definition von Zugehörigkeit und Nicht-Zugehörigkeit besteht.

Ruanda

Ein massenmörderischer Prozess, über den man inzwischen mehr weiß, spielte sich zwischen einer als Hutu und einer als Tutsi definierten Gruppe in Ruanda ab. Zwischen April und Juli 1994 sind in Ruanda 500 000 bis 800 000 Menschen umgebracht worden. Die Getöteten gehörten mehrheitlich der Gruppe der Tutsi an; dieser Teil der ruandischen Bevölkerung wurde in nur 13 Wochen um etwa drei Viertel reduziert. Doch nicht nur die Tutsi waren von diesem Massenmord betroffen – auch Hutu wurden getötet, die den Mordaktionen kritisch gegenüberstanden, mit Tutsi verheiratet waren oder auf andere Weise als Verräter an der Sache der Hutu betrachtet wurden.

Es ist mittlerweile gut dokumentiert, dass die ethnische Differenzierung der beiden Gruppen wesentlich ein koloniales Produkt war und dass insbesondere die soziale Positionierung der Tutsi-Minderheit sich der kolonialen Höherbewertung dieser Gruppe verdankte. In den Jahren vor dem Völkermord verwandelte sich das soziale Deklassierungsgefühl, das unter den Hutu verbreitet war, in eine Bedrohungsvorstellung, die schließlich in einem totalen Feindbild kulminierte: Irgendwann sah es in der Wahrnehmung der Hutu-Mehrheit so aus als ginge eine völkermörderische Bedrohung von den Tutsi aus, und als müsste man sich mit aller Kraft dagegen wehren, dass der angebliche Plan der Tutsi, die Hutu zu vernichten, in die Tat umgesetzt werden würde.

Nun war diese existentielle Bedrohungsvorstellung nicht einfach das Produkt einer frei flottierenden Phantasie, sondern war systematisch durch einen vorgängigen Bürgerkrieg, durch theoretische Schriften und massive Propaganda hervorgerufen und verstetigt worden. Im Ergebnis wurde eine ethnische Differenzierung, die zuvor durch keineswegs undurchlässige Grenzen zwischen den Gruppen markiert war, substantialisiert und in eine wahrgenommene Todfeindschaft transformiert. Dabei spielte die Technik der »gespiegelten Anschuldigung« (»accusation in a mirror«[517]) eine zentrale Rolle: Man unterstellte in einer Art putativer Völkermordphantasie der jeweils anderen Seite, dass sie auf die vollständige Vernichtung der eigenen Gruppe aus war. Allerdings war das Schema der gespiegelten Anschuldigung keineswegs ein lediglich sozialpsychologisches Phänomen, sondern explizit als propagandistische Methode empfohlen: Mit Hilfe dieser Technik, hieß es, »wird diejenige Seite, die Terror ausübt, ihren Feind des Terrors bezichtigen.«[518]

Die logische Kehrseite der Verbreitung von Bedrohungsphantasien ist die Herstellung von Verteidigungsbereitschaft auf der Seite derjenigen, die sich bedroht sehen – weshalb jede Form des mörderischen Angriffs und der systematischen Vernichtung mutatis mutandis als notwendige Verteidigungshandlung wahrnehmbar wird. Diese Eskalationsspirale der unterstellten Bedrohung wird wiederum durch vereinzelte, gezielte mörderische Aktionen und Massaker, die der Gegenseite zugeschrieben werden, weitergedreht – das heißt, es wird in Wirklichkeit übersetzt, was zuvor lediglich Ausstattung einer furchteinflößenden Phantasiewelt war. Hierbei handelt es sich um ein offenbar höchst probates und gut erprobtes Mittel der Erzeugung von Eskalationsdynamiken, wie sie etwa auch in den jugoslawischen Auflösungskriegen und im Kosovokrieg erfolgreich angewendet wurde.

In Ruanda jedenfalls wurde in kurzer Zeit eine Wirklichkeit etabliert, in der das Töten der als todfeindlich definierten Nachbarschaftsgruppe der Tutsi aus Sicht der Hutu die einzige Rettung und damit eine existentielle Notwendigkeit darstellte. Dass diese Form der Wirklichkeitserzeugung zum einen mit handfesten machtpolitischen Interessen zu tun hatte und zum anderen durch das Nicht-Handeln der internationalen Gemeinschaft gefördert wurde, ist gut dokumentiert.[519] Der in den westlichen Medien zunächst verbreitete Eindruck jedenfalls, es würde sich bei den systematischen Massenmorden um das Aufbrechen lange schwelender »Stammeskonflikte« handeln, war grundfalsch: Es war im Gegenteil ein geplanter, administrativ organisierter und höchst effizienter Massenmord, in dem vorab erstellte und per Computerausdruck verteilte Listen mit den Namen der designierten Opfer genauso eine Rolle spielten wie die systematische Bewaffnung der Akteure.

Ein besonders bemerkenswerter Aspekt dieser ganz und gar modernen Form des Genozids besteht in der Rolle, die die in Ruanda existierende Verwaltungsstruktur spielte. Sie bestand aus einem zentralistisch organisierten Staatsapparat, der seine Effizienz vor allem seiner vertikalen Kommunikationsstruktur verdankte: Anordnungen der Regierung, in denen etwa zu ergreifende Maßnahmen mitgeteilt wurden, »wurden an den betreffenden Präfekten weitergeleitet, der sie wiederum an die Bürgermeister weitergab, die in ihren Kommunen Versammlungen einberiefen, bei denen sie diese Anweisungen der Bevölkerung vorlasen.«[520]

Effizienzfördernd kam hinzu, dass die ruandische Gesellschaft zum einen ein System der verbindlichen Gemeinwohlarbeit etabliert hatte (»umuganda«), was es also nicht als ungewöhnlich erscheinen ließ, dass man Arbeit für den Staat verrichtete. Zum anderen existierte ein Konzept der zivilen Selbstverteidigung; Zivilisten konnten im Fall eines Angriffs von außen schnell rekrutiert und ausgerüstet werden. Diese vorhandene administrative Struktur entfaltete im Augenblick des Entschlusses zum Genozid eine absolut tödliche Effizienz, denn im Rahmen dieser Struktur konnte sowohl die Rekrutierung der designierten Täter als auch ihre Versorgung mit Waffen, als auch die punktgenaue Übermittlung erfolgen, wer zu töten sei, und zwar ohne dass es eigens zu schaffender Institutionen für die Tötungsarbeit bedurft hätte. Die auf der Seite der Vollstrecker nötige Tötungsbereitschaft war durch die Spirale der putativen Vernichtungsdrohung bereits vorhanden und wurde durch eine radikale Propaganda in der Presse, vor allem aber durch das Radio, regelrecht auf- und eingepeitscht.

Dieser Rahmen entfaltete tödliche Konsequenz, was unter anderem daran deutlich wird, dass die Reaktionen der Opfer selbst für die effektivere Durchführung der Tötungsarbeit nutzbar gemacht wurden. Nachdem es in der zweiten Aprilwoche 1994 bereits eine Reihe von Massakern an Tutsi gegeben hatte, »gingen Regierungsstellen dazu über, den Impuls der Tutsi, Zuflucht zu suchen, auszunutzen und ihnen Schutz anzubieten, wenn sie sich an bestimmten Orten versammeln würden. Jene, die das Angebot ablehnten, wurden oftmals gezwungen, sich dennoch dorthin zu begeben. Dieses Vorgehen war landesweit derart verbreitet, dass es entsprechende Befehle von oben gegeben haben musste. […] Die Präfekte von Kibuye und Cyangugu wiesen die Tutsi an, sich in den örtlichen Sportstadien zu versammeln. In der Gemeinde Kivumu in der Präfektur Kibuye soll der Bürgermeister Berichten zufolge mit einem weißen offenen Kleinlaster durch die Stadt gefahren sein, um Tutsi, die auf den Straßen umherstreiften, aufzusammeln. Er war eifrig bemüht, sie zur Nyange-Kirche zu schaffen, wo sie später massakriert werden würden, indem man einen Bulldozer durch die Kirche fuhr, der das Gebäude mitsamt den Menschen darin dem Erdboden gleichmachte. In einigen Fällen befahlen die Behörden das Massaker nicht sofort, nachdem sich die Menschen versammelt hatten, weil sie offenbar entweder darauf warteten, bis die höchstmögliche Zahl von Opfern erreicht war, oder weil noch nicht genügend Truppen zur Durchführung des Gemetzels eingetroffen waren.«[521]

Täuschung, absolute Kaltblütigkeit und zweckrationales Kalkül werden hier zur möglichst effektiven Durchführung der Tötungsarbeit eingesetzt. Die äußerste Brutalität des Tötens wird in zahllosen Quellen berichtet. Sie scheint besonders dort aufzutreten, wo es um Hutu geht, die etwas mit Tutsi zu tun hatten – also dort, wo die Grenze zwischen den Gruppen verwischt schien und durch totale Gewalt markiert werden musste: »Hutu, die Angehörige unter den Tutsi hatten, sahen sich mit der schmerzlichen Entscheidung konfrontiert, ob sie ihre Angehörigen zurücklassen wollten, um ihr eigenes Leben zu retten. In der Kirche von Mugonero in Kibuye mussten zwei Schwestern, beide Hutu und mit Tutsi verheiratet, eine solche Wahl treffen. Eine von ihnen entschied sich, gemeinsam mit ihrem Ehemann zu sterben, die andere beschloß zu gehen, weil sie hoffte, damit das Leben ihrer elf Kinder retten zu können. Die Kinder, die wegen ihres Vaters als Tutsi galten, hätten normalerweise nicht überleben dürfen, doch die Mörder hatten der Frau versichert, die Kinder könnten die Kirche in Sicherheit verlassen, wenn die Frau einverstanden sei, mit ihnen zu gehen. Als die Frau aus der Kirche trat, musste sie mit ansehen, wie acht ihrer Kinder vor ihren Augen totgeschlagen wurden.«[522]

Die Mordaktionen begannen am 7. April 1994 in der Hauptstadt Kigali und weiteten sich dann mit verblüffender Geschwindigkeit über das ganze Land aus. Frappierend ist dabei vor allem der durchgängig planmäßige Charakter des Mordens: Nicht nur, dass die bereits seit 1992 geführten Todeslisten die Opfer schon zu lebenden Toten machten, bevor der Genozid begann – auch die Gleichzeitigkeit des Beginns des Tötens, die Wahl der Orte, die Perfidie der Täuschungen weisen auf die vollkommen planvolle Umsetzung eines fraglosen Vernichtungswillens. Vernichtungspolitik erscheint zu diesem Zeitpunkt das Zentrum der ruandischen Mehrheitspolitik zu bilden, nicht unähnlich der Rolle, die sie für die nationalsozialistische Gesellschaft ein halbes Jahrhundert zuvor gespielt hatte. Ganz zu Recht spricht Anna-Maria Brandstetter davon, dass der Völkermord von Ruanda »kein Kollaps« gewesen sei, sondern ein hohes Maß von Ordnung in der scheinbaren Unordnung aufwies.[523]

Auch hier schiebt sich in der Wahrnehmung von außen das Grauenhafte der Taten vor das Geregelte der Tötungsarbeit. Der Arbeitsablauf gleicht in der Regel der Praxis der deutschen Einsatzgruppen und Polizeibataillone in Russland: Die designierten Opfer wurden systematisch gesucht: »unter Betten, in Schränken, auf Dachböden, in Toiletten, in Küchenanbauten, Ambulanzen oder in Kofferräumen [...]. [Die Täter] durchkämmten Wälder, Buschland, Bananenhaine, Hirsefelder und Papyrusdickichte in den Sümpfen.«[524]

Die Arbeit wurde allerdings nicht nur von Soldaten, Polizisten und Milizen durchgeführt, sondern auch von ganz normalen Hutu, Männern, Frauen und Jugendlichen. Der Armee und den Milizen, die »Selbstverteidigungskommitees« hießen, kamen initiative Aufgaben zu – sie gaben Befehle und Anweisungen. Die Führungspersonen hatten »oft Posten in ziviler Verwaltung oder parastaatlichen Organisationen inne, was einmal mehr die Verzahnung der verschiedenen Ebenen belegt.«[525]

Die Milizen bestanden vorwiegend aus zuvor arbeitslosen Jugendlichen und jungen Männern, die für das Morden bezahlt wurden und im Übrigen von den Plünderungen profitierten, die mit dem Töten einhergingen. Gemordet wurde vorwiegend mit Macheten, da die Ausstattung der Mörder mit Schusswaffen zu teuer gewesen wäre; der Begriff »schneiden« wurde synonym mit »töten« verwendet. Das Töten mit Macheten suggerierte überdies, dass es sich beim Morden nicht um planmäßiges Vorgehen, sondern um spontane Gewalt handelte – als würde die Gewalt von den Einzelnen ausgehen und als würden sie die Waffen benutzen, die sie ohnehin im Haus hatten. Überhaupt spielt die metaphorische Einbettung des Massenmordens in diesem Genozid eine höchst bemerkenswerte Rolle, galten doch die Waffen im allgemeinen Sprachgebrauch als »Werkzeuge« (ibikoresho, d. h. »Dinge zur Arbeit«[526]). Das Töten wurde folgerichtig tatsächlich als *Arbeit* bezeichnet, der Massenmord als eine Form des Feldbestellens, zu dem eben das Ausjäten von Unkraut und das Vernichten von Schädlingen gehört. In diesem Zusammenhang ist auch die häufigste Schimpfbezeichnung für Tutsi zu sehen: Kakerlaken.

Die von den Hutu imaginierte ethnisch reine Nation wurde als »Feld« vorgestellt; ihr Selbstbild entsprach demgemäß dem von »Kindern von Feldbauern«, ihre Aufgabe war, dieses »Feld« zu bestellen: »Sie töteten wie Leute, die aufs Feld gehen, und gingen nach Hause, wenn sie müde waren«.[527] In dieser Vorstellung liegt die tödliche Logik des totalen Auslöschens der Tutsi begründet: »›Beim Säubern des Busches‹ sollte darauf geachtet werden, nicht nur das ›hohe Gras‹, d. h. die Erwachsenen, zu schneiden, sondern auch die ›jungen Triebe‹, d. h. die Kinder und Jugendlichen, auszureißen. In der Tat war die extreme Grausamkeit gegenüber Ungeborenen, Säuglingen und Kindern jenseits aller Vorstellungskraft.«[528]

Die Praxis des Tötens war strukturiert wie eine beliebige berufsförmige Arbeit: »Jeden Morgen trafen sich die Mörder mit ihren Waffen, [töteten], machten dann meist eine Mittagspause, um am Nachmittag mit der ›Arbeit‹ fortzufahren. Abends gingen sie nach Hause oder in Bars und Restaurants, um zu essen, zu trinken und zu feiern, um am nächsten Morgen gestärkt weitermachen zu können«[529] – und zwar in der Regel dort, wo sie aufgehört hatten.

Zwei Aspekte spielen bei der Definition von Töten als Arbeit eine Rolle, die zugleich andeuten, dass es sich hier nicht nur um eine metaphorische, sondern um eine durchaus praktische Definitionsleistung handelte: Die Tötungsarbeit war, wie gesagt, eingebunden in das Konzept der »umuganda«-Arbeitsgruppen, die *Gemeinschaftsarbeit* verrichteten, zum anderen konnte die Tötungsarbeit aufgrund ihrer Regelhaftigkeit und Entlohnung zumal für diejenigen ohne weiteres als ganz normale Arbeit gelten, die zuvor darunter gelitten hatten, arbeitslos zu sein. Das galt um so mehr, als die Tötungsarbeit insofern Status versprach, als sie eine Tätigkeit für die Regierung war,[530] womit sie überdies auch keinerlei Charakter von Irregularität oder gar von Verbrechen hatte.

Wir finden hier also auf der Ebene der sozialen Wahrnehmung der Täterinnen und Täter fünf Elemente, die ihnen das Töten sinnhaft erscheinen ließen: Zum einen gab es die phantasierte Bedrohung, selbst ausgelöscht zu werden, wenn man nicht in einer als Verteidigung definierten Tat den imaginierten Mördern zuvorkam. Für die Imagination der todfeindschaftlichen Bedrohung der einen Gruppe durch die andere scheint zweitens wichtig, dass die Grenzlinie zwischen den Tutsi und den Hutu de facto durch die Mobilität zwischen den Gruppen unscharf war – die extreme Tötungsgewalt hat auch hier die Funktion, die Gruppengrenzen eindeutig zu markieren, und damit strukturiert sie Wirklichkeit. Vernichtungs- und Tötungsgewalt scheint regelmäßig desto radikaler zu werden und einer Totalisierung zuzustreben, wenn die Grenze zwischen Wir- und Sie-Gruppe nicht völlig klar ist.[531] Hier kommt der konstruktive Charakter extremer Gewalt einmal mehr zum Ausdruck.

Darüber hinaus ist es drittens die Definition des Tötens selbst, die es den Tätern als notwendig und sinnvoll erscheinen lässt. In diesem Fall wird das Töten nicht nur als Berufsarbeit definiert und gemäß dieser Definition auch praktiziert, sondern diese Arbeit ist überdies in ein umfassendes agricolares Konzept von Gesellschaft und Nation eingebettet, das die totale Tötungsarbeit als absolut nützlichen Vorgang der Feldbestellung erscheinen lässt.

Viertens findet sich wiederum, dass die existierende administrative Struktur das Potential bietet, einen gigantischen Massenmord in die Tat umzusetzen, ohne dass grundsätzlich an ihr etwas verändert wird. Es genügt, das Ziel des administrativen Handelns, in diesem Fall das Töten der Tutsi, zu definieren, und der Apparat entbindet sein Potential genauso, als ginge es um irgendetwas anderes. Alles ist immer schon da, wenn eine neue soziale Zielvorgabe ergeht, und funktioniert so weiter wie immer.

Fünftens schließlich konnten sich die Mörder der Selbstverständlichkeit, Sinnhaftigkeit und Normalität ihres Handelns daran versichern, dass alle anderen auch taten, was sie selbst taten.

Jugoslawien

Die Massenmorde von Ruanda spielten sich außerhalb Europas ab und ließen sich leicht exotisieren, als Resultat archaischer Stammeskonflikte. Aber genau ein Jahr nach dem Genozid an den Tutsi vollzog sich auch in Europa ein massenmörderischer Prozess, dessen Akteure ganz auf der Höhe der Zeit der zentraleuropäischen Zivilisationen waren. Hier sprachen viele der Täter Englisch oder auch Deutsch, manche verfügten über Auslandserfahrungen, akademische Bildung und als Mitglieder einer multiethnischen Gesellschaft, die in ihrer Jugendkultur stark westorientiert war, über eine gewisse Weltläufigkeit.

Wir haben es hier mit einem Prozess der Anwendung extremer, bisweilen totaler Gewalt zu tun, der mitten in Europa stattfand, und gerade dieser Fall verdeutlicht, welche Potentiale und Bereitschaften in modernen Gesellschaften und ihren Mitgliedern vorhanden sind, sich für das Töten zu entscheiden. Die extreme Gewaltausübung im Rahmen der postjugoslawischen Kriege umfasst ein breites Spektrum – Folter und Tötung von Gefangenen, systematische Vergewaltigungen, ethnische Säuberungen, terroristische Aktionen, Massaker – und enthält auch Formen totaler Gewalt in Form von Massenexekutionen.

Bei all dem spielte eine wichtige Rolle, dass es auch in diesem Krieg aus Sicht aller Akteure vor allem um Verteidigung gegangen ist.[532] Es ging dabei um die gefühlte Notwendigkeit, das »Eigene«, also etwa die eigene Familie gegenüber Personen zu verteidigen, die zuvor Mitglieder derselben Gesellschaft waren wie man selbst. Die Brutalität des Auflösungskrieges hat auch hier wieder mit den unklaren Grenzen zwischen den Gruppen zu tun; die extreme Gewalt spielt wiederum die Rolle, die Grenzen eindeutig zu markieren. Daneben fußt die in Anspruch genommene »Verteidigungsidentität« der Krieger, und zwar an allen Fronten dieses verwirrenden Krieges, auf einem Konzept der Zivilverteidigung, das gegen Angriffe von außen konzipiert war und sich im Augenblick des staatlichen Verfalls nach innen wendete.[533]

Auch hier entfaltet eine existierende administrative Struktur unter neuen sozialen Vorzeichen das in ihr liegende Potential und wird zur Produktivkraft äußerster Gewalt. Verteidigung heißt nun, im Prozess der Nationalisierung der sich immer klarer ethnisch definierenden Teilgesellschaften Ex-Jugoslawiens Teilnahme an ethnischen Säuberungen, Niederbrennen von Dörfern, extreme Gewalt gegen die anderen auszuüben. Auch hier spielt für die Täter eine wichtige Rolle, dass das Töten zu einer immer professioneller werdenden Angelegenheit wird – und dass die ausgeübte Gewalt selbst strukturierende Funktionen für die Täter übernimmt. Auch hier ist nach dem Töten regelmäßig vieles klarer als vor dem Töten.

Das soll exemplarisch an zwei Fällen illustriert werden. Der erste Fall, der heutige Manager Kruno Letica,[534] ist über seinen Weg in den Krieg interviewt worden und darüber, wie er die von ihm selbst verübte Gewalt interpretiert; der andere, Drazen Erdemovic, ist vor dem Den Haager Gerichtshof wegen in Srebenica begangener Verbrechen verurteilt worden.

Zunächst also zu Kruno Letica. Der Weg, der diesen 1970 geborenen Kroaten in den Krieg geführt hatte, begann Ende der 1980er Jahre in der Transformationsperiode nach dem Abschied vom jugoslawischen Projekt des multiethnischen Staates. Letica trat freiwillig in die erste Kroatische Streitmacht ein, die Kroatische Nationalgarde, die aus ehemaligen Volksarmisten, Territorialverteidigern und Polizisten formiert wurde. Seine Begründung: »Ich bin freiwillig in den Krieg gezogen, aus dem ganz einfachen Grund, weil ich mit meinem Engagement dazu beitragen wollte, diejenigen zu verteidigen, die hinter mir blieben, also meine Allerliebsten und alles, was ich besitze und so weiter. Da gibt es nicht viel Philosophie!«

So engagiert und überzeugt Letica von dem nun folgenden »Überlebenskampf«, wie er es nennt, ist – das Töten, das dieser Kampf mit sich bringt, bleibt ihm eine unangenehme Angelegenheit: »Für die meisten, von denen ich es weiß, für 90% war es zum Kotzen! Aber es gibt auch Leute, die danach zu Tieren werden!«

Hier tauchen die Anderen auf, die ein anderes Verhältnis zum Töten haben als er, die »zu Tieren werden«, also offensichtlich verrohen und Gefallen am Töten finden. Für ihn dagegen ist es eine widerwärtige Angelegenheit, die man ungern ausführt, die aber ausgeführt werden muss. Wenn Letica weiter erzählt, dass das Töten für ihn schließlich zu einer »Arbeit [wird], die man ordentlich oder schlecht erledigt«, beschreibt er genau jene Professionalisierung des Gewalthandelns, die uns schon öfter begegnet ist. Allerdings bedeutet die Erfüllung der als sinnvoll betrachteten Aufgabe nicht nur eine Belastung, sondern im Ergebnis auch Befriedigung:

»Dafür gibt es keine andere Beschreibung, dabei gibt es kein Selbstmitleid, kein schlechtes Gewissen, das sind Geschichten für Kleinkinder, das können Euch vielleicht Amerikaner erzählen, die in Vietnam waren und überhaupt nicht wußten, was sie dort zu suchen haben. Für mich, der sein Haus verteidigt hat und meinen Bruder und alles, was mir lieb und teuer ist, war es reine Freude!« Letica spricht auch über die professionelle Ausführung des Tötens: Er hatte im Militärdienst die technische Kompetenz zum Töten erworben und gelernt, wie man den »Feind eliminiert«, und zwar als Scharfschütze. Der Krieg bildet für ihn einen Gesamtkontext, der professionelles Handeln in jeder Situation und von jedem Beteiligten fordert:

»Denn so ist Krieg, Krieg ist etwas, was andauert, Krieg ist etwas, was sein eigenes Fortschreiten hat. Du kannst jeden in eine solche Situation bringen, so dass er kämpft. Dann geht es in Säuberungsaktionen, in Häuser, es wird getötet, was vorgefunden wird, natürlich nie ein Zivilist, niemals Frauen, niemals Kinder, niemals, bestimmt nie einen Kriegsgefangenen. Echt, so etwas habe ich noch nie gesehen, dass so etwas passiert ist. [...] Es wird getötet und nach einer Tötung ist es nicht so, dass man sich hinsetzt und eine Zigarette anzündet, einen Kaffee kocht und darüber nachdenkt, wie es gewesen ist, sondern es dauert noch an, noch immer ist Aktion, noch immer wird getötet, noch immer Schüsse auf allen Seiten, noch immer mit den Fingern am Abzug, noch immer geht's weiter, und es ist immer nur ein Fragment nach dem anderen, das heißt: ›Gut, den habe ich getötet, also weiter‹. Dass Blut an den Wänden ist, dass sein Schädel zerschmettert ist, dass er keinen Arm, kein Bein, was weiß ich, alles mögliche nicht mehr hat, ist unwichtig. Die Art und Weise des Tötens und was ihm passiert, ist am wenigsten von Bedeutung. Entscheidend ist eine gewisse Effektivität, eine rein, rein, vielleicht sollte man es anders ausdrücken, das ist eine rein empirische Angelegenheit: ›Den habe ich wirklich eliminiert, also weiter‹. Dabei gibt's nicht viel Philosophie, auch kein Nachdenken darüber, warum ich ihn getötet habe, was mir da passiert ist, nichts! Töten und Weitermachen! Noch einen töten, wenn ich ihn erwische, und dabei, natürlich, passe ich auf, dass ich nicht getötet werde. Das ist alles.«

Die Gewalt, so wie Letica sie darstellt, ist dynamisch: Sie wirft keine Frage auf, sondern schreitet nach den Anforderungen der jeweils gegebenen Situationen immer weiter voran. Auch hier gibt es wieder die Parallele zur Berufsarbeit, die ja auch kein systematisches Ende kennt. Auf die Erledigung einer Aufgabe folgt die nächste; Professionalität besteht darin, eine wie die andere gleichermaßen konzentriert zu erledigen. Letica nennt selbst »Effektivität« als das entscheidende Kriterium seiner Aufgabe. Dazu gehört in seiner

Darstellung auch, dass Regeln eingehalten werden, dass also Zivilisten, Kinder, Frauen *nicht* getötet werden. Die Kriterien allerdings, wie diese auszunehmenden Personen identifiziert werden, sind selbst an der Situation orientiert und entlarven sich als selbstreferentielle Orientierungsmuster, die am Ende nur die Funktion haben, sicherzustellen, dass der Tötende sich Rechenschaft darüber ablegen kann, ordnungsgemäß getötet zu haben, und nicht, wie andere, »zum Tier« geworden zu sein:

»Wenn das Terrain gesäubert wird, vor allem in Städten, dann trägt man ganz besondere Abzeichen, [...] da die Uniformen relativ ähnlich sind, bindet man sich rote, weiße, grüne, jeden Tag andere Bänder um. Wer kein Band trägt, wird erschossen – eine Frage der Technik.« Und weiter: »Zivilisten sind anders, Zivilisten laufen nicht auf der Straße herum, wenn geschossen wird [lacht], das ist ganz einfach: Zivilisten laufen nicht auf der Straße herum, wenn geschossen wird.«

Man bemerkt: In einer Situation extremer Gewalt definiert diese *im Ergebnis* selbst, wer was ist. Ähnlich wie in Vietnam ein toter Vietnamese automatisch ein Vietcong *war*, ist hier automatisch jeder, der im Visier auftaucht, ein Kämpfer, kein Zivilist. Vor dem Hintergrund solcher selbstreferentieller Orientierungssysteme läuft schließlich alles geregelt ab. Die Gewalt selbst schafft Ordnung. Die Selbstvergewisserung darüber wird auch dadurch untermauert, dass es hier keineswegs um individuelles Handeln geht, sondern um Handeln in einer Gruppensituation, in dem die Kameraden von den gleichen Handlungsnormen ausgehen. Vor diesem Hintergrund wird das Töten auch insofern entpersonalisiert, als es letztlich gleichgültig ist, wer wen getötet hat: »Wieviel ich getötet habe, ist wirklich schwer auszumachen, wirklich schwer. Ich weiß aber, wie viele wir getötet haben.«

Die Kampfhandlung endet mit dem ordnungsgemäßen Machen von Gefangenen und mit der Bilanzierung der getanen Arbeit: »Wir haben sie auf die Straße getrieben; wenn wir alles gesäubert hatten, haben wir sie auf die Straße getrieben und sie mußten sich in Reihe hinlegen, dann guckt man, ob jemand bewaffnet ist, filzt jeden, ob er nicht doch bewaffnet ist, dann werden sie der Militärpolizei übergeben, die dann ihre Arbeit macht, also die Gefangenen erfaßt, verhört und so weiter.« Und: »Danach ist nichts, danach, nach beendeter Aktion zähle ich die Toten, zuerst die eigenen, dann die anderen.«

Letica entwickelt also eine Art professioneller Ethik des Tötens, in deren Zentrum Effizienz steht. Wichtig scheint ihm zu sein, dass seine Schilderung nicht so wirkt, als habe das Töten etwas mit Spaß oder Lust zu tun, sondern dass es im Gegenteil gerade unter Absehung von persönlichen Gefühlen, gewissermaßen sachlich, vollzogen wird und in ein moralisches Gefüge eingeordnet werden kann, das das eigene Handeln als gerecht und richtig erscheinen lässt. Am Ende stellt er fest: »Ich habe einen sauberen Krieg geführt.«

Nun sind Leticas Aktionen zu extremer Gewalt, nicht aber zu totaler Vernichtungsgewalt zu zählen, und die postjugoslawischen Kriege sind insgesamt auch eher durch Formen der Gewalt gekennzeichnet, die nicht auf die totale Auslöschung des Gegners zielten. Allerdings gab es auch systematische Massenerschießungen, die zumindest die Vernichtung des männlichen Teils der gegnerischen Gruppe zum Ziel hatten. Die bekannteste solcher Vernichtungsaktionen fand Mitte Juli 1995 in Srebenica statt, einer bosnischen Enklave, die eigentlich eine UN-Sicherheitszone war und als solche von den kriegführenden Parteien gar nicht hätte angegriffen werden dürfen. Die bosnisch-serbische Armee kümmerte sich freilich nicht um diesen besonderen Status von Srebenica und griff die Stadt am 6. Juli 1995 an; am 11. Juli war die Stadt erobert, der kommandierende General Radislav Krstic ließ sich dabei filmen, wie er nach der Einnahme der Stadt in Begleitung seiner Offiziere die menschenleeren Straßen der Stadt abschritt.

Tausende der muslimischen Einwohner hatten zu diesem Zeitpunkt bereits die Flucht angetreten und versuchten den nahe gelegenen UN-Stützpunkt Potocari zu erreichen oder durch die umliegenden Wälder Richtung Tuzla zu entkommen, das unter bosnischer Kontrolle stand. Diese Flucht war in vielen Fällen allerdings erfolglos. Viele der Flüchtlinge wurden in den Wäldern abgefangen; in Potocari fand eine Sammlung der muslimischen Bosnier statt, die mit einer regelrechten Selektion endete: Die Männer im waffenfähigen Alter zwischen 17 und 60 Jahren wurden abgesondert, in Busse verfrachtet, zu zuvor ausgewählten Tötungsstätten gefahren und dort umgebracht. Dasselbe geschah in den darauf folgenden Tagen in Srebenica selbst. Insgesamt fielen diesen planmäßigen Massenmorden mindestens 7000 Menschen zum Opfer; die Vorgänge werden nicht nachvollziehbarer, wenn man sich erinnert, dass das Ganze unter den Augen der niederländischen UN-Truppen stattfand.

Am 16. Juli 1995 wurden auf dem Gelände einer Militärfarm in der Nähe des Ortes Pilica etwa 1200 Männer erschossen. Diese Exekution dauerte von 10 bis 15 Uhr und wurde bis zum Mittag von acht Männern der 10. Sabotage-Einheit der bosnisch-serbischen Armee durchgeführt. Die Opfer wurden in Bussen auf die Farm gebracht und in Zehnergruppen zu einem Feld geführt, das für die Erschießungen ausgewählt worden war. Sie hatten die Hände auf dem Rücken gefesselt, ihre Oberkörper waren nackt, manchen waren die Augen verbunden worden. Sie standen mit dem Rücken zu den Schützen und wurden mit Maschinenpistolen erschossen. Beim Schießen gab es, wie im Sommer 1941, gelegentlich Probleme; viele der Opfer waren noch nicht tot, wenn sie auf die Körper ihrer Vorgänger fielen, und mussten später mit »Fangschüssen« getötet werden.

Einer der Männer dieses Erschießungskommandos ist vor dem internationalen Gerichtshof in Den Haag verurteilt worden, und zwar zu fünf Jahren Haft. Er heißt Drazen Erdemovic und war zur Tatzeit 23 Jahre alt, verheiratet und Vater eines kleinen Sohnes. Erdemovic hat an diesem Tag mindestens 70 Menschen getötet, wahrscheinlich waren es mehr.[535]

Die militärische Sozialisation in den Wirren des zerfallenden jugoslawischen Staates, die Erdemovic durchlief, fand in mehreren Armeen statt und ist nicht untypisch für die Situation anderer junger Männer in der ersten Hälfte der 90er Jahre des letzten Jahrhunderts.[536] Zunächst leistete er seinen Wehrdienst in der Jugoslawischen Volksarmee, wo er bis März 1992 in Slawonien stationiert war. Mitte 1992 wurde er nach Bosnien-Herzegowina eingezogen, verließ seine Einheit im November 1992, weil er, wie er berichtet, »nichts mit dem Krieg zu tun haben wollte«, kam dann zu der sich gerade formierenden Kroatischen Armee (HVO), die er am 3. November 1993 wieder verließ, weil er »Probleme« aufgrund des Umstands bekommen hatte, dass er »serbischen Frauen und Kindern« zur Flucht auf serbisches Territorium verholfen hatte. Nach einem kurzen zivilen Zwischenspiel, während dem er mit seiner Familie in die Schweiz zu emigrieren versuchte, trat er schließlich 1994 in die bosnisch-serbische Armee ein, weil er Geld brauchte, für sich und seine Familie.[537]

Die 10. Sabotage-Einheit war für ihn übrigens deshalb attraktiv, weil sie, wie er berichtet, nicht nur aus Serben, sondern auch aus Kroaten, einem Slawonen und sogar einem bosnischen Muslimen bestand. Diese Einheit verübte einige Anschläge auf dem Territorium der bosnischen Armee; Erdemovic erwarb dabei den Rang eines Leutnants, den er aber nach zwei Monaten wieder verlor, angeblich, weil er sich geweigert hatte, Zivilisten zu töten. Nach dieser Degradierung, sagt er, sei er nicht mehr in der Position gewesen, Befehle zu verweigern.[538]

Das Urteil gegen Drazen Erdemovic berichtet über den fraglichen 16. Juli 1995, dass er – zusammen mit sieben anderen Mitgliedern seiner Einheit – den Befehl bekam, sich zu der Militärfarm in Pilica zu begeben, ohne dass er zu diesem Zeitpunkt gewusst habe, welche Aufgabe dort auf ihn wartete. Als ihm dann vor Ort der Befehl erteilt wurde, dass seine Einheit muslimische Männer erschießen sollte, habe er sich zunächst geweigert, sei dann aber selbst mit dem Tod bedroht worden, weshalb er sich in sein Schicksal gefügt und einige Stunden lang getötet habe, bevor sich die Möglichkeit ergab, sich der Tötungsarbeit zu entziehen.[539]

Drazan Erdemovic' eigene Darstellung ähnelt auf frappierende Weise den Darstellungen der Schützen des Polizeibataillons 45, und es mag deshalb lohnen, seine Aussagen etwas ausführlicher darzustellen: Auf der Farm angekommen, wird Erdemovic und seinen Kameraden eröffnet, dass in Kürze Busse ankommen würden, deren Insassen sie zu exekutieren hätten. Während die Männer noch debattieren, dass es unmöglich sei, einen solchen Befehl auszuführen, ist schon der erste Bus auf dem Gelände angekommen. Erdemovic versucht zunächst, den Befehl zu verweigern, bekommt aber vom Kommandoführer gesagt, dass er sich in diesem Fall mit in die Reihe der Opfer stellen könne und erschossen werden würde (man erkennt in dieser Darstellung, dass das Arrangement der Erschießung offenbar bereits vorab bekannt ist). Mit Rücksicht auf seine Frau und seinen Sohn entscheidet sich Erdemovic dafür, sich nicht erschießen zu lassen, sondern seinerseits zu töten. Die Aktion beginnt: Die Opfer werden in Zehnergruppen herangeführt, mit dem Rücken zu den Schützen aufgereiht und erschossen. Dieser Vorgang wiederholt sich von da ab in ähnlicher Form, wobei es zwischenzeitlich den Versuch gibt, die Sache durch die Verwendung eines Maschinengewehrs zu beschleunigen, was aber dazu führt, dass eine zu große Zahl von Opfern nicht sofort getötet, sondern lediglich verwundet wird. Man greift daraufhin wieder zu den Maschinenpistolen, die auf Einzelfeuer gestellt werden können.

Insgesamt kommen an diesem Tag etwa 20 Busse auf die Farm, jeder mit 60 Opfern besetzt. Es ist heiß, die Männer sind durstig und erschöpft. Erdemovic berichtet, dass ihn ein etwa 60-jähriger Mann anspricht und beteuert, dass er in Srebenica Serben geholfen habe, was sich beweisen ließe. Er gibt diesem Mann zu trinken, bietet ihm eine Zigarette an und führt ihn zu seinem Kommandoführer, um diesen zu bitten, den Mann laufen zu lassen. Dieses Ansinnen wird abgeschlagen, mit der Begründung, man könne es sich nicht leisten, Zeugen zu haben. Der Mann wird erschossen. Gegen 13 Uhr trifft eine weitere Gruppe von Schützen ein; Erdemovic und drei weitere seiner Kameraden hören mit dem Schießen auf. In dieser neuen Gruppe von Schützen haben offenbar einige Personen Bekannte unter den Opfern; Erdemovic berichtet von Dialogen zwischen Tätern und Opfern (»Du bist okay, ich weiß, aber ich muss Dich leider trotzdem töten«[540]), und er berichtet auch, dass die Männer, die nun das Töten übernehmen, äußerst brutal mit ihren Opfern umgehen: Sie schlagen sie, treten sie, verhöhnen sie, lassen sie beten: »Sie haben sie fertig gemacht! Sie haben sie gedemütigt!«[541]

Auch in Erdemovic' Darstellung gibt es also die negativen Referenzfiguren, die das Töten unnötig grausam durchgeführt und überhaupt Spaß daran gehabt haben. Für ihn, zu dessen Verteidigung es gehört, sein Handeln bereut zu haben und ausführlich Zeugnis über die Verbrechen anderer abzulegen, sind solche Darstellungen, die den Unterschied zwischen seiner Art des Tötens und der der anderen pointieren, von enormer Wichtigkeit. In diesen Zusammenhang gehört auch, dass nicht alle Männer seiner Einheit bei dieser ersten Gelegenheit mit dem Morden aufhörten, sondern eben nur er selbst und drei weitere seiner Kameraden. Und genau das hat ihm später auch Ärger eingebracht.

Erdemovic und seine Kameraden bleiben nicht am Schauplatz des Geschehens, sondern suchen ein nahegelegenes Cafe auf, in dessen Nähe offenbar ebenfalls Exekutionen stattfinden. Auf der Straße liegen Tote, im Cafe sind etwa noch zwanzig Minuten lang Schüsse von draußen zu hören. Die Männer bestellen Kaffee und Brandy, Erdemovic allerdings verzichtet auf Alkohol.[542] Danach gehen sie »nach Hause«. Einige Tage später kommt es zu einem Konflikt zwischen Erdemovic und einem Vorgesetzten, der offenbar darauf zurückgeht, dass er und seine Kameraden die Erschießung nicht bis zum Ende mitgemacht haben; im Laufe dieser Auseinandersetzung wird Erdemovic angeschossen und verbringt die darauf folgenden Wochen in einem Krankenhaus in Belgrad. Kurz nach seiner Entlassung wird er verhaftet. Ende März 1996 wird er nach Den Haag überstellt.[543]

Im Verlauf seiner Vernehmungen und während seiner Verhandlung betont Erdemovic mehrmals, dass ihm alles sehr Leid täte und dass er hoffe, dass dergleichen niemals mehr geschehe; er persönlich habe im Übrigen immer Freunde gehabt, die Serben, Kroaten und Bosniaken waren – ethnische Unterschiede würden für ihn einfach keine Rolle spielen.[544]

Kurz: Drazen Erdemovic repräsentiert in seiner Selbstkonstruktion geradezu idealtypisch jenen Typ von Täter, wie er in diesem Buch immer wieder aufgetreten ist: Innerlich vorgeblich gegen Gewalt, gar gegen das Töten eingestellt, gerät er aufgrund widriger Umstände, die er nicht zu verantworten hat, schließlich in jene Einheit, die unglücklicherweise zu Massenexekutionen herangezogen wird, gegen die er individuell gar nichts mehr machen kann. Im Befehlsnotstand, wie er es darstellt, erschießt er eine große Zahl von Menschen, versucht aber, einzelnen zu helfen, nutzt die erste sich bietende Gelegenheit, das Töten zu beenden, was ihm beträchtlichen Ärger und schließlich sogar eine Schussverletzung einträgt. Unabhängig davon, was an Erdemovic' Darstellung der Wirklichkeit entspricht und was nicht: Seine Selbstdarstellung, vielleicht auch sein Selbstverständnis, stimmt jedenfalls passgenau mit jenen

Berichten überein, die die Männer des Polizeibataillons 45 zu Protokoll gaben. Auch hier werden dieselben Referenzen und Sinngebungsstrategien verwendet und dieselben Legitimationen in Anspruch genommen. Und auch wenn man sagen muss, dass nicht einmal die bosnisch-serbische Armee einen Vernichtungskrieg gegen die Bosniaken führte – Frauen und Kinder wurden nicht systematisch getötet – und die Massentötungen von Srebenica nicht den Regelfall des Mordens in diesem brutalen Krieg darstellten: An der Erschießungsstätte selbst läuft alles fast ebenso ab wie ein halbes Jahrhundert zuvor.

Erdemovic, zum Zeitpunkt der Tat gerade 23 Jahre alt, wurde vom Gericht bescheinigt, dass er unter anderen Umständen wohl nicht zum Mörder geworden wäre. Die milde Bestrafung mit fünf Jahren Freiheitsentzug wurde auch damit begründet, dass er noch etwas aus seinem Leben machen könne.

Im Unterschied zu seinen Opfern, könnte man anfügen. Aber darum geht es hier nicht. Es geht im Wesentlichen um vier Dinge: Erstens ist eine Vorbedingung des massenhaften Tötens offenbar immer die Definition einer Wir- und einer Sie-Gruppe, und diese Definition ist jeweils eine unüberbrückbare, sie kann durch eigenes Zutun nicht überschritten werden. Zweitens gehört eine Wahrnehmung der eigenen Bedrohung, wie irrational diese auch immer *von außen* erscheinen mag, zu den Gründen, sich für das Töten zu entscheiden. Drittens gibt es keinen massenmörderischen Prozess, der nicht seine Ausführenden fände; immer gibt es eine genügende Anzahl von Menschen, die sich für das Töten entscheiden. Viertens haben diese Menschen wenig Probleme, das, was sie getan haben, in ihre ganz normalen Leben zu integrieren. Sagte nicht Leutnant Calley, der Hauptverantwortliche für den Massenmord von My Lai: »What the hell else is war than killing people?«

Alles ist möglich

»Ich bin nicht der Unmensch, zu dem man mich macht. Ich bin das Opfer eines Fehlschlusses.« Diese bemerkenswerte Selbsteinschätzung stammt von Adolf Eichmann, der gewiss eine der groteskesten Figuren im Panorama der Täter war. Er hat sie in seinem Schlusswort im Jerusalemer Prozess formuliert. Wie alle Täter, die uns in diesem Buch begegnet sind, weist Eichmann mit Entschiedenheit zurück, dass er als Unmensch, also jenseits der moralischen Kategorien der menschlichen Gemeinschaft, gehandelt habe, obwohl doch seine rastlose Arbeit im Wesentlichen darin bestand, diejenigen, die er und seinesgleichen aus eben dieser menschlichen Gemeinschaft hinausdefiniert hatten, systematisch umzubringen. Eichmann hat, ebenso wie die meisten der anderen Täter, in einem tiefen Sinn überhaupt nicht verstanden, was der Vorwurf an ihn war, weil das gegenmenschliche Projekt, dem er seine ganze Energie zur Verfügung stellte, ein moralisches Zurechnungssystem etabliert hatte, in dem es Gründe für den Massenmord gab, die den Tätern ohne weiteres einleuchteten. Dabei ging es durchaus nicht um Persönliches, und darauf bezieht Eichmann sich wohl, wenn er sich als Opfer eines Fehlschlusses charakterisiert. Er verstand einfach nicht, was man ihm vorwarf, und damit befindet er sich in Einklang mit den allermeisten Tätern, denen bis in die Gegenwart die Vorstellung fremd geblieben ist, dass man sie als Mörder betrachten könnte.

Das Problem der Be- und Verurteilung von Vernichtungstätern besteht darin, dass ein Referenzrahmen für die Beurteilung ihrer Taten herangezogen wird, der nicht in Kraft war, als sie ihre Taten begangen haben. Das nun ist keine Aussage darüber, dass sich die Täter in einem Verbotsirrtum befunden haben oder etwa von der Annahme ausgegangen waren, dass eine Verweigerung des Tötens für sie persönlich schwerwiegende Folgen nach sich gezogen hätte. Nein, sie haben erstens genau gewusst, was sie taten, und zweitens sahen sie sich dabei – gerade in ihrem gelegentlichen Gefühl, etwas Unangenehmes tun zu müssen – in prinzipieller Übereinstimmung mit einer sozialen Umwelt, die von ihnen erwartete, dass sie die als notwendig erachtete Tötungsarbeit übernehmen würden. Die Radikalität dieser Aussage liegt weniger darin, dass hier Individuen die »Chance der unbestraften Unmenschlichkeit« (Günter Anders) genutzt haben, die sich ihnen eröffnete, sexuelle Gelegenheiten ergriffen, sich persönlich bereichert und sich ein gänzlich ungewohntes Gefühl unbeschränkter Macht und Verfügung geleistet haben – all das ist verwerflich, aber nicht unverstehbar. Schwieriger zu verstehen ist der Umstand, dass ihnen eine gesellschaftliche Entwicklung genau diese ungeheuerliche Erweiterung ihres persönlichen Handlungsspielraums eröffnet hatte – und dass es ausgerechnet ein diktatorisches, totalitäres System war, dem sie diese unvergleichliche Erweiterung ihrer persönlichen Möglichkeiten zu verdanken hatten.

Von den vielen Historikern und Interpreten des »Dritten Reiches« hat nur eine Minderheit – unter ihnen Raul Hilberg, Hans Mommsen, Götz Aly und Peter Longerich – hervorgehoben, dass die Politik der Vernichtung kein Begleitphänomen einer totalitären Diktatur gewesen ist, die auf die zwangsweise Formierung einer Gemeinschaft der Zugehörigen setzte, sondern dass diese Formierung auf der radikalen Definition der Nicht-Zugehörigen basierte und daraus ihre scheinbar unwiderstehliche und durchaus nachhaltige Attraktivität bezog. Die Praxis der antijüdischen Politik bildete in mehrfacher Hinsicht das Zentrum der Entwicklungsdynamik der nationalsozialistischen Gesellschaft: Indem sie ein politisches Handlungsfeld etablierte, das geeignet war, alle anderen Politikfelder und damit die Gesellschaft als Ganze systematisch zu durchdringen und im Zuge dieser praktischen Durchdringung ganz ungeheure individuelle und kollektive Energien freizusetzen, ohne die die gigantische destruktive Leistung dieses Herrschaftssystems überhaupt nicht zu verstehen ist.

Denn die Frage ist ja nicht nur, wie ab 1939 in Polen und besonders ab 1941 in Russland bis dato ganz normale Männer zu Mördern werden konnten, sondern wie ab 1933 eine weit überwiegende Mehrheit bis dato ganz normaler Menschen sich dafür entscheiden konnten, an einem ungeheuer schnell sich vollziehenden Prozess der tätigen Ausgrenzung teilzuhaben, ohne darin – abgesehen von Ausnahmen menschlichen Bedauerns – etwas besonders Schlimmes zu erblicken. Etwas, das von ihrem Wertesystem dramatisch abweichen würde.

Mir scheint, man kann das alles nur dann verstehen, wenn man sich klarmacht, dass in einem sozialen Gefüge lediglich eine einzige Koordinate verschoben werden muss, um das Ganze zu verändern – um eine Wirklichkeit zu etablieren, die anders ist als die, die bis zum Zeitpunkt dieser Koordinatenverschiebung bestanden hatte. Diese Koordinate heißt soziale Zugehörigkeit. Ihre Verschiebung besteht in der radikalen Neudefinition dessen, wer zum Universum der allgemeinen Verbindlichkeit zu zählen ist und wer nicht – und eine solche radikale Koordinatenverschiebung finden wir nicht nur im Nationalsozialismus, wo sie rassentheoretisch, also wissenschaftlich begründet wird, sondern auch in Ex-Jugoslawien und Ruanda, wo sie ethnisch begründet wird. Die unhintergehbare und absolute Unterscheidung von Zugehörigen und Nicht-Zugehörigen ist das gemeinsame Merkmal dieser ansonsten höchst verschiedenen mörderischen Gesellschaften – gepaart mit der phobischen Setzung, dass die einzige Lösung der bestehenden gesellschaftliche Probleme in der vollständigen Abschaffung der Nicht-Zugehörigen besteht. Diese Abschaffung kann zunächst räumlich gedacht werden wie im Madagaskar-Plan der Nazis oder in territorialer Separation wie in Ex-Jugoslawien, aber die mit dem Abschaffungsgedanken in die Welt gesetzte Ausgrenzungs-, Beraubungs- und Deportationspraxis und die mit ihr einhergehende Gewalt transformiert das, was anfangs als Verschiebung bzw. als »Säuberung« gedacht war, mit erschreckender Regelhaftigkeit in die Auslöschung der Nicht-Zugehörigen.

Diese Transformation ist in der Definition von Zugehörigkeit selbst schon enthalten – es ist nach einer solchen Definition nämlich nur noch eine graduelle, keine prinzipielle Frage, wie mit den Nicht-Zugehörigen zu verfahren sei. Mit Raul Hilberg kann man formulieren, dass das Schicksal der europäischen Juden in dem Augenblick besiegelt war, als ein Beamter 1933 eine Definition dessen, wer »arisch« war und wer nicht, in einer Verordnung niederlegte.[545] In diesem Augenblick wird nämlich praktisch – normativ wie juristisch – exekutierbar, was zuvor in einem durch bürgerliches Recht kontrollier- und korrigierbaren Raum des rassistischen Ressentiments, der Ausgrenzungs- und Vernichtungswünsche zwar schon existierte, aber nicht zur freien Entfaltung kommen konnte. Die Definition schafft also zuallererst ganz neue Möglichkeiten – ein Angebot an eine Majorität, sich auf Kosten einer Minorität sozial, emotional und sehr schnell auch materiell aufzuwerten. Sie hebt Bedürfnisse, die auch in anderen Gesellschaften sehr viele Menschen hegen, aus dem Status des Wunsches und des Potentials in den Status einer realisierbaren und realisierten Wirklichkeit. Mit dem definitorischen Akt des besagten Beamten wird die prinzipielle und unüberbrückbare Unterschiedlichkeit von Menschen Realität, die zuvor bereits von den Rassebiologen wissenschaftlich konstruiert worden war und die im sozialen Alltag in Vorurteil, Stereotyp und Ressentiment ohnehin schon, wenn auch diffus, existiert hatte.

Die Ungeheuerlichkeit des nationalsozialistischen Projekts liegt in der gesellschaftlichen Umsetzung der Behauptung, dass Menschen radikal und unüberbrückbar ungleich seien. Diese Behauptung konnte nicht nur als politisch, sondern auch als wissenschaftlich und moralisch begründet betrachtet werden. Aber die Attraktivität des partikularen Konzepts der unterschiedlich wertigen und konkurrierenden Rassen für die ganz normalen Menschen lag nun nicht in dem bloßen Versprechen, dass mit dem neuen Konzept alles besser würde, sondern in der unmittelbaren Umsetzung dieses Versprechens in Praxis. Jeder Schritt im rapide sich vollziehenden Ausgrenzungsprozess der Juden verschlechterte nicht nur deren objektive Lage, sondern verbesserte im selben Zug die subjektive Lage der nicht-jüdischen Deutschen, und zwar, wie am Beispiel der nicht völlig fiktiven Romanfigur Henrik Höfgen eingangs zitiert, nicht graduell, sondern ums Ganze: Der Traum von einer prinzipiellen, unhintergehbaren, nicht verhandelbaren, absoluten Überlegenheit der deutschen Volksgenossen über alle anderen Menschen realisierte sich in der Praxis der Ausgrenzung ganz unmittelbar und sinnfällig – und die Attraktivität dieses Angebots an jeden einzelnen der Zugehörigen zeigt sich in jenem rapiden sozialen Umbauprozess der deutschen Gesellschaft, den Saul Friedländer so eindrücklich dargestellt hat.[546]

Diese Koordinatenverschiebung ermöglicht den nahezu vollständigen Einbezug aller Zugehörigen in das nationalsozialistische Projekt und erklärt die bis zum Stalingrad-Schock weitgehend ungebrochene Zustimmung dazu. Aber mit dieser Erklärung können wir noch nicht verstehen, wieso sich so viele Menschen nicht nur für die Teilhabe an der zunächst noch nicht mörderischen Ausgrenzung entschieden, sondern schließlich auch für die Verrichtung der als notwendig erachteten Tötungsarbeit. Der Schlüssel für das Verstehen dieses Vorgangs liegt darin, dass die Nationalsozialisierung der deutschen Gesellschaft eben kein ideologischer oder propagandistischer Prozess war – also etwas, worüber man nachdenkt und wozu man sich verhält –, sondern einer, der in der täglichen Veränderung gelebter Praxis das antijüdische und judäophobische Weltbild des Nationalsozialismus in eine wahrnehmbare und sich verstetigende Wirklichkeit übersetzte.

Diese Wirklichkeit bestand etwa im Ausschluss von Juden aus allen Arten von Vereinen, Verbänden, Organisationen und Berufen, sie bestand in der Passivität der Polizei gegenüber antijüdischen Gewaltaktionen, sie bestand in der alltäglich bestätigten Wahrnehmung, dass es gut war, kein Jude zu sein, und dass alles dies möglich war, ohne dass irgendjemand diesen eigentlich ungewöhnlichen Vorgängen Einhalt gebot oder auch nur Einspruch dagegen erhob. Und sie bestand auf der Gratifikationsseite im Hitler'schen Wohlfahrtsstaat, die sich nicht zuletzt der antijüdischen Politik verdankte. Die Angehörigen der Volksgemeinschaft erfreuten sich bis in die letzten Kriegsjahre einer zuvor ungekannten Prosperität, deren Kehrseite eben die immer weiter fortschreitende Exklusion und Beraubung der Anderen war.

Die Zustimmung der weit überwiegenden Mehrheit der nichtjüdischen Deutschen ergab sich aufgrund der direkten und unlösbaren Verkoppelung von Gratifikation und Verbrechen. Was Götz Aly als »Gefälligkeitsdiktatur« beschreibt, lässt sich sozialpsychologisch als Etablierten-Außenseiter-Figuration bestimmen, in der das Wohlergehen einer Gruppe von der wachsenden Deprivation und Beraubung anderer Gruppen abhängt. Dies ist auf der materiellen Ebene ein auf die Dauer des Systems gestellter Zusammenhang von Bereicherung und Beraubung, aber sozialpsychologisch schlägt sich dieser Zusammenhang als sich selbst verfestigender Einbindungsprozeß der Mitglieder der Volksgemeinschaft nieder. Diese Einbindung nämlich lässt sich nicht damit erklären, dass »die Nazis das deutsche Volk verführt« hätten, wie ja noch immer gern formuliert wird, und sie lässt sich auf intellektuell ambitionierterer Ebene auch nicht damit entschlüsseln, dass die totalitäre Herrschaft mit den Mitteln der Propaganda und des Unrechtsstaats durchgesetzt wurde. Eine »Zustimmungsdiktatur« (Aly) wie der Nationalsozialismus funktioniert nämlich nur dann, wenn in ihr jede einzelne Volksgenossin und jeder einzelne Volksgenosse einen psychosozialen Platz findet, der sich vorteilhaft von dem unterscheidet, der unter anderen Umständen zu haben gewesen wäre oder war. Deshalb praktizierte der Nationalsozialismus eine kontinuierliche Anfütterung des Gratifikationsniveaus der Zugehörigen, deren Kehrseite eben die immer weiter fortschreitende Exklusion und Beraubung der Anderen war. Noch in den letzten Kriegsjahren, das hat Götz Aly herausgearbeitet, verfügten die Deutschen über den höchsten Lebensstandard der europäischen Länder, die Soldaten über die höchste prozentuale Erstattung der Verdienstausfälle, die sie durch die Einberufung erlitten[547] – und dass es »allen gut ging« im »Dritten Reich«, gehört bis heute zum festen Tradierungsinventar deutscher Familiengespräche.

Aus sozialpsychologischer Sicht kann hier nicht deutlich genug betont werden, dass jeder einzelne, oft beiläufige und unscheinbare Schritt des Gesellschaftsumbaus folgenreich für die Selbstwahrnehmung der Einzelnen im sich verändernden kollektiven Gefüge ist: In der sozialen Figuration, die Zugehörige und Nicht-Zugehörige gemeinsam bilden, bedeutet jede Positionsveränderung der anderen zugleich auch eine Veränderung der eigenen Position: »Als sich besagte achtzig Millionen«, schreibt Hannah Arendt, »auf die Suche nach dem gefürchteten jüdischen Großvater machten, war eine Art Einweihungsritual erreicht: Jedermann kam aus der Sache mit dem Gefühl heraus, zu einer Gruppe von ›Eingeschlossenen‹ zu gehören, denen eine imaginäre Masse von ›Ausgeschlossenen‹ gegenüberstand.«[548] Die kollektive Nobilitierung der »Arier« ist eine Sache des Gefühls, aber eines Gefühls, das ein immer festeres, unwiderstehlicheres Widerlager in der sich verändernden Wirklichkeit fand.

Die Wirklichkeit veränderte sich auf diese Weise tatsächlich von Tag zu Tag, und Interviews mit ehemaligen Volksgenossinnen und -genossen legen bis heute Zeugnis ab von der psychosozialen Attraktivität und emotionalen Bindungskraft dieses praktischen Ein- und Ausschließungsprozesses. Nicht umsonst besteht bis heute weitgehende Übereinstimmung unter den Zeitgenossen, dass das »Dritte Reich« mindestens bis zum Barbarossafeldzug als »schöne Zeit« zu charakterisieren sei; bei vielen geht diese Zuordnung auch noch bis weit in den Krieg hinein. Und die bis heute ungebrochene Darstellung, man habe »die Geschichte mit den Juden« gar nicht mitbekommen, geht nicht auf Verdrängung zurück, sondern auf die gefühlte Selbstverständlichkeit, dass man nunmehr in einer Gesellschaft lebte, die mit vollem Recht ausschließlich aus nicht-jüdischen Deutschen bestand und bestehen sollte: Die Ausgrenzung, Verfolgung und Beraubung der Anderen wurde kategorial gar nicht als solche erlebt, weil diese per definitionem nicht mehr dazugehörten und ihre anti-soziale Behandlung den Binnenbereich nationalsozialistischer Moralität und Sozialität überhaupt nicht mehr berührte. Die Zeitzeugen können sich an »die Geschichte mit den Juden« deshalb nicht mehr erinnern, weil deren Beiseitedrängen, Beraubung und Entrechtung so zur selbstverständlichen nationalsozialistischen Wirklichkeit gehörte wie die Tatsache, dass es Brötchen beim Bäcker und Würstchen beim Metzger gab.[549]

Auch wenn dieses in der faktischen Lebenswirklichkeit ein individuell differenzierter, zum Teil auch ungleichzeitiger Prozess des normativen Umbaus eines ganzen Gesellschaftsgefüges war, wie man ihn etwa in den Tagebüchern Victor Klemperers oder den Aufzeichnungen Sebastian Haffners protokolliert sieht, ist doch unverkennbar, dass die Durchschlagskraft und Umsetzungsgeschwindigkeit (übrigens auch die Nachhaltigkeit) des nationalsozialistischen Projektes auf der unmittelbaren Transformation von Ideologie in

Praxis beruhte, die die »Arier« in der deutschen Wirklichkeit ebenso schnell schuf wie die »Juden«. Hannah Arendt hat in diesem Sinn formuliert, dass totalitäre Propaganda darin besteht, »dass ihr Inhalt – jedenfalls für die Mitglieder der Bewegung und Bevölkerung eines totalitären Landes – nicht mehr mit Meinungen zu tun hat, über die man streiten könnte, sondern zu einem ebenso unangreifbar realen Element ihres täglichen Lebens geworden ist, wie dass zwei mal zwei vier ist.«[550]

Für die Etablierung dieser neuen Wirklichkeit ist die praktische Konstruktion der neuen, überlegenen Wir-Gruppe mittels der praktischen Entrechtung und Beraubung der unterlegenen Sie-Gruppe essentiell, genauso wie deren Stilisierung zum tödlichen Weltfeind. Peter Longerich hat die Zentralität der antijüdischen Politik für das Funktionieren des nationalsozialistischen Systems herausgearbeitet und dargelegt, dass die Verfolgung des Ziels eines judenfreien Europas »in enger Interdependenz mit anderen Politikfeldern stand«, diese durchdrang und zum Teil neu definierte bzw. schuf, dabei aber gleichzeitig flexibel genug war, »um aus taktischen Gründen modifiziert, zurückgenommen oder beschleunigt zu werden.« Diese Ausrichtung der Politik, betont Longerich, war grundsätzlich konsensfähig; dass es immer wieder zu internen Auseinandersetzungen über eine weitere Radikalisierung oder über ein moderateres Vorgehen kam, »bestätigt den im Kern vorhandenen Konsens, der durch diese Auseinandersetzungen nicht in Frage gestellt wurde.«[551]

Auch Götz Aly weist auf den Pluralismus der Positionen zu den möglichen Maßnahmen und auf die damit verbundenen Konflikte hin und betont, dass die »polykratische Organisationsstruktur des NS-Staates [...] eben nicht – wie oft behauptet – ins Chaos [führte]. Im Gegenteil. Aus der fortwährenden Möglichkeit, Interessengegensätze auszutragen und die Frage nach dem besten Weg zu stellen, erklärt sich die freilich stets prekäre Stärke des NS-Staats: So ließen sich (radikalere) Alternativen entwickeln, administrative Pleiten vermeiden und eine hohe Praktikabilität der nach oft hochgradig ideologisierten Vorgaben beschlossenen Maßnahmen erreichen; so entstand das schließlich mörderische Gemisch aus politischem Voluntarismus und funktionaler Rationalität.«[552] Und die antijüdische Politik wurde von einem immer größer werdenden Teil der Bevölkerung unterstützt – weshalb sie auch in ihren sich radikalisierenden Maßnahmen und Zielen kontinuierlich öffentlich propagiert und legitimiert werden konnte.[553]

»Die ›Entjudung‹ der deutschen Gesellschaft, im weiteren Sinne die Durchsetzung einer rassistischen Politik, lieferte den Nationalsozialisten das Instrument, um nach und nach die einzelnen Lebensbereiche zu durchdringen und die deutsche Gesellschaft ihrem totalen Machtanspruch zu unterwerfen.«[554] Dieser Vorgang hatte selbst eine beständige Rückwirkung auf die Akteure in den Funktionseliten: Das Phantasma eines grundlegenden Unglücks, das von den Juden ausging, und eines zukünftigen Heils, das die Vision von einer rassereinen Gesellschaft versprach, hatte im Modus der zunehmenden Realisierung den Charakter einer unablässigen Selbstbestätigung. Mit anderen Worten: Die Schaffung einer neuen Wirklichkeit bleibt nicht folgenlos für die Vorstellungswelt auch derjenigen, die führend das nationalsozialistische Projekt vorantreiben. Die Lektüre von Goebbels' Tagebüchern etwa führt ja schlagend vor, dass er tatsächlich von der Existenz einer jüdischen Weltverschwörung überzeugt war und dass diese Überzeugung keineswegs nur ein propagandistischer Trick war, an den er selbst nicht glaubte. Himmler, Hitler, Göring und die zahllosen anderen Vordenker und Exekutoren der Vernichtung auf allen anderen Hierarchie- und Funktionsebenen teilten diese Überzeugung in mehr oder minder ausgeprägtem, aber jedenfalls hinreichendem Maße, um das gigantische Projekt der Vernichtung der Juden ins Werk zu setzen und fast zur Vollendung zu bringen. Der Holocaust ist der deprimierendste und verstörendste Beleg für die Richtigkeit des Theorems von William Thomas: »Wenn Menschen eine Situation für real halten, dann ist diese in ihren Folgen real.« Und die antijüdische Politik belegt im selben Zug die normative Kraft des Faktischen: Jede durchgesetzte Maßnahme, jeder ungeahndete Gewaltakt, jedes »arisierte« Geschäft, jede deportierte Familie, jeder ermordete Jude bestätigte aufs Neue, dass es hier nicht um Ideologie oder Propaganda ging, sondern um die Schaffung einer Wirklichkeit, deren Teil jede einzelne Volksgenossin und jeder einzelne Volksgenosse war.

Das Überzeugendste muss dabei für die Einzelnen gewesen sein, dass das alles tatsächlich geschah – dass sich die schiere Grenzen- und Haltlosigkeit in der Umsetzung eines sich so radikal von überkommenen Werten emanzipierenden gesellschaftlichen Projekts zeigte, ohne dass es irgendwelche Folgen oder Widerstände gab. Das alles war möglich, »ohne dass der Himmel einstürzt und die Erde sich auftut.«[555]

Welches Potential in der Verschiebung einer einzigen Koordinate von Sozialität steckt, wird auch daran deutlich, dass alle Institutionen, die schon vor 1933 bestanden hatten, eine funktionale Rolle im nationalsozialistischen Projekt spielen konnten – so, als hätte sich für sie, die Reichsbahnbeamten, die Finanzamtsleiter, die Bankangestellten, die Psychiater eigentlich nicht das Geringste geändert. Die jeweiligen professionellen Anforderungen in den Institutionen ließen eine besondere, NS-spezifische Auswahl und Ausbildung des Personals gar nicht zu, wie Raul Hilberg schreibt, aber ohnehin konnte jedes Mitglied der Ordnungspolizei »Aufseher eines Ghettos oder eines Eisenbahntransports sein. Jeder Jurist des Reichssicherheitshauptamts kam dafür in Frage, die Leitung einer Einsatzgruppe zu übernehmen; jeder Finanzsachverständige des Wirtschafts-Verwaltungshauptamts wurde als natürliche Wahl für den Dienst in einem Vernichtungslager betrachtet. Mit anderen Worten, alle notwendigen Operationen wurden mit dem jeweils verfügbaren Personal durchgeführt. Wo immer man den Trennungsstrich der aktiven Teilnahme zu ziehen gedenkt, stets stellte die Vernichtungsmaschinerie einen bemerkenswerten Querschnitt der deutschen Bevölkerung dar.«[556]

Henry Friedländer hat genau vor diesem Hintergrund einmal die Bemerkung gemacht, dass er trotz intensiver Suche nie ein Stellenangebot in einer deutschen Zeitung aus den dreißiger oder vierziger Jahren gefunden habe, in dem der Staat erfahrene und qualifizierte Massenmörder suchte. Ein solches Inserat wäre allerdings auch überflüssig gewesen, denn die Vernichtungsmaschinerie unterschied sich »nicht grundlegend vom deutschen Gesellschaftsgefüge insgesamt; der Unterschied war lediglich ein funktioneller.«[557]

Nur das Ziel, auf das sich alles gewohnte und gewöhnliche Handeln bezog, war ein anderes als zuvor: nämlich ein explizit gegenmenschliches. Die Verregelung der Rassezugehörigkeit, die unmittelbar nach der »Machtergreifung« einsetzte, bedeutete für den einzelnen Beamten, der an einer entsprechenden Verordnung arbeitete, freilich noch nicht das Todesurteil für die Betroffenen – so weit denkt man nicht, wenn man mit einer spezifischen Aufgabe befasst ist. Und in der Tat hätte 1933 »kein Bürokrat voraussagen können, welche Art von Maßnahmen man 1938 ergreifen würde, noch war es 1938 möglich, den Ablauf des Geschehens im Jahr 1942 vorauszusehen. Der Vernichtungsprozeß war eine Schritt für Schritt erfolgende Operation, und der beteiligte Beamte konnte selten mehr als den jeweils folgenden Schritt überschauen.«[558]

Das liegt in der Dynamik eines arbeits- und funktionsteiligen Handlungsgefüges begründet, wie es für moderne Gesellschaften kennzeichnend ist. Aber an jeder Relaisstation dieses dynamischen Handlungsgefüges sitzen konkrete Personen, die wissen, was sie tun – und die mit diesem Tun einen höchst bewussten Sinn verbinden, ganz so, wie jener Leiter der Dortmunder Leihanstalt, der so stolz war auf seinen, wenn auch kleinen, professionellen Beitrag zur Endlösung der Judenfrage.

Das bedeutet, dass gegebene gesellschaftliche Institutionen- und Handlungsgefüge grundsätzlich als *Speicher von Potentialen* zu verstehen sind, die je nach dem definierten Ziel, das verfolgt wird, ganz unterschiedliche Wirklichkeiten hervorbringen können. Insofern kommt es in der Frage nach den Täterinnen und Tätern und bei der Suche nach Erklärungen dafür, wieso sie tun konnten, was sie getan haben, ganz entscheidend darauf an, die Potentiale zu identifizieren, die *ohnehin* für die Öffnung kollektiver und individueller Handlungsspielräume in die eine oder andere Richtung vorliegen. Erst vor diesem Hintergrund ist es sinnvoll, darüber nachzudenken, ob es denn eigentlich so unerwartet, sonderbar oder unerklärlich ist, wie die Akteure ihren jeweiligen Handlungsspielraum auslegen und auswerten.

Am Beispiel der sexuellen Gewalt war gewiss am deutlichsten zu sehen, wie wenig weit entfernt das Handeln der Täter in Litauen, in der Ukraine oder in Weißrussland von dem war, was sie in einer Situation geringerer Macht und sexueller Verfügungsgewalt auch gern getan hätten oder – in kleinerem Maßstab – getan haben. Dasselbe gilt mutatis mutandis für die unendlich vielfältigen Bereicherungschancen und Attraktionen, die die antijüdische Gesellschaft schon im Frieden, besonders aber im Krieg bot. Die Verlockung, sich persönliche Vorteile zu verschaffen oder eskapistischen Bedürfnissen nachzugehen, ist ja überhaupt nichts, was uns aus unserer pazifizierteren, harmloseren Wirklichkeit heraus fremd wäre.

Das gewöhnlich vielleicht noch harmlose oder nur in gesellschaftlichen Nischen tolerierte oder durch Sanktionsdrohungen eingehegte Bedürfnispotential ganz normaler Menschen kann sich *unter neuen Umständen* neu entfalten. Und das ganze Geheimnis, wieso es sich im Nationalsozialismus so gegenmenschlich entfaltete, liegt in der Öffnung sozialer Handlungsräume, in denen plötzlich erlaubt oder sogar gefordert war, was zuvor als verboten galt. Und damit komme ich zurück auf das Handeln der Direkttäter, das scheinbar so unerklärlich ist. Es ist das absolut Grauenhafte ihres Handelns, die Unmenschlichkeit, die wie ein undurchdringliches Raster vor der Einsicht liegt, wie einfach diese Potentiale freizusetzen sind.

Dabei ist es zweifellos jeweils etwas anderes, ob ich die Straßenseite wechsele, wenn mir ein jüdischer Bekannter begegnet, weil ich fürchte, in eine peinliche Situation zu geraten, oder ob ich in die schöne Wohnung ziehe, aus der zuvor eine jüdische Familie »entmietet« wurde, oder ob ich den Tod eines Menschen durch eine Unterschrift unter ein ärztliches Formular anordne oder ob ich Krematoriumsöfen entwerfe oder ob ich den Karabiner am Hinterkopf eines auf den nackten Leichen seiner Eltern liegenden Kindes ansetze. All dies sind qualitativ verschiedene Stufen, die unterschiedlich schwierig zu überschreiten sind, aber ich fürchte, es handelt sich dabei um ein Kontinuum, an dessen Anfang etwas scheinbar Harmloses steht und dessen Ende durch die Vernichtung markiert ist. Es ist nur für die meisten von uns wichtig, die ersten überschritten zu haben, um die letzten überschreiten zu können.

Das Perfide liegt aber darin, dass uns beim Überschreiten der ersten Stufe die letzte noch ganz intolerabel erschien, während es gute Gründe zu geben scheint, eben den ersten, nicht so schlimmen Schritt zu tun – und das ist vielleicht nur ein kleines Vergehen gegen eine ohnehin fragile innere Überzeugung, gegen ein moralisch unangenehmes Gefühl. Die Technik des Milgram-Experiments bestand ja exakt darin, dass niemand aufgefordert wurde, jemand anderen um eines höheren Zieles wegen umzubringen, sondern dass die Versuchspersonen lediglich dazu veranlasst wurden, jeweils ein kleine Stufe nach der anderen auf der nach oben offenen Skala der Gegenmenschlichkeit heraufzusteigen. Und das Sprechendste an diesem Experiment war vielleicht, dass die Versuchspersonen selbst am meisten darüber überrascht und verzweifelt waren, dass sie ohne weiteres dazu in der Lage waren, Stufe um Stufe weiterzugehen.

Allerdings haben die Veränderungen der Versuchsanordnung gezeigt, dass dieses Experiment nur unter bestimmten Bedingungen seine tödliche Logik entfaltet: Variiert man die sozialen Parameter des Experiments, verringert sich die Quote der Gehorsamsbereiten und die Zahl der Verweigerer steigt an. Das ist das stärkste Argument dafür, dass die soziale Definition des Anderen tatsächlich zentral dafür ist, ob man sich für oder gegen die Unmenschlichkeit entscheidet; zugleich steht es gegen den anthropologischen Fehlschluss, dass Menschen eben so seien und dass der Firnis der Zivilisation dünn sei und sich bei Wegfall zivilisatorischer Schranken das archaische Erbe Bahn breche, das eben im Rauben, Vergewaltigen und Totschlagen bestehe.

Gewalt ist sozial und historisch spezifisch, und zwar qualitativ wie quantitativ. Auch wenn bei der Erzeugung von Tötungsbereitschaft in unterschiedlichen Gesellschaften analoge Mittel eingesetzt und analoge Bedürfnisse freigesetzt werden können, unterscheiden sich die Massenmorde von Kiew oder Auschwitz von denen, die in Bosnien oder Ruanda stattgefunden haben. Und sie unterscheiden sich im Übrigen von anderen Formen der Gewalt, und zwar nicht nur gegenüber der in Friedenszeiten ausgeübten, sondern auch gegenüber der, die im Rahmen kriegerischer Konflikte ansonsten angewendet wird. Nicht jeder Krieg bringt Genozide, ethnische Säuberungen, systematische Massenmorde hervor – nicht jeder geöffnete Handlungsraum zum erweiterten Anwenden von Gewalt eskaliert in Vorgängen, wie sie in diesem Buch geschildert wurden.

Das ist wichtig: Obwohl Gewalt selbst Dynamiken freisetzt und Wirklichkeiten schafft,[559] setzt sie doch nicht *an sich* ein bestimmtes

Maß an Dynamik frei und schafft auch nicht dieselben Wirklichkeiten – was ja der Fall sein müsste, wenn wir es tatsächlich mit einem Vorgang zu tun hätten, an dessen Urgrund eine anthropologische Erklärung läge. Das einzige übrigens, was an Entscheidungen von Menschen anthropologisch ist, hat mit ihrer spezifischen Existenzform zu tun – dass sie nämlich hinsichtlich ihres Entwicklungs- und Handlungsraums nicht an artspezifische Instinkte und Lernbegrenzungen gebunden sind, wie sie für andere Tiere kennzeichnend sind. Menschen sind aufgrund ihrer Fähigkeit zur kulturellen Weitergabe aus dem langsamen Prozess der Evolution ausgeschert und haben ihn mit den Mitteln des Sozialen ungeheuer beschleunigt. Nachwachsende Generationen setzen ihre Entwicklung sozial jeweils auf der Stufe an, die die Vorgängergeneration erreicht und kultiviert hat, weshalb das Spezifische an der Existenzform von Menschen darin liegt, dass sie weniger spezifisch ist als die aller anderen Lebewesen. Menschen haben selbst die supranaturale adaptive Umgebung geschaffen, in der sie sich entwickeln und existieren.[560] Die Anthropologie des homo sapiens besteht darin, dass er sich von seinen anthropologischen Bedingungen emanzipieren konnte und imstande war, sich Entwicklungsumgebungen zu schaffen, die vor allem sozial und kulturell bestimmt sind.

Menschen existieren in einem sozialen Universum, und deshalb sollte man tatsächlich *alles* für möglich halten. Es gibt keine natürliche oder auf sonstige Weise gezogene Grenze für menschliches Handeln, und wie die Kultur des Selbstmordattentats zeigt, gibt es sie nicht einmal dort, wo das Leben aufhört. Man sollte es daher für soziologische Folklore halten, wenn behauptet wird, dass Menschen Jagdinstinkte entwickeln, sich zu Meuten zusammenrotten und Bluträusche erleben, mit der beeindruckenden Begründung, dass das eben anthropologisch so sei. Gewalt hat historisch und sozial spezifische Formen und findet in ebenso spezifischen Kontexten der Sinngebung statt. Diese Kontexte unterliegen, wie wir gesehen haben, mit dem Fortgang der Gewalt selbst der Veränderung; die Technik des Tötens bleibt in diesem Prozess nicht dieselbe – sie wird verbessert, es entwickelt sich Routine, Know-how, man benutzt Handwerkszeug, Berufskleidung und führt Innovationen ein.

Alf Lüdtke hat an vielen Stellen die Verwandtschaft von Industrie- und Kriegsarbeit herausgestellt und deutlich gemacht, dass gerade in proletarischen Schichten man als »Arbeit« ansah, was man in anderer Funktion, etwa als Soldat oder Reservepolizist, tat. In den autobiographischen Zeugnissen solcher Männer, also in Feldpostbriefen und Tagebüchern aus dem Zweiten Weltkrieg, finden sich Lüdtke zufolge vielfältige Analogsetzungen von Krieg und Arbeit, was sich etwa in der Disziplin verkörpert, in der Monotonie von Vollzügen, sich aber auch in Bemerkungen äußert, »in denen eine militärische Aktion, d. h. das Zurückwerfen oder Vernichten des Gegners – also das Töten von Menschen und Zerstören von Material als *gute Arbeit* gilt.« Lüdtke fast zusammen: »Gewalteinsatz, Gewaltandrohung, das Töten oder doch Schmerzzufügen ließ sich als Arbeit begreifen und damit als sinnvoll, zumindest als notwendig und unvermeidbar erfahren.«[561]

Dass die Tötungsarbeit zwar als Zumutung, aber doch als unvermeidbar wahrgenommen wurde, tritt in den Vernehmungsprotokollen, die diesem Buch zugrunde liegen, klar zutage, ebenso wie das Akkordhafte, Mechanische, aber auch das Perfektionistische der Arbeit, schließlich die Arbeitsteiligkeit des Tötens selbst. Solche Strukturanalogien haben ihre Grenze dort, wo Grausamkeit oder Lust am Töten zum bestimmenden Faktor beim Morden wird. Aber erst hier liegt tatsächlich der Punkt, an dem persönliche Dispositionen und psychologische Merkmale der Einzelnen handlungsrelevant werden. Erst hier wird die Frage individuell, wie man mit einer Aufgabe umgeht, wie man sie sich aneignet, wie man die sich ergebenden Gelegenheitsstrukturen nutzt, wie man sich entzieht oder zu entziehen versucht oder wie man den mit der Arbeit verbundenen Stress bewältigt oder am Feierabend abbaut.

Wichtig bei all dem ist, dass jeder Beteiligte an jeder Stelle des Prozesses Deutungen vornimmt, und es ist diese unablässige Deutungsarbeit und Orientierung an sinngebenden Referenzrahmen, die das Durchhalten, Fortsetzen und Erweitern der Tötungsarbeit ermöglicht. Das aber bedeutet, dass an jeder Stelle des Prozesses von jedem Handelnden Entscheidungen gefordert sind und dass jede Stelle einen spezifischen Spielraum dafür bietet, sich so oder so zu entscheiden.

Und damit ist die empirische Frage aufgeworfen, warum diese

Entscheidung fast immer für das Töten ausfiel. Wenn man vor dem Befund steht, dass diejenigen, die sich *anders* entschieden haben, eine verschwindende Minderheit darstellen, wird man mit psychologischen Erklärungsversuchen vielleicht überhaupt nur dort weiterkommen, wo man etwas über diejenigen weiß, die sich im Sinne der nationalsozialistischen Moral abweichend verhalten haben. Dazu gibt es aber bisher kaum aussagekräftige Untersuchungen – und alles vorliegende Material weist auf lediglich zwei Gründe, die für die Entscheidung gegen das Töten wichtig waren: Der eine Grund besteht in der selbstverständlichen, basalen Form einer Alltagsethik, die sich in dem einfachen Satz formuliert: »Das kann man doch nicht machen!« Eine solche basale Ethik setzt ein hohes Maß an psychischer Autonomie voraus, handelte es sich doch bei einer Entscheidung gegen das Töten um eine fundamental von der sozialen und kulturellen Umwelt abweichende Haltung, die überdies mit Nachteilen für die eigene Existenz verbunden war. Autonomie, lehrt uns die Entwicklungspsychologie, ist ein psychisches Merkmal, das zentral mit dem Gelingen früher Bindungsprozesse zu tun hat, mit dem Gewinn von Urvertrauen, oder schlichter gesagt: mit der existentiellen Erfahrung von Glück.

Der zweite Grund, der Menschen zur Entscheidung gegen das Töten veranlasst, ist soziale Nähe, und das in zwei Hinsichten: Zum einen hatten viele der Helfer und Retter im Nationalsozialismus irgendeine Bezugsperson, die ihr Handeln unterstützt oder wenigstens gutgeheißen hat – das heißt, sie befanden sich nicht allein in einem sozialen Universum, das mit ihnen nicht übereinstimmte, sondern konnten sich eines gewissen Maßes an sozialer Unterstützung versichern. Zum anderen bestand meist in irgendeiner Form eine Nähe zu den Opfern, die oft situativ und zufällig entstand – so dass man insgesamt sagen kann, dass ein Opfer nur dann die unwahrscheinliche Chance auf eine vorläufige Rettung hatte, wenn es erstens auf eine Person traf, die zu autonomen Entscheidungen in der Lage und kein »Judenhasser« war und die sich zweitens irgendeiner sozialen Unterstützung für ihr Handeln versichern konnte. Drittens musste irgendeine Beziehung zu dieser Person herstellbar sein und viertens die situativen Umstände eine Unterstützung oder Rettung überhaupt zulassen. Diese soziale Konstellation gab es extrem selten.

Wir haben gesehen, dass die Täter gerade dann Skrupel mit ihrer Arbeit bekamen, wenn sich irgendeine Form von Beziehung zu den Opfern herstellte, eine Beziehung praktischer oder identifikatorischer Art. Deshalb waren die Täter umgekehrt ja auch auf Arrangements bedacht, die die größtmögliche Uniformität und Entindividualisierung der Opfer bedeuteten – das akkordhafte Töten nackter Menschen ist zweifellos die unpersönlichste Art des direkten Mordens. Die Tötungsarbeit selbst trägt dazu bei, den Anderen als irrelevant zu definieren; sie ist gewissermaßen der Beweis für seine Irrelevanz. Ihre Praxis führt dazu, »dass der andere gar nicht mehr in den Kategorien des Fühlens, Denkens, Handelns gesehen wird, die wir auf uns selbst anwenden. Das Leiden, der Tod des Opfers wird bedeutungslos, weil ihm nichts den Empfindungen des Täters Vergleichbares eignet. Selbst die Feststellung ›ein Mensch tötet den anderen‹ ist dann eigentlich schon irreführend. Für den Täter gehört der andere gar nicht zu der gleichen Kategorie Lebewesen wie er selbst.«[562] Alles, was diese kategoriale Trennung in Frage stellen oder gar aufheben könnte, gefährdet das Funktionieren der Tötungsarbeit. Es ist deshalb kein Zufall, dass die mechanisierte Tötung in den Vernichtungslagern den größten denkbaren sozialen Zwischenraum zwischen die Täter und die Opfer legte: Die Arbeit vor und hinter den Gaskammern wurde Sonderkommandos überlassen, die ihrerseits aus Häftlingen bestanden; das Ausgießen von Zyklon B in den Schacht über der Gaskammer war ein höchst distanzierter Akt, der ohne jede physische Konfrontation zwischen Tätern und Opfern stattfinden konnte.

Während autobiographische Merkmale und psychische Dispositionen also interessant sein können, um Helferverhalten zu erklären, führen sie beim Täterhandeln nur dort weiter, wo die Spielräume der Tötungsarbeit individuell unterschiedlich ausgefüllt werden. Dagegen ist die grundsätzliche Teilnahmebereitschaft an allen möglichen Spielarten der Ausgrenzung, Entrechtung und Beraubung überhaupt kein individualpsychologisches Phänomen – und das gilt auch für das Herstellen kollektiver Tötungsbereitschaft, auch wenn sie von individuellen Tätern exekutiert wird. Wie kommt es also dazu, dass Tötungsbereitschaft ohne große Schwierigkeiten zu erzeugen ist?

Die folgenden Parameter waren für die Wahrnehmungen, Interpretationen und Schlussfolgerungen der Täter bestimmend:

- die normative Hintergrundannahme, dass eine Lösung des »Judenproblems« sinnvoll und wünschenswert sei,
- die Verschiebung des normativen Referenzrahmens in der totalen Situation,
- die Heterogenität der Wir-Gruppe, die tötet,
- die beständige situative Dynamisierung durch intendierte Handlungen und nicht-intendierte Handlungsfolgen,
- das praktische Konzept, dass Töten eine Arbeit und als solche ständig verbesserungsfähig ist, und schließlich
- dass Gewalt an sich nicht nur destruktiv ist, sondern für diejenigen, die sie ausüben, eine ganze Reihe konstruktiver Funktionen hat.

Der erste Punkt bedarf nicht weiter der Erläuterung, zum zweiten ist noch einmal hervorzuheben, dass die Situationen, in denen sich die Einsatzgruppentäter und Angehörigen der Polizeibataillone befanden, in dem Sinn total waren, als sie kaum Einflüssen von außen – also aus der »Heimat« oder aus den besetzten Gebieten selbst – unterlagen. Die Gruppen bildeten ihre eigenen Referenzrahmen aus und waren in diesem Sinn für ihre Mitglieder total – sie stellten ein weitgehend alternativloses Deutungsangebot für das bereit, was man wahrnahm und wie man sich zu verhalten hatte. Zugleich bot die Heterogenität der jeweiligen Referenzgruppe hinreichend Spielraum für die Zuordnung zu Untergruppen, Cliquen, Freundschaften. Soziale Bindungen sind essentiell für die Funktionsfähigkeit des Einzelnen, und sie werden durch die interne soziale Differenzierung der Gruppe gewährleistet. Dass die beständige Erhöhung der Opferzahl und die technische Verbesserung der Tötungsarbeit selbst eine Dynamik in den Prozess brachte, die zu neuen Ergebnissen und Handlungsfolgen führte, ist ausführlich geschildert worden – und diese Dynamik hängt auch mit dem letzten Punkt zusammen, dass Arbeit, sofern sie die Stufe arbeitsteiliger Massenproduktion oder, wie im vorliegenden Fall, arbeitsteiliger Massendestruktion erreicht hat, selbst ständig auf Innovation gestellt ist und immer Raum für Optimierung bereithält.

Alle diese Strukturmerkmale des Täterhandelns rücken es dicht an das heran, was wir in anderen Zusammenhängen als völlig normal betrachten würden. Ungewöhnlich sind der erste Punkt, der auf die basale soziale Koordinatenverschiebung zurückgeht, und das daraus resultierende Ziel der Arbeit: die Vernichtung von Menschen. Kann man auch dafür eine Erklärung finden?

Gehen wir zunächst vom letzten Punkt der obigen Liste aus, dass Gewalt, die wir gewöhnlich als destruktiv beschreiben, in vielerlei Hinsicht konstruktive Funktionen hat. Gewalt schafft nicht nur Sachverhalte und damit Klarheit, sie sortiert auch eindeutig, wer Täter und wer Opfer ist, und sie bestimmt, wer nach der Gewalt noch handeln kann und wer nicht. Kruno Letica, der serbische Täter, hatte diese strukturierende, ordnungsstiftende Funktion von Gewalt auf den Punkt gebracht, als er danach gefragt wurde, wie man in einer Kampfsituation eigentlich unterscheidet, wer Gegner und wer Zivilist ist: »Ganz einfach: Zivilisten laufen nicht auf der Straße herum, wenn geschossen wird.«[563] Die Gewalt schafft die Kategorien der Akteure einfach selbst: Wer erschossen wird, heißt das, *war* kein Zivilist. Der Erzähler war selbst höchst amüsiert über sein Statement, weil es natürlich auch etwas über die Macht desjenigen aussagt, der in der konkreten Situation solche tödliche Definitonsgewalt ausüben kann – aber man sieht, dass die Gewalt den Tätern hilft, sich zu orientieren.

Überdies stellen gemeinsam begangene Gewalttaten emotionale Bindungen zwischen den Tätern her, sie schaffen soziale Handlungsräume, sie bringen Erfahrungen mit sich, Lernprozesse, sie sozialisieren. All dies sind konstruktive Elemente von Gewalt, und Gewalt überhaupt ist, darauf hat Heinrich Popitz hingewiesen, nichts, was sozialen Beziehungen und sozialem Handeln fremd und äußerlich wäre. Gewalt, schreibt Popitz, ist kein »Betriebsunfall sozialer Beziehungen und nicht lediglich eine Extremfall oder eine ultima ratio [...]. Gewalt ist in der Tat ›ein Teil der großen weltgeschichtlichen Ökonomie‹, eine Option menschlichen Handelns, die ständig präsent ist. Keine umfassende soziale Ordnung basiert auf der Prämisse der Gewaltlosigkeit.«[564]

Als Beispiel für die Richtigkeit dieses Befundes sei nur genannt, dass das relativ geringe direkte Gewaltniveau in den westlichen Demokratien auf dem Vorhandensein eines staatlichen Gewaltmonopols basiert – die soziale Ordnung beruht auf ausgelagerter Gewalt, die aber jederzeit aktiviert werden kann. Wie Gewalt nicht *an sich* destruktiv ist, sondern eine höchst effiziente Regelung sozialer Verkehrsformen sein kann, so ist Gewalt gegenüber anderen nicht an sich zerstörerisch. Sie ist es für die Opfer, aber nicht für die Täter. Je erfolgreicher und umfassender der Tötungsprozess wird, desto »begründeter« wird, weshalb er einmal begonnen hatte: dass es zwei unüberbrückbar unterschiedliche Gruppen von Zugehörigen und Nicht-Zugehörigen gibt, die in einem Verhältnis grundsätzlicher Feindschaft zueinander stehen, das nur durch die Vernichtung der einen durch die anderen aufgehoben werden kann. Die fortschreitende Vernichtung der einen durch die anderen bestätigt als sich selbst schaffende Wirklichkeit, dass die ursprüngliche Vorstellung richtig war. Und wie nachhaltig die strukturierende Kraft des Vernichtungsprozesses bis heute ist, erweist sich etwa daran, dass wir uns der jüdischen Opfer im Sinne dessen erinnern, »was ihnen allen widerfuhr«[565] – und nicht etwa als höchst unterschiedliche Personen, die individuelle – glanzvolle, normale, bescheidene oder verpfuschte – Leben vorzuweisen hatten wie andere Menschen auch.

Das ist die eine Seite: Töten als Definition. Die andere Seite ist die Erzeugung von Kohärenz, von innerer Zusammengehörigkeit auf Seiten der Täter, die sich in der Tötungsarbeit als Wir-Gruppe definieren, die gemeinsam eine schwere, allzu schwere Aufgabe meistert – wie es programmatisch in Himmlers Posener Rede von 1943 formuliert ist:

»Ich will hier vor Ihnen in aller Offenheit, auch ein ganz schweres Kapitel erwähnen. Unter uns soll es einmal ganz offen ausgesprochen sein, und trotzdem werden wir in der Öffentlichkeit nie darüber reden. […] Ich meine jetzt die Judenevakuierung, die Ausrottung des jüdischen Volkes. Es gehört zu den Dingen, die man leicht ausspricht. – ›Das jüdische Volk wird ausgerottet‹, sagt ein jeder Parteigenosse, ›ganz klar steht in unserem Programm, Ausschaltung der Juden, Ausrottung, machen wir.‹ Und dann kommen sie alle an, die braven 80 Millionen Deutschen, und jeder hat seinen anständigen Juden. Es ist ja klar, die anderen sind Schweine‹, aber der ist ein prima Jude. Und von allen, die so reden, hat keiner zugesehen, keiner hat es durchgestanden. Von Euch werden die meisten wissen, was es heißt, wenn 100 Leichen beisammen liegen, wenn 500 daliegen oder wenn 1000 daliegen. Dies durchgehalten zu haben und dabei – abgesehen von Ausnahmen menschlicher Schwächen – anständig geblieben zu sein, das hat uns hart gemacht. Dies ist ein niemals geschriebenes und niemals zu schreibendes Ruhmesblatt unserer Geschichte, denn wir wissen, wie schwer wir uns täten, wenn wir heute noch in jeder Stadt – bei den Bombenangriffen, bei den Lasten und bei den Entbehrungen des Krieges – noch die Juden als Geheimsaboteure, Agitatoren und Hetzer hätten. [...] Wir hatten das moralische Recht, wir hatten die Pflicht gegenüber unserem Volk, dieses Volk, das uns umbringen wollte, umzubringen. Wir haben aber nicht das Recht, uns auch nur mit einem Pelz, mit einer Uhr, mit einer Mark oder mit einer Zigarette oder mit sonst etwas zu bereichern. Wir wollen nicht am Schluss, weil wir einen Bazillus ausrotteten, an dem Bazillus krank werden und sterben. Ich werde niemals zusehen, dass hier auch nur eine kleine Fäulnisstelle entsteht oder sich festsetzt. Wo sie sich bilden sollte, werden wir sie gemeinsam ausbrennen. Insgesamt aber können wir sagen, dass wir diese schwerste Aufgabe in Liebe zu unserem Volk erfüllt haben. Und wir haben keinen Schaden in unserem Inneren, in unserer Seele, in unserem Charakter daran genommen.«[566]

Hier ist prototypisch die identitätsstiftende Kraft des »anständigen« gemeinsamen Mordens formuliert; wie tief diese mörderische Form der Identitätsstiftung sozialpsychologisch verankert war, zeigt sich unter anderem an den schützenden Netzwerken der zurückgekehrten Täter, die bis weit in die Nachkriegszeit funktioniert haben. Massenmörder wurden in ihren Heimatdörfern voller gesetzestreuer Bürger der Justiz entzogen, indem sie versteckt oder mit einer neuen Identität versehen wurden.[567] Das Kollektiv der Volksgenossinnen und Volksgenossen bildete sich um das eher abstrakte Merkmal, zu einer »Herrenrasse« zu gehören, aber dieser gemeinsame Nenner führte in der nationalsozialistischen Wirklichkeit schnell zu einer Gemeinsamkeit von Orientierungen, Wünschen,

Hoffnungen und Identifizierungen – einer Kultur der emotionalen Übereinstimmung, die sich in der allenthalben bekundeten Aufbruchstimmung artikulierte, im Gefühl, man lebe in einer »großen Zeit«, vor der alles Hergebrachte emotional Schnee von gestern war. Götz Aly hat dieses Lebensgefühl als »Leben wie im Kino« charakterisiert und den Nationalsozialismus als »Generationenprojekt« bezeichnet, das durch »außergewöhnliches Tempo« und »jugendhafte, ins Kollektiv-Fiebrige übersteigerte Bedenkenlosigkeit« gekennzeichnet war.[568]

Ein Teil des Fiebers wird dadurch hervorgerufen worden sein, dass man vieles von den Zumutungen der Individualität aufgeben konnte zugunsten des neuen Aufgehobenseins in der Volksgemeinschaft – und das ist in der Tat ein zentraler Aspekt für die Erhellung des Hintergrunds, vor dem sich das Handeln der Täter abspielt. Unser etwas naives Vertrauen in die Aufklärung hat uns allzu leicht übersehen lassen, dass Freiheit und Autonomie durchaus nicht nur als Entlastung empfunden werden können, sondern im Gegenteil als Belastung, Entscheidungsstress, Angst vor Verantwortung. Diese Belastung erzeugt bei nicht wenigen Menschen ein chronisches Bedürfnis nach Aufgehobensein, danach, für das eigene Leben nicht verantwortlich zu sein. Es ist dieses höchst *moderne* Bedürfnis nach Zugehörigkeit und Kollektivität, das aus sozialer Heimatlosigkeit entspringt und die Aufgabe von Freiheit und Verantwortung als Entlastung empfindet, um so mehr dann, wenn man sich gegenüber den Nicht-Zugehörigen tatsächlich völlig verantwortungslos verhalten kann. Nicht umsonst finden sich in den Quellen vielfältige Hinweise auf fast ungläubig registrierte neue Möglichkeiten, sich ungeniert, das heißt: jenseits von persönlicher Verantwortung, zu benehmen. So schreibt Dr. Fritz Cuhorst, Stadtpräsident von Lublin im Dezember 1939: »In einer Dienstbesprechung am letzten Samstag haben wir beschlossen, uns von nun an genau umgekehrt wie zu Hause als Beamte zu benehmen: d. h. saumäßig. Man grüßt ja an sich schon keinen Polen. Es ist selbstverständlich, dass ich zuerst durch die Türe gehe, auch wenn eine polnische Frau dabei ist.«[569]

Es ist die Entbindung von Selbstzwängen, die das praktizierte Herrenmenschentum bereitstellt; diese Kollektivität befreit von dem, was die individualisierte Gesellschaft dem Einzelnen abverlangt und auferlegt. Auch hier wird unmittelbar sinnfällig, dass für das Spüren dieser Entlastung, für die Freude über das Aufgeben von Verantwortung für das eigene Leben die nicht-zugehörigen Anderen elementar wichtig sind – deshalb beschließen Dr. Cuhorst und seine Kollegen nicht, sich überhaupt »saumäßig« zu benehmen, sondern nur den Polen gegenüber. Das Bedürfnis nach kollektivem Aufgehobensein und nach Verantwortungslosigkeit enthält, so scheint mir, das größte Potential zur Unmenschlichkeit; aus ihm resultiert die gefühlte Attraktivität einer klaren Aufteilung der Welt in Gut und Böse, Freund und Feind, zugehörig und nicht-zugehörig. Hier hat auf Seiten der Individuen die Eskalation der Vernichtungsgewalt ihren Anfang. Und am Ende bedarf es nicht viel, um aus ganz normalen Menschen Massenmörder zu machen. Ganz offensichtlich haben die zwei-, dreihundert Jahre der aufklärerischen Erziehung des (westlichen) Menschengeschlechts ziemlich wenig an jener psychischen Eigenschaft hervorgebracht, die an die Stelle der fraglosen Einfügung in Gruppen treten sollte: Autonomie. Diese nun scheint in der Tat als einziges der Verlockung entgegenzustehen, verantwortungslos Teil eines mörderischen Prozesses zu werden. Autonomie ist freilich kein Produkt von Denken; die Fähigkeit zur Autonomie setzt die Erfahrung von Bindung und Glück voraus. Leider verfügen wir bislang über kein gesellschaftliches Konzept, Menschen jenes lebenspraktische Glück erfahren zu lassen, das sie davor schützt, zu Vollstreckern des Unglücks der anderen zu werden.

Anmerkungen

Was ist ein Massenmörder?

1 Molly Harrower, Rorschach Records of the Nazi War Criminals: An Experimental Study after Thirty Years, S. 341 [Übersetzung H. W.], *Journal of Personality Assessment,* 40/4 1976, S. 341–351.

2 Ebd., S. 342.

3 Ebd.

4 Ebd.

5 Ebd.

6 Theodor W. Adorno, Erziehung nach Auschwitz, S. 95, in: Theodor W. Adorno (Hg.), *Stichworte. Kritische Modelle 2*, Frankfurt am Main 1969, S. 84–101. In seinem Vortrag »Zur Bekämpfung des Antisemitismus heute« von 1962 zeigte er sich davon überzeugt, dass es eine Psychopathologie der Täter tatsächlich gäbe: »Es sind jene pathisch kalten, beziehungslosen, mechanisch verwaltenden Typen wie Himmler und der Lagerkommandant Höß.« Theodor W. Adorno, Zur Bekämpfung des Antisemitismus heute, in: Theodor W. Adorno (Hg.), *Kritik. Kleine Schriften zur Gesellschaft*, Frankfurt am Main 1971, S. 105–134.

7 George M. Kren und Leon Rappoport, *The Holocaust and the Crisis of Human Behavior*, New York 1980, S. 70 und S. 64.

8 Hannah Arendt, *Eichmann in Jerusalem. Ein Bericht von der Banalität des Bösen*, Leipzig 1986, S. 102.

9 Barry A. Ritzler, The Nuremberg Mind Revisited: A Quantitative Approach to Nazi Rorschachs, S. 352, *Journal of Personality Assessment,* 42/4 1978, S. 344–353.

10 Der Versuch von Miale & Selzer, mit Hilfe des Nürnberger Materials eine solche Psychopathologie zu konstruieren, kann vor allem aus methodischen Gründen als gescheitert betrachtet werden. Auch hier lag der methodische Kunstfehler vor, dass das Material in dem Bewusstsein interpretiert wurde, um wen es sich bei den Urhebern handelte. Siehe Florence Miale und Michael Selzer, *The Nuremberg mind: The psychology of the Nazi leaders*, New York 1975. Zur Kritik vgl. Ritzler, *The Nuremberg Mind Revisited* (Anm. 9).

11 Für die USA und andere westliche Gesellschaften wird eine Prävalenz von 0,5–2,5 paranoider Persönlichkeiten angenommen, dazu kommen etwa 1–3 % antisoziale Persönlichkeiten. Überdies wird davon ausgegangen, dass ein Anteil von 7,5% der Bevölkerung schizoide Persönlichkeitsmerkmale aufweist. Wie immer man diese Zahlen im Einzelnen einschätzen mag (mir scheint besonders der letztgenannte Wert ziemlich hoch) – sie zeigen jedenfalls, dass die Zahl der psychisch auffälligen Täter etwa ihrem Anteil an der Gesamtbevölkerung auch unter gewöhnlichen Bedingungen entspricht. Siehe Harold I. Kaplan, Benjamin Sadock, J. und J. A. Grebb, *Synopsis of Psychiatry. Behavioral Sciences and Clinical Psychiatry*, Baltimore 1994, S. 731 ff.

12 Zitiert nach Todorov, der darauf hinweist, dass dieses bemerkenswerte Zitat einem Appendix zu »Ist das ein Mensch?« entstammt, der in der deutschen Ausgabe (München 1992) fehlt. Tzvetan Todorov, *Angesichts des Äußersten*, München 1993, S. 137.

13 Aussage des SS-Standartenführers Paul Blobel, der im so genannten Einsatzgruppenprozess in Nürnberg zum Tode verurteilt wurde. Zitiert nach Robert M. W. Kempner, *SS im Kreuzverhör*, München 1964, S. 91.

14 Solche Darstellungen finden sich etwa in den Vernehmungsprotokollen eines Adjutanten des Kommandeurs des Polizeibatallions 45, das uns im Hauptteil dieses Buches noch beschäftigen wird.

15 »Wenn es richtig ist, dass die Konzentrationslager die konsequenteste Institution totaler Herrschaft sind, dann dürfte zur ihrer Erkenntnis ein Verweilen beim Grauen unerlässlich sein. Dies kann die rückschauende Erinnerungsreportage ebenso wenig leisten wie der kommunikationslose Augenzeugenbericht. Die ihnen innewohnende Richtung wendet sich von dem Erlebten fluchtartig ab; sie wissen instinktiv oder ausdrücklich zu genau über den furchtbaren Abgrund Bescheid, der die Welt der Lebenden von der der lebenden Toten trennt, als dass sie mehr geben könnten als eine Reihe erinnerter Begebenheiten, die ihnen selbst ebenso unglaubwürdig erscheinen müssen wie denen, die sie hören.« Gleichwohl, betont Arendt, sei ein Verweilen beim Grauen notwendig, um eine »antizipierende Angst« entwickeln zu können, »die sich an jenen Berichten entzündet, der ja aber faktisch noch nichts auf den Leib gerückt ist und die deshalb noch frei ist von der tierisch verzweifelten Furcht, die vor dem real gegenwärtigen Grauen unweigerlich alles lähmt, was nicht bloße Reaktion ist.« Hannah Arendt, *Elemente und Ursprünge totaler Herrschaft*, München 1996, S. 680.

16 Eine genaue Zahl ist nicht zu ermitteln. Beteiligt waren Einheiten des Polizeiregiments Süd, der Wehrmacht (zur Absperrung), ukrainische Miliz sowie das Sonderkommando 4a.

17 Dabei geht es nicht immer um bewusst durchlaufene Reflexionen; viele Entscheidungen finden gewohnheitsmäßig oder intuitiv statt. Gleichwohl geht allen Handlungen prinzipiell eine Interpretation der Situation voraus, ob diese nun im eingelebten und nicht-reflexiven Modus dessen, was »man« tut, abläuft oder ob sie die knifflige und höchst bewusste Analyse eines ungewöhnlichen Problems ist. Dass die Interpretation prinzipiell immer in Geltung ist, merkt man dann, wenn man etwas falsch interpretiert

hat – sich in einer Tür geirrt, jemanden irrtümlich für einen Bekannten gehalten oder etwas falsch verstanden hat. Durch den dann entstehenden »Klärungsbedarf« wird deutlich, dass der missglückten Handlung eine Interpretation, wenn eben auch eine falsche, zugrunde gelegen hat.

Massenmord und Moral

18 Stefan Schmitz (Hg), *Willi Peter Reese. Mir selber seltsam fremd. Die Unmenschlichkeit des Krieges. Russland 1941–44*, München 2003, Abbildungsteil.
19 Ebd., S. 242.
20 Ebd., S. 242 ff.
21 Ebd., S. 197.
22 Ebd., S. 179.
23 Ebd., S. 85 ff.
24 Ebd., S. 77.
25 Ebd., S. 70.
26 Ebd., S. 9.
27 Paradigmatisch hierzu etwa Alice Miller, die die Frage stellt, »was ein Mord über die Kindheit des Mörders erzählt«. Alice Miller, *Am Anfang war Erziehung*, Frankfurt am Main 1980, S. 242 f.
28 Lee Ross, The intuitive psychologist and his shortcomings: distortions in the attribution process, S. 214 ff, in: Leonard Berkowitz (Hg.), *Advances in Experimental Social Psychology*, New York u. a. 1977, S. 173–222.
29 Als extremer Fall von Widersprüchlichkeit dürfte Wilhelm Kube, Generalkommissar von Weißruthenien zu betrachten sein, der qua Biographie und Funktion als absolut überzeugter Nationalsozialist und Antisemit gelten kann und de facto Täter in großem Maßstab war, andererseits aber intensiv um das Leben einiger deutscher Juden kämpfte, dafür zahlreiche Konflikte in Kauf nahm und in einem Fall auch erfolgreich war. In seinem Fall wird ein empörter Ausfall gegen einen SS-Hauptsturmbannführer, der bei einer Deportation Menschen mit der Peitsche traktierte, genauso berichtet wie der an sich bemerkenswerte Umstand, dass er bei einem Spaziergang im Ghetto jüdischen Kindern Bonbons schenkte. Siehe Tom Lampert, *Ein einziges Leben. Acht Geschichten aus dem Krieg*, München 2001, insbes. S. 80–113.
30 Götz Aly, Ich bin das Volk, *Süddeutsche Zeitung*, 1.9.2004, S. 11.
31 Michel Alexandre, *Der Judenmord. Deutsche und Österreicher berichten*, Köln 2004, S. 115.
32 »Ich will hier vor Ihnen in aller Offenheit, auch ein ganz schweres Kapitel erwähnen. Unter uns soll es einmal ganz offen ausgesprochen sein, und trotzdem werden wir in der Öffentlichkeit nie darüber reden. [...] Ich meine jetzt die Judenevakuierung, die Ausrottung des jüdischen Volkes. Es gehört zu den Dingen, die man leicht ausspricht. – ›Das jüdische Volk wird ausgerottet‹, sagt ein jeder Parteigenosse, ›ganz klar steht in unserem Pro-

gramm, Ausschaltung der Juden, Ausrottung, machen wir.‹ Und dann kommen sie alle an, die braven 80 Millionen Deutschen, und jeder hat seinen anständigen Juden. Es ist ja klar, die anderen sind Schweine, aber der ist ein prima Jude. Und von allen, die so reden, hat keiner zugesehen, keiner hat es durchgestanden. Von Euch werden die meisten wissen, was es heißt, wenn 100 Leichen beisammen liegen, wenn 500 daliegen oder wenn 1000 daliegen. Dies durchgehalten zu haben und dabei – abgesehen von Ausnahmen menschlicher Schwächen – anständig geblieben zu sein, das hat uns hart gemacht.« Rede Himmlers am 4. 10. 1943 in Posen bei der SS-Gruppenführertagung. Internationaler Militärgerichtshof, *Der Prozess gegen die Hauptkriegsverbrecher*, Nürnberg 1948, Bd. 29, S. 145 (1919-PS).

33 Rudolf Höß, *Kommandant in Auschwitz. Autobiographische Aufzeichnungen des Rudolf Höß*, herausgegeben von Martin Broszat, München 1963, S. 156.

34 Gitta Sereny, *Am Abgrund: Gespräche mit dem Henker. Franz Stangl und die Morde von Treblinka*, München 1995.

35 Gitta Sereny, *Das Ringen mit der Wahrheit. Albert Speer und das deutsche Trauma*, München 1995.

36 Sereny, *Am Abgrund*, (Anm. 34) S. 129.

37 Harald Welzer, Härte und Rollendistanz. Zur Sozialpsychologie des Verwaltungsmassenmords, *Leviathan*, 21/1993, S. 358–373.

38 Sereny, *Am Abgrund*, (Anm. 34) S. 131.

39 Ebd., S. 235.

40 Ebd., S. 189 ff.

41 Ebd., S. 197.

42 Ebd., S. 149. Hervorhebung im Original.

43 Ebd., S. 150.

44 Ebd., S. 137.

45 Ebd., S. 143.

46 Ebd., S. 244.

47 Programmatisch hierzu der Titel von Gabriela Friedrichsen, *»Ich bin doch kein Mörder!« Gerichtsreportagen 1998–2004*, München 2004.

48 Höß, *Kommandant in Auschwitz*, (Anm. 33) S. 132.

49 Herbert Jäger, *Verbrechen unter totalitärer Herrschaft. Studien zur nationalsozialistischen Gewaltkriminalität*, Olten/Freiburg 1967, S. 28.

50 Alexandre, *Judenmord*, (Anm. 31) S. 142.

51 Richard Breitman, *Himmler and the Final Solution. The Architect of Genocide*, London 1991, S. 243.

52 Raphael Gross und Werner Konitzer, Geschichte und Ethik. Zum Fortwirken der nationalsozialistischen Moral, S. 48 ff, *Mittelweg 36*, 4/1999, S. 44–67.

53 Jürgen Matthäus, Das »Unternehmen Barbarossa« und der Beginn der Judenvernichtung, Juni-Dezember 1941, S. 373, in: Christopher R. Browning (Hg.), *Die Entfesselung der »Endlösung«. Nationalsozialistische Judenpolitik 1939–1942*, München 2003, S. 360–448.

54 Isabel Heinemann, *»Rasse, Siedlung, deutsches Blut.« Das Rasse- und Siedlungshauptamt der SS und die rassenpolitische Neuordnung Europas*, Göttin-

gen 2003. Ulrich Herbert, *Best: biographische Studien über Radikalismus, Weltanschauung und Vernunft 1903–1989*, Bonn 1996. Karin Orth, *Die Konzentrationslager-SS. Soziokulturelle Analysen und biographische Studien*, Göttingen 2000. Michael Wildt, *Generation des Unbedingten. Das Führungskorps des Reichssicherheitshauptamtes*, Hamburg 2002. Historische Rekonstruktionen der Vermittlungsformen von Ideologien hin zu den unterschiedlichen Bevölkerungsgruppen und Einzelpersonen haben freilich eine prinzipielle Grenze, da erstens individuelle Orientierungen und Einstellungen aufgrund sehr vieler verschiedener Faktoren zustande kommen und sie empirisch niemals vollständig erfasst werden können. Man bleibt, wenn man von der Untersuchung kleiner Gruppen ausgeht, auf Generalisierungen angewiesen, die theoretisch einleuchten, aber nicht empirisch geprüft werden können.

55 Herbert, *Best*, (Anm. 54) S. 95.

56 Best 1936, zitiert nach ebd., S. 164.

57 Ebd., S. 314.

58 Klaus Michael Mallmann, »Mensch, ich feiere heut' den tausendsten Genickschuß«. Die Sicherheitspolizei und die Shoah in Westgalizien, S. 113, in: Gerhard Paul (Hg.), *Die Täter der Shoah. Fanatische Nationalsozialisten oder ganz normale Deutsche?*, Göttingen 2002, S. 109–136.

59 Lawrence Kohlberg, *Die Psychologie der Moralentwicklung*, Frankfurt am Main 1996, S. 127.

60 Ebd., S. 135.

61 Im Original heißt es bei ihr »universe of obligation«, aber mir scheint der Begriff der »Verpflichtung« zu stark auf codifizierte oder gar einzuklagende wechselseitige Hilfeleistungen ausgerichtet. Helen Fein, *Genocide. A Sociological Perspective*, London 1993.

62 Arendt, *Eichmann in Jerusalem*, (Anm. 8) S. 104.

63 Ebd., S. 103.

64 Christopher R. Browning, *Ganz normale Männer. Das Reserve-Polizeibataillon 101 und die »Endlösung« in Polen*, Reinbek 1996, S. 107.

65 Erving Goffman, Rollendistanz, S. 265, *Symbolische Interaktion*, Stuttgart 1973, S. 260–279.

66 Ebd.

67 Höß, *Kommandant in Auschwitz*, (Anm. 33) S. 156.

68 Ebd., S. 74.

69 Barch, R 20 / 45a/b Tagebuch Erich von dem Bach-Zelewski, S. 111.

70 Siehe zum Beispiel Robert J. Lifton, *Ärzte im Dritten Reich*, Stuttgart 1999. Alexander Mitscherlich und Fred Mielke, *Medizin ohne Menschlichkeit*, Frankfurt am Main (1960, 1978) 1995.

71 Theodor W. Adorno, *Studien zum Autoritären Charakter*, Frankfurt am Main 1973.

72 Eine hervorragende Übersicht hierzu liefert Gerhard Paul, Von Psychopathen, Technokraten des Terrors und »ganz gewöhnlichen« Deutschen. Die Täter der Shoah im Spiegel der Forschung, in: Gerhard Paul (Hg.), *Die Täter der Shoah. Fanatische Nationalsozialisten oder ganz normale Deutsche?*, Göttingen 2002, S. 13–90.

73 Raul Hilberg, *Täter, Opfer, Zuschauer*, Frankfurt am Main 1992, S. 64.

74 Vergleiche Ross, The intuitive Psychologist (Anm. 28). Grete Schurz, Destruktive Gehorsamsbereitschaft im psychologischen Experiment, in: Peter Huemer und Grete Schurz (Hg.), *Unterwerfung – Über den destruktiven Gehorsam*, 1992, S. 39–64.

75 In der Industriesoziologie weiß man das, seit man in den zwanziger Jahren des letzten Jahrhunderts erkannt hat, dass die extrem taylorisierten Arbeitsgänge in der industriellen Produktion zu einer geringeren Produktivität führen als solche, die ein gewisses Maß an individuellem Gestaltungsspielraum für die Arbeit bereitstellen. Siehe Fritz J. Roethlisberger, *Man-in-Organization*, Harvard 1969.

76 Raul Hilberg, *Die Quellen des Holocaust. Entschlüsseln und Interpretieren*, Frankfurt am Main 2002, S. 40.

77 Alf Lüdtke, »Fehlgreifen in der Wahl der Mittel«. Optionen im Alltag militärischen Handelns, S. 74, in: *Mittelweg 36*, 1/2003, S. 61–75.

78 William E. Thomas und Dorothy S. Thomas, Die Definition der Situation, in: Heinz Steinert (Hg.), *Symbolische Interaktion*, Stuttgart 1973, S. 333–335.

79 Helen Fein, Genozid als Staatsverbrechen. Beispiele aus Ruanda und Bosnien, S. 40, in: *Zeitschrift für Genozidforschung*, 1/1 1999, S. 36–45.

80 Der hier unternommene Versuch stellt das Gegenteil von Ansätzen dar, die Gewalthandlungen »anthropologisch« zu erklären versuchen und dabei, wie Wolfgang Sofsky, ausdrücklich betonen, dass es ihnen dabei nicht um den »Sinn«, sondern um die »Formen sozialen Verhaltens« gehe (Vgl. Wolfgang Sofsky, *Zeiten des Schreckens*, Frankfurt am Main 2002, S. 26). Soziales Verhalten ist aber, wenn wir über Menschen und nicht über Bienen oder Ameisen sprechen, geradezu dadurch definiert, dass die Handelnden interpretieren, was vor sich geht, und ihren Schlussfolgerungen Sinn beilegen. Insofern ist kaum verständlich, wie Sofskys Übung gelingen sollte.

81 Kwiet, Konrad, zitiert nach Hilberg, *Quellen*, (Anm. 76) S. 49.

82 Raul Hilberg, *Die Vernichtung der europäischen Juden*, Frankfurt am Main 1990, S. 1061.

83 Arendt, *Elemente und Ursprünge*, (Anm. 15) S. 573.

84 Zitiert nach Peter Longerich, Judenverfolgung und nationalsozialistische Öffentlichkeit, S. 237, in: Kristin Platt (Hg.), *Reden von Gewalt*, München 2002, S. 227–255.

85 Hilberg, *Täter, Opfer, Zuschauer*, (Anm. 73) S. 10.

86 Protokoll der Besprechung Reinhard Heydrichs mit Vertretern Oberster Reichsbehörden und Offizieren der Sicherheitspolizei und des SD am 20. Januar 1941 betr. die »Endlösung der Judenfrage«, in: Kurt Pätzold (Hg), *Verfolgung, Vertreibung, Vernichtung. Dokumente des faschistischen Antisemitismus 1933 bis 1942*, Leipzig 1987, S. 337.

87 Jan Björn Potthast, *Das jüdische Zentralmuseum der SS in Prag. Gegnerforschung und Völkermord im Nationalsozialismus*, Frankfurt am Main 2002. Hier versuchten überwiegend jüdische Wissenschaftler, die Hinterlassenschaften der Juden aus Böhmen und Mähren zusammen, bewahren und wissenschaftlich zu bearbeiten.»Ihre Situation war kurios, vermutlich ein-

zigartig in der Geschichte der Museen dieser Welt: Beinahe über Nacht verfügte ein Museum, das vorher nur eine relativ kleine, provinzielle Sammlung besessen hatte, über einen gigantischen Hort wertvollster Zeugnisse der jüdischen Kultur; [...] Das hätte der Wunschtraum eines jeden Museologen gewesen sein können, wenn nicht die Umstände so furchtbar gewesen wären. Denn schließlich war jedes einzelne Objekt, das zu ihnen kam, ein stummer Zeuge der Gewalt, die den Juden angetan wurde, ein Dokument der Zerstörung einer uralten, gewachsenen Kultur. Und mit Fortschreiten des Krieges wurde klar, dass diese Gegenstände das Einzige waren, was von den Juden unter deutscher Herrschaft bleiben sollte. Denn alle, auch die Museumsarbeiter selber, wurden nach und nach abtransportiert und kehrten mit ganz wenigen Ausnahmen nicht mehr zurück.« (Ebda., S. 234)

88 Praktische Erinnerungspolitik ist, analog zur Ausgrenzungspolitik, die nie rein ideologisch oder theoretisch verfährt, wirksam, weil sie die Wirklichkeit verändert. »Die Behauptung, dass nur Moskau eine Untergrundbahn habe, ist nur solange eine Lüge, als die Bolschewisten nicht die Macht haben, alle anderen Untergrundbahnen zu zerstören.« Arendt, *Elemente und Ursprünge*, (Anm. 15) S. 557 ff.

89 Alfred Schütz, Tiresias oder unser Wissen von zukünftigen Ereignissen, S. 268, in: Alfred Schütz (Hg.), *Gesammelte Aufsätze II. Studien zur soziologischen Theorie*, Den Haag 1972, S. 259–278.

90 W. G. Sebald, *Luftkrieg und Literatur*, Frankfurt am Main 2001, S. 110.

91 Harald Welzer, Albert Speers Erinnerung an die Zukunft, in: Jürgen Straub (Hg.), *Erzählung, Identität und historisches Bewusstsein*, Frankfurt am Main 1998, S. 389–403.

92 Barch, R 20 / 45a/b Tagebuch Erich von dem Bach-Zelewski, S. 8.

93 Albert Speer, *Erinnerungen*, Berlin 1993, S. 187.

94 Aly, *Ich bin das Volk*, (Anm. 30). Götz Aly, *Hitlers Volksstaat. Raub, Rassenkrieg und nationaler Sozialismus*, Frankfurt am Main 2005, S. 12 f.

95 Hans Mommsen, Die Realisierung des Utopischen. Die »Endlösung der Judenfrage« im »Dritten Reich«, in: *Geschichte und Gesellschaft*, 9/1973, S. 381–420. – Eine Untersuchung zu SS-Führern beim Rasse- und Siedlungshauptamt der SS kommt zu dem Ergebnis, dass 76 Prozent dieser Gruppe zum Zeitpunkt des Kriegsausbruchs jünger als 40 Jahre waren. Ähnlich bemerkenswert ist das Bildungsniveau dieser Gruppe: 40 von ihnen hatten einen akademischen Abschluss, davon wiederum 21 einen Doktortitel, weitere fünf waren Professoren und zwei bereits habilitiert. Siehe Heinemann, *»Rasse, Siedlung, deutsches Blut«*, (Anm. 54) S. 563 ff.

96 Barch, R 20 / 45a/b Tagebuch Erich von dem Bach-Zelewski, S. 11.

97 Ebd., S. 31.

98 Ebd., S. 2.

99 Ebd., S. 15.

100 Ebd., S. 7.

101 Ebd., S. 21.

102 Ebd., S. 22.

103 Höß, *Kommandant in Auschwitz*, (Anm. 33) S. 134.

104 Longerich, *Judenverfolgung*, (Anm. 84) S. 231 .

105 Martin Doerry, »*Mein verwundetes Herz*«. *Das Leben der Lilly Jahn 1900–1944*, München 2002, S. 93.

106 Michael Wildt, Gewaltpolitik, Volksgemeinschaft und Judenverfolgung in der deutschen Provinz 1932–1935, in: *WerkstattGeschichte*, 35/2003, S. 23–43. Vergleiche auch Klaus Hesse, Sichtbarer Terror – Öffentliche Gewalt gegen deutsche Juden 1933–1936 im Spiegel fotografischer Quellen, in: *WerkstattGeschichte*, 35/2003, S. 44–56. Zur These der stillen Verfolgung siehe Robert Gellately, *Hingeschaut und weggesehen. Hitler und sein Volk*, Stuttgart 2002, S. 42.

107 Sebastian Haffner, *Geschichte eines Deutschen. Erinnerungen 1914–1933*, München 2002, S. 148.

108 Ebd., S. 148 ff.

109 Als Territorien des Selbst bezeichnet Goffman symbolische oder soziale Räume, mit deren Hilfe sich Individuen vor Gefährdungen ihrer eigenen körperlichen oder psychologischen Integrität zu schützen versuchen. Mit ihrer Hilfe versucht man zu verhindern, dass man durch andere Körper berührt wird, die Ausdünstungen anderer Menschen einatmet u. Ä. Die Möglichkeiten, die Territorien des Selbst zu behaupten, sind vielfältig, aber begrenzt. Man kann sich z. B. hinter Büchern oder Zeitungen verschanzen und auf diese Weise einen symbolischen, intimen, blickgeschützten Raum etablieren. Erving Goffman, *Das Individuum im öffentlichen Austausch. Mikrostudien zur öffentlichen Ordnung*, Frankfurt am Main 1974.

110 Haffner, *Geschichte eines Deutschen*, (Anm. 107) S. 263.

111 Ebd., S. 275.

112 Ebd., S. 247.

113 Primo Levi, *Ist das ein Mensch?*, München 1992, S. 127 ff.

114 Peter Longerich, *Politik der Vernichtung. Eine Gesamtdarstellung der nationalsozialistischen Judenverfolgung*, München 1998.

115 Longerich, *Judenverfolgung*, (Anm. 84) S. 232.

116 Ebd., S. 233 .

117 Zitiert nach Hilberg, *Die Vernichtung*, (Anm. 82) S. 1097.

118 *Assumptive world* ist ein Begriff von Alfred Schütz, mit dem die subjektive Auffassung dessen, was selbstverständlich zum So-Sein der Welt gerechnet wird, bezeichnet wird.

119 Peter Huemer, Auschwitz als Idylle. Befehl und Gehorsam im Nationalsozialismus, S. 26 ff, in: Peter Huemer und Grete Schurz (Hg.), *Unterwerfung. Über den destruktiven Gehorsam*, Wien 1990.

120 Omer Bartov, Widerschein der Zerstörung. Krieg, Genozid und moderne Identität, S. 60, in: *Zeitschrift für Genozidforschung*, 1/1 2000, S. 46–69.

121 Daniel Jonah Goldhagen, *Hitlers willige Vollstrecker. Ganz gewöhnliche Deutsche und der Holocaust*, Berlin 1996, S. 66 ff.

122 Norbert Elias, *Studien über die Deutschen*, Frankfurt am Main 1989, S. 27.

123 Ebd., S. 130.

124 Ebd., S. 153.

125 Helmut Lethen, *Verhaltenslehren der Kälte. Lebensversuche zwischen den Kriegen*, Frankfurt am Main 1994. Klaus Theweleit, *Männerphantasien*, München 2000.

126 Wibke Bruhns, *Meines Vaters Land*, München 2004.
127 Haffner, *Geschichte eines Deutschen* (Anm. 107).
128 Saul Friedländer, *Das Dritte Reich und die Juden. Die Jahre der Verfolgung 1933–1939*, München 1998, S. 49 ff.
129 Ebd., S. 50.
130 Alex Bruns-Wüstefeld, *Lohnende Geschäfte. Die »Entjudung« am Beispiel Göttingens*, Hannover 1997, S. 69.
131 Friedländer, *Das Dritte Reich*, (Anm. 128) S. 52.
132 Götz Aly hat darauf hingewiesen, dass der Nationalsozialismus natürlich auch eine Reihe ganz handfester Gratifikationen für die Volksgenossinnen und -genossen bereithielt: »Wer den destruktiven Erfolg des Nationalsozialismus verstehen will, der sollte sich die Schauseite der Vernichtungspolitik ansehen – den modernen, sozialpolitisch warmgehaltenen Gefälligkeitsstaat.« Aly, *Ich bin das Volk*, (Anm. 30).
133 Klaus Mann, Mephisto, zitiert nach Friedländer, *Das Dritte Reich*, (Anm. 128) S. 22.
134 Longerich, *Judenverfolgung*, (Anm. 84) S. 243.
135 Friedländer, *Das Dritte Reich*, (Anm. 121) S. 73.

Tödliche Situationen

136 Barch, R 58/217 Ereignismeldung Nr. 100 vom 1. 10. 1941.
137 Barch, R 58/218 Ereignismeldung Nr. 106 vom 7. 10. 1941, S. 15
138 Barch, B 162 / AR-Z 1251/65, Bd. I, Bl. 167.
139 Barch, B 162 / AR-Z 1251/65 SA 406, S. 61.
140 Barch, B 162 / AR-Z 1251/65, Bd. I, Bl. 196.
141 Hamburger Institut für Sozialforschung (Hg), *Verbrechen der Wehrmacht. Dimensionen des Vernichtungskrieges 1941–1944*, Hamburg 2002, S. 56.
142 Regelung des Einsatzes der Sicherheitspolizei und des SD im Verband des Heeres vom 28. 4. 1941, zitiert nach Ebd., (Anm. 141)S. 60.
143 Browning, *Ganz normale Männer*, (Anm. 64) S. 31.
144 Hamburger Institut für Sozialforschung (Hg), *Verbrechen der Wehrmacht*, (Anm. 141) S. 63.
145 Wildt, *Generation des Unbedingten*, (Anm. 54) S. 561.
146 Dieter Pohl, Die Einsatzgruppe C 1941/42, S. 73, in: Peter Klein (Hg.), *Die Einsatzgruppen in der besetzten Sowjetunion 1942/42. Tätigkeits- und Lageberichte des Chefs der Sicherheitspolizei und des SD*, Berlin 1997, S. 71–87.
147 Zitiert nach Browning, *Ganz normale Männer*, (Anm. 64) S. 34.
148 Barch, R 58/214 Ereignismeldung Nr. 24 vom 6. 7. 1941.
149 Dieter Pohl schreibt hierzu: »Gesichert dürfte sein, dass Hitler Anfang Juli als Vergeltung für die NKWD-Massaker angeordnet hat, Erschießungen großen Ausmaßes in Lemberg vorzunehmen. Bald darauf vereinbarten HSSPF Jeckeln und das AOK 6 eine massive Verstärkung der SS und Polizei im rückwärtigen Armeegebiet, die sich nur verschärfend auf die Judenmorde auswirken konnte, da nun noch größere Gebiete von den Verbänden

heimgesucht wurden. Himmler entsandte unter anderem am 22. Juli die 1. SS-Brigade zum HSSPF. An diesem oder dem vorhergehenden Tag war der Reichsführer selbst in Lemberg im rückwärtigen Heeresgebiet gewesen. Ob er dabei Rasch angetroffen hat, ist fraglich. [...] Es gibt jedoch Indizien dafür, dass Rasch seine Kommandoführer in Shitomir angewiesen hat, nicht mehr nur männliche Juden aus der Oberschicht, sondern alle Männer zu erschießen, die nicht in Arbeit standen. Vermutlich während der ersten zwei August-Wochen teilte Rasch dann seinen Untergebenen mit, dass nun unterschiedslos alle Juden zu ermorden seien. Die 1. SS-Brigade meldete schon am 30. Juli die Erschießung von erwachsenen Jüdinnen in der Gegend von Zwiahel, am 4. August traf es 225 Frauen in Ostrof; es gibt weitere Indizien für die Erschießung jüdischer Frauen und Kinder bereits für Ende Juli durch das Sk 4a im Raum Berditschew; wahrscheinlich am 14. August erschoß das Teilkommando Fasse* in Belaja-Zerkow Frauen. [...] Viele Kommandoführer waren schon frühzeitig bereit, Frauen und Jugendliche zu erschießen, wenn sich ein entsprechender Vorwand finden ließ (z. B. Komsomol-Funktionäre).« Pohl, *Die Einsatzgruppe C*, (Anm. 146) S. 73 ff.

150 Hilberg, *Die Vernichtung*, (Anm. 82) S. 312.

151 Mallmann, »*Mensch, ich feiere heut'...*«, (Anm. 58) S. 19 ff.

152 Barch, B 162 / AR-Z 269/60, SA 392, S. 405 ff.

153 Götz Aly und Susanne Heim, *Vordenker der Vernichtung. Auschwitz und die deutschen Pläne für eine neue europäische Ordnung*, Hamburg 1991. Christopher R. Browning, *Fateful Months. Essays on Launching the Final Solution.*, New York/London 1985. Christian Gerlach, *Krieg, Ernährung, Völkermord. Forschungen zur deutschen Vernichtungspolitik im Zweiten Weltkrieg*, Hamburg 1998. Eberhard Jäckel und Jürgen Rohwer (Hg), *Der Mord an den Juden im Zweiten Weltkrieg. Entschlussbildung und Verwirklichung*, Frankfurt am Main 1987. Klaus Michael Mallmann, Die »Türöffner« der Endlösung. Zur Genese des Genozids, in: Gerhard Paul und Klaus Michael Mallmann (Hg.), *Die Gestapo im Zweiten Weltkrieg. »Heimatfront« und besetztes Europa*, Darmstadt 2000, S. 437–463.

154 Siehe zum Beispiel Andrej Angrick, *Besatzungspolitik und Massenmord. Die Einsatzgruppe D in der südlichen Sowjetunion 1941–1943*, Hamburg 2003. Andrej Angrick, Martina Voigt, Silke Ammerschubert und Peter Klein, »Da hätte man schon ein Tagebuch führen müssen.« Das Polizeibataillon 322 und die Judenmorde im Bereich der Heeresgruppe Mitte während des Sommers und Herbstes 1941, in: Helge Grabitz, et al. (Hg.), *Die Normalität des Verbrechens. Bilanz und Perspektiven der Forschung zu den nationalsozialistischen Gewaltverbrechen*, Berlin 1994, S. 325–385. Vincas Bartusevicius, Joachim Tauber und Wolfram Wette (Hg.), *Holocaust in Litauen. Krieg, Judenmorde und Kollaboration*, Köln 2003. Ruth Bettina Birn, *Die Höheren SS- und Polizeiführer. Himmlers Vertreter im Reich und in den besetzten Gebieten*, Düsseldorf 1986. Peter Klein (Hg.), *Die Einsatzgruppen in der besetzten Sowjetunion 1941/42. Tätigkeits- und Lageberichte des Chefs der Sicherheitspolizei und des SD*, Berlin 1997. Helmut Krausnick und Hans-Heinrich Wilhelm, *Die Truppe des Weltanschauungskrieges. Die Einsatzgruppen der Sicherheitspolizei und des SD 1938–1942*, Stuttgart 1981. Konrad Kwiet, Auf-

takt zum Holocaust. Ein Polizeibataillon im Osteinsatz, in: Wolfgang Benz, et al. (Hg.), *Der Nationalsozialismus. Studien zur Ideologie und Herrschaft*, Frankfurt am Main 1995, S. 191–208. Ralf Ogorreck, *Die Einsatzgruppen und die »Genesis der Endlösung«*, Berlin 1994.

155 Wolfgang Benz, Hermann Graml und Hermann Weiß (Hg.), *Enzyklopädie des Nationalsozialismus*, München 1998, S. 440.

156 Eberhard Jäckel, Peter Longerich und Julius H. Schoeps (Hg.), *Enzyklopädie des Holocaust. Die Verfolgung und Ermordung der europäischen Juden*, München 1998, S. 396.

157 Ebd.

158 Christopher R. Browning, *Die Entfesselung der »Endlösung«. Nationalsozialistische Judenpolitik 1939–1942*, München 2003, S. 321.

159 Benz, Graml und Weiß, *Enzyklopädie des Nationalsozialismus*, (Anm. 155) S. 440.

160 Andrej Angrick, *Besatzungspolitik und Massenmord.* (Anm. 154) S. 80.

161 Browning, *Die Entfesselung der »Endlösung«*, (Anm. 158) S. 333.

162 Ebd.

163 Angrick, *Besatzungspolitik und Massenmord*, (Anm. 154) S. 83.

164 Ebd.

165 Für die Bezeichnung Sonderkommando gab es während des Nationalsozialismus unterschiedliche Verwendungen. Für die Täterseite bezeichneten die Sonderkommandos Einheiten, die hauptsächlich aus SS-Männern bestanden und für spezielle Aufgaben eingesetzt wurde wie die Sonderkommandos der Einsatzgruppen im Russlandfeldzug, die »ursprünglich für den besonders frontnahen Einsatz vorgesehen waren«. Des Weiteren wurde das deutsche Personal der Vernichtungslager Chelmno, Belzec, Sobibór und Treblinka als Sonderkommando bezeichnet. Die »Sonderkommandos 1005« öffneten auf dem Rückzug der Ostfront die Massengräber und verbrannten die Leichen, um die Spuren des Mordens zu verwischen. Für die Seite der Opfer wurde der Begriff Sonderkommando für diejenigen Konzentrationslagerhäftlinge verwendet, die in den Krematorien arbeiten mussten. Darüber hinaus gab es im Ghetto von Lodz ein jüdisches »Sonderkommando«, das Teil des jüdischen Ordnungsdienstes war. Siehe Jäckel, Longerich und Schoeps (Hg.), *Enzyklopädie des Holocaust*, (Anm. 156) S. 1337.

166 Helmut Krausnick, Die Einsatzgruppen vom Anschluß Österreichs bis zum Feldzug gegen die Sowjetunion. Entwicklung und Verhältnis zur Wehrmacht, S. 129, in: Helmut Krausnick, Hans-Heinrich Wilhelm (Hg.), *Die Truppe des Weltanschauungskrieges. Die Einsatzgruppen der Sicherheitspolizei und des SD 1938–1942*, Stuttgart 1981, S. 13–278.

167 Benz, Graml und Weiß, *Enzyklopädie des Nationalsozialismus*, (Anm. 155) S. 440.

168 Zu den Zahlen der Opfer von Einsatzgruppen und Polizeibataillonen siehe: Stefan Klemp, »Nicht ermittelt«. Polizeibataillone und die Nachkriegsjustiz. Ein Handbuch, Essen 2005, S. 70 ff. und S. 466 f.

169 Jäckel, Longerich und Schoeps (Hg.), *Enzyklopädie des Holocaust*, (Anm. 156) S. 1212.

170 Benz, Graml und Weiß, *Enzyklopädie des Nationalsozialismus*, (Anm. 155) S. 440.

171 Browning, *Ganz normale Männer*, (Anm. 64) S. 30.

172 Pohl, *Die Einsatzgruppe C*, (Anm. 146) S. 71 (Braune und Fasse sind Pseudonyme).

173 Bei genauer Betrachtung zeigt sich, dass die Repräsentativität, mit der die Bataillonsangehörigen dem Durchschnitt der deutschen Bevölkerung etwa Goldhagen zufolge entsprochen hätten, so nicht gegeben war (vgl. Longerich, *Politik der Vernichtung*, (Anm. 114) S. 304 ff.) Es lässt sich aber soziodemographisch auch nicht von einer exponierten Gruppe sprechen.

174 Als Intentionalisten wurden jene Historiker bezeichnet, die einen personenzentrierten Erklärungsansatz für die Vernichtung bevorzugten, als Funktionalisten die, die der administrativ-industriellen Eigendynamik mehr explanatorische Kraft zuschrieben.

175 Arnold H. Buss führte Ende der fünfziger Jahre Experimente durch, bei denen es um das Phänomen der »forced compliance«, des erzwungenen Einverständnisses, ging. Die Untersuchungen versuchten, eine Antwort auf die Frage zu finden, wie Personen damit umgehen, wenn sie etwas tun müssen, was ihrer eigenen Einstellung widerspricht. Das Experiment hatte ein ganz ähnliches Design wie das später von Stanley Milgram durchgeführte. Buss »konnte zeigen, dass Personen, die die Gelegenheit bekommen hatten, vom Experiment zurückzutreten und trotzdem weitergemacht hatten, im Nachhinein die ausgeteilten Schocks als weniger schmerzhaft bewerteten.« Generell lässt sich zeigen, dass Personen – »sofern sie (irrtümlich) meinen, dies freiwillig getan zu haben – eine Anpassung ihrer Einstellung an das gezeigte Handeln vornehmen.« Siehe Jeannette Schmid, Freiwilligkeit der Gewalt? Von der Psychologie der Täter zur Psychologie der Tat, S. 32, in: *Analyse & Kritik*, 1/1998, S. 27–45.

176 Michael A. Hogg und Graham M. Vaugham, *Social Psychology*, London u. a. 1995, S. 213.

177 S. E. Asch, Effects of group pressure upon the modification and distortion of judgements, in: H. Guetzkow (Hg.), *Groups, Leadership and Men*, Pittsburg 1951, S. 177–190.

178 Muzafer Sherif, *The Psychology of Social Norms*, New York 1936.

179 Dieser Referenzrahmen wird in der Regel als »Kameradschaft« bezeichnet. Sebastian Haffner hat aus eigener Anschauung die integrative Wirkungsweise von Kameradschaft beschrieben und diese als »Dezivilisierungsmittel« par excellence bezeichnet. »Wenn wir – Referendare immerhin, Akademiker mit intellektueller Schulung, angehende Richter und gewiß nicht durch die Bank Schwächlinge ohne Überzeugungen und ohne Charakter – in Jüterbog binnen wenigen Wochen zu einer minderwerigen, gedankenlos-leichtfertigen Masse geworden waren, [...] dann waren wir dies durch Kameradschaft geworden.« Haffner, *Geschichte eines Deutschen*, (Anm. 107) S. 281.

180 Barch, B 162 / AR-Z 1251/65 SA 406, S. 38.

181 Barch, B 162 / AR-Z 1251/65 Bd. B I, Bl. 133–140. Barch, B 162 / AR-Z 1251/65 Bd. B VIII, Bl. 1492–1504. Barch, B 162 / AR-Z 1251/65 Bd. X Bl. 1881–1886 und 1967.

182 Kazimierz Leszczynski (Hg.), *Fall 9. Das Urteil im SS-Einsatzgruppenprozeß gefällt am 10. April 1948 in Nürnberg vom Militärgerichtshof II der Vereinigten Staaten von Amerika.*, Berlin 1963. Ralf Ogorreck und Volker Rieß, Fall 9: Der Einsatzgruppenprozess (gegen Otto Ohlendorf und andere), in: Gerd R. Ueberschär (Hg.), *Der Nationalsozialismus vor Gericht. Die alliierten Prozesse gegen Kriegsverbrecher und Soldaten 1943–1952*, Frankfurt am Main 1999, (Anm. 156) S. 164–175.
183 Barch, B 162 / AR-Z 1251/65 Bd. B I, Bl. 170–176.
184 Barch, B 162 / AR-Z 1251/65 Bd. X, Bl. 1970–1974. Barch, B 162 / AR-Z 1251/65 Bd. B VII, Bl. 1237–1255.
185 Barch, B 162 / AR-Z 1251/65 Bd. B VII, Bl. 1203–1209.
186 Barch, B 162 / AR-Z 269/60, SA 392.
187 Barch, B 162 / AR-Z 1251/65, Bd. I, Bl. 166–167.
188 Wolfgang Benz und Walter H. Pehle (Hg.), *Lexikon des deutschen Widerstandes*, Frankfurt am Main 1994. Helmuth Groscurth, *Tagebücher eines Abwehroffiziers 1938–1940. Mit Dokumenten zur Militäropposition gegen Hitler*, hg. von Helmut Krausnick und Harold C. Deutsch, Stuttgart 1970.
189 Barch, B 162 / AR-Z 1251/65 Bd. B VIII, Bl. 1525–1542. Barch, B 162 / AR-Z 1251/65 Bd. B VII, Bl. 1210–1222. Barch, B 162 / AR-Z 1251/65 SA 406.
190 Pseudonyme, die aus Datenschutzgründen verwendet werden, werden bei erstmaliger Nennung durch ein * gekennzeichnet.
191 Barch, B 162 / AR-Z 1251/65 Bd. B II, Bl. 259–263.
192 Barch, B 162 / AR-Z 1251/65 Bd. B III 564–573. Barch, B 162 / AR-Z 1251/65 Bd. B VIII Bl. 1748–1752.
193 Barch, B 162 / AR-Z 1251/65 SA 406 S. 4.
194 Barch, B 162 / AR-Z 1251/65 SA 406.
195 Barch, B 162 / AR-Z 1251/65 Bd. B I, Bl. 148–156. Barch, B 162 / AR-Z 1251/65 Bd. B VII, Bl. 1473–1491. Barch, B 162 / AR-Z 1251/65 Bd. X Bl. 1899–1905 und Bl. 1967.
196 Barch, B 162 / AR-Z 1251/65 Bd. B II, Bl. 201–207.
197 Barch, B 162 / AR-Z 1251/65 SA 406, S. 10.
198 Barch, B 162 / AR-Z 1251/65 Bd. B VI, Bl. 1001–1005.
199 Barch, B 162 / AR-Z 1251/65 Bd. B IV, Bl. 626–630.
200 Barch, B 162 / AR-Z 1251/65 Bd. B II, Bl. 228–234.
201 Hilberg, *Die Vernichtung*, (Anm. 82) S. 197.
202 Ebd.
203 Jäger, *Verbrechen*, (Anm. 49) S. 23.
204 Hilberg, *Die Vernichtung*, (Anm. 82) S. 199.
205 Ebd., S. 201.
206 Manfred Messerschmidt, Ideologie und Befehlsgehorsam im Vernichtungskrieg, S. 911, in: *Zeitschrift für Geschichtswissenschaft*, 10/2001, S. 905–926.
207 Ebd., S. 911 ff.
208 Ebd., S. 913.
209 Ebd.
210 Angrick, *Besatzungspolitik und Massenmord*, (Anm. 154) S. 397.
211 Vgl. Dieter Pohl, Schauplatz Ukraine: Der Massenmord an den Juden im

Militärverwaltungsgebiet und im Reichskommissariat 1941–1943, S. 139, in: Norbert Frei, et al. (Hg.), *Ausbeutung, Vernichtung, Öffentlichkeit. Neue Studien zur nationalsozialistischen Lagerpolitik*, München 2000, S. 135–173.

212 Pohl, *Die Einsatzgruppe C*, (Anm. 146) S. 72.

213 Zitiert nach Hamburger Institut für Sozialforschung (Hg.), *Verbrechen der Wehrmacht*, (Anm. 141) S. 99.

214 Ebd., S. 102.

215 Zitiert nach Ludwig Eiber, »…ein bißchen die Wahrheit«. Briefe eines Bremer Kaufmanns von seinem Einsatz beim Reserve-Polizeibataillon 105 in der Sowjetunion 1941, S. 70 ff., in: *1999. Zeitschrift für Sozialgeschichte des 20. und 21. Jahrhunderts,* 1/1991, S. 58–83.

216 Vergleiche Browning, *Ganz normale Männer* (Anm. 64) und Goldhagen, *Hitlers willige Vollstrecker* (Anm. 121). Einige der folgenden Überlegungen zu Brownings Untersuchung habe ich bereits veröffentlicht in: Natalija Basic und Harald Welzer, Die Bereitschaft zum Töten, in: *Zeitschrift für Genozidforschung,* 1/2 2000, S. 78–100. Siehe auch Harald Welzer, Wer waren die Täter? Anmerkungen zur Täterforschung aus sozialpsychologischer Sicht, in: Gerhard Paul (Hg.), *Die Täter der Shoah. Fanatische Nationalsozialisten oder ganz normale Deutsche?*, Göttingen 2002, S. 237–253.

217 Mittlerweile weiß man, dass diese Wahlmöglichkeit nicht so selten war, wie man zunächst annahm. Selbst Otto Ohlendorf, Chef der Einsatzgruppe D, hat vor dem angetretenen Kommando die Aufforderung ausgesprochen, dass vortreten möge, »wer die Teilnahme an den Judenaktionen vor seinem Gewissen nicht verantworten könne« (zitiert nach Angrick, *Besatzungspolitik und Massenmord*, [Anm. 154] S. 432). Auch der Führer des Einsatzkommandos 8, Dr. Bradfisch, erklärte in seiner ersten Ansprache zu den bevorstehenden Erschießungen, dass nicht teilnehmen brauche, wer es mit seinem Gewissen nicht vereinbaren könne (Klaus-Michael Mallmann, Volker Rieß und Wolfram Pyta (Hg.), *Deutscher Osten 1939–1945. Der Weltanschauungskrieg in Photos und Texten*, Darmstadt 2003, S. 131). Ich werde später noch auf verschiedene Varianten der Befehlausgabe eingehen (Vgl. S. 117).

218 Browning, *Ganz normale Männer*, (Anm. 64) S. 238.

219 Longerich, *Politik der Vernichtung*, (Anm. 114) S. 307.

220 Browning, *Ganz normale Männer*, (Anm. 64) S. 241.

221 Ebd., S. 211. Eine gute Frage zu dieser Einschätzung Brownings stellen Kochinka und Straub, nämlich die, »ob die in den Jahren zuvor zweifellos auch von den Reserve-Polizisten wahrgenommene Brutalisierung *anderer* spurlos an diesen vorübergegangen ist. Brutalität gegenüber Menschen, gerade auch gegenüber Juden, war längst vor dem Einsatz des Hamburger Bataillons ein gewohnter gesellschaftlicher Tatbestand. Kriegserfahrungen waren Bestandteile des öffentlichen Bewusstseins. Brutales Verhalten stand als Modell allen vor Augen, längst bevor sich die Gelegenheit bot, das am Modell Gelernte womöglich selbst auszuagieren. […] Die Reserve-Polizisten gingen nicht vollkommen unvorbereitet ans Werk. Es gab einen deutschen Kult der Härte, welcher Mitgefühl, insbesondere natürlich das Mitleid mit den als Feinden etikettierten Anderen, als atavistisches Überbleib-

sel des Christentums verachtete.« Alexander Kochinka und Jürgen Straub, »Dämonologie« oder psychologisches Denken? Wie erklärt man, warum ganz gewöhnliche Angehörige der nationalsozialistischen Gesellschaft das Leben anderer auslöschten? S. 103, in: *Analyse & Kritik,* 1/1998, S. 95–122. Jürgen Matthäus argumentiert mit Recht, dass die Polizei auch insofern eine Art Prä-Sozialisation zum Töten durchlaufen hatte, als sie nach der »Machtergreifung« Hitlers in der Regel passiv auf das steigende Gewaltniveau gegenüber Juden reagierte und »davon absah, gegen das breite Spektrum judenfeindlicher Aggression – von Boykottaktionen, Anprangerung und Verleumdung über Sachbeschädigung und Raub bis hin zu Tätlichkeiten und Körperverletzungen – vorzugehen. Siehe Jürgen Matthäus, An vorderster Front. Voraussetzungen für die Beteiligung der Ordnungspolizei an der Shoah, S. 141, in: Gerhard Paul (Hg.), *Die Täter der Shoah. Fanatische Nationalsozialisten oder ganz normale Deutsche?* Göttingen 2002, S. 137–166.

222 Matthäus, *An vorderster Front*, (Anm. 221) S. 211 ff.

223 Browning, *Ganz normale Männer*, (Anm. 64) S. 214 ff.

224 Adorno, *Charakter* (Anm. 71).

225 Browning, *Ganz normale Männer*, (Anm. 64) S. 218.

226 Ebd., S. 221.

227 Goldhagen, *Hitlers willige Vollstrecker*, (Anm. 121) S. 533 ff.

228 Im Stanforder Gefängnis-Experiment wurden 21 nach Persönlichkeitsprofil als »normal« ausgewiesene Personen nach dem Zufallsprinzip in »Gefängniswärter« bzw. »-insassen« aufgeteilt, mit Uniformen bzw. Sträflingskleidung versehen und in ein räumliches Setting versetzt, das weitgehend einer normalen Gefängnissituation glich. Das Experiment sollte vierzehn Tage dauern, musste aber bereits nach sechs Tagen abgebrochen werden, weil auf der einen Seite die »Häftlinge« starke Symptome von Hilflosigkeit, Depressivität und verminderter Selbstachtung zeigten und die »Wärter« auf der anderen Seite rücksichtslos ihre Machtbefugnisse bis hin zu sadistischen Quälereien ausnutzten. In wenigen Tagen war eine von extremer Feindseligkeit und Aggressivität geprägte Situation entstanden, die gerade nicht auf vorgängige pathologische Eigenschaften der Akteure zurückgeführt werden konnte. »Am dramatischsten und qualvollsten«, resümierten die Versuchsleiter, »war für uns die Beobachtung, mit welcher Leichtigkeit sadistische Verhaltensweisen bei Individuen hervorgerufen werden konnten, die keine ›sadistischen Typen‹ waren, und die Häufigkeit, mit der akute emotionale Zusammenbrüche bei Männern auftreten konnten, die gerade wegen ihrer emotionalen Stabilität ausgewählt worden waren.« Haney et al. 1973 zitiert nach Ali Wacker, Zur Aktualität und Relevanz klassischer psychologischer Faschismustheorien, S. 123, in: Gerhard Paul und Bernhard Schoßig (Hg.), *Jugend und Neofaschismus? Provokation oder Identifikation*, Frankfurt am Main 1979. Die Ergebnisse dieses Experiments sind aus meiner Sicht mit Vorsicht zu bewerten, da die filmische Dokumentation zeigt, dass der Versuchsleiter offenbar selbst zur Eskalation des Verhaltens der Wärter einiges beigetragen hat.

229 Siehe zum Beispiel David M. Mantell, The potential for violence in Germa-

ny, in: *Journal of Social Issues*, 27/4 1971, S. 101–112. Wesley Kilham und Leon Mann, Level of destructive obedience as a function of transmitter and executant roles in the Milgram obedience paradigm, in: *Journal of Personality and Social psychology*, 29/5 1974, S. 696–702.

230 Stanley Milgram, *Das Milgram-Experiment. Zur Gehorsamsbereitschaft gegenüber Autorität*, Reinbek 1995. Die Abbildung entstammt diese Buch.

231 Wolfram Wette (Hg.), *Retter in Uniform. Handlungsspielräume im Vernichtungskrieg der Wehrmacht*, Frankfurt am Main 2002. Wolfram Wette (Hg.), *Zivilcourage*, Frankfurt am Main 2004.

232 Francois Rochat und Andre Modigliani, Authority: Obedience, Defiance, and Identification in Experimental and Historical Contexts, in: Martin Gold und Elisabeth Douvan (Hg.), *A New Outline of Social Psychology*, Washington 1997, S. 235–247.

233 »Von 20 Versuchspersonen brach eine ab, bevor der Widerspruch auftrat, 18 hörten genau zu dem Zeitpunkt auf, als der Widerspruch zwischen den zwei Autoritäten zum ersten Mal auftrat. Eine weitere Versuchsperson brach das Experiment einen Schritt nach diesem Punkt ab.« Siehe Milgram, *Das Milgram-Experiment*, (Anm. 230) S. 128.

234 Beide Bedingungen bei Mantell, *The potential*, (Anm. 229) S. 254.

235 Stanley Milgram, Some Conditions of Obedience and Disobedience to Authority, S. 66, in: *Human Relations*, 18/1965, S. 57–76.

236 Erving Goffman, *Rahmenanalyse*, Frankfurt am Main 1973.

237 Kilham und Mann, *Destructive Obedience* (Anm. 229).

238 Zygmunt Bauman, *Dialektik der Ordnung. Die Moderne und der Holocaust*, Hamburg 1992.

239 Stanley Milgram, *Obedience to Authority: An Experimental View*, New York 1974, S. 123.

240 Browning, *Ganz normale Männer*, (Anm. 64) S. 228, bezieht dieses Angebot aufgrund einer Zeugenaussage auf ältere Mannschaftsmitglieder, während Goldhagen der Auffassung ist, es habe sich auf alle Personen bezogen (Goldhagen, *Hitlers willige Vollstrecker*, [Anm. 121] S. 256); einig sind sich aber beide Autoren hinsichtlich der Bedeutung, die sie Trapps Aufforderung beimessen.

241 Browning, *Ganz normale Männer*, (Anm. 64) S. 228.

242 Bei Milgram führte die Abwesenheit der Autorität zur höchsten Abbruchquote im Experiment.

243 Wie an anderer Stelle gezeigt worden ist (Welzer, *Härte und Rollendistanz* [Anm. 37]), besteht ein zentraler Aspekt nationalsozialistischer Tötungsbereitschaft darin, dass sich die Täter auch als Opfer wahrnehmen können, die unter ihrer Aufgabe leiden, in dem Sinne etwa, in dem in der berüchtigten Rede Himmlers vor dem obersten Führerkorps der SS 1943 die Rede davon ist, was man bei der Ermordung der Juden »alles durchgehalten« habe. Zu diesem Phänomenbereich gehört auch die Beobachtung, dass der NS-Sprachgebrauch die »Befehlsempfänger« in »Befehlsträger« verwandelt habe (Arendt, *Eichmann in Jerusalem*, [Anm. 8] S. 104) – reine Transporteure ihnen fremder und gleichgültiger Zwecke, die an ihrer Last durchaus auch leiden können.

244 Browning, *Ganz normale Männer*, (Anm. 64) S. 241.

245 Henry Taijfel, *Gruppenkonflikt und Vorurteil: Entstehung und Funktion sozialer Stereotypen*, Bern 1982.

246 So hat Henry Tajfel Versuchspersonen unabhängig voneinander Bilder abstrakter Maler vorgeführt und diese gebeten zu sagen, welche ihnen am besten gefielen. Anschließend wurde den Probanden völlig unabhängig von den geäußerten Präferenzen mitgeteilt, dass sie entweder ausgesprochene Klee- oder ausgesprochene Kandinsky-Liebhaber seien. In einem zweiten Teil des Experiments bekamen sie nun die Aufgabe, Gruppen von anderen Probanden nach einem Verteilungsschlüssel Geldbeträge zuzuweisen: nämlich Klee-Liebhabern, Kandinsky-Liebhabern und Mitgliedern einer gemischten Gruppe. Obwohl die Versuchspersonen untereinander keinerlei Kontakt hatten und sich den jeweiligen Gruppen nur abstrakt zuordnen konnten, häuften sich die Geldbeträge jeweils auf dem Konto der Gruppe, der der Proband sich zugehörig fühlte. Dieses Bild zeigt sich sogar dann, wenn die Gruppen nicht nach fiktiven ästhetischen Vorlieben, sondern nach Münzwurf eingeteilt werden (Ebd., S. 76) – woraus man den einfachen Schluss ziehen kann, dass Menschen schon dann als Gruppenmitglieder handeln, wenn sie sich selbst als Mitglieder von Gruppen wahrnehmen. Die brutaleren Ferienlagerexperimente von Muzafer Sherif aus den sechziger Jahren haben gezeigt, dass es mit Hilfe willkürlicher Gruppeneinteilungen von Schülern »erschreckend einfach war, *wir*-Loyalität und *sie*-Feindlichkeit zu erzeugen.« Siehe Morton Hunt, *Das Rätsel der Nächstenliebe*, Frankfurt am Main/New York 1992, S. 88.

247 Hunt, *Das Rätsel*, (Anm. 246) S. 81 ff.

248 Norbert Elias und John Scotson, *Etablierte und Außenseiter*, Frankfurt am Main 1990.

249 Welzer, *Härte und Rollendistanz* (Anm. 37).

250 Dazu passt ein Experiment zum Hilfeverhalten, in dem Theologiestudenten dazu veranlasst wurden, unter Zeitdruck eine Rede zum Gleichnis vom Guten Samariter zu verfassen, die auf Band aufgenommen werden sollte. Zur Versuchsanordnung gehörte, dass die Probanden mit ihrer Rede ein anderes Gebäude aufsuchen mussten, in dem die Aufzeichnung stattfinden sollte. Auf dem Weg dorthin lag eine hilflose Person mit einem (gespielten) schweren Asthmaanfall. Nur 16 der 40 Seminaristen blieben stehen, um zu helfen. »Welche Faktoren trugen zu dieser Entscheidung bei? Warum hatten sie es überhaupt eilig? Weil der Versuchsleiter (...) sich darauf verließ, dass (sie) irgendwo rechtzeitig ankamen. (...) Wer es nicht eilig hat, bleibt unter Umständen stehen und versucht, einer anderen Person zu helfen. Wer es eilig hat, wird eher weitereilen, selbst wenn er sich eilt, um über das Gleichnis vom Guten Samariter zu sprechen.« Darley und Bateson 1973, zitiert nach Hunt, *Das Rätsel*, (Anm. 246) S. 77.

251 Hamburger Institut für Sozialforschung (Hg.), *Verbrechen der Wehrmacht*, (Anm. 141) S. 53.

252 Jäger, *Verbrechen*, (Anm. 49) S. 48.

253 Vgl. »Encyclopedia Judaica«, Jerusalem 1972, zitiert nach http://motlc.wiesenthal.com/text/x29/xm2997.html

254 Browning, *Die Entfesselung der »Endlösung«*, (Anm. 158) S. 451. Barch, B 162 / AR-Z 1251/65 SA 406, S. 1–15.
255 Barch, B 162 / AR-Z 1251/65 SA 406, S. 20.
256 Browning, *Ganz normale Männer*, (Anm. 64) S. 39.
257 Siehe Barch, B 162 / AR-Z 1251/65 SA 406, S. 15.
258 Barch, B 162 AR-Z 1251/65 SA 406, S. 23.
259 Solchen Vaterfiguren, die Befehle zugleich gaben und moderierten, kam im Handlungsgefüge der Erschießungsaktionen eine wichtige Rolle zu. Verantwortung lässt sich an solche Figuren in sehr hohem Maß delegieren, gerade weil man mit ihnen so hochgradig identifiziert ist, viel mehr als mit den formelleren und distanzierteren Befehlsgebern, was aber bedeuten kann, dass Befehle sogar reibungsloser umgesetzt werden als unter autoritäreren Vorgesetzten.
260 Barch, B 162 / AR-Z 1251/65 Bd. B VIII, Bl. 1527.
261 Barch, B 162 / AR-Z 1251/65 Bd. B VII, Bl. 1215R.
262 Barch, B 162 / AR-Z 1251/65 Bd. IX/X, Bl. 1821.
263 Ebd.
264 Barch, B 162 / AR-Z 1251/65 Bd. B VII, Bl. 1215R.
265 Barch, B 162 / AR-Z 1251/65 Bd. B III, Bl. 566.
266 Jürgen Matthäus erwähnt allerdings den folgenden bizarren Fall: Am 24. Juni 1941 wurden im litauischen Garsden 200 Juden erschossen, mehrheitlich Personen, die Anfang 1939 nach der Annexion des Memellandes Memel verlassen und sich nach Garsden geflüchtet hatten. Das Schutzpolizei-Kommando, dass die Exekution durchführen sollte, war ausgerechnet in Memel rekrutiert worden, so dass sich viele der Täter und Opfer persönlich kannten. Unter anderem ist überliefert, dass der Seifenfabrikant Feinstein »seinem früheren Nachbarn und Freund, einem Polizeiwachtmeister, der im Erschießungskommando stand, zu[rief]: ›Gustav, schieß gut!‹« Siehe Matthäus, *»Unternehmen Barbarossa«*, (Anm. 53) S. 373. In einer Vernehmung findet sich der folgende Bericht: »Bei dieser [Er]Schießung, wie ich mich erinnern kann, erkannte ich eine Jüdin, und diese Jüdin schrie einem deutschen Landser zu: ›Er solle ihr helfen‹ […] Offensichtlich hat diese Jüdin, den beim Absperrkommando tätigen Landser wiedererkannt.« Barch, B 162 / AR-Z 269/60, Bd. VII, Bl. 1350.
267 Barch, B 162 / AR-Z 1251/65 Bd. B II, Bl. 207.
268 Matthäus, *»Unternehmen Barbarossa«*, (Anm. 53) S. 428 ff.
269 Angrick, *Besatzungspolitik und Massenmord*, (Anm. 154) S. 9.
270 Barch, B 162 / AR-Z 1251/65 Bd. B VII, Bl. 1362.
271 Ebd., Bl. 1304.
272 Dies ist ein wichtiges Detail, weil es als durchaus verpönt schien, wenn ein Offizier bei den Erschießungen selbst tötete, umgekehrt aber die »Gnadenschüsse« nicht selbst ausführte; vgl. Barch, B 162 / AR-Z 1251/65, Bd. I, Bl. 195.
273 Auch die Mörder der Einsatzgruppe D wandten im Verlauf des mörderischen Prozesses andere Tötungsmethoden an. Aber es kommt an dieser Stelle darauf an, dass die Täter zunächst einen militärischen Referenzrahmen aufrechtzuerhalten versuchten. Die Vernehmungsprotokolle legen da-

von Zeugnis ab, dass diese Darstellung nicht nur juristischen Gründen geschuldet war, sondern zunächst als eine Form der Sinngebung innerhalb des Vernichtungsprozesses zu verstehen ist, die den Tätern das Morden leichter machte.

274 Internationaler Militärgerichtshof. Der Prozess gegen die Hauptkriegsverbrecher, (Anm. 32), Bd. 4, S. 355.

275 Ebd., S. 359.

276 Matthäus, »*Unternehmen Barbarossa*«, (Anm. 53) S. 373.

277 Barch, B 162 / AR-Z 269/60, SA 392, S. 309.

278 Ebd., S. 313.

279 Ebd.

280 Barch, B 162 / AR-Z 269/60 Bd. XIII, Bl. 3092.

281 Angrick, *Besatzungspolitik und Massenmord*, (Anm. 154) S. 310.

282 Barch, B 162 / AR-Z 1251/65, Bd. I, Bl. 195.

283 Dieter Pohl, *Ukrainische Hilfskräfte beim Mord an den Juden* in: G. Paul (Hg.), Die Täter der Shoa. Fanatische Nationalsozialisten oder ganz normale Deutsche? Göttingen 2002, S. 205–234.

284 Mallmann, Rieß und Pyta (Hg.), *Deutscher Osten*, (Anm. 217) S. 170.

285 Barch, B 162 / AR-Z 269/60 Bd. XII, Bl. 2513.

286 Vergleiche Barch, B 162 / AR-Z 269/60, SA 392, 245 ff.

287 Angrick, *Besatzungspolitik und Massenmord*, (Anm. 154) S. 361 ff.

288 Auch Angrick weist auf diese Heterogenität hin (ebd., S. 9). Alf Lüdtke hat unlängst in einem Gespräch darauf hingewiesen, dass wir uns die Akteursgruppen gewöhnlich homogener vorstellen, als sie de facto waren. Aber gerade ihre Heterogenität stellt ihre Handlungsfähigkeit als Gruppe deswegen sicher, weil sie für jeden der Beteiligten einen Ort bietet, an dem er sich sozial zuordnen kann. Lüdtke zitiert einen von Browning beschriebenen Fall, in dem von 17 Beteiligten einer Gruppe »vier aktiv und dynamisch, im Sinne der Vernichtungsabsicht vorgegangen sind. Neun oder zehn waren distanzierte Arbeiter, und drei oder vier machten es nicht oder blieben erkennbar passiv. Von diesen vieren brachte sich einer vorher um, als der Befehl eintraf. Also wie homogen ist diese Gruppe? Eine der Vorstellungen, die wohl von der Metaphorik besonders verstärkt werden, ist ja, dass es sehr homogene oder homogenisierende Aktionen sind.« Siehe Alf Lüdtke, Gewaltformen – Taten, Bilder. Wolfgang Sofsky im Gespräch mit Fritz W. Kramer und Alf Lüdtke, S. 162, in: *Historische Anthropologie,* 12/2 2004, S. 157–178.

289 Auszug aus dem Gedicht »Mehr oder weniger lustige KdF Reise nach Südosten«, verfasst von Oberwachtmeister Schiewek anlässlich eines Kameradschaftsabends am 10. 1. 1942, zitiert nach Angrick, *Besatzungspolitik und Massenmord*, (Anm. 154) S. 392.

290 Matthäus, »*Unternehmen Barbarossa*«, (Anm. 53) S. 382.

291 Dieser Unterhaltungscharakter ist gelegentlich auch noch sechzig Jahre später präsent. In einem Familiengespräch, das wir im Rahmen eines Studie zur Weitergabe von Vergangenheit im Gespräch durchgeführt haben, berichtet sogar die Ehefrau des anwesenden Großvaters, dass ihn ein Kamerad aufgefordert hatte: »Komm her, komm her, da hinten, da werden welche

erschossen, wollen wir mal hingehen!« Siehe Harald Welzer, Sabine Moller und Karoline Tschuggnall, *Opa war kein Nazi. Nationalsozialismus und Holocaust im Familiengedächtnis*, Frankfurt am Main 2002, S. 57. Der Attraktionswert solcher Veranstaltungen hat sich offenbar in der Erinnerung nicht nur bis heute erhalten, sondern sogar kommunikativ auf die Ehefrau des Zeitzeugen übertragen, was wiederum etwas über die normative Einordnung der Verbrechen durch die Beteiligten aussagt. Dieser mittlerweile alte Mann würde sich subjektiv in keiner Weise zurechnen, an etwas irgendwie Verbrecherischem mitgewirkt zu haben, und seine Familienangehörigen auch nicht.

292 Ein Angehöriger des Bataillons 101 gab etwa das folgende zu Protokoll: »An diesem Abend war als sogenannte Frontbetreuung eine Unterhaltungstruppe Berliner Polizisten bei uns zu Gast. Diese Unterhaltungstruppe bestand aus Musikern und Vortragskünstlern. Die Angehörigen dieser Truppe hatten von der bevorstehenden Erschießung der Juden ebenfalls erfahren und sich nun erboten bzw. sogar ausdrücklich darum gebeten, sich an der Exekution dieser Juden beteiligen zu dürfen.« Zitiert nach Browning, *Ganz normale Männer*, (Anm. 64) S. 154.

293 Hilberg, *Die Vernichtung*, (Anm. 82) S. 338 ff.

294 Ebd., S. 339.

295 Wassili Grossmann und Ilja Ehrenburg (Hg.), *Das Schwarzbuch. Der Genozid an den sowjetischen Juden*, Reinbek 1994, S. 59. Aus den Informationen zu den Autoren des Schwarzbuchs ist zu entnehmen, dass Grossmann 1905 in Berditschew geboren wurde.

296 Hilberg, *Die Vernichtung*, (Anm. 82) S. 306.

297 Grossmann und Ehrenburg (Hg.), *Das Schwarzbuch* (Anm. 295). Siehe auch Matthäus, *»Unternehmen Barbarossa«*, (Anm. 53) S. 425.

298 Pohl, *Schauplatz Ukraine*, (Anm. 211) S. 146. Browning, *Ganz normale Männer*, (Anm. 64) S. 38.

299 Grossmann und Ehrenburg (Hg.), *Das Schwarzbuch*, (Anm. 295) S. 64. Ob das Polizeibataillon 45 an dieser Exekution beteiligt war, ist nicht sicher. Sowohl in der Anklage als auch im Urteil wird nach den Angaben aus Karl Milz' Tagebuch der Aufenthalt des Bataillons vom 5. bis zum 21. September terminiert. Entweder irrt Milze in seinen Aufzeichnungen oder eines der beiden anderen Bataillone des Regiments war für diese Exekution verantwortlich.

300 Die Anklage geht vom 12. September aus, Grossmann und Pohl schreiben vom 14. und 15. September.

301 Pohl spricht von etwa 2500 Selektierten.

302 Matthäus, *»Unternehmen Barbarossa«*, (Anm. 53) S. 425.

303 Barch, B 162 / AR-Z 1251/65 SA 406, S. 19.

304 Dies ist in den Urteilen der Regelfall und hat einen einfachen Grund: Um die Urteile weniger anfällig für Revisionen zu machen, wird die Zahl angegeben, die tatsächlich zu beweisen ist, auch wenn eine hohe Wahrscheinlichkeit existiert, dass die historische Zahl weit höher liegt.

305 Auch hier handelt es sich um eine standardisierte juristische Formulierung, die aus möglichen Anfechtungsgründen Spezifizierungen vermeidet.

306 Pohl, *Schauplatz Ukraine*, (Anm. 211) S. 146. Grossmann und Ehrenburg (Hg.), *Das Schwarzbuch*, (Anm. 295) S. 64ff.

307 Grossmann schildert die Zeit nach dem 15. September folgendermaßen: Er schreibt, dass einige vor der Ankunft der Deutschen Geflohene wieder in die Stadt kamen, um sich dort im nun leeren Ghetto zu verstecken, jedoch bald darauf die Deutschen in Zusammenarbeit mit ukrainischen Kräften neue Massaker verübten. Am 3. November wurden nach seinen Informationen 2000 Juden und Jüdinnen erschossen, zuerst etwa 800 Männer, danach die Frauen, Kinder und Alten. Etwa 500 Personen waren auch diesmal als Facharbeiter selektiert und in ein »Lager auf dem Kahlen Berg« gebracht worden. Am 15. Juni 1942 wurde das Lager aufgelöst; seine Insassen wurden ermordet. Pohl nennt den 15./16. Juli 1942 als Datum dieses von der KdS-Außenstelle des Gebietskommissariats Shitomir verübten Verbrechens. Siehe Grossmann und Ehrenburg (Hg.), *Das Schwarzbuch*, (Anm. 295) S. 64ff. Pohl, *Schauplatz Ukraine*, (Anm. 211) S. 146.

308 Barch, B 162 / AR-Z 1251/65 Bd. B VII, Bl. 1203.

309 Barch, B 162 / AR-Z 1251/65 Bd. B VII, Bl. 1475.

310 Barch, B 162 / AR-Z 1251/65 Bd. B I, Bl. 171R.

311 Daniel L. Schacter, *Searching for Memory: the brain, the mind and the past*, New York 1996, S. 210.

312 Siehe hierzu etwa Erving Goffman, *Asyle. Über die Situation psychiatrischer Patienten und anderer Insassen*, Frankfurt am Main 1973. Charles Steir (Hg.), *Blue Jolts: True Stories from the Cuckoo's Nest*, Washington 1978.

313 Barch, B 162 / AR-Z 1251/65 Bd. B VIII, Bl. 1496.

314 Barch, B 162 / AR-Z 1251/65 Bd. B VII, Bl. 1477.

315 Ebd., Bl. 1475.

316 Barch, B 162 / AR-Z 1251/65 Bd. B I, Bl. 171R.

317 J. L. Freedman und S. C. Fraser, Compliance without pressure. The foot-in-the-door technique, in: *Journal of Personality and Social Psychology*, 4/1966, S. 195–202.

318 Man ist beinahe geneigt, das »Absperren« hier psychoanalytisch in einem doppelten Sinn zu verstehen: als Beschreibung des damaligen Handelns, aber auch als Weigerung anzuerkennen, in welchem Geschehenszusammenhang man eine aktive Rolle gespielt hat. Instruktiv ist hier etwa der Fall von Karl-Heinz Dackeln, der auf höchst überzeugende Weise in den Vernehmungen zum Ausdruck bringt, dass er anti-nationalsozialistisch eingestellt und überhaupt gegen die »Judenaktionen« war, aber keinen Gedanken daran verschwendet, dass er als handelnde Person Teil des Vernichtungsvorgangs war.

319 Barch, B 162 / AR-Z 1251/65 Bd. B I, Bl. 152R.

320 Barch, B 162 / AR-Z 1251/65 Bd. B VII, Bl. 1207.

321 Barch, B 162 / AR-Z 1251/65 Bd. IX/X, Bl. 1824.

322 Was nicht zuletzt an den Fragen der Staatsanwaltschaften liegt, die auf der Suche nach solchen Taten zurechenbarer Grausamkeit oder individuell motivierten Mordens sind, um der Täter juristisch habhaft zu werden.

323 Barch, B 162 / AR-Z 1251/65 Bd. B IV, Bl. 628R.

324 Barch, B 162 / AR-Z 1251/65 Bd. B VIII, Bl. 1498.

325 Ebd.
326 Ebd., Bl. 1501.
327 Barch, B 162 / AR-Z 269/60, Bd. VII, Bl. 1351.
328 Barch, B 162 / AR-Z 1251/65 Bd. B VII, Bl. 1207.
329 Ebd.
330 Barch, B 162 / AR-Z 1251/65 Bd. IX/X, Bl. 1829.
331 Vergleiche Wildt, *Generation des Unbedingten* (Anm. 54) S. 11.
332 Barch, B 162 / AR-Z 1251/65 Bd. B II, Bl. 232R.
333 Barch, B 162 / AR-Z 1251/65 Bd. B I, Bl. 172R.
334 Barch, B 162 / AR-Z 1251/65 Bd. B II, Bl. 232.
335 Vergleiche etwa die Aussage von Franz Stangl: »In Sobibor konnte man fast vollkommen vermeiden, es zu sehen.« Sereny, *Am Abgrund*, (Anm. 34) S. 131.
336 Ebd.
337 Ebd.
338 Barch, B 162 / AR-Z 1251/65 Bd. B VIII, Bl. 1749.
339 Barch, B 162 / AR-Z 1251/65 Bd. B III, Bl. 570.
340 Ebd., Bl. 573.
341 Barch, B 162 / AR-Z 1251/65 Bd. B VII, Bl. 1219R.
342 Barch, B 162 / AR-Z 1251/65 Bd. B III, Bl. 573.
343 Bemerkenswerterweise entwickelt das Landgericht Regensburg in diesem Zusammenhang eine höchst empathische Sicht auf die Situation der Täter. Im Urteil gegen Engelbert Klamm heißt es im Kontext der Erschießung von Winniza: »Er erschoß eigenhändig an einer Grube fünf Menschen und an einer Zisterne zwei Menschen. Es kann nicht ausgeschlossen werden, dass er dies tat, um bei eingetretenen Stockungen den Ablauf der Erschießungen zu beschleunigen und auf diese Weise die Leiden der Opfer zu verkürzen.« Barch, B 162 / AR-Z 1251/65 SA 406, S. 21 ff.
344 Barch, B 162 / AR-Z 1251/65 Bd. B VII, Bl. 1209.
345 Ebd.
346 Auch Gutmanns Adjutant Dackeln hat seine Schwierigkeiten, sich an Winniza zu erinnern. Er habe sich weit entfernt von den Zisternen aufgehalten: »Ich hätte mich übergeben müssen, wenn ich so nahe herangetreten wäre. Ich kann nur wiederholen, dass ich entsetzt auf die Juden geschaut habe. Sonst kann ich hierzu nichts sagen.« Barch, B 162 / AR-Z 1251/65 Bd. B VII, Bl. 1254.
347 Barch, B 162 / AR-Z 1251/65 Bd. B VIII, Bl. 1541.
348 Natürlich spielt auch hier die Vernehmungssituation in zweierlei Hinsicht eine Rolle: Zum einen wirken sich Widerstands- und Rettungstaten strafmildernd aus; zum anderen haben die Vernommenen gewiss auch subjektiv das Bedürfnis, vor den Staatsanwälten als Menschen mit Moral und Charakter dazustehen.
349 Barch, B 162 / AR-Z 1251/65 Bd. B VI, Bl. 1004.
350 Barch, B 162 / AR-Z 1251/65 Bd. B III, Bl. 569.
351 Barch, B 162 / AR-Z 1251/65 Bd. B VI, Bl. 1147.
352 Barch, B 162 / AR-Z 1251/65 Bd. B VIII, Bl. 1537.
353 Barch, B 162 / AR-Z 1251/65 Bd. B III, Bl. 569.

354 Ebd.
355 Barch, B 162 / AR-Z 1251/65 Bd. B II, Bl. 205R. Barch, B 162 / AR-Z 1251/65 Bd. B II, Bl. 201–207.
356 Barch, B 162 / AR-Z 1251/65 Bd. B II, Bl. 207.
357 Mallmann, Rieß und Pyta (Hg.), *Deutscher Osten*, (Anm. 217) S. 138.
358 Jäger, *Verbrechen* (Anm. 49).
359 Die wechselseitige Zuweisung von Schuld ist natürlich auch als eine – keineswegs seltene – Strategie im Rahmen des Ermittlungsverfahrens zu verstehen.
360 Barch, B 162 / AR-Z 1251/65 Bd. B IV, Bl. 626–630.
361 Mallmann, Rieß und Pyta (Hg.), *Deutscher Osten*, (Anm. 217) S. 138.
362 Jäger, *Verbrechen*, (Anm. 49) S. 24. Siehe auch Hilberg, *Die Vernichtung*, (Anm. 82) S. 340. Hilberg weist darauf hin, dass besonders die Wehrmacht besorgt über solche Einzelaktionen war und sie zu unterbinden suchte, und zwar vor allem aus einem psychologischen Grund: »Die Liquidierung der Juden wurde als historische Notwendigkeit betrachtet. Der Soldat hatte dies zu ›verstehen‹. Wenn er aus irgendeinem Grund den Befehl erhielt, SS und Polizei bei ihrer Arbeit zu helfen, so erwartete man von ihm, dass er diesen Befehl befolgte. Tötete er jedoch spontan einen Juden, aus freien Stücken und ohne Befehl, nur weil er töten *wollte*, dann hatte er einen abnormen Akt begangen, der vielleicht eines ›Osteuropäers‹ (etwa eines Rumänen) würdig sein mochte, für Disziplin und Ansehen der deutschen Wehrmacht jedoch höchst gefährlich war. Hierin lag der entscheidende Unterschied zwischen dem Soldaten, der sich zum Töten ›überwindet‹, und jenem, der mutwillig Greueltaten begeht.« (Hilberg, *Die Vernichtung*, (Anm. 82) S. 341). Wir begegnen hier wieder der orientierenden Bedeutung, die Referenzrahmen für das Handeln haben – hier ist es einer des legitimen, weil historisch notwendigen Tötens.
363 Jäger schätzt den Anteil solcher »Konflikttäter« auf etwa 15 bis 20 Prozent. Siehe Jäger, *Verbrechen*, (Anm. 49) S. 78.
364 Ebd., S. 72.
365 Ebd.
366 Dabei ist wichtig, dass Menschen auch in ungewöhnlichen Situationen an ihren gewohnten Handlungsweisen festhalten, da Routinen selbst eine orientierende Funktion haben und Sicherheit geben. Es gibt also eine beharrliche Normalität in anormalen Situationen, die auch in den späteren Selbstdarstellungen und -deutungen der Täter erkennbar ist.
367 Barch, B 162 / AR-Z 1251/65 Bd. B II, Bl. 230.
368 Barch, B 162 / AR-Z 1251/65 Bd. B IV, Bl. 630.
369 Jäger, *Verbrechen*, (Anm. 49) S. 44.
370 Mallmann, Rieß und Pyta (Hg.), *Deutscher Osten*, (Anm. 217) S. 138.
371 Barch, B 162 / AR-Z 1251/65 Bd. B III, Bl. 567.
372 Barch, B 162 / AR-Z 1251/65 Bd. B IV, Bl. 627R.
373 Barch, B 162 / AR-Z 1251/65 Bd. B VII, Bl. 1217.
374 Goldhagen, *Hitlers willige Vollstrecker*, (Anm. 121) S. 231.
375 Jäger, *Verbrechen*, (Anm. 49) S. 45.
376 Ebd., S. 46.

377 Pohl, *Die Einsatzgruppe C*, (Anm. 146) S. 75.
378 Hilberg, *Die Vernichtung*, (Anm. 82) S. 305.
379 Pohl, *Die Einsatzgruppe C*, (Anm. 146) S. 75.
380 Zitiert nach Erhard Roy Wiehn, Die Schoáh von Kiew-Babij-Jar, S. 34, in: Erhard Roy Wiehn (Hg.), *Babij Jar 1941. Das Massaker deutscher Exekutionskommandos an der jüdischen Bevölkerung von Kiew 60 Jahre danach zum Gedenken*, Konstanz 2001, S. 21–69.
381 Barch, R 58/218 Ereignismeldung Nr. 128 vom 3.11.1941.
382 Barch, B 162 / AR-Z 269/60, SA 392, S. 442.
383 Ebd., S. 443.
384 Zur Rolle der Wehrmacht in Babij Jar siehe Klaus Jochen Arnold, Die Eroberung und Behandlung der Stadt Kiew durch die Wehrmacht im September 1941: Zur Radikalisierung der Besatzungspolitik, in: *Militärgeschichtliche Mitteilungen*, 58/1999, S. 23–63. Hartmut Rüß, Wer war verantwortlich für das Massaker von Babij Jar?, in: *Militärgeschichtliche Mitteilungen*, 57/1998, S. 483–508.
385 Angrick, *Besatzungspolitik und Massenmord*, (Anm. 154) S. 238.
386 Barch, B 162 / AR-Z 269/60, SA 392, S. 443.
387 Ernst Klee und Willi Dreßen (Hg.), »*Gott mit uns*«. *Der deutsche Vernichtungskrieg im Osten 1939–1945*, Frankfurt am Main 1989, S. 121 ff.
388 Rüß, *Wer war verantwortlich*, (Anm. 384) S. 486.
389 Barch, B 162 / AR-Z 1251/65 Bd. B VII, Bl. 1482 f.
390 Browning, *Ganz normale Männer* (Anm. 64).
391 Barch, B 162 / AR-Z 1251/65 Bd. B II, Bl. 260 ff.
392 Ebd., Bl. 230 f.
393 Barch, B 162 / AR-Z 1251/65 Bd. B VII, Bl. 1483.
394 Barch, B 162 / AR-Z 1251/65 Bd. B VII, Bl. 1217.
395 Ebd., Bl. 1218.
396 Barch, B 162 / AR-Z 1251/65 Bd. B VIII, Bl. 1536. Gutmanns Darstellung wird dadurch bestätigt, dass es Überlebendenschilderungen gibt, die allerdings an Grauenhaftigkeit weit übertreffen, was sich Gutmanns Wahrnehmung oder Bewusstsein erschließt. Es ist überflüssig zu erwähnen, dass auf Entkommene Jagd gemacht wurde. »Als besonderes Vorkommnis dieser Art ist mir noch gegenwärtig, dass eine jüdische Frau davonlief, und ein Hund, der zur Stelle war, ihr nachgehetzt wurde. Der Hund stellte die Frau, sie blieb stehen, wurde sofort herbeigeholt und dann ebenfalls erschossen.« Siehe Barch, B 162 / AR-Z 269/60, Bd. V, Bl., Bl. 938.
397 Ebd.
398 Barch, B 162 / AR-Z 1251/65 SA 406, S. 65.
399 Bericht Groscurths vom 21.8.1941 an den Chef des Generalstabs der Heeresgruppe Süd, General von Soldenstern, zitiert nach Hamburger Institut für Sozialforschung (Hg.), *Verbrechen der Wehrmacht*, (Anm. 141) S. 603.
400 Barch, B 162 / AR-Z 269/60, Bd. XII, Bl. 2786.
401 Bericht Groscurths, zitiert nach Hamburger Institut für Sozialforschung (Hg.), *Verbrechen der Wehrmacht*, (Anm. 141) S. 603.
402 Groscurth, *Tagebücher* (Anm. 193).

der Sicht ehemaliger Mannschaftssoldaten, Tübingen 1992. Lutz Niethammer (Hg.), *»Die Jahre weiß man nicht, wo man die heute hinsetzen soll.« Faschismuserfahrung im Ruhrgebiet*, Berlin/Bonn 1982. Wolfram Wette (Hg.), *Der Krieg des kleinen Mannes: eine Militärgeschichte von unten*, München 1995.

460 In Vietnam wurden sie »double veterans« genannt, jene GI's, die Frauen erst vergewaltigten und dann töteten. Siehe Joanna Bourke, *An Intimate History of Killing: Face-to-Face Killing in 20th-Century Warfare*, New York 1999, S. 175.

461 Vernehmung von Josef F., im Dezember 1941 als Angehöriger der 46. Infanterie-Division in Kertsch auf der Krim, v. 13. 2. 1965 über die Tage vor der geplanten Judenerschießung. Zitiert nach Mallmann, Rieß und Pyta (Hg.), *Deutscher Osten*, (Anm. 217) S. 154 f.

462 Angrick, *Besatzungspolitik und Massenmord*, (Anm. 154) S. 450.

463 Ebd., S. 150.

464 Ebd., S. 448.

465 Mallmann, Rieß und Pyta (Hg.), *Deutscher Osten*, (Anm. 217) S. 119 und 121.

466 Angrick, *Besatzungspolitik und Massenmord*, (Anm. 154) S. 187.

467 Ebd., S. 449.

468 Es gibt bis heute kaum empirische Untersuchungen über Prostituierte und ihre Kunden, und es gibt meines Wissens nach keinerlei Untersuchungen über die Nutzer von Kontakmagazinen wie »Happy Weekend« u. ä., die in zweiwöchentlicher Frequenz alle Möglichkeiten sexueller Kontakte von privaten bis zu professionellen Angeboten offerieren, und zwar, wie sich fast von selbst versteht, in der kompletten Bandbreite des Legalen. Dass ähnliche Magazine für die illegalen Wünsche sowohl in gedruckter Form wie im Internet in beträchtlicher Zahl mit erheblichen Nutzungsquoten existieren, ist nichts Neues; dieses Unterleben, das die Normalgesellschaft führt, wird aber nicht systematisch untersucht und auch nicht soziologisch oder sozialpsychologisch theoretisiert.

469 Angrick, *Besatzungspolitik und Massenmord*, (Anm. 154) S. 312.

470 Ebd., S. 250.

471 Ebd., S. 248.

472 Ebd., S. 219.

473 Zeugenaussage von Hermann Gräbe vom 10. November 1945, die im ersten Einsatzgruppenprozess als sog. Nürnberger Protokoll II eine Rolle spielte. Douglas K. Hueneke, *In Deutschland unerwünscht. Hermann Gräbe*, Lüneburg 2002, Anhang 1.

474 Der klassische Fall der Bystander-Forschung ist die Ermordung von Kitty Genovese am 13. März 1964 unter Beobachtung von mindestens 38 passiven Zeugen in einer Mittelschichtgegend von New York. Siehe Bibb Latané und John Darley, Group Inhibition of Bystander Intervention in Emergencies, in: *Journal of Personality and Social psychology*, 10/3 1968, S. 215–221. Zahlreiche Untersuchungen haben im Gegensatz zur intuitiven Annahme belegen können, dass Menschen, die in Alleinsituationen mit Unfällen oder ähnlichem konfrontiert sind, eher helfen, als wenn mehrere Personen denselben

Vorgang beobachten. Vergleiche etwa Bibb Latané und Judith Rodin, A lady in distress: Inhibiting effects of friends and strangers on bystander intervention, in: *Journal of Experimental Social Psychology*, 5/1969, S. 189–202.

475 Stephanie Abke, *Sichtbare Zeichen unsichtbarer Kräfte*, Tübingen 2003. Günter Jerouschek, Inge Marßolek und Hedwig Röckelein, *Denunzation*, Tübingen 2002.

476 Die Zeitschrift »Mittelweg 36« hat dem Phänomen eine eigene Ausgabe unter dem Titel »Deadly Neighbors« gewidmet; hier vor allem der Beitrag von Jan Philipp Reemtsma, Nachbarschaft als Gewaltressource, in: *Mittelweg 36*, 5/2004, S. 103–120.

477 Zitiert nach Goldhagen, *Hitlers willige Vollstrecker*, (Anm. 121) S. 288 ff.

478 Götz Aly, *Rasse und Klasse*, Frankfurt am Main 2004, S. 230 ff. Dazu soeben v. a. *Hitlers Volksstaat*, (Anm. 94).

479 Zitiert nach Bourke, *An Intimate History*, (Anm. 460) S. 175.

480 Jäger, *Verbrechen*, (Anm. 49) S. 50.

481 Barch, B 162 / AR-Z 269/60 Bd. XIII, Bl. 3295. Barch, B 162 / AR-Z 269/60, SA 392, S. 247 ff.

482 Angrick, *Besatzungspolitik und Massenmord*, (Anm. 154) S. 370 ff.

483 Dem Einsatz bei der Einsatzgruppe C waren zahlreiche Versuche vorausgegangen, die unter anderem auch zu einem Einsatz des Vergasungsverfahrens im Lager Chelmno führten (ebd., S. 380 ff.).

484 Höß, *Kommandant in Auschwitz*, (Anm. 33) S. 127. Es handelt sich bei diesen technischen Versuchen, die effizienteste Tötungsmethode herauszuexperimentieren, nicht um lineare Vorgänge, sondern um zum Teil parallel laufende. Die Tötung mit Giftgas war bereits im Rahmen der »Euthanasie« erprobt worden; die ersten Tötungsexperimente mit Zyklon B hatten in Auschwitz bereits im September 1941 stattgefunden (Norbert Frei, *1945 und wir. Das Dritte Reich im Bewußtsein der Deutschen.* München 2005, S. 168 ff.). Alle diese Versuche zielen aber auf eine erhöhte Effizienz des Tötens.

485 Barch, B 162 / AR-Z 1251/65 Bd. B VII, Bl. 1365.

486 Barch, B 162 / AR-Z 1251/65 Bd. B VII, Bl. 1216.

487 Barch, B 162 / AR-Z 1251/65 Bd. B III, Bl. 571.

488 Barch, B 162 / AR-Z 269/60 Bd. XIII, Bl. 3090.

489 Eine einsame Ausnahme in den von mir herangezogenen Vernehmungsprotokollen stellt ein Schütze dar, der während der Vernehmung offensichtlich mehrmals in Tränen ausbricht, und am Ende resümiert: »Ich habe seiner Zeit diese Hinrichtungen als großes Unrecht empfunden, weil ja ein jeder Mensch das Recht zum Leben hat. [...] Ich bedaure es von ganzem Herzen, dass ich den einen Fall ausführen musste, wobei ich die eine von mir ausgeführte Erschießung meine. Ich habe all die Jahre sehr darunter gelitten und habe mich hierüber noch niemals nach dieser Zeit mit einem Menschen aussprechen können. Ich bin nun froh, dass es zu meiner Vernehmung gekommen ist, weil ich nun die Gewissheit habe, dass ich nicht der einzigste [sic!] bin, der von diesen Dingen etwas weiß. Ich konnte nun doch wenigstens mit einem Menschen darüber sprechen.« Barch, B 162 / AR-Z 269/60, Bd. V, Bl., Bl. 951.

490 Erving Goffman hat in seinen Untersuchungen zu psychiatrischen Anstalten den Begriff der »totalen Institution« geprägt, die sich dadurch auszeichnet, dass für ihre Mitglieder die Regeln des außerinstitutionellen Alltags nicht mehr in Geltung sind. Zum Beispiel fehlt den Mitgliedern die gewöhnliche Identitätsausstattung – sie können nicht mehr über ihr Aussehen verfügen, bekommen den Kopf geschoren und eine Uniform bzw. Anstaltskleidung verpasst. Sie können ihren Tagesrhythmus nicht selbst regulieren, werden in bestimmter Form angeredet und haben nur sporadischen oder gar keinen Kontakt zur Welt außerhalb der Institution. Innerhalb der Institution entwickelt sich ein eigenes Regelsystem, das in vielen Aspekten den außerhalb der Institution geltenden Normen zuwiderläuft. Totale Institutionen sind beispielsweise Kadettenanstalten und andere militärische Ausbildungslager, psychiatrische Anstalten, Klöster. Siehe Goffman, *Asyle* (Anm. 312).

491 Barch, B 162 / AR-Z 76/59 Bd. IX, Bl. 7369 f. Erwin Schulz war der Führer des Einsatzkommandos 5, der erfolgreich seine Ablösung betrieben hatte, nachdem ihm vom Höheren SS- und Polizeiführer Jeckeln der Befehl mitgeteilt wurde, die Erschießungen nicht mehr auf die Männer zu beschränken, sondern auch Frauen und Kinder zu ermorden. Das Gesuch um Ablösung wurde Ende August durch das Reichssicherheitshauptamt genehmigt. Siehe Longerich, *Politik der Vernichtung*, (Anm. 114) S. 379.

492 Barch, B 162 / AR-Z 269/60 Bd. XXI, Bl. 208.

493 Barch, B 162 / AR-Z 269/60 Bd. XIII, Bl. 3298.

494 Alexander Mitscherlich, *Gesammelte Schriften IV*, Frankfurt am Main 1967.

495 Barch, B 162 / AR-Z 1251/65 Bd. B VIII, Bl. 1751.

496 Günter Anders, *Besuch im Hades*, München 1985, S. 185.

497 Jäger, *Verbrechen*, (Anm. 49) S. 66.

498 Barch, B 162 / AR-Z 269/60, Bd. I, Bl., Bl. 151.

Wie und warum man Feinde vernichtet

499 Zum Ablauf des Mordens in My Lai siehe etwa Seymour M. Hersh, *My Lai 4 – a report on the massacre and its aftermath*, New York 1970. James S. Olson und Randy Roberts, *My Lai. A Brief History with Documents*, Boston, New York 1998. Vergleiche auch Christian G. Appy, *Patriots. The Vietnam War Remembered from all Sides*, New York 2003.

500 Thompson hatte unter massiver Gewaltandrohung gegen die GIs eine Reihe von Dorfbewohnerinnen ausfliegen können, wobei sein Bordschütze die anderen Soldaten mit seinem Maschinengewehr in Schach hielt.

501 Zitiert nach David L. Anderson, What Really Happened? S. 2, in: David L. Anderson (Hg.), *Facing My Lai. Beyond the Massacre*, Kansas 1998, S. 1–17. [Übersetzung H. W.]

502 Nach Aussage von Hugh C. Thompson, zitiert nach ebd., S. 31.

503 Bernd Greiner, »A Licence to Kill«. Annäherungen an die Kriegsverbrechen von My Lai, S. 5, in: *Mittelweg 36*, 6/1998, S. 4–24.

504 Ebd., S. 11

505 Zitiert nach Anderson, What Really Happened? (Anm. 501) S. 8. [Übersetzung H. W.]

506 Bernd Greiner, »First to Go, Last to Kow«. Der Dschungelkrieger in Vietnam, S. 251, in: *Geschichte und Gesellschaft*, 29/2003, S. 239–261.

507 Greiner, »*A Licence to Kill*«, (Anm. 503) S. 9.

508 So berichtete ein GI: »Wir sind hier auf einem anderen Planeten gelandet.« Ein anderer: »Selbst wenn ein Vietnamese perfekt Englisch spricht, habe ich nicht die leiseste Idee, worüber er eigentlich redet.« Ein anderer: »Kein Mensch hat irgendein Gefühl für die Vietnamesen. Das sind keine Menschen. Deshalb ist es egal, was Du mit ihnen machst.« Zitiert nach Anderson, What Really Happened? (Anm. 501) S. 15.

509 Greiner, »*First to Go…*«, (Anm. 506) S. 249.

510 Anderson, What Really Happened? (Anm. 501) S. 7.

511 Greiner, »*First to Go…*«, (Anm. 506) S. 257.

512 Ebd.

513 Eric D. Weitz, Racial Communism: Cambodia under the Khmer Rouge, in: Eric D. Weitz (Hg.), *A Century of Genocide. Utopias of Race and Nation*, Princeton, Oxford 2003, S. 144–189. David P. Chandler, *A History of Cambodia*, Oxford 2000, S. 212. Ulrich Füßer, *Der 3. Indochinakonflikt im Spiegel der wissenschaftlichen Forschung und von vier deutschsprachigen Tageszeitungen*, Bonn 1997, S. 200 ff. Siehe auch Ben Kiernan, *How Pol Pot came to Power. A History of Communism in Kampuchea, 1930–1975*, London 1985.

514 Jean-Louis Margolin, Kambodscha: Im Land der unfassbaren Verbrechen, S. 687, in: Stéphane Courtois, et al. (Hg.), *Das Schwarzbuch des Kommunismus. Unterdrückung, Verbrechen und Terror*, München 1998, S. 643–710.

515 Den Kindersoldaten wurde jeder Kontakt zu ihren Herkunftsfamilien genommen; sie lebten in den Militärlagern in einer totalen Referenzgruppe, deren Normen identisch mit den Befehlen der Roten Khmer waren. Es wirft keine psychologische Frage auf, warum diese Kinder und Jugendlichen getötet haben – sondern eher die Frage (wie bei dem ähnlich rekrutierten Securitate-Nachwuchs in Rumänien), ob es Möglichkeiten gibt, solche Personen im buchstäblichen Sinn zu resozialisieren. Die kambodschanischen Kindersoldaten waren vor allem gefürchtet, weil sie sich an kein tradiertes Wertesystem gebunden sahen und ihre Motivation, wie es ein Überläufer formulierte, hauptsächlich darin bestand, »nicht arbeiten zu müssen und Leute umbringen zu können.« (Ebd.)

516 Fein, *Genozid* (Anm. 79). Frank Chalk und Kurt Jonassohn, *The History and Sociology of Genocide. Analyses and Case Studies*, New Haven, London 1990.

517 Alison Des Forges, *Kein Zeuge darf überleben. Der Genozid in Ruanda*, Hamburg 2002, S. 94.

518 Ebd.

519 Anna-Maria Brandstetter, Die Rhetorik von Reinheit, Gewalt und Gemeinschaft: Bürgerkrieg und Genozid in Rwanda, in: *Sociologus*, 51/2001, S. 48–84. Christian Scherrer, *Genocide and Crisis in Central Africa: Roots,*

Mass Violence, and Regional War, Westport 2001. Des Forges, *Kein Zeuge* (Anm. 517).

520 Des Forges, *Kein Zeuge*, (Anm. 517) S. 24.

521 Ebd., S. 254.

522 Ebd., S. 255.

523 Brandstetter, *Die Rhetorik von Reinheit*, (Anm. 519) S. 152.

524 Ebd., S. 154.

525 Ebd., S. 156.

526 Ebd., S. 166.

527 Des Forges, *Kein Zeuge*, (Anm. 517) S. 212.

528 Brandstetter, *Die Rhetorik von Reinheit*, (Anm. 519) S. 168.

529 Ebd., S. 166.

530 Ebd., S. 167.

531 Zygmunt Bauman bezeichnet diese Unklarheit der Gruppengrenzen als »Viskosität« und als besondere Herausforderung an den Wunsch, Ordnung herzustellen. Bauman, *Dialektik der Ordnung*, (Anm. 238) S. 71.

532 Natalija Basic, *Krieg als Abenteuer*, Gießen 2004.

533 Ebd., S. 137 ff.

534 Bei diesem Namen handelt es sich um ein Pseudonym. Dieser Fall ist ausführlicher auch beschrieben in: Basic und Welzer, *Bereitschaft zum Töten* (Anm. 216). Sowie in: Basic, *Krieg als Abenteuer* (Anm. 532). Bei den Befragten in Basics Projekt handelt es sich grundsätzlich um »nicht besonders auffällige und gewaltbereite Krieger«, also um »ganz normale Soldaten und Krieger«. Siehe Natalija Basic, *Über den Sinn von Gewalt. Biographische Erfahrungen ehemaliger Kombattanten der postjugoslawischen Kriege*, Vortrag am 8.5.2000 Hamburg, (unveröffentl. Manuskript).

535 United Nations International Tribunal for the Prosecution of Persons Responsible for Serious Violations of International Humanitarian Law Committed in the Territory of the Former Yugoslavia since 1991 (IT): IT-96–22-T, Sentencing Judgement gegen Drazen Erdemovic, S. 40.

536 Basic, *Krieg als Abenteuer* (Anm. 532).

537 Dieser Werdegang basiert auf Erdemovic' eigener Darstellung. Sie lässt – entgegen seiner eigenen Intention – eine erfolgreiche militärische Sozialisation insofern erkennen, als Erdemovic immer wieder in unterschiedliche Formationen eintritt, zuletzt als kroatischer Söldner in die Armee der bosnischen Serben.

538 Alle Angaben nach IT-96–22-T, Sentencing Judgement gegen Drazen Erdemovic, S. 40 ff.

539 Ebd., S. 43.

540 IT-96–22-T, Transkript der gerichtlichen Anhörung vom 22. Mai 2000, S. 3133.

541 Ebd., S. 3135.

542 Ebd., S. 3148.

543 IT-96–22-T, Sentencing Judgement gegen Drazen Erdemovic, S. 44.

544 Ebd.

Alles ist möglich

545 »Die Bezeichnung ›nicht-arische Abstammung‹ wurde in einer Verordnung vom 11. April 1933 als für alle Personen geltend definiert, die einen jüdischen Eltern- oder Großelternteil hatten; ein Eltern- oder Großelternteil galt dann als jüdisch, wenn er (oder sie) der jüdischen Religion angehörte.« Hilberg, *Die Vernichtung*, (Anm. 82) S. 70.
546 Friedländer, *Das Dritte Reich*, (Anm. 128).
547 Die Familien der Soldaten erhielten 85 % des letzten Nettoeinkommens des eingezogenen Mannes. Vergleiche Aly, *Hitlers Volksstaat*, (Anm. 94) S. 36.
548 Arendt, *Elemente und Ursprünge*, (Anm. 15) S. 594.
549 Auffällig in diesen Zeitzeugengesprächen ist, dass die Umstände, die etwa zum »Verschwinden« einer jüdischen Familie aus der Nachbarschaft oder dem »Wegbleiben« einer jüdischen Mitschülerin führen, nie problematisiert oder auch nur erwähnt werden. Sie sind einfach fester Bestandteil einer erlebten Wirklichkeit und als solche werden sie erinnert. Das ist etwas anderes als »Verdrängung«, die ja die prinzipielle Bewußtseins*fähigkeit* eines historischen Sachverhalts voraussetzt. In den innerhalb der Familien erzählten Geschichten wird der Rahmen der geschilderten individuellen Handlungen genauso wenig als problematisch empfunden wie die Funktion, in der die einzelnen Akteure auftreten: Die Verfolgung und Vertreibung der jüdischen Bevölkerung ist in diesen Erzählungen einfach ein Tatbestand, der weder weiter erklärungsbedürftig noch irgendwie problematisch ist. Wichtig ist den Erzählern allein, hervorheben zu können, dass sie selbst oder eben Personen, die ihnen nahe standen, innerhalb dieses gegebenen Rahmens hilfsbereit und engagiert gehandelt haben. Siehe dazu Welzer, Moller und Tschuggnall, *Opa war kein Nazi*, (Anm. 291) S. 156 ff.
550 Arendt, *Elemente und Ursprünge*, (Anm. 15) S. 573.
551 Longerich, *Politik der Vernichtung*, (Anm. 114) S. 16 ff.
552 Aly, *Hitlers Volksstaat*, (Anm. 478) S. 18 ff.
553 Longerich, *Politik der Vernichtung*, (Anm. 114) S. 16 ff.
554 Ebd., S. 578.
555 Arendt, *Elemente und Ursprünge*, (Anm. 15) S. 686.
556 Hilberg, *Die Vernichtung*, (Anm. 82) S. 1080.
557 Ebd., S. 1062.
558 Ebd.
559 Siehe dazu etwa Trutz von Trotha, Gewaltforschung auf Popitzschen Wegen. Antireduktionismus, Zweckhaftigkeit und Körperlichkeit der Gewalt, Gewalt und Herrschaft, in: *Mittelweg 36*, 6/2002, S. 26–36.
560 Michael Tomasello, *Die kulturelle Entwicklung des menschlichen Denkens*, Frankfurt am Main 2002. Norbert Elias, *The Symbol Theory*, London 1991. Julian Huxley, *Evolution in Action. Based on the Patten Foundation Lectures delivered at Indiana University in 1951*, London 1953. Julian Huxley, *The Uniqueness of Man*, London 1941.
561 Alf Lüdtke, Gewalt und Alltag im 20. Jahrhundert, S. 47, in: Wolfgang Bergsdorf et al. (Hg.), *Gewalt und Terror*, Weimar 2003, S. 35–52. Bereits

Ernst Jünger hat den Krieg »als Arbeits- wie als Kampfprozess« gedeutet; Begriffe wie »Bearbeiten des Feindes« tauchen of in Einsatz- und Ereignisberichten auf. Vgl. Ernst Jünger (Hg.), *Das Antlitz des Weltkrieges*. Fronterlebnisse deutscher Soldaten. Berlin 1930, S. 10.

562 Heinrich Popitz, *Phänomene der Macht*, Tübingen 1992, S. 69.

563 Basic und Welzer, *Bereitschaft zum Töten*, (Anm. 216) S. 97.

564 Popitz, *Phänomene*, (Anm. 562) S. 57.

565 Hilberg, *Täter, Opfer, Zuschauer*, (Anm. 73) S. 10.

566 Internationaler Militärgerichtshof, *Der Prozess gegen die Hauptkriegsverbrecher*, Bd. 29, S. 145 (1919-PS) (Anm. 32).

567 Exemplarisch hierzu Ulrich Völklein, *Der Judenacker*, München 2004. Darin geht es um die Haltung der Bewohner eines mainfränkischen Dorfes gegenüber dem in der Nachkriegszeit flüchtigen Auschwitz-Standortarzt Eduard Wirths.

568 Aly, *Hitlers Volksstaat*, (Anm. 94) S. 16.

569 Mallmann, Rieß und Pyta (Hg.), *Deutscher Osten*, (Anm. 217) S. 14.

Danksagung

Dieses Buch wäre nicht entstanden ohne die in vielerlei Hinsicht hervorragenden Arbeitsbedingungen, die mir das Kulturwissenschaftliche Institut in Essen bietet. Die Atmosphäre von freundschaftlicher und kollegialer Verbundenheit und Kooperation, die ich dort erfahre, ist wirklich einzigartig, und sie hat es mir überhaupt erst möglich gemacht, ein solches ja durchaus unangenehmes und belastendes Buchprojekt in Angriff zu nehmen. Besonders herzlich gedankt sei also Jörn Rüsen, Norbert Jegelka und Harald Watermann. Doris Almenara, Monika Wühle, Olaf Jensen und besonders Torsten Koch haben vielfältige Hilfestellung geleistet.

Meine Mitarbeiterin Michaela Christ war in den Archiven, ist die Quellen mit mir durchgegangen, hat mich mit Literatur und mit Daten über die Männer, die Gruppen und die Wege des Bataillons 45 versorgt und die entstehenden Kapitel kritisch mit mir diskutiert. Die Zusammenarbeit mit ihr war ganz unverzichtbar, und ihre soziologische Intelligenz und ihre Ironie haben diese Zusammenarbeit zu einem intellektuellen Vergnügen gemacht, besonders deshalb, weil es nicht immer einfach war, mit dieser Art von Material weiterzuarbeiten. Dafür bin ich sehr dankbar.

Wolfram Wette danke ich für den Hinweis auf das Callsen-Verfahren, das uns auf die Spur des Bataillons 45 gebracht hat; mit Norbert Frei und Peter Longerich habe ich viele Gespräche über die Täter und die nationalsozialistische Moral führen können. Ihnen sei ganz herzlich gedankt, ebenso wie Natalija Basic und Ivo Brirc, die mich mit Material und Information zu den ex-jugoslawischen Fällen versorgt haben. Anna-Maria Brandstätter danke ich für ihre Überlegungen und Befunde zu Ruanda.

Die Idee, ein solches Buch zu schreiben, ist vor Jahren in Gesprächen mit Raul Hilberg entstanden. In seinem Denken und in seiner Arbeit über den Vernichtungsprozess ist mehr Sozialpsychologie und Psychologie enthalten, als es in allen anderen wissenschaftlichen Auseinandersetzungen mit diesem grauenhaften Thema der Fall ist. In seinem Buch »Täter, Opfer, Zuschauer« hat er vorgeführt, wie man den Prozess der Vernichtung der europäischen Juden als einen Handlungs*zusammenhang* beschreiben kann und dass man ihn so beschreiben *muss*, wenn man verstehen will, wie geschehen konnte, was nicht hätte geschehen dürfen. Ihm widme ich dieses Buch.

Über die Quellen

Der überwiegende Teil der hier vorgenommenen Analysen und Interpretationen bezieht sich auf Aussagen von Männern, die im Rahmen von Ermittlungsverfahren zu nationalsozialistischen Gewaltverbrechen gemacht wurden. Unter den verwendeten Protokollen finden sich sowohl Zeugenaussagen als auch Beschuldigtenvernehmungen, hauptsächlich von ehemaligen Angehörigen des Polizeiregiments Süd, dessen Polizeibataillone verschiedene Massenexekutionen jüdischer Männer, Frauen und Kinder unter anderem in Schepetowka, Berditschew und Winniza durchführten, und die auch an der Massentötung von Babij Jar im September 1941 beteiligt waren. Auch Protokolle von ehemaligen Angehörigen des Sonderkommandos 4a der Einsatzgruppe C, das für die Ermordung von mehreren zehntausend Menschen verantwortlich war, wurden zur Auswertung herangezogen. Die Verwendung solcher Strafprozessakten ist nicht ganz unproblematisch, sind sie doch unter Umständen entstanden, in denen die Zeugen oder Angeklagten sich in besonders günstigem Licht zu zeigen bemüht waren.[1] Dementsprechend dürftig sind die meisten der Aussagen, sofern die Vernommenen sich überhaupt an irgendetwas »erinnern konnten«. In einigen Fällen werden zwar detaillierte Schilderungen der Verbrechen gemacht; eine eigene Beteiligung wird jedoch abgestritten, oder es wird, wenn sie zugestanden wird, die Verantwortung anderen zugeschoben. Aussagen in größerem Umfang konnten von den ermittelnden Staatsanwaltschaften meist dann erreicht werden, wenn es gelang, die Vernommenen mit anderem belastenden Material – zum Beispiel mit anderen Aussagen – zu konfrontieren und auf diese Weise weitere Informationen zu bekommen. Die Aussagen sind also in den seltensten Fällen freiwillig gemacht worden.

Besondere Beachtung bei der Bewertung der Aussagen verdient auch der Vernehmungszeitpunkt. Der zeitliche Abstand zwischen dem, wovon berichtet wird, und der Vernehmung ist erheblich; die meisten der verwendeten Aussagen

[1] Zur Arbeit mit Strafprozessunterlagen siehe vor allem: Wolfgang Scheffler, NS-Prozesse als Geschichtsquelle. Bedeutung und Grenzen ihrer Auswertbarkeit durch den Historiker, in: Wolfgang Scheffler und Werner Bergmann (Hg.), *Lerntag über den Holocaust als Thema im Geschichtsunterricht und in der politischen Bildung*, Berlin 1988, S. 13–27. Siehe auch: Angrick, *Besatzungspolitik und Massenmord*, (Anm. 154) S. 25 ff.

wurden Mitte der 60er bis Mitte der 70er Jahre gemacht, also mehr als zwanzig Jahre nach den Ereignissen. Es ist evident, dass ein solcher Zeitabstand als Erinnerungsfilter wirkt, besonders dann, wenn es darum geht, sich an die Wahrnehmungen und Gefühle von damals zu erinnern.

Bei den benutzten Aussageprotokollen handelt es sich nicht um wörtliche Protokolle, sondern um sinngemäße Niederschriften durch die jeweiligen Vernehmungsbeamten, was zwar eine Prüfung des Inhalts ermöglicht, eine Analyse nach besonderen sprachlichen Ausdrücken oder etwa eine Einschätzung der Stimmung – wird etwas besonders nachdrücklich, zögernd, besorgt, verächtlich oder belustigt vorgetragen? – deutlich erschwert.

Dieser Punkt verweist noch auf etwas anderes, das zwar nicht problematisch, aber doch zentral für die Auswertung der Quellen ist: Die Protokolle sind Teil von Strafermittlungsverfahren. Das heißt, die gestellten Fragen folgen dem Interesse der Justiz, Verbrechen zu untersuchen, Ermittlungen zielorientiert zu führen, Verfahren einzuleiten etc. Das alles sorgt dafür, dass man es mit einem sehr spezifischen Material zu tun hat, und es bedeutet, dass man die Aussagen der Männer nicht umstandslos als autobiographische Zeugnisse betrachten kann, sondern immer die Filter mitdenken muss, durch die die Aussagen gegangen sind. Gleichwohl stellt das Prozessmaterial – neben dem schlichten Umstand, dass es oft das einzige Material ist, das zu den Morden überhaupt existiert – gerade in sozialpsychologischer Hinsicht eine hervorragende Quelle dar: Aus ihm lässt sich, gerade wenn man die erwähnten Filter in Rechnung stellt, ersehen, *wie sich Menschen ihr eigenes Handeln selbst und anderen darzustellen versuchen*. In den allermeisten Fällen handelt es sich dabei um Personen, die unter gesellschaftlichen Umständen, die sich stark von jenen zum Zeitpunkt der Vernehmung unterscheiden, Morde und extreme Grausamkeiten begangen haben, die sie nun zu rechtfertigen suchen. Diese Rechtfertigungsversuche stellen nie nur juristische Gesichtspunkte ins Kalkül, sondern enthalten immer auch das soziale Bedürfnis, von dem Vernehmungsbeamten, den anderen Zeugen, dem Richter usw. als Person angesehen zu werden, die nicht »schlecht« ist – jedenfalls nicht aus eigenem Antrieb das getan hat, was ihr vorgeworfen wird. Die Einförmigkeit, die das Material in dieser Hinsicht zeigt, spricht Bände darüber, wie stark dieses Rechtfertigungs- und Darstellungsbedürfnis ist, und in vielen Aussagen kann man gewiss auch Rechtfertigungen der Personen vor sich selbst erkennen – etwa dann, wenn das eigene (mörderische) Handeln mit dem anderer Täter verglichen wird, das »wirklich« sadistisch oder »unnötig grausam« war. Mit anderen Worten: Die Aussagen werden in einem sozialen Raum gemacht, der über die Vernehmung und die direkt anwesenden Personen hinausgeht. Gerade wenn man das in Rechnung stellt, wird man Aussagen wie die, dass jemand sich persönlich glücklich schätzt, keine Säuglinge, sondern lediglich Kleinkinder erschossen zu haben, als eine tiefe Spur einer zeitgenössischen Wahrnehmung erkennen können – besonders dann, wenn der Gesamtzusammenhang des mörderischen Handelns an keiner Stelle in Frage gestellt wird.

Dasselbe gilt für die vielfach ungebrochen, menschenverachtenden Aussagen der Männer, ihr Selbstmitleid, das völlige Fehlen von Empathie – für all das also, was mit ihren damaligen Wahrnehmungen und Entscheidungen zu tun hat und noch zwanzig, dreißig Jahre nach den Taten geradezu unbedarft geäußert wird.

Aus den Selbstvergegenwärtigungen und Selbstkonstruktionen in den Vernehmungen lässt sich also durchaus ersehen, welche Perspektiven die Männer auf ihre Vergangenheit haben und wie sie diese und sich selbst zum Zeitpunkt der Vernehmungen sehen. Fragen etwa zum Vorhandensein oder Nicht-Vorhandensein von Schuldgefühlen lassen sich mit Hilfe solchen Materials recht präzise beantworten: Die allermeisten Täter hatten keine.

Überdies bietet die Fülle von Aussagen verschiedener Akteure zum selben Handlungszusammenhang einen hervorragenden Ausgangspunkt für die Analyse der sozialen Dimensionen ihres Handelns. Was etwa Christopher Browning aus der Perspektive des Historikers beklagt, stellt für einen Sozialpsychologen absolut einen Vorteil dar: »Die vernommenen Männer hatten bei den untersuchten Vorgängen ganz unterschiedliche Rollen gespielt. Jeder hatte etwas anderes getan und gesehen. Jeder hatte anschließend gewisse Aspekte des Erlebten verdrängt oder vergessen beziehungsweise eine individuell geprägte Erinnerung daran. Insofern geben die Vernehmungsprotokolle zwangsläufig eine verwirrende Vielfalt von Sichtweisen und Erinnerungen wieder. Paradoxerweise hätte ich eine – allerdings illusorische – größere Gewissheit über die Vorgänge um das Bataillon gehabt, wenn mir statt der 125 nur *eine* detaillierte Aussage zur Verfügung gestanden hätte.«[2]

Während ein Historiker aus all den divergierenden Sichtweisen diejenige herauszudestillieren versucht, die am plausibelsten erscheint, erlaubt die Multiperspektivität der Aussagen einem Sozialpsychologen, heterogene soziale Felder zu rekonstruieren, also zum Beispiel zu erkennen, dass die Heterogenität der Mördergruppen ein zentrales Element ihrer Funktionsfähigkeit war. Zugleich wird aus den Akten der persönliche Anteil der Einzelnen am Verbrechen deutlich. Herbert Jäger schreibt dazu: »Der Erkenntniswert solcher Prozesse – wie überhaupt jede strafrechtlich-kriminologische Betrachtung historischer Vorgänge – scheint mir gerade darin zu bestehen, dass sie Geschichte individualisieren, das heißt jenen Punkt markieren, in dem sich die Weltgeschichte mit einer persönlichen Lebensgeschichte trifft und historische und individuelle Kausalität, Zeitgeschichte und Kriminologie zu einer Einheit verschmelzen. Auf diese Weise tragen die Prozesse dazu bei, die optische Täuschung, es handele sich bei solchen Verbrechen um ein transpersonales Geschehen, in das der Einzelne nur als bedeutungsloses Partikel hineingerissen wurde, rückgängig zu machen und die individuelle Verantwortlichkeit für Teilvorgänge zu fixieren.«[3]

Aus dieser Fülle der individuellen Verantwortlichkeiten, Handlungsmöglichkeiten und Handlungsbeschränkungen wiederum lässt sich die »innere Geschichte der Einheit«[4] rekonstruieren. Das heißt, man erfährt zusätzlich zu den individuellen Einschätzungen etwas über Hierarchien jenseits militärischer Ränge, über Selbst- und Fremdbilder und über Brüche und Widersprüche in individuellen Geschichtsschreibungen. Zusätzlich erlauben die biographischen Angaben der Vernommenen, die über die NS-Zeit hinausreichen, einen Einblick in die Nachkriegswerdegänge der befragten Männer.

[2] Browning, *Ganz normale Männer*, (Anm. 64) S. 14 ff.

[3] Herbert Jäger zitiert nach Scheffler, *NS-Prozesse als Geschichtsquelle*, (Anm. 570) S. 14.

[4] Angrick, *Besatzungspolitik und Massenmord*, (Anm. 154) S. 25.

Zusätzlich zu den Vernehmungsprotokollen werden für diese Untersuchung die jeweils relevanten Anklage- und Urteilsschriften herangezogen. Sie geben in unterschiedlichem Maß Auskunft über das Geschehen. In den Anklageschriften finden sich viele Verweise und Quellen für mögliche Deutungen sowie Ergebnisse der Vorermittlung, die zwar juristisch noch nicht bewiesen, häufig aber umfangreicher sind als das, was letztlich im Urteil steht. Die Urteilsschriften hingegen geben das wieder, was tatsächlich bewiesen werden konnte, enthalten dafür aber durch das Hinzuziehen der Sachverständigengutachten wichtige historische Belege, für eine Interpretation des Geschehens. Sind die einzelnen Vernehmungsprotokolle kleine Mosaiksteine, mit denen man sich dem Geschehen aus Sicht der Einzelnen nähern kann, so versuchen sowohl Anklage als auch Urteilsschriften ein überindividuelles, kohärentes Bild des gesamten Geschehens aufzuzeigen.

Quellen und Literatur

Quellen

Bundesarchiv Berlin
Barch, R 58 Reichsicherheitshauptamt
Barch, R 20 Truppen und Schulen der Ordnungspolizei

Bundesarchiv Ludwigsburg
Barch, B 162 / AR-Z 1251/65
Barch, B 162 / AR-Z 76/59
Barch, B 162 / AR-Z 269/60

United Nations International Tribunal Den Haag, IT
IT-96–22-T (United Nations International Tribunal for the Prosecution of Persons Responsible for Serious Violations of International Humanitarian Law Committed in the Territory of the Former Yugoslavia since 1991)

Literatur

Abke, Stephanie: *Sichtbare Zeichen unsichtbarer Kräfte,* Tübingen 2003.

Adorno, Theodor W.: Erziehung nach Auschwitz, in: Adorno, Theodor W. (Hg.), *Stichworte. Kritische Modelle 2,* Frankfurt am Main 1969, S. 84–101.

Adorno, Theodor W.: *Studien zum Autoritären Charakter,* Frankfurt am Main 1973.

Adorno, Theodor W.: Zur Bekämpfung des Antisemitismus heute, in: Adorno, Theodor W. (Hg.), *Kritik. Kleine Schriften zur Gesellschaft,* Frankfurt am Main 1971, S. 105–134.

Alexandre, Michel: *Der Judenmord. Deutsche und Österreicher berichten,* Köln 2004.

Aly, Götz: *Hitlers Volksstaat. Raub, Rassenkrieg und nationaler Sozialismus,* Frankfurt am Main 2005.

Aly, Götz: *Ich bin das Volk*, Süddeutsche Zeitung, 1.9.2004, S. 11.

Aly, Götz: *Rasse und Klasse,* Frankfurt am Main 2004.

Aly, Götz, und Heim, Susanne: *Vordenker der Vernichtung. Auschwitz und die deutschen Pläne für eine neue europäische Ordnung,* Hamburg 1991.

Anders, Günter: *Besuch im Hades,* München 1985.

Anderson, David L.: What Really Happened?, in: Anderson, David L. (Hg.), *Facing My Lai. Beyond the Massacre,* Kansas 1998, S. 1–17.

Angrick, Andrej: *Besatzungspolitik und Massenmord. Die Einsatzgruppe D in der südlichen Sowjetunion 1941–1943,* Hamburg 2003.

Angrick, Andrej/Voigt, Martina/Ammerschubert, Silke, und Klein, Peter: »Da hätte man schon ein Tagebuch führen müssen«. Das Polizeibataillon 322 und die Judenmorde im Bereich der Heeresgruppe Mitte während des Sommers und Herbstes 1941, in: Grabitz, Helge, et al. (Hg.), *Die Normalität des Verbrechens. Bilanz und Perspektiven der Forschung zu den nationalsozialistischen Gewaltverbrechen,* Berlin 1994, S. 325–385.

Appy, Christian G.: *Patriots. The Vietnam War Remembered from all Sides,* New York 2003.

Arendt, Hannah: *Eichmann in Jerusalem. Ein Bericht von der Banalität des Bösen,* Leipzig 1986.

Arendt, Hannah: *Elemente und Ursprünge totaler Herrschaft,* München 1996.

Arnold, Klaus Jochen: *Die Eroberung und Behandlung der Stadt Kiew durch die Wehrmacht im September 1941: Zur Radikalisierung der Besatzungspolitik,* Militärgeschichtliche Mitteilungen 58/1999, S. 23–63.

Asch, S. E.: Effects of group pressure upon the modification and distortion of judgements, in: Guetzkow, H. (Hg.), *Groups, Leadership and Men,* Pittsburg 1951, S. 177–190.

Bartov, Omer: *Widerschein der Zerstörung. Krieg, Genozid und moderne Identität,* Zeitschrift für Genozidforschung 1/1 2000, S. 46–69.

Bartusevicius, Vincas/Tauber, Joachim, und Wette, Wolfram (Hg.): *Holocaust in Litauen. Krieg, Judenmorde und Kollaboration,* Köln 2003.

Basic, Natalija: *Krieg als Abenteuer,* Gießen 2004.

Basic, Natalija, *Über den Sinn von Gewalt. Biographische Erfahrungen ehemaliger Kombattanten der postjugoslawischen Kriege,* Vortrag am 8.5.2000 Hamburg, (unveröffentl. Manuskript).

Basic, Natalija, und Welzer, Harald: *Die Bereitschaft zum Töten,* Zeitschrift für Genozidforschung 1/2 2000, S. 78–100.

Bauman, Zygmunt: *Dialektik der Ordnung. Die Moderne und der Holocaust,* Hamburg 1992.

Benz, Wolfgang/Graml, Hermann, und Weiß, Hermann: *Enzyklopädie des Nationalsozialismus,* München 1998.

Benz, Wolfgang, und Pehle, Walter H. (Hg.): *Lexikon des deutschen Widerstandes,* Frankfurt am Main 1994.

Birn, Ruth Bettina: *Die Höheren SS- und Polizeiführer. Himmlers Vertreter im Reich und in den besetzten Gebieten,* Düsseldorf 1986.

Bourke, Joanna: *An Intimate History of Killing: Face-to-Face Killing in 20th-Century Warfare,* New York 1999.

Brandstetter, Anna-Maria: *Die Rhetorik von Reinheit, Gewalt und Gemeinschaft: Bürgerkrieg und Genozid in Rwanda,* Sociologus 51/2001, S. 48–84.

Breitman, Richard: *Himmler and the Final Solution. The Architect of Genocide,* London 1991.

Browning, Christopher R.: *Die Entfesselung der »Endlösung«. Nationalsozialistische Judenpolitik 1939–1942,* München 2003.
Browning, Christopher R.: *Fateful Months. Essays on Launching the Final Solution,* New York/London 1985.
Browning, Christopher R.: *Ganz normale Männer. Das Reserve-Polizeibataillon 101 und die »Endlösung« in Polen,* Reinbek 1996.
Bruhns, Wibke: *Meines Vaters Land,* München 2004.
Bruns-Wüstefeld, Alex: *Lohnende Geschäfte. Die »Entjudung« am Beispiel Göttingens,* Hannover 1997.
Chalk, Frank, und Jonassohn, Kurt: *The History and Sociology of Genocide. Analyses and Case Studies,* New Haven, London 1990.
Chandler, David P.: *A History of Cambodia,* Oxford 2000.
Des Forges, Alison: *Kein Zeuge darf überleben. Der Genozid in Ruanda,* Hamburg 2002.
Doerry, Martin: *»Mein verwundetes Herz«. Das Leben der Lilly Jahn 1900–1944,* München 2002.
Eiber, Ludwig: *»…ein bißchen die Wahrheit«. Briefe eines Bremer Kaufmanns von seinem Einsatz beim Reserve-Polizeibataillon 105 in der Sowjetunion 1941,* in: 1999 Zeitschrift für Sozialgeschichte des 20. und 21. Jahrhunderts 1/1991, S. 58–83.
Elias, Norbert: *Studien über die Deutschen,* Frankfurt am Main 1989.
Elias, Norbert: *The Symbol Theory,* London 1991.
Elias, Norbert, und Scotson, John: *Etablierte und Außenseiter,* Frankfurt am Main 1990.
Fein, Helen: *Genocide. A Sociological Perspective,* London 1993.
Fein, Helen: *Genozid als Staatsverbrechen. Beispiele aus Ruanda und Bosnien,* Zeitschrift für Genozidforschung 1/1 1999, S. 36–45.
Freedman, J. L., und Fraser, S. C.: *Compliance without pressure. The foot-in-the-door technique,* Journal of Personality and Social Psychology 4/1966, S. 195–202.
Frei, Norber, Steinbacher, Sybille, und Wagner, Bernd C.: *Ausbeutung, Vernichtung, Öffentlichkeit.* Neue Studien zur nationalsozialistischen Lagerpolitik. München 2000.
Friedländer, Saul: *Das Dritte Reich und die Juden. Die Jahre der Verfolgung 1933–1939,* München 1998.
Friedrichsen, Gabriela: *»Ich bin doch kein Mörder!« Gerichtsreportagen 1998–2004,* München 2004.
Füßer, Ulrich: *Der 3. Indochinakonflikt im Spiegel der wissenschaftlichen Forschung und von vier deutschsprachigen Tageszeitungen,* Bonn 1997.
Gellately, Robert: *Hingeschaut und weggesehen. Hitler und sein Volk,* Stuttgart 2002.
Gerlach, Christian: *Krieg, Ernährung, Völkermord. Forschungen zur deutschen Vernichtungspolitik im Zweiten Weltkrieg,* Hamburg 1998.
Goffman, Erving: *Asyle. Über die Situation psychiatrischer Patienten und anderer Insassen,* Frankfurt am Main 1973.
Goffman, Erving: *Das Individuum im öffentlichen Austausch. Mikrostudien zur öffentlichen Ordnung,* Frankfurt am Main 1974.

Goffman, Erving: *Rahmenanalyse*, Frankfurt am Main 1973.
Goffman, Erving: Rollendistanz, in: *Symbolische Interaktion*, Stuttgart 1973, S. 260–279.
Goldhagen, Daniel Jonah: *Hitlers willige Vollstrecker. Ganz gewöhnliche Deutsche und der Holocaust*, Berlin 1996.
Greiner, Bernd: *»First to Go, Last to Know«. Der Dschungelkrieger in Vietnam*, Geschichte und Gesellschaft 29/2003, S. 239–261.
Greiner, Bernd: *»A Licence to Kill«. Annäherungen an die Kriegsverbrechen von My Lai*, Mittelweg 36 6/1998, S. 4–24.
Groscurth, Helmuth: *Tagebücher eines Abwehroffiziers1938–1940. Mit Dokumenten zur Militäropposition gegen Hitler*, herausgegeben von Helmut Krausnick und Harold C. Deutsch, Stuttgart 1970.
Gross, Raphael, und Konitzer, Werner: *Geschichte und Ethik. Zum Fortwirken der nationalsozialistischen Moral*, Mittelweg 36 4/1999, S. 44–67.
Grossmann, Wassili, und Ehrenburg, Ilja (Hg.): *Das Schwarzbuch. Der Genozid an den sowjetischen Juden*, Reinbek 1994.
Haffner, Sebastian: *Geschichte eines Deutschen. Erinnerungen 1914–1933*, München 2002.
Hamburger Institut für Sozialforschung (Hg.): *Verbrechen der Wehrmacht. Dimensionen des Vernichtungskrieges 1941–1944*, Hamburg 2002.
Harrower, Molly: *Rorschach Records of the Nazi War Criminals: An Experimental Study after Thirty Years*, Journal of Personality Assessment 40/4 1976, S. 341–351.
Heinemann, Isabel: *»Rasse, Siedlung, deutsches Blut.« Das Rasse- und Siedlungshauptamt der SS und die rassenpolitische Neuordnung Europas*, Göttingen 2003.
Herbert, Ulrich: *Best: biographische Studien über Radikalismus, Weltanschauung und Vernunft 1903–1989*, Bonn 1996.
Hersh, Seymour M.: *My Lai 4 – a report on the massacre and its aftermath*, New York 1970.
Hesse, Klaus: *Sichtbarer Terror – Öffentliche Gewalt gegen deutsche Juden 1933–1936 im Spiegel fotografischer Quellen*, WerkstattGeschichte 35/2003, S. 44–56.
Hilberg, Raul: *Die Quellen des Holocaust. Entschlüsseln und Interpretieren*, Frankfurt am Main 2002.
Hilberg, Raul: *Die Vernichtung der europäischen Juden*, Frankfurt am Main 1990.
Hilberg, Raul: *Täter, Opfer, Zuschauer*, Frankfurt am Main 1992.
Hogg, Michael A., und Vaugham, Graham M.: *Social Psychology*, London u.a. 1995.
Höß, Rudolf: *Kommandant in Auschwitz. Autobiographische Aufzeichnungen des Rudolf Höß*, hg. v. Martin Broszat, München 1963.
Huemer, Peter: Auschwitz als Idylle. Befehl und Gehorsam im Nationalsozialismus, in: Huemer, Peter, und Schurz, Grete (Hg.), *Unterwerfung. Über den destruktiven Gehorsam*, Wien 1990,
Hueneke, Douglas K.: *In Deutschland unerwünscht. Hermann Gräbe*, Lüneburg 2002.

Hunt, Morton: *Das Rätsel der Nächstenliebe,* Frankfurt am Main/New York 1992.

Huxley, Julian: *Evolution in Action. Based on the Patten Foundation Lectures delivered at Indiana University in 1951,* London 1953.

Huxley, Julian: *The Uniqueness of Man,* London 1941.

Internationaler Militärgerichtshof: *Der Prozess gegen die Hauptkriegsverbrecher,* Nürnberg 1948.

Jäckel, Eberhard/Longerich, Peter, und Schoeps, Julius H. (Hg.): *Enzyklopädie des Holocaust. Die Verfolgung und Ermordung der europäischen Juden,* München 1998.

Jäckel, Eberhard, und Rohwer, Jürgen (Hg.): *Der Mord an den Juden im Zweiten Weltkrieg. Entschlussbildung und Verwirklichung,* Frankfurt am Main 1987.

Jäger, Herbert: *Verbrechen unter totalitärer Herrschaft. Studien zur nationalsozialistischen Gewaltkriminalität,* Olten/Freiburg 1967.

Jerouschek, Günter/Marßolek, Inge, und Röckelein, Hedwig: *Denunzation,* Tübingen 2002.

Kaplan, Harold I./Sadock, Benjamin, J., und Grebb, J. A.: *Synopsis of Psychiatry. Behavioral Sciences and Clinical Psychiatry,* Baltimore 1994.

Kempner, Robert M. W.: *SS im Kreuzverhör,* München 1964.

Kiernan, Ben: *How Pol Pot came to Power. A History of Communism in Kampuchea, 1930–1975,* London 1985.

Kilham, Wesley, und Mann, Leon: *Level of destructive obedience as a function of transmitter and executant roles in the Milgram obedience paradigm,* Journal of Personality and Social psychology 29/5 1974, S. 696–702.

Klee, Ernst, Dreßen, Willi, und Rieß, Volker (Hg.): *»Schöne Zeiten«. Judenmord aus der Sicht der Täter und Gaffer.* Frankfurt am Main 1988.

Klee, Ernst, und Dreßen, Willi (Hg.): *»Gott mit uns«. Der deutsche Vernichtungskrieg im Osten 1939–1945,* Frankfurt am Main 1989.

Klein, Peter (Hg.): *Die Einsatzgruppen in der besetzten Sowjetunion 1941/42. Tätigkeits- und Lageberichte des Chefs der Sicherheitspolizei und des SD,* Berlin 1997.

Klemp, Stefan: *»Nicht ermittelt.«* Polizeibataillone und die Nachkriegsjustiz. Ein Handbuch, Essen 2005.

Kochinka, Alexander, und Straub, Jürgen: *»Dämonologie« oder psychologisches Denken? Wie erklärt man, warum ganz gewöhnliche Angehörige der nationalsozialistischen Gesellschaft das Leben anderer auslöschten?,* Analyse & Kritik 1/1998, S. 95–122.

Kohlberg, Lawrence: *Die Psychologie der Moralentwicklung,* Frankfurt am Main 1996.

Krausnick, Helmut, und Wilhelm, Hans-Heinrich: *Die Truppe des Weltanschauungskrieges. Die Einsatzgruppen der Sicherheitspolizei und des SD 1938–1942,* Stuttgart 1981.

Kren, George M., und Rappoport, Leon: *The Holocaust and the Crisis of Human Behavior,* New York 1980.

Kwiet, Konrad: Auftakt zum Holocaust. Ein Polizeibataillon im Osteinsatz, in: Benz, Wolfgang, et al. (Hg.), *Der Nationalsozialismus.*

Studien zur Ideologie und Herrschaft, Frankfurt am Main 1995, S. 191–208.

Lampert, Tom: *Ein einziges Leben. Acht Geschichten aus dem Krieg,* München 2001.

Latané, Bibb, und Darley, John: *Group Inhibition of Bystander Intervention in Emergencies,* Journal of Personality and Social psychology 10/3 1968, S. 215–221.

Latané, Bibb, und Rodin, Judith: *A lady in distress: Inhibiting effects of friends and strangers on bystander intervention,* Journal of Experimental Social Psychology 5/1969, S. 189–202.

Leszczynski, Kazimierz (Hg.): *Fall 9. Das Urteil im SS-Einsatzgruppenprozeß gefällt am 10. April 1948 in Nürnberg vom Militärgerichtshof II der Vereinigten Staaten von Amerika,* Berlin 1963.

Lethen, Helmut: *Verhaltenslehren der Kälte. Lebensversuche zwischen den Kriegen,* Frankfurt am Main 1994.

Levi, Primo: *Ist das ein Mensch?,* München 1992.

Lifton, Robert J.: *Ärzte im Dritten Reich,* Stuttgart 1999.

Longerich, Peter: Judenverfolgung und nationalsozialistische Öffentlichkeit, in: Platt, Kristin (Hg.), *Reden von Gewalt,* München 2002, S. 227–255.

Longerich, Peter: *Politik der Vernichtung. Eine Gesamtdarstellung der nationalsozialistischen Judenverfolgung,* München 1998.

Lüdtke, Alf: *»Fehlgreifen in der Wahl der Mittel«. Optionen im Alltag militärischen Handelns,* Mittelweg 36 1/2003, S. 61–75.

Lüdtke, Alf: Gewalt und Alltag im 20. Jahrhundert, in: Bergsdorf, Wolfgang, et al. (Hg.), *Gewalt und Terror,* Weimar 2003, S. 35–52.

Lüdtke, Alf: *Gewaltformen – Taten, Bilder. Wolfgang Sofsky im Gespräch mit Fritz W. Kramer und Alf Lüdtke,* Historische Anthropologie 12/2 2004, S. 157–178.

Mallmann, Klaus Michael: Die »Türöffner« der Endlösung. Zur Genese des Genozids, in: Paul, Gerhard, und Mallmann, Klaus Michael (Hg.), *Die Gestapo im Zweiten Weltkrieg. »Heimatfront« und besetztes Europa,* Darmstadt 2000, S. 437–463.

Mallmann, Klaus Michael: »Mensch, ich feiere heut' den tausendsten Genickschuß«. Die Sicherheitspolizei und die Shoah in Westgalizien, in: Paul, Gerhard (Hg.), *Die Täter der Shoah. Fanatische Nationalsozialisten oder ganz normale Deutsche?,* Göttingen 2002, S. 109–136.

Mallmann, Klaus-Michael/Rieß, Volker, und Pyta, Wolfram (Hg.): *Deutscher Osten 1939–1945. Der Weltanschauungskrieg in Photos und Texten,* Darmstadt 2003.

Mantell, David M.: *The potential for violence in Germany,* Journal of Social Issues 27/4 1971, S. 101–112.

Margolin, Jean-Louis: Kambodscha: Im Land der unfassbaren Verbrechen, in: Courtois, Stéphane, et al. (Hg.), *Das Schwarzbuch des Kommunismus. Unterdrückung, Verbrechen und Terror,* München 1998, S. 643–710.

Matthäus, Jürgen: Das »Unternehmen Barbarossa« und der Beginn der Judenvernichtung, Juni–Dezember 1941, in: Browning, Christopher R.

(Hg.), *Die Entfesselung der »Endlösung«. Nationalsozialistische Judenpolitik 1939–1942,* München 2003, S. 360–448.

Matthäus, Jürgen: An vorderster Front. Voraussetzungen für die Beteiligung der Ordnungspolizei an der Shoah, in: Paul, Gerhard (Hg.), *Die Täter der Shoah. Fanatische Nationalsozialisten oder ganz normale Deutsche?,* Göttingen 2002, S. 137–166.

Messerschmidt, Manfred: *Ideologie und Befehlsgehorsam im Vernichtungskrieg,* Zeitschrift für Geschichtswissenschaft 10/2001, S. 905–926.

Miale, Florance, und Selzer, Michael: *The Nuremberg mind: The psychology of the Nazi leaders,* New York 1975.

Milgram, Stanley: *Das Milgram-Experiment. Zur Gehorsamsbereitschaft gegenüber Autorität,* Reinbek 1995.

Milgram, Stanley: *Obedience to Authority: An Experimental View,* New York 1974.

Milgram, Stanley: *Some Conditions of Obedience and Disobedience to Authority,* Human Relations 18/1965, S. 57–76.

Miller, Alice: *Am Anfang war Erziehung,* Frankfurt am Main 1980.

Mitscherlich, Alexander: *Gesammelte Schriften IV,* Frankfurt am Main 1967.

Mitscherlich, Alexander, und Mielke, Fred: *Medizin ohne Menschlichkeit,* Frankfurt am Main 1995.

Mommsen, Hans: Die Realisierung des Utopischen. Die »Endlösung der Judenfrage« im »Dritten Reich«, in: *Geschichte und Gesellschaft,* 9/1983, S. 381–420.

Niethammer, Lutz (Hg.): *»Die Jahre weiß man nicht, wo man die heute hinsetzen soll.« Faschismuserfahrung im Ruhrgebiet,* Berlin/Bonn 1982.

Ogorreck, Ralf: *Die Einsatzgruppen und die »Genesis der Endlösung«,* Berlin 1994.

Ogorreck, Ralf, und Rieß, Volker: Fall 9: Der Einsatzgruppenprozess (gegen Otto Ohlendorf und andere), in: Ueberschär, Gerd R. (Hg.), *Der Nationalsozialismus vor Gericht. Die alliierten Prozesse gegen Kriegsverbrecher und Soldaten 1943–1952,* Frankfurt am Main 1999, S. 164–175.

Olson, James S. und Roberts, Randy: *My Lai. A Brief History with Documents,* Boston, New York 1998.

Orth, Karin: *Die Konzentrationslager-SS. Soziokulturelle Analysen und biographische Studien,* Göttingen 2000.

Pätzold, Kurt (Hg.): *Verfolgung, Vertreibung, Vernichtung. Dokumente des faschistischen Antisemitismus 1933 bis 1942,* Leipzig 1987.

Paul, Gerhard: Von Psychopathen, Technokraten des Terrors und »ganz gewöhnlichen« Deutschen. Die Täter der Shoah im Spiegel der Forschung, in: Paul, Gerhard (Hg.), *Die Täter der Shoah. Fanatische Nationalsozialisten oder ganz normale Deutsche?,* Göttingen 2002, S. 13–90.

Pohl, Dieter: Die Einsatzgruppe C 1941/42, in: Klein, Peter (Hg.), *Die Einsatzgruppen in der besetzten Sowjetunion 1942/42. Tätigkeits- und Lageberichte des Chefs der Sicherheitspolizei und des SD,* Berlin 1997, S. 71–87.

Pohl, Dieter: Schauplatz Ukraine: Der Massenmord an den Juden im Militärverwaltungsgebiet und im Reichskommissariat 1941–1943, in: Frei,

Norbert, et al. (Hg.), *Ausbeutung, Vernichtung, Öffentlichkeit. Neue Studien zur nationalsozialistischen Lagerpolitik*, München 2000, S. 135–173.

Popitz, Heinrich: *Phänomene der Macht*, Tübingen 1992.

Potthast, Jan Björn: *Das jüdische Zentralmuseum der SS in Prag. Gegnerforschung und Völkermord im Nationalsozialismus*, Frankfurt am Main 2002.

Reemtsma, Jan Philipp: *Nachbarschaft als Gewaltressource*, Mittelweg 36 5/2004, S. 103–120.

Ritzler, Barry A.: *The Nuremberg Mind Revisited: A Quantitative Approach to Nazi Rorschachs*, Journal of Personality Assessment 42/4 1978, S. 344–353.

Rochat, François, und Modigliani, Andre: Authority: Obedience, Defiance, and Identification in Experimental and Historical Contexts, in: Gold, Martin, und Douvan, Elisabeth (Hg.), *A New Outline of Social Psychology*, Washington 1997, S. 235–247.

Roethlisberger, Fritz J.: *Man-in-Organization*, Harvard 1969.

Ross, Lee: The intuitive psychologist and his shortcomings: distortions in the attribution process, in: Berkowitz, Leonard (Hg.), *Advances in Experimental Social Psychology*, New York u. a. 1977, S. 173–222.

Schacter, Daniel L.: *Searching for Memory: the brain, the mind and the past*, New York 1996.

Scheffler, Wolfgang: NS-Prozesse als Geschichtsquelle. Bedeutung und Grenzen ihrer Auswertbarkeit durch den Historiker, in: Scheffler, Wolfgang, und Bergmann, Werner (Hg.), *Lerntag über den Holocaust als Thema im Geschichtsunterricht und in der politischen Bildung*, Berlin 1988, S. 13–27.

Scherrer, Christian: *Genocide and Crisis in Central Africa: Roots, Mass Violence, and Regional War*, Westport 2001.

Schmid, Jeannette: *Freiwilligkeit der Gewalt? Von der Psychologie der Täter zur Psychologie der Tat*, Analyse & Kritik 1/1998, S. 27–45.

Schmitz, Stefan (Hg.): *Willi Peter Reese. Mir selber seltsam fremd. Die Unmenschlichkeit des Krieges. Russland 1941–44*, München 2003.

Schröder, Hans Joachim: *Die gestohlenen Jahre: Erzählgeschichten und Geschichtserzählung im Interview. Der Zweite Weltkrieg aus der Sicht ehemaliger Mannschaftssoldaten*, Tübingen 1992.

Schurz, Grete: Destruktive Gehorsamsbereitschaft im psychologischen Experiment, in: Huemer, Peter, und Schurz, Grete (Hg.), *Unterwerfung – Über den destruktiven Gehorsam*, 1992, S. 39–64.

Schütz, Alfred: Tiresias oder unser Wissen von zukünftigen Ereignissen, in: Schütz, Alfred (Hg.), *Gesammelte Aufsätze II. Studien zur soziologischen Theorie*, Den Haag 1972, S. 259–278.

Sebald, W. G.: *Luftkrieg und Literatur*, Frankfurt am Main 2001.

Sereny, Gitta: *Am Abgrund: Gespräche mit dem Henker. Franz Stangl und die Morde von Treblinka*, München 1995.

Sereny, Gitta: *Das Ringen mit der Wahrheit. Albert Speer und das deutsche Trauma*, München 1995.

Sherif, Muzafer: *The Psychology of Social Norms*, New York 1936.

Sofsky, Wolfgang: *Zeiten des Schreckens*, Frankfurt am Main 2002.

Speer, Albert: *Erinnerungen,* Berlin 1993.
Steir, Charles (Hg.): *Blue Jolts: True Stories from the Cuckoo's Nest*, Washington 1978.
Taijfel, Henry: *Gruppenkonflikt und Vorurteil: Entstehung und Funktion sozialer Stereotypen,* Bern 1982.
Theweleit, Klaus: *Männerphantasien,* München 2000.
Thomas, William E., und Thomas, Dorothy S.: Die Definition der Situation, in: Steinert, Heinz (Hg.), *Symbolische Interaktion,* Stuttgart 1973, S. 333–335.
Todorov, Tzvetan: *Angesichts des Äußersten,* München 1993.
Tomasello, Michael: *Die kulturelle Entwicklung des menschlichen Denkens,* Frankfurt am Main 2002.
Trotha, Trutz von: *Gewaltforschung auf Popitzschen Wegen. Antireduktionismus, Zweckhaftigkeit und Körperlichkeit der Gewalt, Gewalt und Herrschaft*, Mittelweg 36 6/2002, S. 26–36.
Völklein, Ulrich: *Der Judenacker,* München 2004.
von Kellenbach, Katharina: Vergangenheitsbewältigung: Familienlegenden und Archivforschung, in: Huhnke, Brigitta, und Krondorfer, Björn (Hg.), *Das Vermächtnis annehmen,* Gießen 2002, S. 275–297.
Wacker, Ali: Zur Aktualität und Relevanz klassischer psychologischer Faschismustheorien, in: Paul, Gerhard, und Schoßig, Bernhard (Hg.), *Jugend und Neofaschismus? Provokation oder Identifikation,* Frankfurt am Main 1979,
Weitz, Eric D.: Racial Communism: Cambodia under the Khmer Rouge, in: Weitz, Eric D. (Hg.), *A Century of Genocide. Utopias of Race and Nation,* Princeton, Oxford 2003, S. 144–189.
Welzer, Harald: Albert Speers Erinnerung an die Zukunft, in: Straub, Jürgen (Hg.), *Erzählung, Identität und historisches Bewusstsein,* Frankfurt am Main 1998, S. 389–403.
Welzer, Harald: *Härte und Rollendistanz. Zur Sozialpsychologie des Verwaltungsmassenmords*, Leviathan 21/1993, S. 358–373.
Welzer, Harald: Wer waren die Täter? Anmerkungen zur Täterforschung aus sozialpsychologischer Sicht, in: Paul, Gerhard (Hg.), *Die Täter der Shoah. Fanatische Nationalsozialisten oder ganz normale Deutsche?*, Göttingen 2002, S. 237–253.
Welzer, Harald/Moller, Sabine, und Tschuggnall, Karoline: *Opa war kein Nazi. Nationalsozialismus und Holocaust im Familiengedächtnis,* Frankfurt am Main 2002.
Wette, Wolfram (Hg.): *Der Krieg des kleinen Mannes: eine Militärgeschichte von unten*, München 1995.
Wette, Wolfram (Hg.): *Retter in Uniform. Handlungsspielräume im Vernichtungskrieg der Wehrmacht*, Frankfurt am Main 2002.
Wette, Wolfram (Hg.): *Zivilcourage*, Frankfurt am Main 2004.
Wiehn, Erhard Roy: Die Schoáh von Kiew-Babij-Jar, in: Wiehn, Erhard Roy (Hg.), *Babij Jar 1941. Das Massaker deutscher Exekutionskommandos an der jüdischen Bevölkerung von Kiew 60 Jahre danach zum Gedenken*, Konstanz 2001, S. 21–69.

Wildt, Michael: *Generation des Unbedingten. Das Führungskorps des Reichssicherheitshauptamtes*, Hamburg 2002.
Wildt, Michael: *Gewaltpolitik, Volksgemeinschaft und Judenverfolgung in der deutschen Provinz 1932–1935*, WerkstattGeschichte 35/2003, S. 23–43.

Personenregister

(Mit * bezeichnete Personen sind aus Gründen des Datenschutzes anonymisiert.)

Ortsregister

Harald Welzer
Sabine Moller
Karoline Tschuggnall

»Opa war kein Nazi«

Nationalsozialismus und Holocaust
im Familiengedächtnis

Band 15515

»Wie aus Vergangenheit Geschichte wird, zählt zu den zentralen Fragen der Geschichtswissenschaft. Weitgehend unbeachtet ist dabei bislang geblieben, in welcher Weise Geschichte vom sogenannten Laienpublikum in Schule, Beruf und Familie rezipiert, angeeignet und umgedeutet wird. Der Sozialpsychologe Harald Welzer hat in den letzten Jahren mit seinem Forschungsprojekt ›Tradierung von Geschichtsbewußtsein‹ die intergenerationelle Weitergabe der NS-Vergangenheit innerhalb von Familien untersucht. Seine desillusionierenden Ergebnisse haben öffentliches Erstaunen, Erschrecken und Skepsis ausgelöst.«
WerkstattGeschichte 30/2001

Fischer Taschenbuch Verlag

fi 15515 / 1

Raul Hilberg
im S. Fischer und Fischer Taschenbuch Verlag

»Raul Hilberg, Emigrant aus Wien, war einer der ersten, der sich systematisch mit der Geschichte des Holocaust befasste. 1948 wählte er dieses Thema für seine Dissertation aus, nicht ahnend, dass es sein künftiges Leben bestimmen sollte. Auf Grund der von den USA beschlagnahmten deutschen Akten legte er 1961 seine umfassende Darstellung der Genozidpolitik Hitlers und seiner Mittäter vor, mit der er zunächst allein da stand: ›Die Vernichtung der europäischen Juden‹. Sein großes Werk, in dem er den bürokratischen Charakter des Vernichtungsprozesses und die überwiegend passive Rolle der jüdischen Opfer betont, ist bis heute ein unentbehrliches Standardwerk geblieben. Seine folgenden Publikationen haben immer wieder die Forschung fruchtbar beeinflusst.« *Hans Mommsen*

Die Vernichtung der europäische Juden
Aus dem Amerikanischen
von Christian Seeger,
Harry Maor, Walle Bengs
und Wilfried Szepan
Band 24417

Täter, Opfer, Zuschauer
Die Vernichtung der Juden
Aus dem Amerikanischen
von Hans Günter Holl
Band 13216

Die Quellen des Holocaust
Entschlüsseln und Interpretieren
Aus dem Amerikanischen
von Udo Rennert
256 Seiten. Gebunden
S. Fischer

Unerbetene Erinnerung
Der Weg eines
Holocaust-Forschers
Aus dem Amerikanischen
von Hans Günter Holl
175 Seiten. Gebunden
S. Fischer

S. Fischer

fi 666 020 / 1

Götz Aly und Susanne Heim

Vordenker der Vernichtung

Auschwitz und die deutschen Pläne für eine neue europäische Ordnung

Band 11268

Der Mord an den Juden in Europa – so lautet eine der Thesen dieses Buches, das seit seinem Erscheinen heftig diskutiert wird – war von einer gnadenlosen »Expertokratie« bis ins Kleinste vorbereitet worden.

Das Buch wurde zur Grundlage für Hunderte von Forschungsarbeiten zur Rolle der Intelligenz im Nationalsozialismus.

Fischer Taschenbuch Verlag

fi 11268 / 1

Ernst Klee
im S. Fischer und Fischer Taschenbuch Verlag

»Seit 20 Jahren publiziert Ernst Klee über die Medizinverbrechen des ›Dritten Reiches‹. Wir verdanken ihm exzellent recherchierte Untersuchungen über die Psychiatriemorde, die verbrecherischen Menschenversuche in den Konzentrationslagern und die Nachkriegskarrieren der Täter.«
Angelika Ebbinghaus, Die Zeit

Auschwitz, die NS-Medizin und ihre Opfer
Band 14906

»Euthanasie« im NS-Staat
Die »Vernichtung lebensunwerten Lebens«
Band 24326

Dokumente zur »Euthanasie« im NS-Staat
Band 24327

Was sie taten – Was sie wurden
Ärzte, Juristen und andere Beteiligte am Kranken- oder Judenmord
Band 4364

Persilscheine und falsche Pässe
Wie die Kirchen den Nazis halfen
Band 10956

Das Personenlexikon zum Dritten Reich
Wer war was vor und nach 1945
735 Seiten. Leinen
S. Fischer

Deutsche Medizin im Dritten Reich
Karrieren vor und nach 1945
416 Seiten. Leinen
S. Fischer

S. Fischer

fi 666 010 / 2

Stephan Malinowski
Vom König zum Führer
Deutscher Adel und Nationalsozialismus
Band 16365

Die erste umfassende Analyse des Niedergangs einer jahrhundertealten Herrschaftselite, welche die Bastion ihrer sozialen und kulturellen Macht selbst innerhalb der industriellen Moderne hartnäckig und nicht ohne Erfolg verteidigt hat. Den Mittelpunkt des Buches bildet die Selbstzerstörung adliger Traditionen und Werte, die im späten Kaiserreich mit der Annäherung an rechtsradikale Bewegungen beginnt und mit der widersprüchlichen Annäherung an die NS-Bewegung endet.

»Dieses Buch hat seit
seinem Erscheinen vor einem Jahr
Furore gemacht. Denn der Autor räumt
konsequenter als irgendein Historiker vor ihm
mit einer Legende auf. [...] Nun liegt das Werk, das 2004
mit dem erstmals vergebenen Hans-Rosenberg-Preis
ausgezeichnet wurde, in einer erschwinglichen
Taschenbuch-Ausgabe vor.«
Volker Ullrich, Die Zeit

Fischer Taschenbuch Verlag

fi 16365 / 1

Die Zeit des Nationalsozialismus
Eine Buchreihe
Herausgegeben von Walter H. Pehle

»Die Schwarze Reihe [...] wirkt als mächtiger Sperrriegel gegen das Vergessen und Verdrängen« *Volker Ullrich, Die Zeit*

Thema: Nachkriegszeit

Dieter Schenk
Die braunen Wurzeln des BKA
Band 15782

Gerd R. Ueberschär (Hg.)
Der Nationalsozialismus vor Gericht
Die alliierten Prozesse gegen Kriegsverbrecher und Soldaten 1943-1952
Band 13589

Johannes Heil und Reiner Erb (Hg.)
Geschichtswissenschaft und Öffentlichkeit
Der Streit um Daniel J. Goldhagen
Band 14065

Harald Welzer, Sabine Moller und Karoline Tschuggnall
»Opa war kein Nazi«
Nationalsozialismus und Holocaust im Familiengedächtnis
Band 15515

Winfried Schulze und Otto G. Oexle (Hg.)
Deutsche Historiker im Nationalsozialismus
Band 14606

Fischer Taschenbuch Verlag

fi 666 024 / 1 / b

Die Zeit des Nationalsozialismus
Eine Buchreihe
Herausgegeben von Walter H. Pehle

»Die Schwarze Reihe hat – wie keine andere Buchreihe – dazu beigetragen, daß wissenschaftliche Erkenntnisse und Analysen zur Geschichte der NS-Diktatur eine weite Verbreitung in der deutschen Öffentlichkeit gefunden haben.«
Ulrich Herbert

Thema: Nachkriegszeit

Wolfgang Benz (Hg.)
Auf dem Wege zum Bürgerkrieg?
Rechtsextremismus und Gewalt gegen Fremde in Deutschland
Band 15218

Christoph Cornelißen, Lutz Klinkhammer und Wolfgang Schwentker (Hg.)
Erinnerungskulturen
Deutschland, Italien und Japan seit 1945
Band 15219

Gustave M. Gilbert
Nürnberger Tagebuch
Aus dem Amerikanischen von Margaret Carroux, Karin Krauskopf und Lis Leonard
Band 21885

Helmut König
Die Zukunft der Vergangenheit
Der Nationalsozialismus im politischen Bewusstsein der Bundesrepublik
Band 15715

Angelika Königseder und Juliane Wetzel
Lebensmut im Wartesaal
Die jüdischen DPs (Displaced Persons) im Nachkriegsdeutschland
Band 16835

Rolf Schörken
Jugend 1945
Politisches Denken und Lebensgeschichte
Band 16836

Fischer Taschenbuch Verlag

fi 666 024 / 1 / a

Die Zeit des Nationalsozialismus
Eine Buchreihe

Herausgegeben von Walter H. Pehle

»Die Reihe wirkt als ein mächtiger Sperrriegel gegen das Vergessen und Verdrängen« *Volker Ullrich, Die Zeit*

Thema: Antisemitismus

Ursula Büttner (Hg.)
Die Deutschen und die Judenverfolgung im Dritten Reich
Band 15896

Detlev Claussen
Grenzen der Aufklärung
Die gesellschaftliche Genese des modernen Antisemitismus
Band 16389

Frank Bajohr
»Unser Hotel ist judenfrei«
Bäder-Antisemitismus im 19. und 20. Jahrhundert
Band 15796

Gabriele Lotfi
KZ der Gestapo
Arbeitserziehungslager im Dritten Reich
Band 15134

Stephan Malinowski
Vom König zum Führer
Deutscher Adel und Nationalsozialismus
Band 16365

Walter H. Pehle (Hg.)
Der Judenpogrom 1938
Von der »Reichskristallnacht« zum Völkermord
Band 24386

Hans Safrian
Eichmann und seine Gehilfen
Band 12076

Ernst Simmel (Hg.)
Antisemitismus
Band 15530

Fischer Taschenbuch Verlag

fi 666 016 / 1 / a

Die Zeit des Nationalsozialismus
Eine Buchreihe
Herausgegeben von Walter H. Pehle

»Wie hilfreich wäre es, wenn die Bücher der Schwarzen Reihe auf Englisch vorlägen und ich sie meinen Studenten empfehlen könnte.« *Fritz Stern, New York*

Thema: Antisemitismus

Helmut Walser Smith
Die Geschichte des Schlachters
Mord und Antisemitismus
in einer deutschen Kleinstadt
Aus dem Amerikanischen
von Udo Rennert
Band 15765

Irmtrud Wojak
Eichmanns Memoiren
Ein kritischer Essay
Band 15726

David S. Wyman
Das unerwünschte Volk
Amerika und die Vernichtung
der europäischen Juden
Aus dem Amerikanischen
von Karl Heinz Siber
Band 14607

Wolfgang Benz, Claudia Curio
und Andrea Hammel (Hg.)
Die Kindertransporte 1938/39
Rettung und Integration
Band 15745

Vivette Samuel
Die Kinder retten
Aus dem Französischen von
Michael Bischoff
Band 14005

Götz Aly
Im Tunnel
Das kurze Leben der
Marion Samuel 1939-1943
Band 16364

Fischer Taschenbuch Verlag

fi 666 016 / 1 / b

Die Zeit des Nationalsozialismus
Eine Buchreihe
Herausgegeben von Walter H. Pehle

»Die Schwarze Reihe hat – wie keine andere Buchreihe – dazu beigetragen, daß wissenschaftliche Erkenntnisse und Analysen zur Geschichte der NS-Diktatur eine weite Verbreitung in der deutschen Öffentlichkeit gefunden haben.«
Ulrich Herbert

Thema: Der Zweite Weltkrieg

Wlodzimierz Borodziej
Der Warschauer Aufstand 1944
Band 16186

Wolfram Wette
Die Wehrmacht
Feindbilder, Vernichtungskrieg, Legenden
Band 15645

Wolfram Wette (Hg.)
Retter in Uniform
Handlungsspielräume im Vernichtungskrieg der Wehrmacht
Band 15221

Wolfram Wette (Hg.)
Zivilcourage
Empörte, Helfer und Retter aus Wehrmacht, Polizei und SS
Band 15852

Wolfram Wette und Gerd R. Ueberschär (Hg.)
Stalingrad
Mythos und Wirklichkeit einer Schlacht
Band 11097

Bianka Pietrow-Ennker (Hg.)
Präventivkrieg?
Der deutsche Angriff auf die Sowjetunion
Band 14497

Fischer Taschenbuch Verlag

fi 666 017 / 1

Wolfgang Benz und Walter H. Pehle (Hg.)

Lexikon des deutschen Widerstandes

Wissenschaftliche Beratung
Hermann Graml, Hartmut Mehringer Hans Mommsen

Band 15083

Der Band bietet in seinem ersten Teil Überblicksdarstellungen zum Widerstand vor 1933, zum kommunistischen, sozialistischen und bürgerlichen (nationalkonservativen) Widerstand, zur Widersetzlichkeit von Kirchen und Christen, zum militärischen Widerstand, zur Jugendopposition, zum Widerstand von Verfolgten, von Frauen und von Emigranten.
Im zweiten Teil folgen mehr als 60 Sachartikel über Widerstandsgruppen, Ereignisse, Problemzusammenhänge und Begriffe. Hieran haben vierzig Autorinnen und Autoren gearbeitet. Literaturangaben ermöglichen den Zugang zu weiterführenden Informationen.
Der dritte Teil des Lexikons enthält Kurzbiographien von nahezu allen 650 im Buch genannten Personen aus dem Widerstand. Das Lexikon basiert auf den neuesten wissenschaftlichen Erkenntnissen. Es ist nicht nur für ein breites interessiertes Publikum, sondern auch für Fachleute geschrieben worden.

Fischer Taschenbuch Verlag

fi 633 / 8